SIWONSCHOOL

토익 기본서 압축노트 10일 완성

이연경 · 시원스쿨어학연구소 저

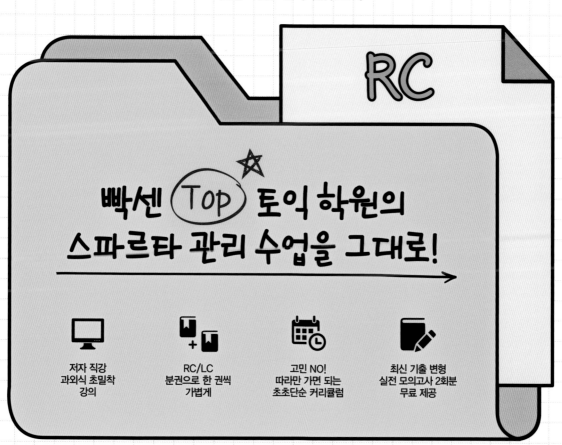

RC

빠센 Top 토익 학원의
스파르타 관리 수업을 그대로!

| 저자 직강 과외식 초밀착 강의 | RC/LC 분권으로 한 권씩 가볍게 | 고민 NO! 따라만 가면 되는 초초단순 커리큘럼 | 최신 기출 변형 실전 모의고사 2회분 무료 제공 |

시원스쿨 LAB

이연경 강사

(현) 분당 탑토익 학원 대표원장

(현) 분당 탑토익 학원 대표 RC강사

(현) 시원스쿨LAB 토익 RC 전문강사

(현) YBM 인강 실전토익 대표강사

(전) YBM어학원 분당센터 대표강사

(전) 파고다어학원 종로센터 대표강사

시원스쿨어학연구소

토익/텝스 베스트셀러 집필진과 토익 990점 수십 회 만점자, 시험영어 콘텐츠 개발 경력 10년 이상의 원어민 전문 연구원, 미국/호주/영국의 명문 대학원 석사 출신 영어 테스트 전문가들이 포진한 시험영어 전문 연구 조직입니다. 본 연구소 연구원들은 매월 TOEIC은 물론, TOEIC SPEAKING/OPIc/SPA/IELTS/TOEFL/G-TELP/TEPS 등 주요 영어 시험에 응시하여 기출 문제를 철저하게 해부 · 분석함으로써 최신 출제 경향을 정확하게 꿰뚫고 있으며, 기출 문제 빅데이터 분석을 통해 효율적인 고득점이 가능한 학습 솔루션을 개발하고 있습니다.

토익 기본서
압축노트 10일 완성 ✵

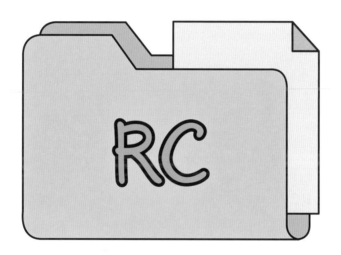

RC

시원스쿨 LAB

시원스쿨
토익 기본서 압축노트 RC+LC

초판 1쇄 발행 2023년 5월 30일
초판 2쇄 발행 2023년 11월 10일

지은이 알렉스 이연경 시원스쿨어학연구소
펴낸곳 (주)에스제이더블유인터내셔널
펴낸이 양홍걸 이시원

홈페이지 www.siwonschool.com
주소 서울시 영등포구 국회대로74길 12 시원스쿨
교재 구입 문의 02)2014-8151
고객센터 02)6409-0878

ISBN 979-11-6150-709-5 13740
Number 1-110207-12120400-08

머리말

저는 2011년부터 토익을 강의하고 토익 학원을 운영하면서 토익을 준비하는 학생들이 가장 힘들어하는 부분이 무엇인지를 알게 되었고, 그 부분을 단기간에 효율적으로 해결할 방법이 무엇인지를 연구해 왔습니다. 특히 RC 파트는 75분 동안 문법, 어휘, 독해에 해당하는 100문제를 풀어내야 하는데, 시간이 턱없이 부족합니다. 토익에 출제되는 이론적인 내용을 숙지하고 그것을 빠르게 문제에 적용할 수 있는 현실적인 팁이 동반되어야 가능한데 단기간에 이를 해결하기란 쉽지 않습니다. 하지만 지름길로 가는 방법이 분명 존재하기에, 이 책과 강의를 통해 이를 알려드리고자 합니다.

「시원스쿨 토익 기본서 압축노트 RC+LC」는 지금까지 쌓아온 강의 경험을 토대로 정말 꼭 알아야 할 내용만을 '압축'하여 저자만의 노하우를 고농축으로 모두 담은 토익 노트입니다. 요즘 토익에 가장 많이 출제되는 최신 경향을 반영하고 있으며 문법과 어휘, 그리고 독해까지 바로 실전에서 투입 가능한 '현실적인' 내용으로 구성하였습니다. 이 압축노트에 있는 만점 전략과 시크릿 노트 내용을 열심히 숙지하여 RC 점수가 고민인 모든 분들이 빠르게 토익을 졸업하시길 진심으로 바랍니다.

「시원스쿨 토익 기본서 압축노트 RC」는

1. 문법 파트를 동사편, 품사편, 접속사편, 준동사편으로 나누었습니다.
너무 세세하게 챕터를 나누면 여러 유형이 섞여 있는 실전문제에서는 정답률이 급격히 떨어지기 때문에, 최대한 테마별로 크게 문법 내용을 구성하여 이론과 문제풀이 능력을 함께 향상시킬 수 있도록 하였습니다.

2. 어휘 파트는 출제빈도가 높은 어휘들만 추렸으며, 함께 쓰이는 '덩어리 표현'으로 구성하였습니다.
토익 단어 암기는 개별적으로 하는 것이 큰 의미가 없고, 어휘력과 독해력 향상을 위해 함께 잘 쓰이는 표현들을 덩어리째 수록하였습니다.

3. 독해 파트는 가장 효과적으로 문제에 접근하는 순서부터 문제 유형별 팁과 패러프레이징 표현까지 압축적으로 담았습니다.
문제풀이 시간을 줄이면서도 정확도를 높이기 위해 꼭 필요한 내용만을 선별하여 정리했습니다.

아무쪼록 이 책으로 최단 시간 내에 목표 점수를 달성하고 여러분의 꿈을 위해 힘차게 나아가길 바랍니다.

이연경 강사 드림

목차

RC

LC

🖋 왜 「토익 기본서 압축노트 RC + LC」인가?

1. 바쁜 토익커를 위한 10일 완성 솔루션

▹ 방대한 토익 기본서 내용을 초단기 10일 과정으로 압축
▹ RC 10 Days + LC 10 Days

2. 초단기 폭발적인 점수 향상 보장

▹ 최빈출 출제포인트와 실전에 바로 적용 가능한 핵심 전략만 골라 집중 학습
▹ 만점 강사의 전략적 문제풀이 과정을 그대로 보여줌으로써 풀이 속도 UP 스킬 체득

3. RC/LC 분권으로 높은 학습 편의

▹ RC와 LC를 분권하여 가벼운 두 권으로 구성 → 가볍고 빠르다!
▹ 휴대가 간편하고, 학습자의 학습 상황에 맞게 필요한 섹션부터 시작할 수 있어 효율적

4. 저자가 현장 강의에서 전수하는 비법을 집약

▹ 토익 강의 경력 10년 이상 전문 강사진이 현강에서만 공개하는 실전 비법 집약
▹ 꼼꼼한 "스파르타 관리"로 명성 높은 분당 탑토익 강사진의 밀착 관리

5. 최신 기출 트렌드 반영

▹ 최신 논란 문제, 최신 기출 고난도 표현 수록
▹ 어려워진 Part 3, 4, 7 난이도 반영

6. 엄선된 실전 문제

▹ 전략 적용 연습을 충분히 해 볼 수 있도록 각 Day마다 기출 변형 실전문제 수록
▹ 최신 기출 변형 실전 모의고사 2회분 무료 제공 (온라인)

✏️ 이 책의 구성과 특징

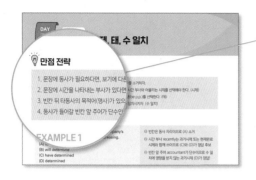

만점 전략

실전에서 반드시 통하는 문제풀이 핵심 전략을 알기 쉽게 정리해 줍니다.

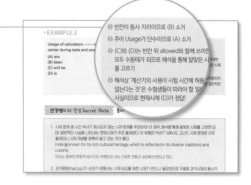

전략 풀이

문제를 보자마자 무엇을 먼저 떠올려야 하는지, 무엇부터 챙겨봐야 하는지, 정답으로 직행하는 법과 오답을 쉽게 소거하는 법 등을 낱낱이 알려줍니다. 가장 빠르고 정확하게 정답을 찾는 직관력과 문제 풀이 속도를 높이는 법을 배울 수 있습니다.

연경쌤의 RC 만점 씨크릿 노트

현강에서만 공개하던 강사의 비법노트! 학원에 가지 않아도 고득점에 꼭 필요한 비법자료를 얻을 수 있습니다. 기본적인 학습 내용에서 더 나아가, 알고 있을 경우 고난도 문제 대처 능력이 높아지는 추가 학습 내용을 정리한 코너입니다.

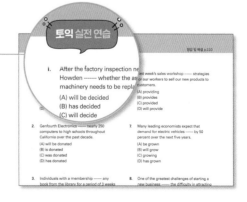

토익 실전 연습

해당 Day의 학습이 끝나면 실제 시험과 똑같은 난이도의 문제들을 풀면서 학습이 잘 되었는지 점검합니다. 채점 후, 틀린 문제는 오답 노트에 기록하여 취약한 부분을 완전히 보충하고 넘어가야 합니다.

TOEIC이 궁금해

토익은 어떤 시험이에요?

TOEIC은 ETS(Educational Testing Service)가 출제하는 국제 커뮤니케이션 영어 능력 평가 시험(Test Of English for International Communication)입니다. 즉, 토익은 영어로 업무적인 소통을 할 수 있는 능력을 평가하는 시험으로서, 다음과 같은 주제를 다룹니다.

기업 일반	계약, 협상, 홍보, 영업, 비즈니스 계획, 회의, 행사, 장소 예약, 사무용 기기
제조 및 개발	공장 관리, 조립 라인, 품질 관리, 연구, 제품 개발
금융과 예산	은행, 투자, 세금, 회계, 청구
인사	입사 지원, 채용, 승진, 급여, 퇴직
부동산	건축, 설계서, 부동산 매매 및 임대, 전기/가스/수도 설비
여가	교통 수단, 티켓팅, 여행 일정, 역/공항, 자동차/호텔 예약 및 연기와 취소, 영화, 공연, 전시

토익은 총 몇 문제인가요?

구성	파트	내용		문항 수 및 문항 번호		시간	배점
Listening Test	Part 1	사진 묘사		6	1-6	45분	495점
	Part 2	질의 응답		25	7-31		
	Part 3	짧은 대화		39 (13지문)	32-70		
	Part 4	짧은 담화		30 (10지문)	71-100		
Reading Test	Part 5	단문 빈칸 채우기 (문법, 어휘)		30	101-130	75분	495점
	Part 6	장문 빈칸 채우기 (문법, 문맥에 맞는 어휘/문장)		16 (4지문)	131-146		
	Part 7	독해	단일 지문	29 (10지문)	147-175		
			이중 지문	10 (2지문)	176-185		
			삼중 지문	15 (3지문)	186-200		
합계				200 문제		120분	990점

토익 시험을 보려고 해요. 어떻게 접수하나요?

▹ 한국 TOEIC 위원회 인터넷 사이트(www.toeic.co.kr)에서 접수 일정을 확인하고 접수합니다.

▹ 접수 시 최근 6개월 이내에 촬영한 jpg 형식의 사진이 필요하므로 미리 준비합니다.

▹ 토익 응시료는 (2023년 10월 기준) 정기 접수 시 48,000원, 특별 추가 접수 시 52,800원입니다.

시험 당일엔 뭘 챙겨야 하나요?

▷ 아침을 적당히 챙겨 먹습니다. 빈속은 집중력 저하의 주범이고 과식은 졸음을 유발합니다.

▷ 시험 준비물을 챙깁니다.

－신분증 (주민등록증, 운전면허증, 기간 만료 전 여권, 공무원증만 인정. 학생증 안됨. 단, 중고등학생은 국내 학생증 인정)
－연필과 깨끗하게 잘 지워지는 지우개 (볼펜이나 사인펜은 안됨. 연필은 뭉툭하게 깎아서 여러 자루 준비)
－아날로그 시계 (전자시계는 안됨)
－수험표 (필수 준비물은 아님. 수험 번호는 시험장에서 감독관이 답안지에 부착해주는 라벨을 보고 적으면 됨)

▷ 고사장을 반드시 확인합니다.

시험은 몇 시에 끝나나요?

오전 시험	오후 시험	내용
9:30 - 9:45	2:30 - 2:45	답안지 작성 오리엔테이션
9:45 - 9:50	2:45 - 2:50	수험자 휴식 시간
9:50 - 10:10	2:50 - 3:10	신분증 확인, 문제지 배부
10:10 - 10:55	3:10 - 3:55	청해 시험
10:55 - 12:10	3:55 - 5:10	독해 시험

▷ 최소 30분 전에 입실을 마치고(오전 시험은 오전 9:20까지, 오후 시험은 오후 2:20까지) 지시에 따라 답안지에 기본 정보를 기입합니다.

▷ 안내 방송이 끝나고 시험 시작 전 5분의 휴식 시간이 주어지는데, 이때 화장실에 꼭 다녀옵니다.

시험 보고 나면 성적은 바로 나오나요?

▷ 시험일로부터 10~12일 후 낮 12시에 한국 TOEIC 위원회 사이트(www.toeic.co.kr)에서 성적 확인이 가능합니다. 성적표 수령은 우편 또는 인터넷으로 가능한데, 이는 시험 접수 시 선택할 수 있습니다.

📝 스파르타 학습 플랜

- 아래의 학습 진도를 참조하여 매일 학습합니다.
- 해당일의 학습을 하지 못했더라도 이전으로 돌아가지 말고 오늘에 해당하는 학습을 하세요. 그래야 끝까지 완주할 수 있습니다.
- 교재의 학습을 모두 마치면 시원스쿨랩 홈페이지(lab.siwonschool.com)에서 토익 최신 경향이 반영된 실전 모의고사를 다운로드 하여 풀어보세요.
- 교재를 끝까지 한 번 보고 나면 2회 학습에 도전합니다. 두 번째 볼 때는 훨씬 빠르게 끝낼 수 있어요. 토익은 천천히 1회 보는 것보다 빠르게 2회, 3회 보는 것이 훨씬 효과가 좋습니다.

10일 완성

DAY 01	DAY 02	DAY 03	DAY 04	DAY 05
월 일	월 일	월 일	월 일	월 일
RC DAY 01	RC DAY 02	RC DAY 03	RC DAY 04	RC DAY 05
☐ 본문	☐ 본문	☐ 본문	☐ 본문	☐ 본문
☐ 토익 실전 연습	☐ 토익 실전 연습	☐ 토익 실전 연습	☐ 토익 실전 연습	☐ 토익 실전 연습
☐ 오답 복습	☐ 오답 복습	☐ 오답 복습	☐ 오답 복습	☐ 오답 복습
LC DAY 01	LC DAY 02	LC DAY 03	LC DAY 04	LC DAY 05
☐ 본문	☐ 본문	☐ 본문	☐ 본문	☐ 본문
☐ 토익 실전 연습	☐ 토익 실전 연습	☐ 토익 실전 연습	☐ 토익 실전 연습	☐ 토익 실전 연습
☐ 오답 복습	☐ 오답 복습	☐ 오답 복습	☐ 오답 복습	☐ 오답 복습

DAY 06	DAY 07	DAY 08	DAY 09	DAY 10
월 일	월 일	월 일	월 일	월 일
RC DAY 06	RC DAY 07	RC DAY 08	RC DAY 09	RC DAY 10
☐ 본문	☐ 본문	☐ 본문	☐ 본문	☐ 본문
☐ 토익 실전 연습	☐ 토익 실전 연습	☐ 토익 실전 연습	☐ 토익 실전 연습	☐ 토익 실전 연습
☐ 오답 복습	☐ 오답 복습	☐ 오답 복습	☐ 오답 복습	☐ 오답 복습
LC DAY 06	LC DAY 07	LC DAY 08	LC DAY 09	LC DAY 10
☐ 본문	☐ 본문	☐ 본문	☐ 본문	☐ 본문
☐ 토익 실전 연습	☐ 토익 실전 연습	☐ 토익 실전 연습	☐ 토익 실전 연습	☐ 토익 실전 연습
☐ 오답 복습	☐ 오답 복습	☐ 오답 복습	☐ 오답 복습	☐ 오답 복습

20일 완성

DAY 01
월 일

RC DAY 01
□ 본문
□ 토익 실전 연습
□ 오답 복습

DAY 02
월 일

LC DAY 01
□ 본문
□ 토익 실전 연습
□ 오답 복습

DAY 03
월 일

RC DAY 02
□ 본문
□ 토익 실전 연습
□ 오답 복습

DAY 04
월 일

LC DAY 02
□ 본문
□ 토익 실전 연습
□ 오답 복습

DAY 05
월 일

RC DAY 03
□ 본문
□ 토익 실전 연습
□ 오답 복습

DAY 06
월 일

LC DAY 03
□ 본문
□ 토익 실전 연습
□ 오답 복습

DAY 07
월 일

RC DAY 04
□ 본문
□ 토익 실전 연습
□ 오답 복습

DAY 08
월 일

LC DAY 04
□ 본문
□ 토익 실전 연습
□ 오답 복습

DAY 09
월 일

RC DAY 05
□ 본문
□ 토익 실전 연습
□ 오답 복습

DAY 10
월 일

LC DAY 05
□ 본문
□ 토익 실전 연습
□ 오답 복습

DAY 11
월 일

RC DAY 06
□ 본문
□ 토익 실전 연습
□ 오답 복습

DAY 12
월 일

LC DAY 06
□ 본문
□ 토익 실전 연습
□ 오답 복습

DAY 13
월 일

RC DAY 07
□ 본문
□ 토익 실전 연습
□ 오답 복습

DAY 14
월 일

LC DAY 07
□ 본문
□ 토익 실전 연습
□ 오답 복습

DAY 15
월 일

RC DAY 08
□ 본문
□ 토익 실전 연습
□ 오답 복습

DAY 16
월 일

LC DAY 08
□ 본문
□ 토익 실전 연습
□ 오답 복습

DAY 17
월 일

RC DAY 09
□ 본문
□ 토익 실전 연습
□ 오답 복습

DAY 18
월 일

LC DAY 09
□ 본문
□ 토익 실전 연습
□ 오답 복습

DAY 19
월 일

RC DAY 10
□ 본문
□ 토익 실전 연습
□ 오답 복습

DAY 20
월 일

LC DAY 10
□ 본문
□ 토익 실전 연습
□ 오답 복습

동사편_시제, 태, 수 일치

💡 만점 전략

1. 문장에 동사가 필요하다면, 보기에 다른 품사나 -ing/to부정사를 소거하자.
2. 문장에 시간을 나타내는 부사가 있다면, 동사가 들어갈 빈칸에 시간 부사와 어울리는 시제를 선택해야 한다. (시제)
3. 빈칸 뒤 타동사의 목적어(명사)가 있으면 능동태, 없으면 수동태(be p.p.)를 선택한다. (태)
4. 동사가 들어갈 빈칸 앞 주어가 단수인지 복수인지 확인하여 수 일치시키자. (수 일치)

▶ EXAMPLE 1

The accountant recently ------- that the company's monthly revenue has been steadily increasing.

(A) to determine
(B) will determine
(C) have determined
(D) determined

❶ 빈칸은 동사 자리이므로 (A) 소거
❷ 시간 부사 recently는 과거시제 또는 현재완료 시제와 함께 쓰이므로 (C)와 (D)가 정답 후보
❸ 빈칸 앞 주어 accountant가 단수이므로 수 일치에 영향을 받지 않는 과거시제 (D)가 정답!

연경쌤의 RC 만점 Secret Note 「시제 + 시간 부사」조합

현재 (study/studies)	(반복적인 습관) usually, always, regularly, routinely, periodically, each month (현재 상태) now, currently
현재진행 (am/are/is studying)	(현재 동작) now, currently (가까운 미래) tomorrow, soon, next week, later this month
과거 (studied) 과거진행 (was/were studying)	yesterday, this morning, previously, ago, last, in + 과거시점, when + 주어 + 과거시제 (과거) recently
미래 (will study) 미래진행 (will be studying)	tomorrow, next, shortly, soon, later + 미래시점, over the next years, as of/effective/starting/beginning + 미래시점
현재완료 (have/has studied)	since + 과거시점, for + 기간, over the last/past + 기간, recently, lately, so far, since + 주어 + 과거시제
과거완료 (had studied)	before + 과거시점, by the time + 주어 + 과거시제, before + 주어 + 과거시제
미래완료 (will have studied)	by + 미래시점, by the time + 주어 + 현재시제

▶ EXAMPLE 2

Usage of calculators ------- not allowed in the training center during tests and exams.

(A) are
(B) been
(C) will be
(D) is

❶ 빈칸이 동사 자리이므로 (B) 소거

❷ 주어 Usage가 단수이므로 (A) 소거

❸ (C)와 (D)는 빈칸 뒤 allowed와 함께 쓰이면 모두 수동태가 되므로 해석을 통해 알맞은 시제를 고르기

❹ 해석상 '계산기의 사용이 시험 시간에 허용되지 않는다는 것'은 수험생들이 따라야 할 일반적인 사실이므로 현재시제 (D)가 정답!

연경쌤의 RC 만점 *Secret Note* 동사 시제 문제풀이 TIP

1. 시제 문제 중 시간 부사가 제시되지 않는 시제 문제를 주의하자! 이 경우, 해석을 통해 알맞은 시제를 고르면 되며, 일반적인 사실을 나타내는 현재시제가 주로 출제된다. 이 유형은 PART 6에서도 고난도 시제 문제로 자주 출제되니 시제 개념을 정확히 알고 있는 것이 좋다.
   India **is** known for its rich cultural heritage, which is reflected in its diverse traditions and cuisine.
   인도는 풍부한 문화적 유산으로 유명한데, 이는 다양한 전통과 요리에 반영되고 있다.

2. 과거완료(had p.p.)가 쓰이기 위해서는 시제 비교를 위한 시제가 반드시 필요하므로 주절에 과거시제의 동사가 있는지 확인해야 한다.
   After the manager **had seen** his new itinerary for the trip, he made some changes.
   부장님은 새로운 출장 일정을 본 후에, 몇 가지를 수정했다.

3. 미래완료(will have p.p.)는 「by + 미래시점」이나 「by the time + 주어 + 현재시제」와 함께 쓰이지 않을 경우 오답일 확률이 높다.
   By this time next year, I **will have resigned** from this position.
   내년 이맘때쯤이면, 나는 이 직책에서 사임했을 것이다.

▶ EXAMPLE 3

Mr. Roundtree has suggested that we ------- the remodeling of the hotel lobby until the off-peak season.

(A) postpone
(B) postponed
(C) are postponing
(D) to postpone

❶ that절의 동사가 필요한 자리이므로 동사가 아닌 (D) 소거

❷ 주절의 동사가 제안을 나타내는 has suggested이므로 동사원형 형태의 (A)가 정답!

시제 일치의 예외

주장 / 요구 / 명령 / 제안 / 추천 동사 + that + 주어 + (should) **동사원형**
ask, request, demand, recommend, suggest, require, insist, order

It is 필수적인 / 중요한 형용사 + that + 주어 + (should) **동사원형**
necessary, essential, vital, imperative, important, critical

▶ EXAMPLE 4

The sports magazine ------- 250,000 subscribers as a result of its effective online advertisements.

(A) has gained
(B) is gained
(C) has been gained
(D) gain

❶ 힌트가 될 만한 시간 부사가 없을 때는 빈칸 앞 뒤를 살펴보기

❷ 빈칸 뒤에 목적어 250,000 subscribers가 있으므로 수동태 (B)와 (C) 소거

❸ 빈칸 앞에 주어 The sports magazine이 단수 이므로 정답은 (A)!

수동태의 판단 기준

동사의 태 문제에서는 3형식 동사의 수동태를 고르는 유형의 출제 빈도가 가장 높으며, 목적어의 유무로 능동태인 지 수동태인지를 결정한다. 즉, 목적어(명사)가 있으면 능동태, 목적어가 없으면 수동태가 정답!

1형식/2형식 (자동사)	3형식(타동사)	4형식(타동사)	5형식(타동사)
be p.p. 수동태 불가	be p.p. 목적어 수동태 가능 뒤에 목적어 올 수 없음	be p.p. 목적어 수동태 가능 뒤에 직접목적어 올 수 있음	be p.p. 목적격보어 수동태 가능 뒤에 목적격보어 올 수 있음

Everyone except Mike **will be granted** admission to the training seminar.
마이크 씨를 제외한 모두가 교육 세미나에 대한 입장을 허가받을 것이다. (grant = 4형식 동사)

▸EXAMPLE 5

The planning committee will ------- whether renting the banquet room for the fundraiser is appropriate.

(A) be decided
(B) decide
(C) have been decided
(D) deciding

❶ 문장의 동사가 필요한 자리이고, 조동사 will 뒤에 동사원형이 와야 하므로 (D) 소거

❷ 빈칸 뒤에 목적어 역할을 하는 명사절 「whether + 주어 + 동사」가 있으므로 능동태 (B)가 정답!

> **연경쌤의 RC 만점 Secret Note** 목적어 역할을 할 수 있는 to부정사(동명사)와 명사구

The manager (**will decide** / will be decided) to hire new engineer to increase productivity.
부장님은 생산성을 늘리기 위해 새로운 기술자를 고용하는 것을 결정할 것이다.

Committee members are (**debating** / debated) whether to promote Ms. Kim to manager.
위원회 의원들은 김 씨를 부장으로 승진시킬지를 논의 중이다.

▸EXAMPLE 6

Signing up to our mailing list ------- you to receive information about special offers and events.

(A) enable
(B) enables
(C) to enable
(D) have enabled

❶ 빈칸은 동사 자리이므로 (C) 소거

❷ 시제를 알 수 있는 시간 부사도 없고 (A), (B), (D) 모두 능동태이므로 빈칸 앞 주어인 동명사 구를 볼 것

❸ 동명사구 주어는 단수 취급하므로 정답은 (B)!

> **연경쌤의 RC 만점 Secret Note** 주어와 동사의 수 일치 체크포인트

1. 수식어는 수 일치에 영향을 미치지 않는다.
   The documents (that you submitted through our Web site) **have** been forwarded to Mr. Ross.
   귀하가 저희 웹사이트를 통해 제출하신 서류들이 로스 씨에게 전달되었습니다.

2. 주어가 동명사구, 부정사구, 명사절일 경우 단수 취급한다.
   That ho won first place in a design competition **was** a surprise to everyone in the office.
   그가 디자인 대회에서 1등을 한 것은 사무실에 있는 모두에게 뜻밖의 일이었다.

3. 주어가 고유명사인 경우 –s가 붙어도 단수 취급한다.
   Top Beverages **has discontinued** production of herbal teas despite an increase in popularity.
   탑 베버리지 사는 허브 차의 인기의 증가에도 불구하고 생산을 중단했다.

1. After the factory inspection next month, Mr. Howden ------- whether the assembly line machinery needs to be replaced.

   (A) will be decided
   (B) has decided
   (C) will decide
   (D) decided

2. Genfourth Electronics ------- nearly 250 computers to high schools throughout California over the past decade.

   (A) will be donated
   (B) is donated
   (C) was donated
   (D) has donated

3. Individuals with a membership ------- any book from the library for a period of 3 weeks at a time.

   (A) borrowing
   (B) may borrow
   (C) to be borrowed
   (D) should be borrowed

4. It is required that each employee ------- the first aid training course no later than March 1.

   (A) complete
   (B) be completed
   (C) completes
   (D) to complete

5. The company credit cards ------- primarily for entertaining visiting clients.

   (A) allocated
   (B) have been allocating
   (C) allocation
   (D) are allocated

6. Last week's sales workshop ------- strategies for our workers to sell our new products to customers.

   (A) providing
   (B) provides
   (C) provided
   (D) will provide

7. Many leading economists expect that demand for electric vehicles ------- by 50 percent over the next five years.

   (A) be grown
   (B) will grow
   (C) growing
   (D) has grown

8. One of the greatest challenges of starting a new business ------- the difficulty in attracting investors.

   (A) are
   (B) be
   (C) is
   (D) were

9. The personnel department ------- that full-time employees will be granted three extra paid leave days per year.

   (A) was declared
   (B) declare
   (C) were declaring
   (D) has declared

10. Brian ------- to see a play on Broadway even before the CEO presented him with a free ticket.

    (A) will want
    (B) had wanted
    (C) wants
    (D) has wanted

11. In order to receive a bonus, employees must ------- at least three training courses over the next six months.

(A) attending
(B) be attended
(C) attend
(D) have been attended

12. Sharon Rogers ------- the shopping mall blueprint by the time she meets the head of the engineering firm next Tuesday.

(A) will have completed
(B) is completing
(C) completed
(D) completes

13. Those customer service agents handling complaints must ------- to deal with a variety of difficult situations.

(A) to prepare
(B) be prepared
(C) preparing
(D) have prepared

14. Competition winners ------- by e-mail and informed of how to claim their prizes.

(A) will contact
(B) would contact
(C) will be contacted
(D) have contacted

15. Ms. Robards, the new regional sales manager, ------- responsibility of four British Energy sales teams.

(A) to assume
(B) will assume
(C) assume
(D) have assumed

16. Ms. Watson ------- to apply for the office manager position, but she decided she did not want the extra responsibilities.

(A) encouraged
(B) has encouraged
(C) was encouraged
(D) was encouraging

17. As the developer of a successful public transportation app, Mr. Reed recently ------- Entrepreneur of the Decade by *Modern Times Magazine*.

(A) named
(B) is named
(C) was named
(D) has named

18. Since the Beaumont Hotel is unavailable on the date of our fundraiser, Mr. Lee ------- that the Hillside Hotel be reserved instead.

(A) recommended
(B) introduced
(C) reported
(D) announced

19. The city council ------- a public forum for local residents later this month.

(A) is held
(B) is holding
(C) will be held
(D) had been holding

20. Please be ------- that none of our menu items contain any meat or dairy.

(A) assuring
(B) assure
(C) to assure
(D) assured

품사편_명사, 대명사, 형용사, 부사, 전치사

💡 만점 전략

1. 품사 문제는 크게 2가지 유형으로 나뉜다.

– 보기에 다른 품사가 섞여 있는 경우 → **품사 자리 문제** (해석 불필요)

예) (A) caution (B) cautious (C) cautiously (D) cautions

– 보기에 같은 품사의 단어만 있는 경우 → **품사 어휘 문제** (해석 필요)

예) (A) extremely (B) recently (C) promptly (D) exactly

2. 보기를 가장 먼저 보고 품사 문제 유형을 파악해 해석 여부를 빠르게 결정해야 한다.

▶ EXAMPLE 1

The biggest ------- of our food delivery service is the 30-minute guarantee we offer to customers.

(A) strong
(B) strongly
(C) strength
(D) strengthen

❶ 보기에 모두 다른 품사가 나와 있으므로 품사 자리 문제임을 파악

❷ 품사 자리 문제는 빈칸 앞뒤를 빠르게 살펴보기

❸ 최상급 형용사 biggest와 전치사 of 사이는 명사 자리이므로 정답은 (C)!

연경쌤의 RC 만점 Secret Note   명사/형용사 자리 문제 해석 없이 푸는 법

품사 자리 문제는 3초컷 문제이므로, 해석하지 말고 빈칸의 위치와 앞뒤를 살피기!	
명사 자리	1. 주어 자리 2. 동사/전치사의 목적어 자리 3. 보어 자리(주격 보어, 목적격 보어) 4. 관사 뒤 5. 소유격/명사's 뒤 6. 형용사 뒤 The project team had a long **discussion** about the best approach to take. 그 프로젝트 팀은 최선의 접근법에 관해 긴 논의를 했다.
형용사 자리	1. 명사 앞 2. 보어 자리(주격 보어, 목적격 보어) 3. 부사 뒤 The speaker made the audience **impressed** during his presentation. 발표자는 그의 발표 중에 청중들이 감명을 받게 하였다.

▶EXAMPLE 2

Ms. Beckett has received ------- from hotel guests for her excellent standard of customer care.

(A) compliment
(B) complimenting
(C) complimented
(D) compliments

❶ 보기에 다른 품사가 나왔으므로 빈칸의 위치부터 살피기

❷ 타동사 뒤에 위치한 빈칸은 목적어 자리이므로 명사에 해당하는 (A)와 (D)가 정답 후보

❸ 명사에 -s를 붙일지는 '단수 vs 복수' 또는 '가산 vs 불가산'으로 구분하기

❹ compliment(칭찬)는 가산명사이고, 빈칸 앞에 부정관사가 없으므로 복수명사인 (D)가 정답!

연경쌤의 RC 만점 *Secret Note*   가산명사와 불가산명사 총정리

1. 개념 정리

가산명사	불가산 명사
가산명사는 셀 수 있으므로 단수명사와 복수명사로 구분할 수 있는데, 단수명사는 명사 앞에 관사(a, an, the) 또는 소유격, 복수명사는 명사 뒤에 -s가 필요하다. · 사람명사: -ee, -er, -or, -ent, -ant, -ist · 증가, 감소명사: increase, decrease, rise, decline	불가산명사는 셀 수 없으므로 명사 앞에 a(n)을 붙일 수도, 명사 뒤에 -s를 붙일 수도 없다. planning, ticketing, advertising, accounting, knowledge, advice, damage, information, luggage, baggage, evidence, furniture, money, cash, change
· 돈, 금융: salary, cost, refund, investment, price · 규칙: regulation, rule, procedure, instruction	

2. 문제 출제 유형

① 가산 단수명사 compliment vs. 가산 복수명사 compliments
  명사 compliment는 가산명사이기 때문에 문장에서 a compliment 또는 compliments로 사용되어야 한다. 따라서 빈칸 앞에 부정관사 a가 있다면 단수명사 compliment를, a가 없다면 복수명사 compliments를 정답으로 골라야 한다.

② 가산명사 plan vs. 불가산명사 planning
  보기에 가산명사 plan과 불가산명사 planning이 둘 다 제시되어 있는 경우, 빈칸 앞에 부정관사 a가 있는 경우 가산명사 plan을, a가 없는 경우 불가산명사 planning을 정답으로 고르면 된다.

가산명사	불가산 명사
plan, account, ticket, advertisement	planning, accounting, ticketing, advertising (주로 -ing로 끝나는 명사들)

▶ EXAMPLE 3

Mr. Clarke received a bonus for ------- hard work, which allowed the company to complete an important project on time.

(A) him
(B) himself
(C) his
(D) he

❶ 보기를 보면 인칭대명사 문제이므로 빈칸의 위치를 먼저 파악

❷ 빈칸 뒤에 명사 work가 있기 때문에 빈칸에는 유격이 필요하므로 정답은 (C)!

연경쌤의 RC 만점 Secret Note 대명사 문제 체크포인트

1. Part 5에서 인칭대명사의 출제빈도는 높은 편이며, 그중 소유격의 출제 빈도가 가장 높다. 대명사 문제에서는 문장 내 빈칸의 위치를 잘 파악하는 것이 가장 중요하다.

   ① 주어 자리 → 주격
   ② 목적어 자리(동사/전치사 뒤) → 목적격
   ③ 명사 앞 → 소유격

   <u>Our</u> pharmacists are experts in the industry and have focused on customer care.
   저희 약사들은 업계에서 전문가이며, 고객 서비스에 주력해오고 있습니다.

2. 소유대명사는 「소유격 + 명사」의 형태로, 이미 명사가 포함되어 있어 동사 또는 전치사의 목적어 역할을 하는 명사 자리에 위치할 수 있다. 목적어 역할을 할 수 있는 목적격 대명사와 구분하기 위해서는 해석이 필요하다.

   Ms. Park said she still preferred Mr. Smith's new design to **hers**. (= her design)
   박 씨는 그녀가 여전히 그녀의 것보다 스미스 씨의 새로운 디자인을 선호한다고 말했다.

3. 재귀대명사는 주어와 목적어가 같은 경우, 목적어 자리에 위치할 수 있고, 이 경우에는 생략할 수 없다. 완전한 문장 뒤에 재귀대명사가 위치하는 경우에는 생략할 수 있다.

   Sam has extensive experience and so has assigned **himself** to complicated negotiations.
   샘 씨는 폭넓은 경험을 가지고 있으며, 그래서 그 자신을 복잡한 협상에 맡겼다.

4. 재귀대명사 관용표현 암기
   by oneself 혼자서(= on one's own, alone)
   for oneself 스스로

▶ EXAMPLE 4

------- intending to register for the technology conference this spring should sign up on the event Web site before February 25.

(A) They
(B) Whose
(C) Those
(D) Which

❶ 보기에 대명사 (A), (C)와 관계대명사 (B), (D) 가 함께 제시되었음을 파악

❷ 빈칸 뒤에 동사 should sign up이 있고 intending으로 시작하는 분사구가 빈칸을 수식하고 있는 구조이므로 빈칸은 주어 자리

❸ 따라서 주어 역할을 할 수 있으면서 분사구의 수식을 받을 수 있는 (C)가 정답!

연경쌤의 RC 만점 *Secret Note* **'~하는 사람(들)'이라는 뜻을 가진 대명사**

대명사 those와 anyone 뒤에 관계사절, 분사구, 전치사구 등이 붙으면 '~하는 사람(들)'이라고 해석한다.
In our company, we prioritize hiring **those** with exceptional communication skills.
저희 회사에서는, 뛰어난 의사소통 능력을 갖춘 사람들을 채용하는 것을 우선순위로 매깁니다.
Anyone who has not received the information packet should contact Mr. Howard.
자료집을 받지 못한 사람은 하워드 씨에게 연락해야 한다.

▶ EXAMPLE 5

So that we could attract as many people as possible to the grand opening event, ------- flyers were handed out by our sales team.

(A) numerous
(B) every
(C) few
(D) single

❶ 보기가 모두 수량형용사로 구성되어 있음을 파악

❷ 빈칸 뒤에 제시된 복수명사 flyers와 함께 쓰일 수 있는 복수 수량형용사 (A)와 (C)가 정답 후보!

❸ 의미상 '많은 전단지가 배포되었다'가 자연스러우므로 (A)가 정답!

연경쌤의 RC 만점 *Secret Note* **「수량형용사 + 명사」 조합**

보기에 수량형용사가 제시된 경우 빈칸 뒤의 명사가 정답을 결정한다.

each, every, another, one *예외: every, another + 숫자(2 이상) + 복수명사	가산 단수명사
many, (a) few, several, various, numerous, diverse, a number of, a wide range of	가산 복수명사
much, (a) little, less, a great deal of	불가산명사
some, all, other, most, lots of, a lot of, plenty of	가산 복수명사/불가산명사

▶ EXAMPLE 6

Mr. Linnott and Ms. Garner are ------- proficient when it comes to organizing large corporate events.

(A) equal
(B) equally
(C) equalize
(D) equaled

❶ 보기에 다른 품사들이 나왔으므로 품사 자리 문제임을 파악

❷ 품사 자리 문제는 빈칸 앞뒤를 빠르게 살펴보기

❸ 형용사 proficient 앞에 위치한 빈칸은 부사 자리이므로 (B)가 정답!

연경쌤의 RC 만점 Secret Note 해석 없이 부사 자리 문제 푸는 법

부사 자리	1. be ------- p.p./-ing/형용사 ✦최빈출 유형✦ 2. have/has/had ------- p.p. 3. 조동사 ------- 동사원형 4. 주어 ------- 동사 5. 자동사 ------- 전치사구 6. ------- 형용사 + 명사 7. 완전한 문장 앞 또는 뒤 (주어+ 1형식 자동사/수동태 등) We will **immediately** implement this benefit package for new employees. 저희는 새로운 직원들을 위해 이 복지 패키지를 즉시 시행할 것입니다.

▶ EXAMPLE 7

The head chef at Bumbu Bistro has been ------- praised by several leading food critics.

(A) high
(B) higher
(C) highly
(D) highest

❶ 빈칸이 be동사와 과거분사 praised 사이에 있으므로 빈칸은 부사 자리임을 파악

❷ 보기에 부사인 (A)와 (C)가 정답 후보

❸ '칭찬받다'라는 의미와 어울리는 부사가 빈칸에 와야 하므로 '매우'라는 뜻의 (C)가 정답!

연경쌤의 RC 만점 Secret Note 혼동하기 쉬운 부사

형용사와 부사의 형태가 동일한 단어	-ly를 붙이면 의미가 달라지는 부사
close adj. 가까운 / adv. 가까이	**closely** 밀접하게, 면밀히 (work closely with)
hard adj. 어려운, 딱딱한 / adv. 열심히	**hardly** 거의 ~하지 않는
high adj. 높은 / adv. 높게	**highly** 매우, 많이 (highly regarded/recommended)
late adj. 늦은 / adv. 늦게	**lately** 최근에 (현재완료와 함께 쓰임)
near adj. 가까운 / adv. 가까이	**nearly** 거의 (숫자 강조)

▶ EXAMPLE 8

The guided tour of the town's historical district will depart from Central Station ------- at 8:00 A.M.

(A) exact
(B) exacting
(C) exacted
(D) exactly

❶ 보기에 모두 다른 품사가 나왔으므로 품사 자리 문제임을 파악

❷ 품사 자리 문제는 빈칸 앞뒤를 빠르게 살펴보기

❸ 빈칸 앞에는 완전한 문장이, 빈칸 뒤에는 전치사구가 있으므로 이 전치사구를 수식할 수 있는 부사 (D)가 정답!

> **연경쌤의 RC 만점 Secret Note** 전치사구를 수식하는 부사 모음

well beyond ~을 훨씬 넘어
largely due to 주로 ~ 때문에
overwhelmingly against 절대 다수가 ~에 반대하는

The company's profits have exceeded expectations this year, **well** beyond our initial projections.
올해 회사 이익이 기대를 능가했으며, 우리의 초기 추정치를 훨씬 넘었다.

▶ EXAMPLE 9

Mr. Jansen is working on a new marketing strategy ------- the upcoming product launch.

(A) which
(B) for
(C) but
(D) lately

❶ 보기가 관계사, 전치사, 접속사, 부사로 구성되어 있으므로 문장 구조부터 파악하기

❷ 빈칸 앞뒤에 명사구가 제시되어 있으므로 빈칸은 전치사 자리

❸ 보기에서 유일한 전치사인 (B)가 정답!

> **연경쌤의 RC 만점 Secret Note** 해석 없이 전치사 자리 문제 푸는 법

전치사 자리	1. 완전한 문장 ------- 명사 2. 명사 ------- 명사 All flights have been cancelled **due to** unfavorable weather. 모든 비행편들이 좋지 않은 날씨로 인해 취소되었다. The financial report must be submitted to the accounting department **by** the end of the day. 그 재무 보고서는 퇴근 전까지 회계부에 제출되어야 한다.

정답 및 해설 p.114

1. Mobile phone prices vary ------- by manufacturer, model, and storage capacity.

   (A) great
   (B) greater
   (C) greatness
   (D) greatly

2. Attendees had the opportunity to speak with industry leaders ------- the conference.

   (A) if
   (B) while
   (C) during
   (D) only

3. Based on customer reviews of our new tent, most people found it ------- to carry around and assemble.

   (A) convenience
   (B) convenient
   (C) conveniently
   (D) conveniences

4. The seminar leader will discuss strategies for retaining employees with ------- on staff incentive programs.

   (A) emphatic
   (B) emphasized
   (C) emphasis
   (D) emphasize

5. A partnership ------- a leading technology provider enhanced our product offerings and allowed us to expand our market share.

   (A) where
   (B) but
   (C) both
   (D) with

6. After updating the guest list for the fundraiser, Ms. Dixon will send out event invitations -------.

   (A) her
   (B) she
   (C) hers
   (D) herself

7. All receptionists at Wellfield Clinic are trained on proper procedures for handling patients' ------- details.

   (A) confident
   (B) confidential
   (C) confides
   (D) confidentially

8. Our internal development managers monitor outstanding employees and evaluate ------- managerial potential.

   (A) them
   (B) their
   (C) they
   (D) theirs

9. Our event coordinators work ------- with clients to ensure that everything runs smoothly.

   (A) close
   (B) closed
   (C) closely
   (D) closeness

10. ------- who are interested in a challenging work environment should consider joining our company.

    (A) Whoever
    (B) Those
    (C) Themselves
    (D) Whichever

24   토익 기본서 압축노트 RC

11. All returns must be made ------- 7 days of the purchase date and accompanied by a receipt.

    (A) instead
    (B) also
    (C) within
    (D) later

12. Mr. Jones has used all of his annual leave days this year, but Ms. Drummond has still not used -------.

    (A) hers
    (B) her
    (C) she
    (D) herself

13. Based on the comment cards we collected, our diners have responded ------- to the restaurant's new menus.

    (A) favorably
    (B) favorable
    (C) favoring
    (D) favorite

14. It is recommended that you do not assemble the exercise machine on -------, as it includes several heavy components.

    (A) you
    (B) yourself
    (C) your own
    (D) your

15. Dr. Hugh Bowers was presented with an award yesterday ------- his contributions to the field of biotechnology.

    (A) because
    (B) while
    (C) also
    (D) for

16. When they arrive at the manufacturing plant, the ------- should report to the security office and put on safety equipment.

    (A) delegate
    (B) delegating
    (C) delegator
    (D) delegates

17. All sandwiches at Jumbo Subs may be purchased as part of a meal or -------.

    (A) separation
    (B) separating
    (C) separately
    (D) separate

18. According to the council's Web site, a construction ------- should be obtained prior to any major external home renovations.

    (A) permit
    (B) permitted
    (C) permitting
    (D) permission

19. Starting May 1, Home World will be offering free delivery on all kitchen appliance -------.

    (A) purchase
    (B) purchases
    (C) purchasers
    (D) purchased

20. Employees in the marketing department are required to attend a progress meeting ------- two weeks.

    (A) some
    (B) every
    (C) several
    (D) most

접속사편_관계사, 명사절, 부사절

💡 만점 전략

1. 문장에 접속사가 1개 있는 경우, 동사는 2개가 필요하다.
2. 토익에서 사용되는 접속사의 종류가 다양하므로 각 접속사의 역할을 명확히 이해하는 것이 중요하다.
3. 관계사는 형용사절 접속사로, 앞에 있는 선행사(명사)를 수식한다.
4. 명사절 접속사가 이끄는 절은 명사의 역할을 하며, 주어, 목적어, 보어자리에 올 수 있다.
5. 부사절 접속사가 이끄는 절은 부사의 역할을 하며, 문장에서 생략되어도 문장구조는 완전하다.

▶ EXAMPLE 1

The evening classes at Grayson College are convenient for anyone ------- works full-time from 9 to 5.

(A) who
(B) whose
(C) whom
(D) which

❶ 보기가 관계대명사로 구성되어 있음을 파악

❷ 빈칸 앞에는 사람 명사 anyone이, 빈칸 뒤에 주어 없이 동사만 제시되어 있으므로 빈칸에 주격 관계대명사가 필요

❸ 따라서 사람 선행사를 수식하며, 주어 역할을 할 수 있는 (A)가 정답!

> 연경쌤의 RC 만점 Secret Note   관계대명사 개념 정리

1. 관계대명사는 선행사를 수식하는 역할을 하며, 뒤에 불완전한 구조가 나온다. 따라서 빈칸에 들어갈 알맞은 관계대명사는 선행사의 종류와 빈칸 뒤의 문장 구조에 따라 달라진다.

	주격 + 동사	목적격 + 주어 + 타동사	소유격 + 명사
사람	who	whom	whose
사물, 동물	which	which	whose
사람, 사물, 동물	that	that	없음

2. 소유격 관계대명사 whose는 한정사 없이 바로 뒤에 명사가 위치하므로, 빈칸 뒤 전체적인 구조가 완전해 보이는 것이 특징이다. 정답을 확실히 하고 싶다면 선행사와 whose 뒤에 나온 명사를 해석하여 소유 관계를 가지고 있는지 보면 된다.

We congratulated marketing employees **whose** effort has resulted in 30 percent increase in productivity.
우리는 생산성에서 30퍼센트의 증가라는 결과를 낳은 마케팅 직원들의 노력을 축하했다.

► EXAMPLE 2

Mr. Benitez e-mailed the hotel to cancel the reservation he ------- last Wednesday.

(A) made
(B) was made
(C) making
(D) will be made

❶ 문장 분석을 통해 명사 reservation과 대명사 주어 he 사이에 목적격 관계대명사가 생략되었음을 알 수 있으므로 빈칸이 관계대명사절의 동사 자리임을 파악

❷ 관계대명사절의 주어 he와 수 일치되면서, 선행사인 the reservation을 목적어로 취할 수 있는 능동태 동사가 빈칸에 필요하므로 정답은 (A)!

연경쌤의 RC 만점 Secret Note   관계대명사와 관계부사

1. 목적격 관계대명사는 생략 가능하며, 목적격 관계대명사가 생략된 관계대명사절의 동사의 알맞은 형태를 묻는 문제가 주로 출제된다.

   The candidate (that) Mr. Jones **interviewed** yesterday had relevant work experience in the industry.
   존스 씨가 어제 인터뷰한 지원자는 업계에서의 관련 업무 경험을 가지고 있었다.

2. 전치사 뒤에 빈칸이 있는 경우, 목적격 관계대명사 which (사물 선행사)와 whom (사람 선행사)이 정답이며, 「전치사 + 관계대명사」는 관계부사로 대신할 수 있다.

   The room **in which**(= where) the presentation will take place is equipped with audiovisual equipment.
   발표가 진행될 공간은 시청각 장비를 갖추고 있다.

3. 관계대명사 that은 콤마와 전치사 뒤에 위치할 수 없으며, what은 선행사를 수식하지 못하므로 명사절 접속사로 분류된다.

   Mr. Lee will replace John Smith, (**who** / that) is retiring next month.
   이 씨는 다음 달에 은퇴하는 존 스미스 씨를 대신할 것이다.

4. 관계부사 when, where, why, how는 뒤에 완전한 절이 나오며, 선행사를 확인해서 그에 맞는 관계부사를 쓴다.

   The conference hall **where** we hold orientations for new employees will be closed for renovation.
   우리가 신입 직원들을 대상으로 오리엔테이션을 개최하는 컨퍼런스 홀은 보수 공사를 위해 문을 닫을 것이다.

The interior designer suggested ------- the CEO consider an open-plan design for the head office.

(A) because
(B) that
(C) if
(D) what

❶ 타동사 suggested 뒤에 빈칸이 있고, 빈칸 뒤에 절이 있으므로 빈칸은 동사의 목적어 역할을 할 수 있는 명사절 접속사 자리

❷ 따라서 (B)와 (C)가 정답 후보

❸ 의미상 '대표이사가 본사에 대해 오픈-플랜식의 디자인을 고려할 것을 제안했다'고 해석하는 것이 자연스러우므로 '~라는 것'을 뜻하는 (B)가 정답!

연경쌤의 RC 만점 Secret Note   명사절 접속사의 종류

명사절 접속사 + 주어 + 동사 = 명사절 → 주어, 목적어, 보어 자리에 위치

1. ~라는 것 (확실하고 단정적인 사실)
   ① that + 완전한 절
   Travelers should note **that** there is an additional fee for the items exceeding the weight limit.
   여행객은 중량 제한을 초과하는 물품에 대해 추가 요금이 있다는 것을 주의해야 한다.

   ② what + 불완전한 절 (주어 또는 목적어 없음)
   The document explains **what** new employees need to know regarding our company policies.
   그 문서는 신입 직원들이 우리 회사 정책에 관해 알아야 하는 것을 설명한다.

2. ~인지 아닌지 (불확실한 사실)
   ① whether + 완전한 절 (뒤에 제시되는 or이 정답 단서)
   Please let us know **whether** you would prefer to be contacted by telephone **or** e-mail.
   귀하께서 전화로 연락 받기를 선호하시는지 이메일로 연락 받기를 선호하시는지 저희에게 알려주시기 바랍니다.

   ② if + 완전한 절 (목적어만 가능)
   Ms. Swanson called to see **if** her Wednesday appointment could be put off until later in the week.
   스완슨 씨는 그녀의 수요일 약속이 이번 주말까지 미뤄질 수 있는지 알아보기 위해 전화를 했다.

Ms. Dahl would like to know ------- her article was rejected by our editorial department.

(A) which
(B) while
(C) why
(D) who

❶ 빈칸이 to부정사로 쓰인 타동사 know의 목적어 자리에 있고, 빈칸 뒤에 절이 있으므로 빈칸이 명사절 접속사 자리임을 파악

❷ 명사절 접속사 역할을 할 수 있는 (C)와 (D)가 정답 후보

❸ 빈칸 뒤에 완전한 절이 있으므로 의문부사 (C)가 정답!

연경쌤의 RC 만점 Secret Note　명사절 접속사 완전 정복

1. 명사절 접속사를 선택할 때는 명사절 접속사 뒤의 구조와 해석이 중요하다. 특히, 의문사에 해당되는 명사절 접속사를 헷갈리기 쉬우니 확실히 암기하는 것이 좋다.

   ① **의문대명사 + 불완전한 절** → who (누구), which (어느 것), what (무엇/~라는 것)
   Who will be promoted to this position is anyone's guess.
   누가 이 직책에 승진될지는 누구나 추측하는 바이다.

   ② **의문부사 + 완전한 절** → when (언제), where (어디), why (왜), how (어떻게)
   The article was about **how** the small businesses in this area will attract customers.
   그 기사는 이 지역의 작은 업체들이 고객들을 끌어들이는 방법에 대한 것이었다.

   ③ **의문형용사 + 명사** → which (어떤), whose (누구의), what (무슨)
   The employees will discuss **which** types of marketing strategies result in greater profits.
   직원들은 어떤 종류의 마케팅 전략이 더 많은 수익을 가져오는지에 관해 논의할 것이다.

   ④ **복합관계대명사 + 불완전한 절** → whoever (누구든지), whatever (무엇이든지),
   whichever (어느 것이든지)
   Whoever submitted this design proposal is a highly qualified specialist.
   이 디자인 제안서를 제출한 사람이 누구든지 매우 뛰어난 자격을 갖춘 전문가이다.

2. that, if, who, why를 제외하고 「명사절 접속사 + 주어 + 동사」는 「명사절 접속사 + to부정사」로 축약할 수 있고, 그 중 「how + to부정사」 구조가 가장 많이 사용된다.

   I haven't decided what **to do**(= what I should do).
   나는 무엇을 할지에 대해 아직 결정하지 않았다.

   Phoenix Inc. is implementing a new campaign to teach employees how **to reduce** waste in the workplace.
   피닉스 사는 업무 공간에서 쓰레기를 줄이는 방법을 직원들에게 가르치기 위해 새로운 캠페인을 시행하고 있다.

▶ EXAMPLE 5

------- customers praise our steaks, we sell far more pasta and pizza at our restaurant.

(A) Wherever
(B) Although
(C) So that
(D) Despite

❶ 빈칸 뒤로 두 개의 주어와 동사로 구성된 절이 있으므로 빈칸은 접속사 자리

❷ 따라서 전치사인 (D)를 소거. 나머지 보기들이 모두 부사절 접속사이므로 해석을 통해 정답 고르기

❸ 콤마를 기준으로 상반된 내용이 제시되고 있으므로 '비록 ~이지만'이라는 뜻의 (B)가 정답!

연경쌤의 RC 만점 *Secret Note*   **부사절 접속사의 종류**

부사절 접속사는 수식의 역할을 하는 부사절을 이끄는 접속사로, 뒤에 완전한 절 또는 –ing/p.p.(분사구) 형태가 나온다. 보기가 모두 부사절 접속사로 구성되어 있는 경우, 제시된 문장을 해석하여 의미상 알맞은 부사절 접속사를 골라야 하므로 뜻을 명확하게 암기할 것

시간 접속사	when, as ~할 때 as soon as ~하자마자 until ~까지 while ~동안 since ~이래로 by the time ~할 때쯤
조건 접속사	if, provided, providing, assuming (that) ~라면 unless ~가 아니라면 once 일단~하면 as long as ~하는 한 only if ~인 경우에만 as if 마치 ~인 것처럼
이유 접속사	because, as, since, now that ~때문에
목적 접속사	so that, in order that ~하기 위해서 (+ can)
양보 접속사	although, though, even though, even if 비록 ~ 지만, ~일지라도 whereas, while ~반면에 whenever 언제든지 (= no matter when) wherever 어디든지 (= no matter where) however 얼마나/어떻게 ~하든지 (= no matter how) *however 뒤에 형용사/부사가 오면, 부사절 맨 앞에 위치합니다.
결과 접속사	so + 형용사/부사 + that 너무 ~해서, (그 결과) ~하다

▶EXAMPLE 6

To help promote the national park, visitors are encouraged to post any pictures taken ------- their visit on social media.

(A) here
(B) as
(C) while
(D) during

❶ 빈칸 앞에는 주어와 동사로 구성된 완전한 절이, 빈칸 뒤에는 명사구가 있음을 파악

❷ 따라서 전치사인 (B)와 (D)가 정답 후보

❸ 해석상 '그들의 방문 동안 촬영한 사진들을 게시하는 것'이 자연스러우므로 (D)가 정답!

연경쌤의 RC 만점 *Secret Note* 동일한 의미의 부사절 접속사 vs. 전치사

부사절 접속사 문제는 두 가지 유형으로 출제되는데, ① 보기가 부사절 접속사로만 구성되어 있어 해석상 알맞은 부사절 접속사를 고르는 유형과 ② 보기에 부사, 전치사, 접속부사 등과 함께 부사절 접속사가 제시되어, 문장 구조 분석을 우선적으로 해야 하는 유형으로 나온다. 따라서 같은 뜻을 가진 부사절 접속사와 전치사를 비교하여 암기하는 것이 중요하다.

부사절 접속사 (+ S + V)	전치사 (+ 명사)	의미
though, although, even though	despite, in spite of, notwithstanding	비록 ~일지라도, ~에도 불구하고
because, as, since, now that	because of, due to, owing to	~때문에
while	during, for	~하는 동안
after	after, following, subsequent to	~후에
before	before, prior to	~전에
except that	except (for)	~을 제외하면
in case (that), in the event (that)	in case of, in the event of	~의 경우에, ~을 대비하여

(Despite / **Although**) the construction team put in extra hours for weeks, they failed to meet the deadline.
그 건설팀이 몇 주 동안 추가 시간을 들였음에도 불구하고, 마감기간을 맞추는 것을 실패했다.

Factory production was reduced by 20% (**due to** / because) a power failure last night.
공장 생산량이 지난밤의 정전으로 인해 20퍼센트 감소했다.

1. ------- the party invitations have been printed, please begin sending them to everyone on the guest list.

    (A) So as to
    (B) In addition to
    (C) As soon as
    (D) In order that

2. ------- the festival tickets were more expensive this year, the event attracted more attendees than ever before.

    (A) Even though
    (B) So that
    (C) In spite of
    (D) On top of

3. Mitch Saulnier built his own bicycle ------- he rode while traveling around the world.

    (A) these
    (B) that
    (C) there
    (D) then

4. ------- Ms. Zane had anticipated the fundraiser to be a success, the number of large donations still surprised her.

    (A) Whenever
    (B) Even though
    (C) Even so
    (D) Notwithstanding

5. ------- borrows a company laptop for remote working should remember to return it to the human resources department.

    (A) Whoever
    (B) Everyone
    (C) Everything
    (D) Whichever

6. Included in your information packet is a parking permit, ------- will allow you to use convention center parking lot.

    (A) where
    (B) who
    (C) which
    (D) what

7. The CEO made an announcement about his plans to expand into new markets ------- attending the conference.

    (A) during
    (B) while
    (C) ever since
    (D) as soon as

8. Of all the mobile phones currently on the market, it can be hard to decide ------- would best suit your requirements.

    (A) where
    (B) who
    (C) which
    (D) when

9. In his first ever movie role, Gregory Chang gave a captivating performance, ------- he had been acting for several years.

    (A) as if
    (B) unless
    (C) as such
    (D) otherwise

10. The manager has still not decided ------- he will approve the budget for the new project.

    (A) than
    (B) whether
    (C) whereas
    (D) as though

11. Richmond Manufacturing, ------- products are popular all over the world, will open three new factories throughout Canada next year.

(A) their
(B) which
(C) whose
(D) who

12. ------- Mr. Torrance was absent for more than ten days this year, he was not eligible for the Employee of the Year award.

(A) Until
(B) Since
(C) While
(D) Unless

13. At the staff orientation, Ms. Dickson will explain ------- the company's products are manufactured.

(A) which
(B) what
(C) who
(D) how

14. Mr. Hong sent the carpet samples by express shipping ------- the client could receive them as soon as possible.

(A) in order to
(B) now that
(C) so that
(D) except that

15. ------- making a presentation to an audience, you should ensure that you talk clearly and use visual aids.

(A) Not
(B) To
(C) Of
(D) When

16. Theatergoers should enter and exit the auditorium through the north entrance, ------- otherwise indicated.

(A) which
(B) if
(C) unless
(D) despite

17. Ms. Troyer contacted the printing store to make a change to the business cards she ------- yesterday.

(A) order
(B) ordered
(C) ordering
(D) having ordered

18. ------- is especially interesting about the documentary is that the director filmed the people in the movie for a period of thirty years.

(A) Which
(B) That
(C) How
(D) What

19. ------- time-consuming it may be, employees must submit a daily work report before leaving the office.

(A) Despite
(B) Although
(C) However
(D) While

20. Our CEO met with several wealthy individuals this morning, most of ------- are very interested in investing in the company.

(A) when
(B) them
(C) which
(D) whom

준동사편_to부정사, 동명사, 분사

💡 만점 전략

1. 준동사 문제는 해당 문장에서 본동사를 찾은 다음, 준동사가 들어갈 수 있는 위치를 정확하게 이해해야 한다.
2. to부정사는 문장에서 명사, 형용사, 부사의 역할을 한다.
3. 동명사는 문장에서 명사의 역할을 하므로 주어, 목적어, 보어 자리에 들어갈 수 있다.
4. 분사(-ing/p.p.)는 문장에서 형용사의 역할을 하고, 주로 감정동사의 알맞은 분사형을 고르는 유형으로 출제된다.
5. 준동사는 동사처럼 목적어를 가질 수 있으며, 부사의 수식을 받을 수 있다.
6. 준동사는 빠르고 쉽게 점수를 올릴 수 있는 영역이므로 반드시 <연경쌤의 RC 만점 Secret Note>를 모두 외울 것!

▶ EXAMPLE 1

Employers who have high staff retention rates tend ------- their employees more time off.

(A) have given
(B) gave
(C) to give
(D) giving

❶ 우선 문장의 본동사 tend가 있으므로 빈칸은 준동사 자리임을 체크

❷ 빈칸이 동사 뒤에 위치해 있으므로 목적어 자리이며, 타동사 tend는 to부정사를 목적어로 가지므로 정답은 (C)!

연경쌤의 RC 만점 Secret Note   to부정사 vs. 동명사를 목적어로 취하는 동사

to부정사와 동명사 문제는 두 가지 유형으로 출제되는데, ① 특정 동사를 제시하고 목적어 자리인 빈칸에 to부정사 또는 동명사를 넣는 유형과 ② 목적어 자리에 to부정사 또는 동명사를 제시하고 빈칸에 알맞은 동사를 고르는 유형으로 출제된다. 따라서 to부정사를 목적어로 취하는 동사와 동명사를 목적어로 취하는 동사를 구분해서 암기해야 한다.

to부정사를 목적어로 취하는 동사	동명사를 목적어로 취하는 동사
want, plan, wish, hope, need, decide, ask, promise, refuse, fail, afford, tend, strive, try, choose, aim, manage	consider, suggest, recommend, avoid, include, involve, enjoy, discontinue, postpone, deny, finish

Our department will plan **to organize** a team-building event for the staff next quarter.
우리 부서는 다음 분기에 직원들을 위해 팀빌딩 행사를 기획할 계획이다.

The training program **includes** developing communication skills and collaborating with colleagues.
그 교육 프로그램은 의사소통 능력을 발전시키는 것, 그리고 동료들과 협업하는 것을 포함한다.

▶EXAMPLE 2

Call center agents are required ------- customer complaints promptly and efficiently.

(A) can address
(B) having addressed
(C) to address
(D) addressing

❶ 문장에 본동사 are required가 있으므로 빈칸은 준동사 자리임을 체크

❷ 동사 require은 5형식 동사로서 목적격 보어로 to부정사를 취하는데, 수동태 be required로 쓰이면 목적어가 없으므로 수동태 뒤에 목적격 보어 to부정사가 바로 위치한다. 따라서 (C)가 정답!

연경쌤의 RC 만점 Secret Note **to부정사를 목적격 보어로 취하는 5형식 동사**

to부정사를 목적격 보어로 취하는 5형식 동사는 아래와 같이 두 가지 유형으로 출제된다.

① 빈칸 뒤 목적격 보어로 사용된 to부정사를 보고 알맞은 5형식 동사를 고르는 유형
Passengers are (responded / **advised**) to confirm their train schedules in advance.
승객들은 그들의 기차 스케줄을 미리 확인하는 것이 권고된다.

② 빈칸 앞 수동태로 사용된 5형식 동사를 보고 목적격 보어로 to부정사를 고르는 유형
Our customers are asked (visiting / **to visit**) the Web site to complete the survey.
우리 고객들은 설문조사를 작성 완료하기 위해 웹사이트를 방문할 것을 요청받는다.

5형식 동사(능동) + 목적어 + to부정사	be동사 + 5형식 동사의 p.p(수동) + to부정사
ask/require/request + 목적어 + to부정사 ~하라고 요청하다	be asked/required/requested to부정사 ~하라고 요청 받다
allow/permit + 목적어 + to부정사 ~하는 것을 허락하다	be allowed/permitted to부정사 ~하도록 허용되다
advise/urge + 목적어 + to부정사 ~하라고 권고하다	be advised/urged to부정사 ~하도록 권고 받다
expect + 목적어 + to부정사 ~할 것이라고 예상하다	be expected to부정사 ~할 것으로 예상되다
invite + 목적어 + to부정사 ~하라고 초대하다/요청하다	be invited to부정사 ~하도록 권유 받다/요청 받다
remind + 목적어 + to부정사 ~하라고 상기시키다	be reminded to부정사 ~하도록 상기되다
encourage + 목적어 + to부정사 ~하라고 권장하다	be encouraged to부정사 ~하도록 권장 받다
enable + 목적어 + to부정사 ~하는 것을 가능하게 하다	be enabled to부정사 ~하는 것이 가능하게 되다

▶EXAMPLE 3

The event organizers will arrange several shuttle buses ------- the journey time to the conference.

(A) reducing
(B) reduced
(C) to reducing
(D) to reduce

❶ 빈칸 앞에 주어와 동사를 갖춘 완전한 절이 있으므로 빈칸부터 conference까지가 부사의 역할을 해야 하는 것을 확인

❷ reduce(줄이다)와 빈칸 뒤의 내용이 셔틀 버스를 준비하는 목적에 해당되므로 (D)가 정답!

연경쌤의 RC 만점 Secret Note | to부정사의 부사 역할

to부정사가 부사 역할로 쓰이는 문제가 자주 출제되는데, 빈칸에 들어갈 준동사의 의미가 본동사의 목적(~하기 위해)을 나타내고, 빈칸 앞 또는 뒤에 완전한 절이 온다면 to부정사가 정답이다.

You need to provide all the required documents **to complete** the application process.
지원 과정을 완료하기 위해 귀하께서는 모든 필요한 서류를 제공해 주셔야 합니다.

▶EXAMPLE 4

By actively ------- personal career development, Eastborne Enterprises has internally promoted more than thirty employees this year.

(A) encouragement
(B) encourage
(C) encouraging
(D) to encourage

❶ 빈칸 앞에 전치사 By와 부사 actively가 위치해 있고 빈칸 뒤에 명사구 personal career development가 있음을 확인

❷ 전치사 뒤에 위치할 수 있으면서 부사의 수식을 받고, 명사구를 목적어로 가질 수 있는 동명사 (C)가 정답!

연경쌤의 RC 만점 Secret Note | 동명사 출제 유형

① 빈칸 뒤 타동사의 목적어가 있는지 확인 → 목적어가 있다면 동명사가, 없다면 명사가 정답!
Ms. Harris suggested (**inviting** / invitation) employees to provide feedback on the company's benefits package.
해리스 씨는 회사의 복리 후생 제도에 관한 의견을 제공하도록 직원들을 초청할 것을 제안했다.

② 빈칸 앞 관사가 있는지 확인 → 관사가 있다면 명사가, 관사가 없다면 동명사가 정답!
The online retailer carries a (collecting / **collection**) of books on a variety of topics.
그 온라인 판매점은 다양한 주제에 관한 도서 모음집을 취급한다.

③ 빈칸 뒤 수식받는 단어의 품사를 확인 → 명사라면 형용사가, 동명사면 부사가 정답!
Big Bone was able to meet its sales targets by (effective / **effectively**) managing resources.
빅 본은 자원을 효과적으로 관리함으로써 매출 목표를 달성할 수 있었다.

▶ EXAMPLE 5

Alpha Catering is dedicated to ------- its clients'
expectations by providing the highest standards of food
and service.

(A) exceed
(B) exceeded
(C) exceeding
(D) excess

❶ 빈칸 앞에 있는 to가 to부정사 to인지 전치사
to인지 파악해야 한다.

❷ 빈칸 앞에 be dedicated to가 있는데, 이 숙어
에서 사용된 to는 전치사이므로 동명사인 (C)
가 정답!

연경쌤의 RC 만점 Secret Note 토익 최빈출 동명사 숙어 표현

be committed[dedicated, devoted] to -ing ~에 헌신하다, 전념하다 look forward to -ing ~을 고대하다 have difficulty[a problem] -ing ~하는데 어려움을 겪다[문제가 있다]	spend 시간/돈 -ing ~하는데 시간/돈을 쓰다 be busy -ing ~하느라 바쁘다 cannot help -ing ~하지 않을 수 없다 be worth -ing ~할 가치가 있다

▶ EXAMPLE 6

Mr. Roper has received a list of ------- job candidates
from the HR manager and will make a final decision by
the end of the week.

(A) prefer
(B) preferred
(C) preferring
(D) to prefer

❶ 빈칸이 복합명사 job candidates를 수식하는
형용사 자리임을 체크

❷ 형용사 역할을 하는 분사 (B)와 (C)가 정답 후
보인데, 입사 지원자는 인사부장에 의해 선호
되는 대상이므로 수동의 의미를 가진 과거분사
(B)가 정답!

연경쌤의 RC 만점 Secret Note 분사 출제 유형

① 명사를 앞에서 수식할 때 → 수식받는 명사와의 관계가 능동이면 현재분사(-ing), 수동이면 과거분사(p.p.)가 정답!
Please submit the (revising / **revised**) final draft no later than 8 P.M.
수정된 최종 원고를 늦어도 오후 8시까지는 제출해주십시오.

② 명사를 뒤에서 수식할 때 → 목적어가 있으면 현재분사(-ing), 없으면 과거분사(p.p.)가 정답!
The hotel (**hosting** / hosted) the annual workshop has been highly recommended by past
attendees.
연례 워크숍을 개최했던 호텔은 지난 참석자들로부터 적극적으로 추천되었다.

▶ EXAMPLE 7

Director Serge Blanco decided not to attend the film festival due to the ------- reviews of his latest movie.

(A) disappoint
(B) disappointing
(C) disappointment
(D) disappointed

❶ 빈칸이 명사 reviews를 수식해야 하므로 형용사 역할을 하는 분사 (B)와 (D)가 정답 후보!

❷ disappoint(~을 실망시키다)가 감정동사이고, 빈칸이 수식받는 명사 reviews가 감정을 유발하는 능동의 주체이므로 현재분사 (B)가 정답!

연경쌤의 RC 만점 Secret Note   감정동사의 분사형과 분사형 형용사

1. 분사 문제에서 감정을 나타내는 동사의 분사형태가 보기에 제시될 때, 수식받는 명사가 감정을 유발하는 주체이면 현재분사(-ing)를, 감정을 느끼는 대상이면 과거분사(p.p.)를 정답으로 선택한다.

감정동사	현재분사	과거분사
satisfy 만족시키다	satisfying 만족시키는	satisfied 만족하는
surprise 놀라게 하다	surprising 놀라게 하는	surprised 놀란
excite 흥분시키다	exciting 흥분시키는	excited 흥분된
disappoint 실망시키다	disappointing 실망시키는	disappointed 실망한
impress 감명을 주다	impressing 감명을 주는	impressed 감명받은
interest 흥미를 끌다	interesting 흥미를 끄는	interested 흥미를 느낀
fascinate 매혹시키다	fascinating 매혹시키는	fascinated 매혹된
annoy 짜증나게 하다	annoying 짜증나게 하는	annoyed 짜증난
please, amuse 기쁘게 하다	pleasing, amusing 기쁘게 하는	pleased, amused 기쁜

2. 아래 분사들은 이미 현재분사 또는 과거분사의 형태로 굳어져 사용되고 있으므로 분사 형태의 형용사로 암기해야 한다.

현재분사형 형용사	과거분사형 형용사
leading 선도하는	attached 첨부된
promising 유망한	enclosed 동봉된
missing 분실된	detailed 자세한
demanding 힘든	damaged 손상된
lasting 오래 지속되는	qualified 자격을 갖춘
upcoming 곧 있을, 다가오는	designated 지정된
inviting 매력적인	experienced 경험 많은
outstanding 뛰어난	skilled 능숙한
surrounding 주위의	preferred 선호되는
emerging 떠오르는	distinguished 저명한

▶ EXAMPLE 8

The soccer team gave the captaincy back to Miles Hall after his return from a lengthy injury, ------- him as an integral part of the team.

(A) reconfirming
(B) reconfirm
(C) is reconfirmed
(D) reconfirmed

❶ 문장 처음부터 콤마까지 완전한 절의 형태로, 빈칸 이하가 수식어구가 되어야 한다는 것을 파악

❷ 분사구문이 수식어구가 될 수 있으므로 (A),(D)가 정답 후보!

❸ 빈칸 뒤 인칭대명사 him이 있으므로 이를 목적어로 취할 수 있는 현재분사 (A)가 정답!

연경쌤의 RC 만점 *Secret Note* │ 분사구문 구조와 시제

① 분사구문의 구조

• (접속사 When, As 등) + -ing + 명사 목적어, 주어 + 동사
When **designing** a new clothing line, please stay up-to-date with current fashion trends.
새로운 의류 제품군을 디자인할 때, 현재 패션 트렌드에 맞게 최신으로 유지하세요.

• (접속사 When, As 등) + p.p. (+ 전치사구), 주어 + 동사
As **indicated** in the e-mail, the monthly meeting will take place at 10 A.M. tomorrow.
이메일에 나타난 대로, 월간 회의가 내일 오전 10시에 개최될 것이다.

② 분사구문의 시제
분사구문의 시제를 고르는 고난도 문제가 출제되기도 하는데, 주절의 시제와 동일하다면 단순시제를, 주절보다 앞선 시제라면 완료시제를 정답으로 선택한다.

After (**having been closed** / being closed) for renovations for three months, the museum is set to reopen next month.
보수 공사를 위해 3개월 동안 폐쇄된 후에, 박물관은 다음 달에 재개장하도록 예정되어 있다.

1. Government agencies should provide a variety of communication options ------- build trust with citizens.

   (A) nevertheless
   (B) in order to
   (C) due to
   (D) in addition to

2. Mr. McHale will discuss several advantages of the ------- relocation during the monthly shareholder meeting.

   (A) proposed
   (B) proposal
   (C) proposition
   (D) proposing

3. By ------- restaurants in Seoul, Beijing, and Tokyo, Chef Daniels has introduced his dishes to potentially millions of new diners.

   (A) opening
   (B) opened
   (C) opens
   (D) open

4. The new personal finance app allows users ------- any financial transactions they make.

   (A) recording
   (B) records
   (C) recorded
   (D) to record

5. Knowing only a few basic Spanish phrases, Mr. Rutherford had difficulty ------- verbally with the clients he met in Madrid.

   (A) communicate
   (B) communication
   (C) communicating
   (D) communicated

6. The awards ceremony was organized to recognize numerous ------- entrepreneurs in North America.

   (A) emerged
   (B) emerging
   (C) emerge
   (D) emerges

7. According to a real estate report, an increasing number of people are ------- purchasing property in suburban areas.

   (A) planning
   (B) deciding
   (C) trying
   (D) considering

8. Homegrow Foods is working to develop a refrigerated container for ------- fresh produce.

   (A) transportation
   (B) transport
   (C) transporting
   (D) transporter

9. Our Web site has been modified ------- features such as live chat and a branch locator.

   (A) is included
   (B) will include
   (C) includes
   (D) to include

10. Most circus attendees come to watch the ------- stunts of our world-renowned acrobats and tightrope walkers.

    (A) entertain
    (B) entertained
    (C) entertaining
    (D) entertains

11. The mayor ------- by the lead architect will officially open the new City Hall building on July 13.

(A) accompany
(B) accompanied
(C) accompanying
(D) accompanies

12. ------- only two kilometers from the airport, the Fairview Hotel is very popular with both business travelers and tourists.

(A) Location
(B) Located
(C) Locate
(D) Locating

13. ------- better package our products, we have partnered with a recyclable container manufacturer.

(A) In order to
(B) Due to
(C) Owing to
(D) With regard to

14. Mr. Chandler is looking forward to ------- with representatives of Winton Incorporated to finalize the business deal.

(A) meet
(B) meeting
(C) have met
(D) be meeting

15. ------- faulty equipment in the manufacturing plant is one of the primary duties of the senior maintenance technician.

(A) Repairing
(B) Repair
(C) Repaired
(D) Reparation

16. ------- his sales target for the month, Mr. Owens was granted an extra day of paid leave by his manager.

(A) Being achieved
(B) To have achieved
(C) Having achieved
(D) To be achieved

17. Factory employees ------- on the assembly line must log any machine faults in the daily report book.

(A) worked
(B) are working
(C) have worked
(D) working

18. Unless ------- otherwise, all new employees should report to the personnel office at 9 a.m. on their first day of work.

(A) instructing
(B) instructed
(C) instructor
(D) instruct

19. After eventually ------- with EDK Systems last month, Hyma Corporation announced the creation of 250 new jobs.

(A) merge
(B) merges
(C) merged
(D) merging

20. Despite ------- several promotions at LQT Pharmaceuticals over the past decade, Mr. Linton decided to pursue a career in a different field.

(A) having received
(B) be receiving
(C) have received
(D) to receive

만점 전략

1. 어휘 실력이 결국 RC 고득점을 결정한다!
2. 단어를 개별적으로 암기하기 보다는 짝꿍 표현을 함께 암기하는 것을 추천한다.
3. 동사 어휘 문제는 빈칸 앞뒤 또는 문장 구조를 최대한 힌트로 활용하여 풀어야 한다.
4. 명사 어휘 문제는 우선적으로 빈칸 앞뒤 내용을 해석하고, 그래도 정답이 나오지 않는다면 전체 문장을 해석하는 것이 좋다.

▶ EXAMPLE 1

The board members are expected to ------- workplace safety issues at their next meeting.

(A) allow
(B) address
(C) imitate
(D) inform

❶ 동사 어휘 문제는 빈칸 뒤 명사 목적어와의 의미 관계를 따져야 한다.

❷ 빈칸 뒤 명사 목적어 workplace safety issues(작업장 안전 문제)와 어울리며, 이사회 임원들이 기대할 수 있는 행위를 나타낼 동사가 빈칸에 필요

❸ 따라서 '(걱정, 문제, 요청 등) ~을 다루다, 처리하다'라는 뜻의 (B)가 정답!

연경쌤의 RC 만점 Secret Note 최빈출 「동사 + 명사 목적어」 짝꿍 표현

「동사 + 명사 목적어」 짝꿍 표현들은 빈칸 뒤에 명사 목적어가 제시되고, 빈칸에 알맞은 동사 어휘를 넣는 유형 또는 빈칸 앞에 동사가 제시되고, 빈칸에 알맞은 명사 어휘를 고르는 두 가지 유형으로 출제된다. 따라서 동사와 명사를 따로 암기하기보다 덩어리로 암기하는 것이 좋다.

동사	명사 목적어
accept 받아들이다, 수락하다	bid 호가, 입찰, cash 현금, apology 사과, application 지원(서)
accommodate 수용하다	growth 성장, employee 직원, audience 청중, parties 단체, demand 요구
address ① 다루다 ② 연설하다	① concern 염려, problem 문제, issue 문제, demand 수요
assume ① 떠맡다 ② 추정하다	① title 직함, role 직무
approve 승인하다	plan 계획, request 요청사항
attend 참석하다	meeting 회의, training session 교육 시간, seminar 세미나, interview 면접, conference 대회의, 학회

attract 끌어 모으다, 유치하다	customer 고객, tourist 관광객, visitor 방문객, shopper 쇼핑객, crowds 군중
complete ① 완료하다 ② 작성하다	① course 과정, training 교육, phase 단계, audit 회계 감사, installation 설치 ② enrollment (form) 등록 (양식), evaluation 평가서
conduct 실행하다, 실시하다	survey 설문조사, tour 관광, meeting 회의, inspection 점검
develop ① 개발하다 ② 발전시키다	① technique 기술 ② plan 계획, area 지역, reputation 평판, idea 생각, relationship 관계, ability 능력
exceed 초과하다, 넘다	weight 무게, expectation 예상(치), earnings 수익, target 목표
express 표현하다	confidence 자신감, interest 관심, concern 걱정, commitment 헌신, gratitude 감사함, admiration 존경
extend ① 연장하다 ② 주다, 베풀다	① warranty 보증기간, business hours 영업 시간, vacation time 휴가 기간 ② offer 특별 혜택
fulfill 이행하다	request 요청, obligation 의무
implement 시행하다	plan 계획, program 프로그램, measure 조치, strategy 전략, practice 관행
launch ① 시작하다 ② 출시하다	① campaign 캠페인, search 찾기, service 서비스
mark ① 표시하다 ② 기념하다	② opening 개장, anniversary 기념일
meet ① 충족시키다 ② 만나다	① requirement 요구사항, deadline 마감기한, qualification 자격사항, demand 수요, standard 기준, needs 요구, expectation 기대
obtain 얻다, 구하다 (A from B)	identification tag/badge 인식표, pass 통행권, insurance 보험, driver's license 운전면허증, permission 허가, quote 견적, replacement 대체품
present 제시하다	identification badge 인식표, rationale 이유, contract 계약서, lecture 강의
promote ① 홍보하다 ②승진하다	① new book 신간, new lines 신상 제품군, idea 생각, tourism 관광업 ② (수동태) to 직책
raise ① 올리다 ② 높이다	① fare 요금 ② awareness 인식
resume 재개하다	duty 직무, production 생산
retain ① 유지하다 ② 보유하다	① name 이름, product line 제품군 ② copy 사본, ownership 소유권
resolve 해결하다	problem 문제, conflict 갈등
serve ① 제공하다 ② 응대하다	① leadership 리더십 ② customer 고객
submit 제출하다	application 지원서, request 요청사항, estimate 견적서, revision 수정사항, requirement 요구사항, business plan 사업계획, sample 샘플, design 디자인, proposal 제안(서), document 서류, time sheet 근무 시간 기록표
waive 면제하다	shipping cost 배송비, registration fee 등록비

Management requires that new employees ------- in a skills workshop during their first week of work.

(A) register
(B) hold
(C) enroll
(D) subscribe

❶ 보기에 있는 동사의 의미가 모두 문맥상 자연스럽다면 빈칸 앞뒤 또는 문장 구조를 활용해야 한다.

❷ 빈칸 뒤 전치사 in이 있으므로 목적어를 필요로 하는 타동사는 소거

❸ 전치사 in과 함께 '~에 등록하다'라는 뜻을 가지는 자동사 (C)가 정답!
(A)는 전치사 for와 함께 쓰이는 자동사이므로 오답!

연경쌤의 RC 만점 *Secret Note* 최빈출 「자동사 + 전치사」 짝꿍 표현

동사 어휘 문제에서 빈칸 뒤에 전치사가 있는 경우 그 전치사와 어울리는 쓰이는 자동사를 찾아서 해석을 하지 않고도 빠르게 문제를 풀 수 있다. 따라서 「자동사 + 전치사」를 덩어리로 외우는 것이 중요하며, 이와 함께 매력적인 오답으로 등장하는 같은 뜻을 가지는 **타동사**도 함께 알아 두어야 한다. 또한, 자동사와 함께 쓰이는 전치사를 골라야 하는 문제로도 출제된다.

adapt to ~에 적응하다	**account for** ~을 설명하다 (= explain)
agree with/on ~에게/~에 관해 동의하다	**adhere to** ~을 준수하다 (= observe)
benefit from ~로부터 혜택을 얻다	**appeal to** ~을 끌다, 유치하다 (= attract, draw)
comment on ~에 관해 말하다	**collaborate with/on** ~와/~에 대해 협력하다
comply with ~을 준수하다 (= observe)	**compensate for** ~을 보상하다
contribute to ~에 기여하다	**concentrate on** ~에 집중하다
depend (up)on ~에 의지하다	**count on** ~에 의지하다
look around ~을 둘러보다	**enroll in** ~에 등록하다
look into ~을 조사하다	**participate in** ~에 참석하다 (= attend)
look for ~을 찾다	**reply to** ~에 응답하다 (= answer)
proceed with ~을 진행하다	**respond to** ~에 응답하다 (= answer)
refrain from ~을 삼가다	**specialize in** ~을 전문으로 하다
result in ~의 결과를 야기하다	**serve as** ~로 근무하다

We ask that you (**refrain** / obtain) from using your cell phone during the meeting.
회의 중에 휴대전화를 사용하는 것을 삼가주시길 요청드립니다.

Dan has decided to (**participate** / attend) in the marathon this year to raise money for the charity.
댄 씨는 자선단체를 위한 자금을 모으기 위해 올해 마라톤에 참가하기로 결정했다.

All employees are required to comply (**with** / to) the company's dress code.
모든 직원들은 회사의 복장 규정을 준수해야 한다.

▶ EXAMPLE 3

Mr. Howard has ------- his staff members 35 annual paid leave days since he became CEO of the firm five years ago.

(A) trained
(B) required
(C) granted
(D) deposited

❶ 빈칸 뒤에 두 개의 목적어가 제시되어 있는 구조임을 빠르게 캐치!
his staff members 간접목적어
35 annual paid leave days 직접목적어

❷ 빈칸은 두 개의 목적어를 가지는 4형식 동사가 필요한 자리이므로 정답은 (C)!

연경쌤의 RC 만점 Secret Note 문장 구조를 보고 쉽게 풀 수 있는 동사 어휘 문제

동사 어휘 문제 중 일부는 문장 구조를 힌트로 활용하여 빠르게 문제를 풀 수 있다. 문제를 풀 때 구조를 파악할 수 없다면 해석이 필요하여 문제 풀이 시간이 오래 걸리므로 아래 4형식 동사들의 문장 구조를 암기하는 것이 좋다.

• 주어 + 4형식 동사 + 간접목적어(사람) + 직접목적어(사물)

grant A B A에게 B를 수여하다, 승인하다	award A B A에게 B를 수여하다
assign A B A에게 B를 할당하다	send A B A에게 B를 보내다
offer A B A에게 B를 제공하다	issue A B A에게 B를 발급하다
guarantee A B A에게 B를 보장하다	bring A B A에게 B를 가져다 주다

For a limited time, we are (**offering** / suggesting) customers a special discount on our latest product line.
한정된 기간 동안, 최신 제품군에 대해 특별 할인을 고객님들께 제공해드립니다.

• 주어 + 동사 + 사람목적어 + that, of, to부정사, about

inform A that절 A에게 ~을 알리다	notify A that절 A에게 ~을 알리다 notify A of B A에게 B를 알리다
remind A that절 A에게 ~을 상기시키다 A remind B to부정사 A가 B에게 ~하라고 상기시키다 A be reminded to부정사 A는 ~하라고 상기되다	assure A that절 A에게 ~을 보장하다 assure A of B A에게 B를 보장하다
advise A about B A에게 B에 대해 충고하다 advise A to부정사 A에게 ~하라고 충고하다 A be advised to부정사 A는 ~하라고 권고받다	

The CEO (**assured** / inspired) her staff that there would be no layoffs despite the company's recent financial loss.
대표이사는 직원들에게 회사의 최근 재정적 손실에도 불구하고 해고는 없을 것이라고 보장했다.

▶EXAMPLE 4

After switching to hybrid cars, some taxi drivers have seen a(n) ------ in profits thanks to spending less money on gasoline.

(A) effort
(B) increase
(C) failure
(D) registration

❶ 명사 어휘 문제는 빈칸 앞 또는 뒤에 힌트가 제시되었는지 빠르게 살펴보는 게 중요

❷ 빈칸 뒤에 전치사 in과 함께 쓰이는 (B)를 정답 후보로 두고 빠르게 해석할 것

❸ 빈칸과 그 뒤는 '수익의 증가'라고 해석되는 것이 자연스러우므로 정답은 (B)!

연경쌤의 RC 만점 Secret Note   최빈출 「명사 + 전치사」 짝꿍 표현

명사 어휘 문제는 보통 빈칸 뒤에 제시된 전치사와 짝꿍으로 쓰일 수 있는 명사를 고르는 유형으로 출제된다. 따라서 자주 쓰이는 「명사 + 전치사」를 하나의 덩어리로 암기해야 한다.

• **증가/감소의 의미를 가진 명사 + in**

increase in, rise in, surge in ~에서의 / ~의 증가 advance in ~의 진보 improvement in ~의 개선	decrease in, drop in, decline in, reduction in ~에서의 / ~의 감소

There was a sudden (**drop** / ride) in temperature this morning, so be sure to dress warmly.
오늘 아침에 기온의 갑작스러운 하락이 있었으므로 반드시 따뜻하게 입으세요.

• **「명사 + 전치사」**

addition to ~에 추가된 것 (시설, 인원) addition of ~의 추가 adjustment to ~에 대한 조정 change in ~의 변화 compliance with ~에 대한 준수 confidence in ~에 대한 자신감 emphasis on ~에 대한 강조 exposure to ~에 대한 노출 investment in ~에 대한 투자 modification to ~에 대한 변경 revision to ~에 대한 수정 promotion of ~의 승진 transfer to ~로의 전근	access to ~에 대한 접근(권한) approach to ~에 접근(법) commitment to ~에 대한 헌신 contribution to ~에 대한 기여 demand for ~에 대한 수요 impact of ~의 영향 interest in ~에 대한 관심 shortage of ~의 부족 priority over/for ~보다 / ~에 대한 우선순위 reputation as / for ~로서 / ~에 대한 평판 response[reply] to ~에 대한 응답

The (influx / **demand**) for skilled workers in the technology industry is growing rapidly.
기술 산업에서 숙련된 근로자에 대한 수요가 빠르게 증가하고 있다.

▶EXAMPLE 5

As a result of a sudden power ------- at the factory, productivity has dropped by 30 percent.

(A) failure
(B) alternative
(C) experience
(D) component

❶ 빈칸에는 빈칸 앞에 위치한 명사 power와 함께 복합명사로 쓰이는 명사가 필요하다는 것을 파악

❷ power failure는 '정전'이라는 뜻으로 하나의 명사로 쓰이므로 정답은 (A)!

연경쌤의 RC 만점 Secret Note   최빈출 복합명사

「명사 + 명사」 구조의 복합명사는 명사 어휘 문제로 자주 출제된다. 실제 시험에서는 앞에 위치한 명사가 빈칸으로 출제되거나 뒤에 위치한 명사가 빈칸으로 출제되므로 덩어리로 암기해야 한다.

contingency plan 비상 계획	travel budget 출장 예산
employee productivity 직원 생산성	privacy policy 개인정보 보호정책
government regulations 정부 규정	return customer 다시 찾는 고객, 재방문 고객
bicycle safety 자전거 안전	expiration date 만기일, 유효 기간
safety precautions 안전 조치사항	price reduction 가격 할인
quality standard 품질 기준	seating capacity 좌석 수, 좌석 정원
sales representative 판매 직원	manufacturing capacity 제조 용량
sales associate 판매 직원	meal period 식사 시간
conference registration 컨퍼런스 등록	holiday reception 휴일 연회
transportation expenses 교통비	sales figures 판매 실적
hiring process 채용 과정	market forecast 시장 전망
tourist attraction 관광 명소	budget flight 저가 항공편
shipping contract 배송 계약	advertising budget 광고 예산
shipping charge 배송 요금	purchase decision 구매 결정

Before using any chemicals, researchers must read and follow all safety (guideline / **precautions**).
어떠한 화학물질이든 사용하기 전에, 연구원들은 반드시 모든 안전 조치사항을 읽고 따라야 한다.

The parties involved in the shipping (**contract** / meeting) must agree on the delivery date and time.
배송 계약에 포함된 당사자들은 배송 날짜와 시간에 대해 반드시 동의해야 한다.

Online reviews and recommendations can greatly influence a consumer's purchase (items / **decision**).
온라인 리뷰와 추천은 소비자의 구매 결정에 크게 영향을 미칠 수 있다.

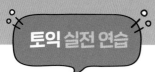

1. To remain in ------- with emissions restrictions, we should consider switching to electric vehicles.

   (A) arrangement
   (B) compliance
   (C) prevention
   (D) precaution

2. Crimson Electronics will ------- its latest digital streaming service at the end of this quarter.

   (A) launch
   (B) motivate
   (C) arrive
   (D) redeem

3. During the training session, the attendees will ------- in role-playing exercises to improve their communication skills at the convention center.

   (A) complete
   (B) participate
   (C) release
   (D) attend

4. Once a request for repairs has been -------, tenants can expect to receive a confirmation e-mail within 24 hours.

   (A) needed
   (B) applied
   (C) submitted
   (D) contracted

5. Mr. Joshua Moore has a ------- as a prolific writer with a keen eye for detail and a talent for storytelling.

   (A) courtesy
   (B) character
   (C) reputation
   (D) destination

6. To encourage higher employee -------, MobileSoft offers a bonus to teams that develop highly rated apps.

   (A) suitability
   (B) admiration
   (C) measures
   (D) productivity

7. With his suggestions to improve the distribution process, Mr. Waverly has proven himself to be a valuable ------- to the warehouse.

   (A) property
   (B) article
   (C) nominee
   (D) addition

8. Raffles Restaurant's food quality and presentation ------- our expectations, making for a memorable dining experience.

   (A) rated
   (B) described
   (C) promoted
   (D) exceeded

9. All candidates will be given temporary ------- to the company website throughout their job application process.

   (A) advance
   (B) installment
   (C) position
   (D) access

10. The new automated scheduling system has ------- many scheduling conflicts and increased productivity.

    (A) concluded
    (B) resolved
    (C) offered
    (D) reminded

11. At the managers' meeting, Ms. Hodges proposed a(n) ------- in staff size in a measure to cut costs.

(A) experience
(B) solution
(C) reduction
(D) shipment

12. Please ------- us the defective product along with a copy of your purchase receipt to receive a refund.

(A) allow
(B) address
(C) have
(D) send

13. Fast2U, a delivery service, ------- a new technology strategy to optimize delivery routes and improve efficiency.

(A) performed
(B) reminded
(C) convinced
(D) implemented

14. This message is to ------- you that the remaining balance of $27.75 on your card is due on 9 June.

(A) indicate
(B) declare
(C) announce
(D) notify

15. The successful candidate met all of the ------- and impressed the interviewers with their relevant experience.

(A) auditions
(B) opinions
(C) requirements
(D) circumstances

16. Despite Ms. Tran's initial ------- about investing in local real estate, she has managed to turn a significant profit.

(A) reservations
(B) attention
(C) description
(D) specialization

17. The quality assurance team ------- for a full week before finally agreeing on the best product unveiling date.

(A) predicted
(B) required
(C) held
(D) deliberated

18. Once Hampton Shipping ------- Prime Maritime, it will control nearly half of the Atlantic Ocean's international shipping market.

(A) advises
(B) merges
(C) invites
(D) acquires

19. Most hiring managers agree that a positive work attitude can ------- for a lack of experience.

(A) compensate
(B) reimburse
(C) offset
(D) renew

20. Part-timers should ------- their immediate supervisor if they have any questions or concerns regarding our revised holiday schedule.

(A) inquire
(B) look
(C) appeal
(D) consult

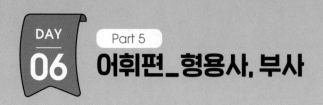
🔋 만점 전략

1. 동사/명사 어휘와 마찬가지로 형용사, 부사 어휘를 암기할 때도 자주 함께 쓰이는 짝꿍 표현을 통으로 암기할 것!
2. 형용사와 부사 어휘 문제는 수식받는 단어와 의미상 가장 잘 어울리는 단어를 선택해야 한다.
3. 빈칸 앞 또는 뒤에 어울리는 짝꿍 표현이 없을 땐, 제시된 문장을 해석해 전체적인 의미를 파악하여 정답을 골라야 한다.

▶ EXAMPLE 1

All Public Relations team members are partially ------- for monitoring our corporate SNS accounts.

(A) successful
(B) persistent
(C) responsible
(D) apparent

❶ 빈칸 앞뒤에 있는 be동사 are과 전치사 for가 결정적인 힌트

❷ 이 두 가지와 함께 쓰여 '~을 책임지다'라는 뜻을 나타내는 (C)가 정답!

연경쌤의 RC 만점 Secret Note   덩어리로 암기해야 하는 「be + 형용사 + 전치사」 표현

빈칸 앞뒤에 있는 be동사와 전치사를 보고 알맞은 형용사를 고르는 유형으로 출제된다.

be accessible to ~을 이용할 수 있다	be exempt from ~에서 면제받다
be appreciative of ~에 감사하다	be familiar with ~에 익숙하다
be available for ~이 이용 가능하다	be notable for ~로 유명하다
be comparable in / to (어떤 면)에서 / ~와 견줄 만하다	be optimistic about ~에 대해 낙관적이다
be compatible with ~와 호환되다	be relevant to ~에 관련 있다
be dependent on ~에 의존하다	be responsible for ~을 책임지다, 담당하다
be similar to ~와 비슷하다	be vulnerable to ~에 취약하다
be interested in ~에 관심이 있다	be equivalent to ~와 동일하다

연경쌤의 RC 만점 Secret Note   덩어리로 암기해야 하는 「be + 형용사 + to부정사」 표현

빈칸 앞뒤에 있는 be동사와 to부정사를 보고 알맞은 형용사를 고르는 유형으로 출제된다.

be available to do ~하는 것을 이용 가능하다	be eligible to do ~할 자격이 있다
be reluctant to do ~하는 것을 꺼려하다	be eager to do ~하는 것을 열망하다

▶ EXAMPLE 2

Detroit Auto Rentals is known for offering highly ------- rates on all types of vehicles.

(A) satisfied
(B) experienced
(C) compatible
(D) competitive

❶ 형용사 어휘 문제이므로 수식받는 명사 rates (가격)와 의미상 잘 어울리는 어휘를 골라야 한다.

❷ 의미상 '경쟁력 있는 가격'이라고 해석하는 것이 자연스러우므로 정답은 (D)!

연경쌤의 RC 만점 Secret Note 최빈출 「형용사 + 명사」 짝꿍 표현

형용사 어휘 문제는 빈칸 뒤에 제시되어 있는 명사와의 의미 관계를 확인하여 문제를 풀어야 한다. 따라서 자주 출제되는 「형용사 + 명사」 표현을 덩어리로 암기해 두는 것이 좋다.

additional information 추가 정보 additional fee 추가 비용	outstanding service 뛰어난 서비스 outstanding work 뛰어난 작업
affordable price 저렴한 가격 affordable vacation package 저렴한 휴가 패키지	protective measure 안전 조치
experienced worker 경험 많은 직원 experienced manager 경험 많은 부장	reliable transportation 믿음직한 교통편 reliable service 믿음직한 서비스 reliable product 믿음직한 제품
complimentary coupon 무료 쿠폰 complimentary ticket 무료 티켓 complimentary magazine 무료 잡지	significant growth 의미 있는 성장 significant promotion 의미 있는 승진 significant share 의미 있는 지분
confidential document 기밀 서류 confidential nature 기밀성	tentative schedule 임시적인 일정
considerable upturn 상당한 호전 considerable effort 상당한 노력	renowned sculptor 유명한 조각가
durable bag 내구성 있는 가방	immediate feedback 즉각적인 피드백
defective merchandise 결함 있는 상품 defective item 결함 있는 제품	unprecedented increase 전례 없는 인상[증가]
extensive repairs 광범위한 수리 extensive experience 광범위한 경험 extensive research 광범위한 연구 extensive public transportation system 광범위한 대중교통체계	upcoming transition 곧 있을 전환 upcoming issue 곧 나올 호, 최신 호 upcoming promotion 곧 있을 승진 upcoming workshop 곧 있을 워크숍 upcoming merger 곧 있을 합병
reasonable price 저렴한[합리적인] 가격	valid identification card 유효한 신분증

The (occasional / **upcoming**) merger is expected to significantly increase our market share.
곧 있을 합병은 우리의 시장 점유율을 상당히 증가시킬 것으로 예상된다.

▶ EXAMPLE 3

All sales representative's contracts ------- state how much commission they will make on each sale.

(A) lately
(B) clearly
(C) entirely
(D) highly

❶ 부사 어휘 문제이므로 수식하는 동사 state(명시하다)와 해석상 잘 어울리는 어휘를 골라야 한다.

❷ '분명하게 명시하다'라고 해석하는 것이 자연스러우므로 (B)가 정답!

연경쌤의 RC 만점 Secret Note 최빈출 「부사 + 동사」 짝꿍 표현

부사 어휘 문제는 빈칸 앞 또는 뒤에 있는 동사의 의미와 자연스럽게 어울리는 것을 고르면 된다. 토익에서 자주 쓰이는 「부사 + 동사」 짝꿍 표현이 있으므로 이를 하나의 표현으로 외우는 것이 중요하다.

fill out anonymously 익명으로 작성하다 submit anonymously 익명으로 제출하다	patiently answer 인내심 있게 대답하다 wait patiently 인내심 있게 기다리다
speak briefly 잠시 이야기하다 visit briefly 잠시 방문하다 briefly work as ~로 잠시 일하다 briefly review 잠시 살펴보다	begin promptly 신속하게 시작하다 arrive promptly 시간을 엄수하여 도착하다 promptly return 신속하게 회신하다 register promptly 신속하게 등록하다
clearly state 분명하게 명시하다	deeply appreciate 매우 감사하다
work closely with ~와 긴밀하게 일하다 read closely 자세히 읽다	occasionally lower 때때로 낮추다 occasionally enter into ~에 때때로 들어가다
be available exclusively 독점적으로 이용 가능하다	efficiently organize 효율적으로 기획하다
regularly participate in ~에 정기적으로 참가하다 regularly receive 정기적으로 받다 regularly order 정기적으로 주문하다	thoroughly research/investigate 철저히 조사하다 review thoroughly 철저히 검토하다 thoroughly wash 철저히 씻다
adversely affect 불리하게 영향을 주다	explicitly state 분명하게 명시하다
gradually expand 점차 확장하다	generously offer 후하게 제공하다
work remotely 원격 근무하다	arrive punctually 정시에 도착하다
go smoothly 순조롭게 진행되다	vote unanimously 만장일치로 투표하다 unanimously approve 만장일치로 승인하다
routinely ask 주기적으로 물어보다 routinely monitor 주기적으로 감시하다 routinely give 주기적으로 주다	carefully remove 조심스럽게 제거하다 carefully review/examine 신중히 검토하다 carefully count 신중히 세다

The insurance company will [thoroughly / possibly] investigate the claim before making a decision on the payout.
보험회사는 지급에 대해 결정하기 전에 그 요청에 대해 철저하게 조사할 것이다.

▶EXAMPLE 4

The value of Brockman Inc. has grown ------- since the company's stock went public last year.

(A) capably
(B) steadily
(C) willingly
(D) separately

❶ 빈칸 앞의 동사 has grown과 의미상 어울리는 부사를 골라야 한다.

❷ 동사 grow는 '늘어나다, 증가하다'라는 뜻으로 증감을 나타내는 동사이므로 이와 어울려 쓰일 수 있는 '꾸준히'라는 의미의 (B)가 정답!

연경쌤의 RC 만점 Secret Note   최빈출 강조/수식 부사

- 증감동사(increase, rise, grow, decrease, reduce, decline, fall)를 수식하는 부사

substantially, significantly 상당히 noticeably 현저하게	dramatically 급격하게 steadily 꾸준히

- 숫자 앞에 위치하여 숫자를 강조하는 부사

approximately, roughly, around, nearly, almost 대략, 약 more than, over ~이상 at least 최소한	only, just 단지, 오직 up to ~까지

The project is expected to take (**approximately** / quickly) six months to complete.
그 프로젝트는 완료하기까지 약 6개월이 걸릴 것으로 예상된다.

- located(위치해 있는)을 수식하는 부사

conveniently 편리하게	strategically 전략적으로

Angel Wave Hotel is (frequently / **conveniently**) located near the central train station.
엔젤 웨이브 호텔은 중앙 기차역 근처에 편리하게 위치해 있다.

- 비교급/최상급 강조 부사

비교급 강조 부사	최상급 강조 부사
much, still 훨씬 considerably 상당히	the + very + 최상급 단연코, 바로 the 최상급 yet 지금까지 있은 것 중 가장 the 최상급 possible/available 가능한 한 가장

- before(~전에)/after(~후에)를 강조하는 부사

immediately, shortly 곧

(**Immediately** / Extremely) after the storm, the clean up crew began removing the fallen trees from the road.
태풍 직후에, 청소 작업반은 떨어진 나무들을 도로에서 제거하기 시작했다.

▶ EXAMPLE 5

An international summit was held to negotiate a(n) ------- beneficial trade agreement.

(A) rapidly
(B) exactly
(C) commonly
(D) mutually

❶ 빈칸에는 빈칸 뒤 형용사 beneficial을 수식하는 부사가 필요함을 파악

❷ '상호간에 이익이 되는'이라는 의미가 되는 것이 자연스럽게 어울리므로 '상호적으로, 상호간에'라는 뜻의 (D)가 정답!

연경쌤의 RC 만점 *Secret Note* 최빈출「부사 + 형용사」짝꿍 표현

부사 어휘 문제에서 빈칸 뒤에 형용사가 제시된 경우 의미상 자연스럽게 연결되는 부사 어휘를 선택한다. 자주 출제되는 「부사 + 형용사」표현을 외워둔다면 해석 시간을 줄일 수 있다.

unusually cold 이례적으로 추운 unusually large 이례적으로 큰	markedly better 두드러지게 더 좋은 markedly successful 두드러지게 성공적인
strictly controlled 엄격하게 통제된 strictly prohibited 엄격하게 금지된	mutually productive 상호적으로 생산성 있는 mutually beneficial 상호간에 이익이 되는
specifically mentioned 구체적으로 언급된	intentionally designed 의도적으로 설계된
heavily discounted 아주 많이 할인된	nearly complete 거의 완료된
highly effective 매우 효과적인 highly recommended 매우 추천되는 highly anticipated 매우 기대되는 highly regarded/respected 매우 존경받는 highly structured 매우 체계적인	temporarily unavailable 일시적으로 이용 불가능한 temporarily closed 일시적으로 닫은 temporarily interrupted 일시적으로 중단된 temporarily out of stock 일시적으로 품절인
unexpectedly busy 예상치 못하게 바쁜	overly complicated 지나치게 복잡한
originally scheduled 원래 예정된	prominently posted 눈에 띄게 게시된
individually wrapped 개별 포장된	provisionally appointed 임시로 임명된
strictly enforced 엄격하게 집행된	randomly chosen 무작위로 선정된
severely damaged 심하게 손상된	relatively small 상대적으로 작은 relatively new 상대적으로 새로운 relatively low 상대적으로 낮은
recently opened 최근에 개장된	surprisingly spacious 놀랍게 넓은
newly constructed 새롭게 건설된	completely free 완전히 무료인
commonly used 흔하게 사용되는	urgently needed 긴급하게 필요한

Mr. Thomson's contributions to the field of science are (<u>highly</u> / largely) regarded by his peers.
과학 분야에 대한 톰슨 씨의 기여는 그의 동료들에 의해 매우 존경받고 있다.

▸EXAMPLE 6

To reward her for being -------, Ms. Harrison's boss gave her two tickets for a cruise.

(A) durable
(B) accessible
(C) considerable
(D) productive

❶ 빈칸 앞 또는 뒤에 정답 단서가 없을 때에는 전체 문장을 해석하기

❷ 빈칸 뒤의 내용을 보면 빈칸에는 상사가 보상으로 크루즈 티켓을 주는 이유를 나타낼 어휘가 필요하다. 따라서 '생산적인'이라는 뜻의 (D)가 정답!

연경쌤의 RC 만점 Secret Note 반드시 알아야 할 형용사 어휘 문제 정답 모음

accomplished 뛰어난	imperative, vital 필수적인
appropriate 적절한	pending 임박한, 미해결된
perishable 상하기 쉬운	promising 유망한, 촉망되는
consecutive 연속적인	versatile 다재다능한, 다용도의
sufficient 충분한	fragile 깨지기 쉬운

The antique glassware in the museum is (cautious / <u>fragile</u>) so needs to be handled carefully.
박물관에 있는 골동품인 유리그릇은 깨지기 쉬우므로 조심스럽게 다뤄져야 한다.

▸EXAMPLE 7

Before taking a trip, it is wise to check your destination's local weather and pack -------.

(A) directly
(B) quickly
(C) accordingly
(D) consistently

❶ 빈칸 앞 또는 뒤에 정답 단서가 없을 때에는 전체 문장 해석이 필요하다.

❷ 빈칸 앞 내용을 살펴보면 여행을 떠나기 전 목적지의 날씨를 확인하는 것은 날씨에 맞춰 짐을 싸기 위함이므로 '그에 맞춰'라는 뜻의 (C)가 정답!

연경쌤의 RC 만점 Secret Note 어휘 문제 최빈출 부사

attentively 주의 깊게	initially 처음에
cleverly 교묘하게	momentarily 잠시, 곧
consistently 지속적으로	personally 직접, 개인적으로
definitely 분명히, 명확하게	provisionally 임시로, 잠정적으로

The train was (<u>momentarily</u> / presently) delayed due to a signal problem, but it should be back on schedule.
기차가 신호 문제로 인해 잠시 지연되었으나, 운행 일정대로 돌아올 것이다.

1. Since next week's training session will cover the newly installed equipment, none of the assembly line staff are ------- from it.
   (A) delayed
   (B) exempt
   (C) reasonable
   (D) flexible

2. In order to improve your dining experience and better serve you, our restaurant is ------- closed for renovations and training.
   (A) temporarily
   (B) shortly
   (C) previously
   (D) especially

3. Our company values employees who can work ------- with others and collaborate effectively.
   (A) nearly
   (B) recently
   (C) closely
   (D) newly

4. Northview Telecom offers mobile phone plans to its customers at the lowest monthly rates -------.
   (A) acceptable
   (B) amenable
   (C) agreeable
   (D) available

5. The environmental regulation ------- states that companies must properly dispose of toxic waste to prevent contamination of water supplies.
   (A) rarely
   (B) potentially
   (C) evenly
   (D) explicitly

6. Any staff members with an advanced degree are ------- to apply for the branch manager position that just opened up.
   (A) possible
   (B) eligible
   (C) capable
   (D) competent

7. The organizers received numerous inquiries about the ------- schedule for a speech from a world-renowned sculptor.
   (A) general
   (B) considerable
   (C) gradual
   (D) tentative

8. The replacement of several power lines is ------- needed after Hurricane Irene caused serious damage to them.
   (A) accurately
   (B) nearly
   (C) urgently
   (D) primarily

9. Asiatic Airlines has strict guidelines for transporting ------- goods to ensure they are delivered in good condition.
   (A) plentiful
   (B) adverse
   (C) constructive
   (D) perishable

10. JS Electronics expects sales figures for their new product to be ------- 10% higher than last year.
    (A) roughly
    (B) densely
    (C) fairly
    (D) considerably

11. To be reimbursed for your business trip expenses, please submit the claim form that is ------- to your department and the purpose of the trip.

    (A) estimated
    (B) frequent
    (C) relevant
    (D) limited

12. CEO Bryan Lynch is rehearsing a speech for the ------- workshop, where he will discuss the company's financial performance over the past year.

    (A) upcoming
    (B) appropriate
    (C) consecutive
    (D) confident

13. The electronics store offers a range of high-end products that are ------- in price to those sold by its competitors.

    (A) accessible
    (B) responsible
    (C) original
    (D) comparable

14. Athena Park is ------- located near several residential neighborhoods, making it a popular spot for families.

    (A) widely
    (B) frequently
    (C) greatly
    (D) conveniently

15. Art galleries typically invite critics to ------- review exhibitions and offer insights into the works on display.

    (A) unfavorably
    (B) unnecessarily
    (C) efficiently
    (D) thoroughly

16. The training program is so ------- that only half of the candidates who start it are able to graduate.

    (A) impressed
    (B) rigorous
    (C) spacious
    (D) talented

17. To prove that Lee Enterprises is -------, Ms. Lee posts all of her business' corporate tax returns on its website.

    (A) transparent
    (B) appreciative
    (C) unusual
    (D) concerned

18. Although they were released on the same weekend, both films were received ------- well by moviegoers.

    (A) frequently
    (B) periodically
    (C) equally
    (D) lately

19. ------- information about this historical site can be found on our official website.

    (A) Supplementary
    (B) Consistent
    (C) Cooperative
    (D) Rewarding

20. Darlington Concert Hall, equipped with the very latest sound and lighting equipment, is known as the ------- venue for live music performances.

    (A) successful
    (B) definitive
    (C) selective
    (D) innovative

어휘편_전치사

💡 만점 전략

1. 전치사 어휘 문제는 전치사가 들어갈 빈칸 앞뒤에 위치한 명사와의 의미 관계를 확실히 파악해야 한다.
2. 전치사 어휘 문제는 암기해야 하는 분량이 많지만, 빈출 표현을 외워 둔다면 3초컷으로 문제를 빠르게 풀 수 있다.
3. 각 전치사의 의미 및 함께 쓰이는 명사의 종류를 명확히 구분하여 암기해야 한다.

▶ EXAMPLE 1

Our store's VIP customer appreciation sale event will be held ------- Saturday, June 19.

(A) in
(B) at
(C) for
(D) on

❶ 전치사 어휘 문제는 빈칸 뒤 명사의 종류를 확인

❷ 요일 명사인 Saturday는 전치사 on과 함께 쓰이므로 정답은 (D)!

▶ EXAMPLE 2

The annual job fair will be held ------- the convention center downtown next month.

(A) with
(B) at
(C) from
(D) among

❶ 단순 전치사 어휘 문제는 빈칸 뒤에 제시된 명사의 종류를 확인

❷ 특정 목적을 가지는 장소인 convention center는 전치사 at과 함께 쓰이므로 정답은 (B)!

연경쌤의 RC 만점 *Secret Note*   시간·장소 전치사 at, on, in

	시간	장소
at	• 시간: at 4 o'clock 4시에 • 시점: at night 밤에	• 지점: at the bus stop 버스 정류장에서 • 특정 목적을 가지는 장소: at the airport 공항에서
on	• 날짜: on March 2 3월 2일에 • 요일: on Monday 월요일에 • 특정한 날: on Christmas Day 크리스마스에	• 표면: on the shelf 선반 위에 • 지면: on the second floor 2층에(서) 　　　on the street 거리에서
in	• 연도: in 2023 2023년에 • 월/계절: in March 3월에 / in winter 겨울에 • 막연한 시간: in the morning 아침에	• 국가: in Korea 한국에서 • 사방이 막힌 공간: in the classroom 교실에서

▶ EXAMPLE 3

Holdings Bank has been expanding rapidly with eight new branches ------- the past year.

(A) before
(B) from
(C) by
(D) over

❶ 선택지가 전치사로 구성되어 있다면 빈칸 앞뒤에 제시된 명사를 확인

❷ 빈칸 뒤에 기간을 나타내는 the past year가 있으므로 기간 전치사 (D)가 정답!

연경쌤의 RC 만점 Secret Note 시점 전치사 vs. 기간 전치사

시점 전치사	기간 전치사
before, prior to ~전에 after, following, subsequent to ~후에 since ~이래로 from (A to B) (A에서 B) ~부터 as of, effective, starting, beginning ~부터 until (지속), by (완료) ~까지	for (+ 숫자), during (+ 기간명사) ~동안에 throughout ~하는 내내 within ~이내에 over ~동안 in ~후에

(<u>Since</u> / On) the announcement of the new product line, Wire World's stock price has risen by 15%.
새 상품군의 발표 이래로, 와이어 월드 사의 주식 가격이 15퍼센트 상승했다.

▶ EXAMPLE 4

According to the new floor plan, the power tools section is now ------- the home appliances department.

(A) between
(B) behind
(C) regarding
(D) since

❶ 빈칸 뒤에 제시된 the home appliances department는 power tools section이 있는 위치를 나타내는 것을 파악

❷ 따라서 '~뒤에'라는 뜻의 위치 전치사 (B)가 정답!

연경쌤의 RC 만점 Secret Note 위치·방향 전치사

above, over ~위에 below, under ~아래에 by, beside, next to ~옆에 throughout ~도처에 between(둘), among(셋 이상) ~사이에	opposite, across from ~맞은편에 across ~가로질러 along ~을 따라 through ~을 통과하여	in front of ~앞에 behind ~뒤에 toward ~을 향하여 to ~로, ~에게

▶EXAMPLE 5

A new company policy ------- the training of incoming staff members will be implemented early next month.

(A) despite
(B) regarding
(C) instead of
(D) since

❶ 빈칸 앞뒤에 위치한 명사의 의미 관계를 확인

❷ 빈칸 뒤에 제시된 새로 온 직원들의 교육은 회사의 새로운 정책의 내용에 해당되므로 '~에 관한'이라는 뜻의 주제 전치사 (B)가 정답!

▶EXAMPLE 6

------- the main outdoor pool, there is also an indoor hot tub for the hotel's guests.

(A) Along
(B) Beyond
(C) Besides
(D) Since

❶ 빈칸 뒤에 주 야외 수영장이 언급되고, 콤마 뒤에 실내 온수 욕조도 있다는 내용으로 문장이 구성되어 있음을 파악

❷ 따라서 빈칸에는 '~이외에도'라는 부가의 의미를 가진 전치사가 와야 하므로 (C)가 정답! 부사 also가 정답의 결정적 힌트!

연경쌤의 RC 만점 Secret Note > 토익 최빈출 정답 전치사

주제	about, on, over, regarding, concerning, pertaining to, as to, as for, in terms of ~와 관련하여, ~에 대하여
이유	because of, due to, owing to ~때문에 thanks to ~덕분에
수단	by ~함으로써 through ~을 통해서 with ~와 함께, ~을 가지고
양보	despite, in spite of, notwithstanding ~에도 불구하고
부가	besides, in addition to, apart from, aside from ~이외에도 ↘ 문장 내 also가 정답의 힌트
제외	except (for), with the exception of, apart from, aside from ~을 제외하고 without ~없이 ↘ 문장 내 every/all이 정답의 힌트
대조	unlike ~와 달리
목적	for ~을 위해
분야	in ~에서
자격	as ~로서

(**Thanks to** / In addition to) the support of our loyal customers, we have been able to expand our business.
충성 고객들의 지지 덕분에, 저희 사업을 확장할 수 있었습니다.

Midnight Eye was in good condition (**apart from** / rather) the few missing pages.
<미드나잇 아이>는 몇몇의 사라진 페이지를 제외하고는 보존 상태가 좋았다.

Due to inclement weather, all boats to and from Shatner Island have been cancelled ------- further notice.

(A) except
(B) upon
(C) until
(D) into

❶ 빈칸 뒤에 further notice가 있으므로 이 표현과 전치사 관용표현을 이루는 (C)가 정답!

연경쌤의 RC 만점 Secret Note 고득점을 위한 필수 암기 전치사

- **두 단어 이상으로 구성된 전치사**

아래 전치사들은 두 단어 이상으로 구성된 전치사이지만, 하나의 전치사인 것처럼 암기해야 한다.

according to, in accordance with ~에 따르면	**instead of** ~을 대신하여
along with ~와 함께	**in response to** ~에 응하여
as a result of ~의 결과로	**in advance of** ~보다 미리 / 앞서
contrary to ~와 반대로	**regardless of** ~에 관계없이
in the event of ~할 경우에	**in charge of** ~을 담당하는
on behalf of ~을 대표하여, ~을 대신하여	**in compliance of** ~을 준수하여
in light of ~을 고려하여	

(**On behalf of** / In exchange for) the board of directors, I would like to welcome you as the newest member of our team.
이사회를 대신해, 귀하를 저희 팀의 신입 구성원으로서 환영하고자 합니다.

- **전치사 관용 표현**

at all times 항상	**at least** 적어도
at once 즉시, 지체 없이	**out of order** 고장 난
beyond repair 수리가 어려운	**under pressure** 압박 하에
for free 무료로	**on arrival** 도착하자마자
to the point 간단 명료한	**upon request** 요청 즉시, 요청 시
in part 부분적으로	**until further notice** 추후 통지까지
in person 직접	**in particular** 특히
in place 제자리에	**under construction** 공사 중인
on duty 근무중	**under one's leadership** ~의 지도력 하에
on time 정시에	**on schedule** 예정대로
in stock 재고가 있는	**in time** 제 시간에
out of stock 재고가 없는	**with ease (= easily)** 쉽게
in a timely manner 시기 적절하게	**within walking distance** 걸어갈 수 있는 거리에

(**Under** / Around) Mr. Molson's leadership, CNS Bike has become a major player in the cycling industry.
몰슨 씨의 지도력 하에, CNS 바이크 사는 자전거 산업에서 주요 회사가 되었다.

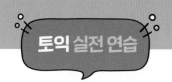

정답 및 해설 p.131

1. ------- arrival at the beach, swimmers should check for any warning signs and avoid swimming in unsafe areas.

(A) As
(B) Next
(C) On
(D) Under

2. Ms. Finn was selected for the regional manager position ------- the fact that she had not yet completed her master's degree in Logistics.

(A) although
(B) despite
(C) otherwise
(D) due to

3. The company has extended the deadline of their finalized quotes for the upcoming project ------- the end of the month.

(A) until
(B) during
(C) by
(D) between

4. Mr. Robinson was promoted mostly ------- his strong work ethic.

(A) now that
(B) however
(C) as well as
(D) because of

5. Winfield's Sportswear's customers must return purchases ------- 3 days to get a full refund.

(A) since
(B) above
(C) by
(D) within

6. ------- the audit, the accounting department will review all financial records and transactions.

(A) Onto
(B) Against
(C) During
(D) Besides

7. Caterers and other event staff are expected to enter the venue ------- the rear door by the parking lot.

(A) between
(B) through
(C) regarding
(D) upon

8. Dunford Bridge was deemed to be ------- repair after a structural inspection revealed significant damage.

(A) of
(B) beyond
(C) except
(D) into

9. ------- the exception of department managers, all staff will be allowed to work flexible hours from now on.

(A) By
(B) With
(C) On
(D) For

10. ------- environmental concerns, more and more American homeowners are installing solar panels on their rooftops.

(A) In addition to
(B) So that
(C) According to
(D) As a result of

11. The event planning committee is working diligently to ensure that all preparations are complete ------- April 16.

(A) in
(B) off
(C) before
(D) for

12. Zita Rice oversees all of the company's marketing operations ------- those done on its social media platforms.

(A) without
(B) instead
(C) than
(D) except

13. Due to noise regulations, construction work in residential areas must stop ------- 8 p.m. and cannot resume until the following morning.

(A) within
(B) until
(C) after
(D) unless

14. Thanks to favorable weather, our plane will be arriving in Chicago Airport at 4:25 P.M., about 15 minutes ------- schedule.

(A) during
(B) away from
(C) ahead of
(D) between

15. Please contact our customer service team with any queries you may have ------- our magazine subscription plans.

(A) considering
(B) regarding
(C) notwithstanding
(D) following

16. Greenberg Group is investing in new cybersecurity measures to protect their customers' data ------- the recent increase in cyber-attacks.

(A) just as
(B) in the event of
(C) according to
(D) in spite of

17. The cleaning crew found a stack of old papers and files ------- the desk while vacuuming the carpet.

(A) about
(B) inside
(C) beneath
(D) along

18. ------- its outstanding reputation for turning a profit, Howe Financial is the best firm to invest with.

(A) Given
(B) Despite
(C) Because
(D) Except

19. ------- 400 job postings on the company's Web site, only 50 were relevant to the candidate's skills and experience.

(A) Instead of
(B) On behalf of
(C) Out of
(D) In case of

20. Renegade's new software package contains a variety of features, ------- data encryption and automatic backups.

(A) including
(B) along
(C) starting
(D) prior to

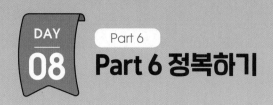

만점 전략

1. Part 6는 문법, 어휘, 독해를 다 잘해야 하는 복합적인 파트로, 총 4세트로 구성되어 있으며, 한 세트당 1분 30초 안에 푸는 연습이 필요하다.

2. 일부 유형의 경우, 지문 길이가 길지 않으므로 빈칸 문장으로 바로 가서 정답을 찾기 보다는 처음부터 읽으면서 지문의 전체적인 문맥을 파악하는 것이 좋다. 빈칸 앞뒤 문장에 힌트가 있을 확률이 높기 때문에 정확한 해석이 중요하다.

3. Part 6의 고난도 유형과 자주 나오는 함정 포인트를 미리 숙지해 둔다면 문제풀이 시간을 줄일 수 있다.

▶ EXAMPLE 1

Dear Ms. Burr,

The Brentford Community Association (BCA) will be hosting a Family Fun Day in Beverly Park from 10 a.m. until 7 p.m. on July 28. The event will feature a wide range of food and beverage vendors, several fun contests and activities, and live musical performances. Admission costs $5 for adults and $2.50 for children 10 and under. The proceeds will ------- go towards a local charity that aims to improve recreational facilities for children. The organization plans to construct a new children's library as well as a playpark on Main Street. The other 10 percent of admission fees will be utilized by the BCA to help with the costs of hosting future events.

(A) entirely
(B) together
(C) sometimes
(D) primarily

❶ 보기 확인: 어휘 문제

❷ 빈칸 문장 해석: 수익금은 어린이 놀이 시설을 개선하고자 하는 지역 자선단체에 ------- 쓰일 것이다

❸ 빈칸 뒤 문장이 결정적인 힌트!
그 자선단체는 새로운 어린이 도서관과 놀이터를 건설할 계획 → 놀이 시설 개선
나머지 10퍼센트의 입장료는 향후 행사 개최 비용으로 쓰일 것 → 놀이 시설 개선 외 사용

❹ 보기 중 정답 후보는 (A)와 (D)인데, 모든 수익금이 어린이 놀이 시설 개선에 쓰이는 것이 아니므로 '주로'라는 뜻의 (D)가 정답!

연경쌤의 RC 만점 *Secret Note* Part 6 어휘 문제 풀이 TIP

1. 문맥 파악이 중요한 Part 6에서는 빈칸이 있는 문장만 보고 어휘 문제를 해결하려고 하면 오답을 고를 위험이 높다. 빈칸 앞뒤 문장의 정확한 뜻을 파악한 후, 문제를 풀어야 정답률이 높아진다.

2. 어휘 문제가 맨 마지막 문제로 출제되는 경우, 지문 초반부에서 주제를 먼저 파악하고, 빈칸이 있는 순서대로 문제를 풀어가며 전체적인 내용을 파악하는 것이 좋다.

3. 대부분 지시어, 대명사, 정관사, 소유격, 접속부사 등의 단서가 제시되지만, 지문의 여러 부분을 읽고 종합하여 알맞은 어휘를 골라야 하는 고난도 유형으로도 출제된다.

▶ **EXAMPLE 2**

17 April

William Munny
2008 Bridge Avenue
Topeka, KS 66409

Dear Mr. Munny,

On Sunday, 17 May, the parking lot behind Midvale Condominiums will be closed to all vehicles from 8 a.m. to 10 p.m. due to urgent resurfacing work. As such, we request that all tenants use alternative parking areas during this time. Please accept our apologies for the inconvenience. Your cooperation ------- us in our efforts to improve parking facilities in your neighborhood.

(A) will have helped
(B) was helping
(C) will help
(D) had helped

❶ 보기 확인: 시제 문제

❷ 지문 내 제시된 시점 찾기:
글을 쓴 날짜 → 4월 17일
주차장이 폐쇄되는 시점 → 5월 17일

❸ 따라서 입주자의 협조가 도움이 되는 시점도 미래 시점이므로 (C)가 정답!

🏷️ 연경쌤의 RC 만점 *Secret Note* **Part 6 시제 문제 풀이 방법 TIP**

1. Part 6의 시제 문제는 Part 5와는 다르게 빈칸이 속한 문장에 직접적인 시간을 나타내는 표현을 힌트로 주지 않을 가능성이 크므로 전체적인 시간의 흐름 즉, 지문 내 동사의 시제를 확인하면서 읽는 것이 중요하다. 특히, 빈칸이 포함된 문장의 바로 앞뒤 문장의 시제를 반드시 확인해야 하며 이메일이나 공지 등의 지문에서는 글을 쓴 날짜도 정답의 단서가 되므로 꼭 확인해야 한다.

2. 현재시제는 현재 발생하는 일이 아니라 반복적인 일이나 일반적인 사실을 나타낼 때 사용한다고 생각하는 것이 정답을 고를 때 더 편하다.
   ex) We are committed to providing customers with the best customer service.
   저희는 최고의 고객서비스로 고객님들께 제공하는 것에 전념합니다.
   ↘ We가 전념하는 일에 대한 일반적인 사실

3. 현재완료시제는 문맥적으로 과거에 발생한 일이 현재까지 영향을 미칠 때 사용하지만, 현재시점 직전에 완료된 과거시제로서 '~했다'로 해석하는 경우가 많다.

4. 앞으로 발생될 행사나 중요한 사건을 공지하는 내용에서는 미래시제가 사용될 가능성이 높다.
   ex) 보수공사 공지, 시상식에서의 수상자 발표, 행사에 대한 직원들의 협조 요청 등
   ↘ 미래완료시제(will have p.p.)와 헷갈릴 수 있으므로 주의!

► **EXAMPLE 3**

Montego National Park

The management team at Montego National Park is committed to preserving the natural beauty of the park and its many hiking trails. Many of the trails are susceptible to damage from overuse by visitors. -------, the park management regularly close certain trails in order to preserve their condition. Also, camping in any area of the park is not permitted. By taking precautions such as these, the management team is ensuring that the park remains a pristine natural environment for everyone to enjoy.

(A) Moreover
(B) For instance
(C) On the other hand
(D) For this reason

❶ 보기 확인: 접속부사 문제

❷ 빈칸 앞 문장 해석: 산책로가 방문객들의 과다 이용으로 인한 손상에 취약하다 → 원인

❸ 빈칸 뒤 문장 해석: 공원 관리팀은 산책로 상태 보존을 위해 일부 산책로를 정기적으로 폐쇄한 다 → 결과

❹ 빈칸 앞뒤 문장의 관계를 나타내기에 적합한 접 속부사는 인과 접속부사이므로 정답은 '이러한 이유로'라는 의미를 나타내는 (D)!

Part 6 최빈출 접속부사 문제 총정리

접속부사는 문법적으로 접속사가 아닌 '부사'이며, 앞뒤 문장의 흐름을 연결시켜주는 역할을 한다. 접속부사 문제는 빈칸 앞뒤 문장의 정확한 해석을 통한 의미 관계를 파악해서 푸는 것이 핵심이므로 접속부사의 종류와 뜻을 필수적 으로 암기해야 한다.

결과	therefore, hence, thus 그러므로 then 그리고 나서 consequently, as a result 결과적으로 accordingly 그래서, 따라서 for this reason 이러한 이유로	양보	nevertheless, nonetheless 그럼에도 불구하고 even so 그렇기는 하지만
예시	for example, for instance 예를 들어	추가	in addition, besides, plus 게다가 moreover, furthermore 더욱이
유사/ 대조	similarly 유사하게 likewise 마찬가지로 conversely 반대로 in the contrast, on the contrary 대조적으로 on the other hand 다른 한편으로는, 반면에 however 그러나	기타	otherwise, or else 그렇지 않으면, 달리 instead, alternatively 대신에 beforehand 사전에 afterwards 그 후에 meanwhile 그 동안에, 한편으로 in particular 특히(= specifically)

▶ EXAMPLE 4

The Maxi cellular phone can store up to twenty different types of voice-activated functions. You will find that, one of its most convenient functions is the ability to place a call using only your voice. -------. In order to correctly use this function, make sure you are in a quiet environment and that only one speaker is speaking into the phone, given that it will not recognize more than one person's voice at a time. Also when using this feature, be sure to speak directly into the phone in a clear and distinct fashion.

(A) Access the settings menu to change wireless accessibility.
(B) However, there are some limitations.
(C) Unlimited data plans are available.
(D) New versions will also include a front facing camera.

❶ 보기 확인: 문장삽입 문제

❷ 빈칸 앞 문장 해석: 목소리를 사용해서 전화를 거는 능력이 가장 편리한 기능들 중 하나이다
   → 제품의 편리한 기능 소개

❸ 빈칸 뒤 문장 해석: 이 기능 사용을 위해, 조용한 장소에 있어야 하며, 단 한 명의 화자가 핸드폰에 말을 해야 한다
   → 앞서 언급한 기능을 사용하기 위한 엄격한 조건 언급

❹ 따라서 빈칸에 들어갈 문장은 핸드폰의 편리한 기능과 까다로운 사용 조건의 상반된 관계를 나타낼 수 있어야 하므로 상반 접속부사를 포함하고 있으며 까다로운 조건을 '제한 사항'으로 표현한 (B)가 정답!

> **연경쌤의 RC 만점 Secret Note** Part 6 문장삽입 문제 풀이 TIP

1. 문장삽입 문제는 빈칸 바로 앞뒤 문장의 연결이 가장 중요하기 때문에, 빈칸에서 멀리 떨어진 문장에서 단서를 찾으려고 하면 오답을 고를 수 있음에 유의한다.

2. 앞 뒤 문장과의 연결고리 역할을 하는 접속부사(therefore, moreover, afterwards 등)를 보고 논리적으로 가장 알맞은 문장을 추론해야 한다.

3. 보기에 대명사, 지시어가 있는 경우, 빈칸 앞문장에 지칭하는 명사가 있어야 하므로 이를 유력한 단서로 활용한다.

4. 문제풀이 시간이 여유롭고 정답을 확실하게 확인하고 싶다면 선택한 보기의 문장을 빈칸에 넣어 앞뒤 문장의 흐름이 맞는지 체크하는 것을 추천한다.

Questions 1-4 refer to the following notice.

To: All Tower Burger Employees
Subject: Menu changes
Date: December 12

Dear Staff,

------- most of our regular customers still seem to enjoy our classic range of burgers and sandwiches,
1.
some newer customers have complained about the lack of variety. These customers have often voiced
their disappointment that we offer no vegetarian or low-fat options. -------. If we want to appeal to a
2.
broader range of customers, the action we need to take is -------. Specifically, we must introduce new
3.
healthy menu items so that we can ------- their expectations. At our next meeting, we will discuss
4.
several new burgers and sandwiches we are considering adding to our menu.

Boris Riley
Store Manager

1. (A) While
    (B) Until
    (C) Wherever
    (D) Since

2. (A) Nevertheless, we will not be making any
        changes at this time.
    (B) These items have proven less popular
        than anticipated.
    (C) These products will go on sale at the
        beginning of next year.
    (D) As a result, we are losing many potential
        regular customers.

3. (A) clear
    (B) eligible
    (C) successful
    (D) brief

4. (A) meet
    (B) explain
    (C) retain
    (D) ascertain

Questions 5-8 refer to the following article.

(12 February) Almost ten years ago, Richard Simpson secured investment ------- his mobile phone

application, Talk Simple. Mr. Simpson admits that the application was poorly ------- at first. "The app

was very basic when we first launched it." he explains. "Most people were disappointed ------- the app

was only a simple messaging platform that lacked any additional features." But Mr. Simpson and his

team worked hard to add many features over the years, attracting millions of new users. -------. Now,

the app is used by more than 50 million people worldwide.

5. (A) develops
    (B) developed
    (C) will develop
    (D) to develop

6. (A) asserted
    (B) qualified
    (C) received
    (D) earned

7. (A) because
    (B) as soon as
    (C) unless
    (D) although

8. (A) Formerly a game designer, Mr. Simpson
        has experience in the field.
    (B) Customers can unlock the full version for
        an additional fee.
    (C) The video sharing function has become
        especially popular.
    (D) The application will be launched in early
        summer.

Questions 9-12 refer to the following e-mail.

To: annforbes@musichub.com
From: mikejames@ckmanagement.com
Date: October 19
Subject: Potential business relationship

Dear Ms. Forbes,

Thank you for taking the time to speak with me ------- your amazing performance at the Colchester
    9.
Music Festival last weekend. I ------- your songs absolutely breathtaking. As I mentioned before, I would
          10.
be interested in representing you as your manager and helping you to secure a recording contract.

Of course, I have several contacts in the music industry and I am confident I could get you a contract
with one of them. -------, I have several years of experience in organizing tours for musicians I have
               11.
managed. I hope we can agree on a date on which we could meet in person to discuss this in more
detail. -------.
       12.

9. (A) during
    (B) after
    (C) likewise
    (D) along

10. (A) found
    (B) will find
    (C) am finding
    (D) would have found

11. (A) Otherwise
    (B) Furthermore
    (C) Thus
    (D) However

12. (A) I will let you know about any other
        upcoming concerts.
    (B) Please get back to me by e-mail at your
        earliest convenience.
    (C) Once again, I am sorry that we will be
        unable to work together.
    (D) I would appreciate it if you could return a
        signed copy of the contract.

Questions 13-16 refer to the following article.

May 18 – On Saturday, Dixie United soccer club's captain, Ron Keane, played his 350th game for the team, and he was recognized for his achievements after the match. Keane joined the club ten years ago, and his latest ------- took place against Foxley Athletic. Only former club captain Peter Stiles has
13.
played in more matches for the soccer team. Ten more games ------- Keane the longest-serving player in
14.
the club's history. -------. He will have been at the club for 15 years next month.
15.

Dixie United's manager Sean Sutton congratulated Ron Keane ------- the awards ceremony and thanked
16.
him for his valuable contribution.

13. (A) transfer
    (B) operation
    (C) strategy
    (D) appearance

14. (A) made
    (B) makes
    (C) would make
    (D) would have made

15. (A) Dixie United have signed several new players this season.
    (B) A replacement for Ron Keane has yet to be announced.
    (C) Ron Keane has scored 55 goals over the past ten seasons.
    (D) Physiotherapist Sarah Ashton was also honored at the ceremony.

16. (A) as
    (B) at
    (C) on
    (D) with

Questions 17-20 refer to the following e-mail.

To: ajanssen@promail.net
From: rfeldman@oakviewhomes.com
Date: July 19
Subject: Chadford Housing Development

Dear Mr. Janssen,

Thank you for your interest in the houses we ------- in Chadford. I have attached some floor plans and
                                          17.
pictures to give you a better idea of how the houses will look once they have been built. Also, I would

like to invite you to visit our show home this Saturday at 3 P.M. If this date and time is not suitable,

-------, please let me know so that I can schedule a different viewing. I could ------- you anytime after 5
18.   **19.**
P.M. on weekdays and after 1 P.M. on weekends. We have already received an unprecedented amount

of interest in the Chadford homes. -------. If you do wish to put in an offer, you may do so by visiting our
                                   20.
Web site at www.oakviewhomes.com.

Kind regards,

Rita Feldman
Oakview Homes

17. (A) develop
    (B) developed
    (C) are developing
    (D) have developed

18. (A) moreover
    (B) for example
    (C) hence
    (D) however

19. (A) accommodate
    (B) postpone
    (C) interview
    (D) recommend

20. (A) As such, you will need to act quickly.
    (B) I will let you know if your house offer is
        successful.
    (C) The houses have three bedrooms and two
        bathrooms.
    (D) Congratulations on selling your property.

Questions 21-24 refer to the following article.

(April 3) Software development firm Gigamorph Inc. announced yesterday that Pamela Dobson ------- as the new Chief Financial Officer. She takes over the position from Greg Chambers, who has ------- in order to spend more time with his family. "We cannot thank Mr. Chambers enough for his 25 years of service as our CFO." said Mark Boone, the founder and CEO of Gigamorph. Ms. Dobson has worked in Gigamorph's finance department for the last 15 years. -------. "Ms. Dobson has a wealth of experience at our company and excellent decision-making abilities, so she is very well-equipped for her new position." said Mr. Boone. "We are certain she will succeed in her new -------."

21. (A) appointed
    (B) is appointing
    (C) has been appointed
    (D) will have been appointed

22. (A) obtained
    (B) assigned
    (C) recruited
    (D) retired

23. (A) Several employees have been hired by the department recently.
    (B) She will leave the company in May to pursue a new career.
    (C) Gigamorph is known for its popular range of business software.
    (D) She has received several promotions and commendations in that time.

24. (A) role
    (B) location
    (C) approach
    (D) vacancy

Questions 25-28 refer to the following advertisement.

Wellness Grocery's new reward program is sure to please customers!

Wellness Grocery is delighted to ------- a new customer reward program that earns you huge discounts
25.
on store products and various special prizes. With our new membership card, you can earn points

------- you spend money in any of our branches, and these points can be redeemed for a wide variety of
26.
rewards. Because we want our customers to enjoy their shopping experience at Wellness Grocery, we

are implementing the new reward program immediately. This is the perfect reward program for those

shoppers ------- love to receive big discounts. -------. Don't miss out on this exciting opportunity to gain
27.   28.
attractive rewards!

---

25. (A) announce
    (B) schedule
    (C) hire
    (D) prolong

26. (A) wherever
    (B) altogether
    (C) somehow
    (D) whenever

27. (A) this
    (B) what
    (C) who
    (D) they

28. (A) We promise to provide lower prices than
        our competitors.
    (B) Products can be returned for a refund
        within one week.
    (C) Gift certificates are available at all
        checkouts.
    (D) Obtain your card from any of our
        customer service desks.

Questions 29-32 refer to the following instruction.

Assembling Your Runmaster 5000

Assembling your new treadmill incorrectly may result in damage to the machine and void your 2-year warranty. ------, it is highly recommended that you follow the instructions provided in the enclosed manual. We advise against following online tutorials as these do not provide sufficient ------.
           29.   **30.**

Before starting assembly, please ensure that all of the components are contained within the packaging. ------. It is also important that you check the condition of components prior to assembly. To do so, **31.** inspect each part ------ for any defects. Assuming all parts are accounted for and free from flaws, **32.** proceed according to the assembly instructions.

---

29. (A) Meanwhile
    (B) Otherwise
    (C) Even so
    (D) Therefore

30. (A) explanation
    (B) experience
    (C) estimation
    (D) extension

31. (A) A full list of parts can be found in the manual.
    (B) These should be returned along with your original receipt.
    (C) Your warranty does not cover breakage due to improper use.
    (D) Our customer service team are available 24 hours a day.

32. (A) approximately
    (B) extremely
    (C) individually
    (D) intermittently

만점 전략

1. Part 7 고득점의 핵심은 전략적으로 문제풀이 순서를 정해 지문을 여러 번 읽지 않는 것이다.

2. 지문의 내용을 해석하는 것도 중요하지만 정확한 문제 분석으로 문제 푸는 시간을 단축하는 것이 더 효율적이다.

3. Part 7 지문 내용 파악에 있어 어휘력이 가장 중요하므로, 최빈출 패러프레이징 표현을 미리 숙지한다면 파악한 지문 내용과 정답 보기를 비교하는 시간 또한 단축할 수 있다.

▶ EXAMPLE 1

Questions 1-2 refer to the following notice.

Davenport Sportswear

Davenport Sportswear's online store is finally up and running. We know that your order is important to you, so ① we have provided this information to assist you in locating your packages while they are in transit to you. Simply visit our Web site at www.davenportsports. com/orders and enter your order number into the box labelled 'Search'. It will tell you which company is delivering your package as well as where it was last processed. Please note that ② we do use several partner companies to deliver online orders, but searching their web site with our order number will not work because they have their own codes for tracking clients.

1. What is the notice about?

(A) Obtaining a refund
(B) Tracking online orders
(C) Reporting delivery delays
(D) Requesting expedited shipping

2. What is indicated about the company's partners?

(A) They charge an additional fee for next-day orders.
(B) They may send items in separate packages.
(C) They specialize in handling fragile items.
(D) They use different client codes.

❶ 문제 분석

Q1 주제/목적: 무엇을 위한 공지문?

Q2 사실 확인: 파트너 회사들에 관해 언급된 것? (키워드: company's partners)

❷ 정답 단서 찾기

Q1 배송 중인 소포의 위치를 확인하는데 도움을 주기 위한 정보를 제공한다
→ 배송 중인 소포의 위치 확인 방법을 설명하고 있으므로 정답은 (B)!

Q2 파트너 회사별로 고객을 추적하는데 고유의 코드번호를 가지고 있다
→ 파트너 회사별로 고유 코드 번호를 가지고 있다고 언급하고 있으므로 their own codes에서 different client codes로 패러프레이징된 (D)가 정답!

Questions 1-2 refer to the following text message chain.

Ryan [6:09 P.M.]
Hey, Brianna… It's that time of year again. Performance reviews are next week.

Brianna [6:13 P.M.]
Yes, it is. I really don't enjoy this time of year. Setting goals and targets is stressful, especially when the outcome affects my salary for next year.

Ryan [6:17 P.M.]
☐1 It is a good opportunity for individual growth, though. Since you have to do it, it would be beneficial to make sure that the targets you are setting with Nathan are in line with your career goals.

Brianna [6:20 P.M.]
That's true. I am aiming to become a manager one day, so I will definitely make sure that I make the most of it. Thanks for the reminder.

Ryan [6:25 P.M.]
No problem. ☐2 Would you like to work together to set targets during our lunch break tomorrow?

Brianna [6:27 P.M.]
☐2 That would be great.

---

1. What does Ryan say about performance reviews?

   (A) They are personally useful.
   (B) They are not required for all staff.
   (C) They don't usually match company goals.
   (D) They are performed once a month.

2. At 6:27 P.M., what does Brianna mean when she says, "That would be great"?

   (A) She is impressed by Ryan's work targets.
   (B) She will reschedule her meeting with Nathan.
   (C) She wants to collaborate with Ryan on a task.
   (D) She'd like to receive a lunch break extension.

---

❶ 문제 분석

Q1 세부정보: 인사 고과에 대해 라이언 씨가 언급한 바? (키워드: Ryan, performance reviews)

Q2 의도 파악: "그럼 좋지"

❷ 정답 단서 찾기

Q1 라이언 씨가 오후 6시 9분에 보낸 메시지에 인사 고과가 언급되어 있고 오후 6시 17분에 보낸 메시지에 개인적 성장을 위한 좋은 기회라고 말하고 있으므로 individual growth를 personally useful로 패러프레이징한 (A)가 정답!

Q2 문제에서 언급된 메시지가 보내지기 전, 라이언 씨가 오후 6시 25분에 보낸 메시지에 내일 점심 휴식 시간 동안 목표 설정을 함께 하자고 제안하였고, 그에 대해 브리아나 씨가 "그럼 좋지"라고 답한 것은 제안대로 함께 과제를 하고자 한다는 것이므로 정답은 (C)!

1. 주제/목적 문제

문제 유형 키워드: main topic, mainly discuss, purpose, why ~ written, why ~ write

지문의 주제/목적 문제는 주로 첫번째 문제로 출제된다. 지문의 제목이나 지문 앞부분에 정답 단서가 있을 확률이 높지만, 지문 전체 내용을 읽어야 글의 주제/목적을 파악할 수 있는 문제도 출제된다. 지문의 주제를 파악하는 것은 주제/목적 문제를 푸는 것외에도 글의 전체적인 흐름을 파악해 다른 유형의 문제를 푸는 데 도움이 되므로 지문의 첫 문장 또는 첫 단락을 반드시 읽는 것을 추천한다.

2. 사실 확인 문제

문제 유형 키워드: indicated / mentioned / true / stated about

사실 확인 문제는 about 뒤에 나오는 단어가 키워드이므로 지문에서 키워드와 관련된 부분만 빠르게 읽어서 해결한다. 또한, 질문의 키워드가 지문에 그대로 언급되더라도 그 내용이 선택지에 패러프레이징되어 제시되기 때문에 이에 유의해야 한다.

3. 의도파악 문제

문제 유형 키워드: At 00:00 P.M., what does ~ mean when he/she says, "~"?

의도파악 유형은 따옴표 속에 인용된 표현의 문맥 속 의미를 묻는 유형으로, 인용구 자체의 의미가 아닌 문맥 속에서의 의미를 묻는 것이기 때문에 해당 문장의 앞뒤 대사를 읽고 상황을 잘 파악해야 한다. 인용되는 표현으로는 긍정/동의 또는 부정/거절의 표현들이 자주 출제된다.

무료	(for) free, free of charge, complimentary, at no cost, without charge/pay
행사	banquet, workshop, seminar, conference, event, gathering
폐업하다, 파산하다	go out of business, shut down, go bankrupt, close down, discontinue, stop, become insolvent, halt its operation
고객 맞춤의	personalized, customized, custom-made, tailored, accommodate individual requests, adapted to suit a special need
합병하다	merge with, combine, consolidate, amalgamate, joining of two firms
인수하다, 떠맡다	acquire, purchase, buy, take over, assume
광고, 홍보	publicity, public relation, advertisement, promotion
식당	restaurant, bistro, cafeteria
옷, 복장	clothes, outfit, dress code, garment, attire, clothing
추첨	drawing, draw, lottery, raffle

할인	discount, sale, savings, reduced price/rates, ~% off, mark down, save
해외	overseas, international, abroad, worldwide, to foreign countries, outside your own country
단점	drawback, flaw, disadvantage, fault, shortcoming, weakness
임원	company officer, president, director, executive, CEO
잠정적인, 일시적인	tentative, temporary, provisional, not determined, not settled firmly
초과 근무를 하다	work/do overtime, work an extra shift, work extra/additional hours
시행하다	implement, carry out, conduct, enforce, perform, put into action
24시간 운영하는	open 24 hours a day, available around clock, can access at any time
최신의	state-of-the-art, modern, contemporary, up-to-date, latest, newest
미리	in advance, ahead of time, beforehand, early
실행가능한	viable, practicable, feasible
상환해주다, 변제하다	reimburse, compensate, pay back, repay
숫자 표현	half → 50 percent in full → 100 percent dozen → 12 for a decade → 10 years over a decade → more than 10 years no less than 5 days → at least 5 days
빈도	every day → daily, once a day every year → yearly, annually, once a year biannually → twice a year every two/second weeks → biweekly, once two weeks on a daily/weekly/monthly/yearly basis → regularly, periodically

Questions 1-3 refer to the following e-mail.

To: Phillip Stringer <pstringer@tomail.com>
From: Starline Technologies HR <hrteam@starlinetech.com>
Subject: Your Application
Date: September 2

Dear Mr. Stringer,

Thank you for your interest in the Senior Software Designer position at our company. We received your cover letter and résumé and are pleased to inform you that you have been selected to move on to the next step in our hiring process. – [1] –.

1 To proceed further, please find the attached forms that you need to fill out and send back to us by Thursday, September 9. 3 We appreciate your prompt attention to this matter. – [2] –. In addition, our design team would like to see some of the work that you have completed at your current position. – [3] –. 2 If you could please provide a portfolio of your recent design work, that would be greatly appreciated. We look forward to reviewing your work and learning more about your skills and experience.

Thank you again for your interest in joining our team. We appreciate your time and effort, and we are excited about the possibility of having you on board. – [4] –.

Best regards,

Irene Olson, Personnel Manager

---

1. What is Mr. Stringer advised to do?

   (A) Explain a promotion opportunity
   (B) Introduce some new software
   (C) Submit additional documents
   (D) Announce a job opening

2. What should Mr. Stringer provide to Ms. Olson?

   (A) His progress report
   (B) His contact information
   (C) His feedback on a program
   (D) His work samples

3. In which of the positions marked [1], [2], [3], and [4] does the following sentence best belong?

   "Should you need more time, please let us know as soon as possible."

   (A) [1]
   (B) [2]
   (C) [3]
   (D) [4]

❶ 문제 분석

Q1 요청사항: 스트린저 씨는 무엇을 하도록 권장?

Q2 세부사항: 스트린저 씨는 올슨 씨에게 무엇을 제공?

Q3 문장삽입: "더 많은 시간이 필요하면, 가능한 한 빨리 알려주세요."

❷ 정답 단서 찾기

Q1 두 번째 문단 초반부에 특정 날짜까지 첨부된 양식을 작성하여 보내달라고 했으므로 추가 서류 제출을 뜻하는 (C)가 정답!

Q2 두 번째 문단 후반부에 최근 디자인 작업물의 포트폴리오를 제공해달라고 요청하고 있으므로 a portfolio of your recent design work를 work samples로 패러프레이징한 (D)가 정답!

Q3 제시된 문장이 시간이 필요할 경우에 대한 내용이므로 두 번째 문단 중반부 [2] 번 위치에 들어가 서류 작업에 대한 즉각적인 조치를 부탁하지만 추가 시간이 필요하면 빠르게 연락을 달라는 내용이 연결되는 것이 흐름상 자연스러우므로 정답은 (B)!

연경쌤의 RC 만점 *Secret Note* Part 7 문제 유형별 문제풀이 TIP ②

1. 요청사항 문제

문제 유형 키워드: asked, encouraged, advised, requested, instructed

요청사항은 보통 지문의 후반부, 마지막 단락에 Please, Could/Can/Would/Will you, You should/must, I would be grateful/appreciated, Would it be possible 등의 구문과 함께 제시된다. 해당 구문의 뒷부분을 해석해 보기 중에서 정답을 고른다. 이때, 지문에서 제시된 내용이 패러프레이징되어 있을 확률이 높으므로 유의해야 한다.

2. 세부사항 문제

문제 유형 키워드: Wh-의문사(what, who, when, where, which, why, how)

의문사 외에 문제에 제시된 키워드를 지문에서 찾아 키워드가 포함된 문장과 그 주변을 읽고 정답의 근거를 찾는다. 주로 고유명사, 숫자, 시간, 장소 등은 지문에 그대로 제시되는 경우가 많아 쉽게 찾아 빠르게 문제를 풀 수 있지만 키워드가 간접적으로 제시되어 있는 경우도 있다.

3. 문장삽입 문제

문제 유형 키워드: [1], [2], [3], and [4]

삽입될 제시된 문장을 먼저 해석해 내용을 파악한 뒤, 지문의 다른 문제를 풀기 위해 지문을 읽어 나갈 때 함께 해결하는 것이 포인트! 이때, 삽입될 문장에 포함된 접속부사(In addition, however 등), 대명사(it, this, he, such 등), 정관사(the), 시간의 순서를 나타내는 전치사/접속사나 부사(after, before, first, then 등) 등을 정답 단서로 활용해야 한다. 정답을 선택했다면 해당 위치에 대입하여 앞뒤 흐름이 자연스러운지 꼭 확인해야 한다.

Questions 1-4 refer to the following article.

SEATTLE (March 9) - [1] The recycling company, PlanetOne has announced that it will be buying out TripleR, its largest competitor in the region. The employees of TripleR will be retrained to use the advanced collection and recycling tools of PlanetOne.

"With this move, we will be able to provide more effective and efficient recycling services to even more clients in the region," said Mansell Suarez, founder & CEO of PlanetOne. "It will also allow us to expand our operations into the nearby Puget Sound. [2] By using our profits to reinvest in new projects, we have been able to purchase several boats that will collect waste such as plastic and Styrofoam from the surface of the water. Those materials could then be processed and repurposed."

[3] Mr. Suarez founded PlanetOne nearly a decade ago with strong backing from Seattle's mayor at the time. Thanks to several grants, he was able to open four recycling centers in the area.

The design of PlanetOne's collection boats has been made [4] accessible to any other organization interested in ridding plastic waste from the world's oceans.

1. What is the purpose of the article?
   (A) To promote a government program
   (B) To raise awareness about pollution
   (C) To discuss a business acquisition
   (D) To profile an environmentalist

2. What does PlanetOne plan to do?
   (A) Reduce its number of employees
   (B) Begin a water cleanup project
   (C) Open a new recycling center
   (D) Ask the public for donations

3. What is suggested about Mr. Suarez?
   (A) He wants to expand internationally.
   (B) He plans on running for public office.
   (C) He works closely with local fishermen.
   (D) He used government funds to start his company.

4. The word "accessible" in paragraph 4, line 1 is closest in meaning to
   (A) permissible
   (B) available
   (C) simple
   (D) distinctive

❶ 문제 분석

Q1 주제/목적: 기사의 목적?

Q2 세부사항: 플래닛원이 계획하는 것?

Q3 추론: 수아레즈 씨에 대해 암시된 것?

Q4 동의어: accessible (이용 가능한)

❷ 정답 단서 찾기

Q1 첫 문단에서 회사의 인수 소식을 알리고 있으므로 기업 합병이라는 내용의 (C)가 정답!

Q2 두 번째 문단 중반부에 회사의 수익을 재투자해 수면에서 쓰레기를 모으는 보트를 만들어 왔다는 내용이 있는데 이는 다른 말로 수역 정화 프로젝트를 시작한다는 뜻이므로 (B)가 정답!

Q3 세 번째 문단에 수아레즈 씨가 시애틀 시장으로부터 보조금을 받아 재활용 센터를 개장했다는 언급이 있으므로 정부의 자금을 받았다는 내용의 (D)가 정답!

Q4 지문에서 해당 단어가 포함된 문장을 살펴보면 '바다에서 플라스틱 쓰레기를 제거하는 데 관심이 있는 다른 기관들이 플래닛원 디자인을 이용할 수 있게 되었다'라고 해석하는 것이 자연스러우므로 '이용 가능한'이라는 뜻의 (B)가 정답!

연경쌤의 RC 만점 Secret Note Part 7 문제 유형별 문제풀이 TIP ③

1. 추론 문제

문제 유형 키워드: most likely, suggest/suggested, imply/implied, infer/inferred

추론 유형은 제시된 단서를 기반으로 지문에 언급되지 않은 새로운 내용을 이끌어내어 정답을 골라야 하므로 지문을 꼼꼼히 해석해야 한다. 주로 글의 목적/대상을 묻는 전체적인 정보를 추론하는 유형은 선택지를 먼저 읽은 후, 지문의 내용을 파악하여 정답을 찾는 것이 좋고, 세부적인 정보를 추론하는 유형의 경우, 질문에 제시된 대상 즉, 주로 about 뒤에 나오는 대상을 지문에서 찾고 그 주변을 읽어 지문에 있는 정보를 대조하며 확인하는 것이 문제풀이 시간 단축에 유리하다.

2. 동의어 문제

문제 유형 키워드: The word "~" in paragraph 0, line 0, is closest in meaning to

단일지문과 다중지문 유형에서 출제되는 동의어 문제는 주로 다의어가 출제된다. 단어 자체의 뜻보다는 문맥상의 의미를 파악하여 알맞은 동의어를 선택해야 한다. 따라서 동의어 문제를 풀 때는 해당 동의어가 포함된 문장을 반드시 해석해 문맥 내에서의 의미를 파악해야 한다.

Questions 1-2 refer to the following form.

Austin Country Club
Membership Card Form

Please fill out the form clearly in pen.
Upon completion, hand it to one of the staff at the registration desk by the entrance.

Name: Cedric Long
Mobile: (253) 555-3462
Address: 578 William Drive, Austin TX 78758
Is this your first membership card application? Yes: ____ No: _X_
If No, what happened to your card? Missing: _X_ Damaged: ____
Submission Date: 19 February
Applicant Signature: *Cedric Long*

---

1. Why did Mr. Long fill out the form?

(A) To cancel a membership
(B) To update contact information
(C) To report a lost ID card
(D) To file a complaint

2. What instructions are included on the form?

(A) What documents to include
(B) Where to submit the form
(C) When to turn the form in
(D) How to make a payment

Questions 3-5 refer to the following press release.

FOR IMMEDIATE RELEASE

Contact: Harley Bowden
AAVT Spokesperson
Phone: (614) 555-8943
e-mail: h.bowden@aavt.org

Annual Amateur Volleyball Tournament Returning to Daytona Beach

DAYTONA BEACH (18 June) - Over the past several years, severe storms have damaged the bleacher seating at the beachfront where the Annual Amateur Volleyball Tournaments had been held for several decades. We are pleased to announce that the bleachers and volleyball courts have been rebuilt and are ready to host the tournament once again this year. Participating as an announcer, last summer's Olympic team captain Adrianne Merrick will be in attendance.

Teams can register on the event Web site at www.aavt.org/teams. The event will last for 4 days from 16-19 August, and tickets are available through local ticket vendors. A ticket for any of the first 3 days will be $8 per person, while the final day will cost $10 per person. Group discounts will be offered based on the number of tickets you plan to purchase.

The event's planners are excited to be able to hold the event on the beach once again after having to hold it in Atlanta's Peachtree Stadium for the past two years.

---

3. What is the purpose of the press release?

   (A) To promote an upcoming sports event
   (B) To talk about an Olympic athlete's career
   (C) To request funding for a construction project
   (D) To explain discounted ticket rates for children

4. Who is Ms. Merrick?

   (A) An architect
   (B) A spokesperson
   (C) An event coordinator
   (D) A professional athlete

5. What is implied about the tournament in Atlanta?

   (A) It was not well attended.
   (B) It was held due to damage at the beachfront.
   (C) It was hosted by prominent athletes.
   (D) It was cancelled due to severe weather.

Questions 6-8 refer to the following memo.

To: All Staff Members
From: Leah Gomez
Re: Staff complaints
Date: Wednesday, 12 October

It has come to the attention of the management team that some staff members are dissatisfied with how time off is reported. We would like to hear your thoughts on this matter in more detail.

Yesterday, a meeting was held to determine some problems and possible solutions. – [1] –. Your concerns may or may not have already been addressed. Please note that a message board containing the details covered at that meeting has been posted on our Intranet. We suggest reading the existing threads prior to posting any new ones. – [2] –.

We understand that the existing method may seem complicated, and also acknowledge the fact that it could be improved upon. – [3] –. That's why, after analyzing the situation and coming up with several possible solutions, we plan to put it to a vote. – [4] –. Thank you all in advance for your cooperation and understanding.

6. Why did Ms. Gomez write the memo?

   (A) To explain how to submit leave requests
   (B) To request feedback on a procedure
   (C) To apologize for a system error
   (D) To introduce a new manager

7. What are staff members advised to do?

   (A) Check a message board
   (B) Consult their supervisor
   (C) Conduct a survey
   (D) Cast a vote

8. In which of the positions marked [1], [2], [3], and [4] does the following sentence best belong?

   "This will likely happen sometime next month."

   (A) [1]
   (B) [2]
   (C) [3]
   (D) [4]

Questions 9-11 refer to the following text message chain.

Lianne Lo (2:07 P.M.):	Hi Mr. Nolan, this is Lianne Lo from Lo's Motel. Now that our construction project is over, I'd like to place an order for more custom towels.
Dennis Nolan (2:09 P.M.):	Hello, Ms. Lo. I actually drove by there yesterday, and the building looks much bigger than it used to be. So, how many towels do you need?
Lianne Lo (2:10 P.M.):	I think 300 should be enough. I'd like my motel's logo printed on them. Could you get them to me by this Thursday?
Dennis Nolan (2:11 P.M.):	We would have to charge an extra 10% to get that many made so fast.
Lianne Lo (2:13 P.M.):	Really? It seems there's no way around it. I'm going to need them as quickly as possible because my busiest time of year is right around the corner.
Dennis Nolan (2:14 P.M.):	Well, there is one way you could save some money on this order.
Lianne Lo (2:15 P.M.):	What would I have to do?
Dennis Nolan (2:16 P.M.):	It looks like you haven't opened a corporate account with us yet. If you do, then we apply 15% off to all orders placed within 30 days. The only thing is, you would have to do that on our homepage.
Lianne Lo (2:18 P.M.):	Thanks for letting me know. I'll go ahead and do that now.

9. What is suggested about Ms. Lo's business?

(A) It relocated to the downtown area.
(B) It recently completed an expansion.
(C) It gives out gifts to all of its customers.
(D) It has a large number of staff openings.

10. Why does Ms. Lo need to receive the order quickly?

(A) The peak season is about to begin.
(B) Some items were lost while in transit.
(C) The business' logo has been changed.
(D) A large number of customers suddenly made reservations.

11. At 2:13 P.M., what does Ms. Lo mean when she writes, "It seems there's no way around it"?

(A) She will pay an extra fee.
(B) She can wait to place the order.
(C) She needs directions to a location.
(D) She wants to ask around for other estimates.

Questions 12-14 refer to the following advertisement.

Global Star Club

Global Star Club helps international travelers get to and from their destinations easily and comfortably. Our members can reduce their time stuck in airports by using the faster security line that is normally reserved for flight crew. Not only that, our members' card allows you to use the VIP lounges of over a dozen different airlines, meaning that you can spend your time in between flights in the kind of luxury that is normally only afforded to First Class passengers. As an added bonus, Global Star Club members also receive a meal voucher that can be redeemed at select airport restaurants. This coupon can be used to enjoy a delicious meal or snack before your flight, making your travel experience even more enjoyable.

To become a member of the Global Star Club, simply tag us on your preferred social media platform and connect with us.

Global Star Club members don't have to worry about expensive membership fees. Instead, we only ask that you write about your experience with the various services that you use during your travels. A single post every year is the minimum, but the more you write, the more grateful we are! For additional posts, we may even offer special perks and benefits.

Join Global Star Club today and experience hassle-free travel like never before!

www.globalstarclub.com

---

12. What is required to be a member of Global Star Club?

   (A) A valid passport
   (B) A First Class boarding pass
   (C) Regular posting of service reviews
   (D) Payment of annual fees

13. What is NOT mentioned as a benefit that Global Star Club members can enjoy?

   (A) Expedited security checks
   (B) Food vouchers
   (C) Early flight boarding
   (D) Airport lounge access

14. According to the advertisement, what should someone do to join Global Star Club?

   (A) Download a mobile app
   (B) Speak with a recruiter
   (C) Upload some pictures
   (D) Connect a social media account

Questions 15-17 refer to the following article.

Swimming Survey Scheduled

Like most cities in the state of Arizona, the people of Avondale suffer from extreme heat throughout the summer. – [1] –. Spending time in the water is one way to cool off, so there has been talk of opening a third and possibly even a fourth public swimming pool.

Avondale's City Council has hired the non-profit research organization OpenStats to conduct a study by surveying local business owners, residents, and tourists. – [2] –. The data that they gather will be compiled and analyzed to determine the need of a public swimming pool in particular neighborhoods. Those figures will then be compared with the annual expenses of maintaining one in each of the neighborhoods. – [3] –.

"We would all like to have a pool in our backyard, but that's not realistic," said City Councilmember Dani Kovac. – [4] –.

15. How many public swimming pools are currently in Avondale?

(A) 2
(B) 3
(C) 4
(D) 5

16. What does the article indicate about the OpenStats survey?

(A) It will be conducted primarily online.
(B) It will include a cost estimate analysis.
(C) It will not require the use of public funds.
(D) It will take place over the course of a year.

17. In which of the positions marked [1], [2], [3], and [4] does the following sentence best belong?

"With this data, we can make the fairest possible choice for everyone."

(A) [1]
(B) [2]
(C) [3]
(D) [4]

Questions **18-21** refer to the following e-mail.

To: Sebastian Clark <sclark@vmail.com>
From: Emily Foster <efoster@premierepublishing.com>
Date: 9 December
Subject: Re: Novel Draft for Review

Dear Mr. Clark,

Thank you for submitting this draft of your novel. As you know, Premiere Publishing is one of the most competitive publishers in the country. Before we commit to signing you as a permanent author, I would like to give you some feedback. – [1] –. I love the way you introduce and describe your characters, but a few chapters seemed a bit slow-paced and had little to do with the main plot of the story. If you trim those down, your readers would be more interested. – [2] –.

The few drawings that you included are quite impressive. – [3] –. Our marketing team could use them to promote your book as well. They may compare you to famous best-sellers such as Tina Gore or Frank Hellmann, seeing as the way your book is written is reminiscent of their writing. Also, you should be aware that all of our authors who sell over 50,000 copies are expected to tour major cities to meet fans and sign their books. Public readings may also be involved if you agree to do them. – [4] –.

You can refer to the notes that I attached to this e-mail. If you have any questions or concerns, feel free to contact me.

Sincerely,

Emily Foster

---

18. What is implied about Premiere Publishing?

(A) It recently acquired one of its competitors.
(B) It has offices in several different countries.
(C) It offers long-term contracts to writers.
(D) It mainly publishes picture books.

19. How would Mr. Clark most likely revise his novel?

(A) By shortening some parts of it
(B) By dividing it into separate books
(C) By giving more in-depth descriptions
(D) By adding more supporting characters

20. What does Ms. Foster NOT suggest to Mr. Clark?

(A) His illustrations could be used as promotional materials.
(B) He could discuss writing tips with best-selling authors.
(C) His writing style is like that of other popular authors.
(D) He may be asked to attend book signing events.

21. In which of the positions marked [1], [2], [3], and [4] does the following sentence best belong?

"All related expenses would be covered by Premiere Publishing."

(A) [1]
(B) [2]
(C) [3]
(D) [4]

Questions 22-25 refer to the following Web site.

BioCare

Our Planet is Our Priority

BioCare is a nonprofit organization that strives to protect wildlife. We draw attention to animals who face the threat of extinction due to human actions. Major corporations bear significant responsibility for the pollution of vital lakes and rivers, as well as the destruction of large forest areas. Despite the planet's limited resources, many of these corporations focus solely on profit and consume far more than necessary.

By carrying out nationwide studies to gather evidence and support its arguments, BioCare go beyond simply protesting for animal rights. Although we have many donors and volunteers including veterinary clinic staff, there is one much more effective way for everyone to help us complete our mission. We regularly post petitions on our Web site that require large numbers of signatures in order to be recognized by government organizations and to put meaningful regulations in place. Adding your name to these petitions would be the greatest contribution we could ask for.

---

22. The word "threat" in paragraph 1, line 2, is closest in meaning to

(A) attack
(B) disease
(C) possibility
(D) charge

23. What is NOT mentioned about major corporations?

(A) They pollute water sources.
(B) They often violate regulations.
(C) They use too many resources.
(D) They cause deforestation.

24. What is indicated about BioCare?

(A) It conducts studies only on lakes and rivers.
(B) It hosts regular nature cleanup events.
(C) It works with veterinarians.
(D) It creates shelters for animals.

25. How can readers support BioCare's mission?

(A) By volunteering to help at events
(B) By signing up for a newsletter
(C) By making regular donations
(D) By signing online petitions

만점 전략

1. Part 7 삼중지문은 이중지문보다 읽어야 할 양이 많을 뿐 풀이 방법은 크게 다르지 않으므로 겁먹지 않아도 된다.

2. 이중지문은 1~2문제, 삼중지문은 2문제가 연계문제로 출제되므로 이를 염두에 두고 문제풀이 전략을 세워야 한다.

3. suggested, implied, inferred, most likely 등의 추론 유형은 연계문제일 가능성이 높으므로 지문들의 공통 연결고리를 찾아내는 것이 중요하다.

4. 고유명사나 숫자, 표 또는 양식 안의 정보가 보기 중에 제시되면 연계문제일 가능성이 높으므로 지문에 따로 표시해두는 것이 좋다.

5. 자주 출제되는 연계문제의 출제 패턴을 숙지한다면 문제풀이 시간을 줄일 수 있다.

▶EXAMPLE 1

Question 1 refers to the following advertisement and e-mail.

Turner's Hardware

We have a wide selection of power tools and materials for home improvement projects, but we also host classes every Sunday on properly using them. For just $5 per session, you can join in and learn how to handle power tools. Sign up on our Web site here!

To: Customer Service <cs@turnershardware.com>
From: Fernando Garcia <fgarcia@umail.com>
Subject: Web site error
Attachment: card_info

I tried to sign up for this Sunday's class on the latest power tool, but the link on your Web site wasn't working. Could you sign me up for the class using the attached information? Thanks in advance.

---

1. What is suggested about Mr. Garcia?
   (A) He wants to exchange a purchase.
   (B) He ordered a power tool online.
   (C) He will pay a registration fee.
   (D) He works at Turner's Hardware.

❶ 문제 분석

Q1 추론: 가르시아 씨에 관해 암시된 것은?

❷ 정답 단서 찾기

Q1 두 번째 지문에 첨부된 카드 정보를 사용하여 수업 등록을 요청하고 있고, 첫 번째 지문에 5달러를 지불하면 공구를 다루는 방법을 배울 수 있는 수업에 참가할 수 있다는 언급이 있으므로 수업료를 지불할 예정임을 추론할 수 있다. 따라서 정답은 (C)!

▶ EXAMPLE 2

Question 1 refers to the following e-mail and form.

Attention all staff,

Our offices are going to be repainted over several days next month. Each team will need to bring their personal belongings to the storage area in the basement so that they don't get in the way of the painters. You will need to do so one day prior to the date that your team's office will be painted. You will be allowed to move everything back the day after the painting work is completed.

Amanda Baek, Office Manager

Office Painting Schedule	
Date	**Section**
March 5	Personnel, IT
March 6	Customer Support
March 7	Sales, Management

1. When should members of the Personnel team move their belongings to the basement?

   (A) March 4
   (B) March 5
   (C) March 6
   (D) March 7

❶ 문제 분석

Q1 세부사항: 인사팀 팀원들은 소지품을 언제 지하에 옮겨 놓아야 하는가?

❷ 정답 단서 찾기

Q1 첫 번째 지문에 소속 팀 사무실이 페인트칠되는 하루 전날에 짐을 옮겨야 한다고 언급되어 있고, 두 번째 지문 표에 인사팀은 3월 5일에 작업 진행 예정이라고 쓰여 있으므로 인사 팀원들은 그 전날인 3월 4일에 개인 물품을 이동해야 한다. 따라서 (A)가 정답!

Question 1 refers to the following e-mail, memo, and the form.

Dear Mr. Singh,

I have received your request for annual leave, and I am happy to approve your request. You have consistently exceeded work targets since joining us last October, and our customers have been delighted with the service you have provided. I hope you enjoy your time off in the last week of April, and we look forward to having you back in May.

Beatrice Jackson, Installations Manager
AXS Telecom Inc.

TO: AXS Telecom Installations Team
FROM: Beatrice Jackson, Installations Manager
SUBJECT: Team changes

Good afternoon, team. I just wanted to let you know about a slight change during the period of April 24 to 30. Amit Singh will be taking annual leave that week, so I have assigned a couple of you to carry out installations in his neighborhoods while he is away. Regina Lee will handle all installation requests in Bishopbrook, and Adam Horowitz will take care of all requests in Silverton. Thanks, and keep up the good work.

AXS Telecom Installation Request Form

Name: Joseph Garraghan
Installation neighborhood: Bishopbrook
Preferred installation date: April 26

Details of installation request: Mr. Garraghan is an existing AXS Telecom customer who has recently moved from his previous home in Silverton. He would like to keep his current broadband Internet package and requires installation of his devices at his new address. Installation should be carried out between 8 a.m. and 4 p.m.

---

1. Who most likely will install Mr. Garraghan's broadband devices?
    (A) Amit Singh
    (B) Regina Lee
    (C) Adam Horowitz
    (D) Beatrice Jackson

❶ 문제 분석

Q1 추론: 누가 개러건 씨의 브로드밴드 기기를 설치할 것 같은가?

❷ 정답 단서 찾기

Q1 세 번째 지문에 개러건 씨가 현재 사용하는 인터넷 패키지를 계속 유지하고 싶고, 새 주소에 기기 설치를 필요로 하다고 언급되어 있는데, 개러건 씨의 새 주소는 Bishopbrook이다. 두 번째 지문에 Bishopbrook이 언급된 부분을 보면 레지나 리 씨가 설치를 담당할 것이라고 제시되어 있으므로 정답은 (B)!

연경쌤의 RC 만점 Secret Note 이중지문/삼중지문 문제풀이 순서 TIP

1. 주제/목적, 요청사항, 세부사항, 동의어 유형 문제 먼저 풀기

첫 번째 지문의 초반부 또는 상대적으로 적은 부분만 읽고 풀 수 있는 유형들을 먼저 해결한다.

2. 사실확인, 추론, 문장삽입, 의도파악 유형은 나중에 풀기

사실확인과 추론 유형은 정답 보기가 패러프레이징이 되어 있거나 지문에서 직접적인 정답 단서를 찾을 수 없으므로 지문의 내용을 상당 부분 읽은 후에 푸는 것이 좋다. 또한, 문장삽입과 의도파악 유형도 문장의 흐름 또는 제시된 문장의 앞뒤 맥락을 파악해야 하므로 나중에 푸는 것을 추천한다. 특히, 질문에 NOT이 포함되어 있다면 지문과 선택지를 하나씩 대조해 정답을 찾아야 해서 문제풀이 시간이 많이 소요되므로 비교적 쉬운 문제를 먼저 해결하고 이후에 푸는 전략을 택하는 것이 좋다.

3. 연계문제는 마지막으로 풀기

주로 이중지문에서는 3번째 문제가, 삼중지문에서는 3~4번째 문제가 연계문제일 확률이 높은데 주로 추론 유형이다. 따라서 문제풀이 시간을 확보하기 위해 가급적 마지막으로 푸는 것이 좋다. 특히, 선택지가 숫자나 지역명/회사명/사람 이름 등의 고유명사로 구성되어 있다면 지문을 읽으면서 밑줄이나 동그라미 표시를 따로 해 두는 것이 좋다. 마지막으로, 지문에서 별표(*), NOTE, IMPORTANT 등이 보이면 연계문제의 출제 포인트로 활용될 수 있으므로 유의해서 읽어야 한다.

• 이중지문 연계문제 유형

지문1 E-mail	지문2 Chart
제품에 대한 고객 만족 설문조사를 실시했는데 표 4번에 언급된 내용이 문제로 드러났으니 마케팅팀이 해결해주길 바란다는 내용	표 4번: 제품 포장의 개선이 필요하다는 의견

[연계문제] 마케팅 팀에서 해결해야 할 문제는 무엇인가?
[정답] 제품의 포장을 개선시키기

지문1 E-mail	지문2 Notice
공사로 인해 주차 공간을 4월 2일까지 폐쇄한다고 직원들에게 알리는 내용	공사 작업 일정 지연으로 주차 공간이 4월 30일까지 폐쇄될 것이니 다른 주차장 이용을 권하는 내용

[연계문제] 공지가 보내진 후에 변경된 부분은?
[정답] 주차장 폐쇄 기간의 연장

지문1 Announcement	지문2 E-mail
직업 박람회 공지 사항에서 부스 대여료가 1개 대여시 $30, 2개 대여시 $50, 3개 대여시 $70임을 알리는 내용	이 씨는 박람회 참여를 원하며 2개의 부스를 대여하고 싶다는 내용

[연계문제] 이 씨는 부스 대여에 얼마를 지불해야 하는가?
[정답] 50달러

지문1 Form	지문2 E-mail
최근 구매한 제품에 결함 때문에 교환을 요청하는 고객 이름과 전화번호, 제품번호가 작성되어 있지만 배송 주소가 누락됨	고객의 요청에 대한 답변으로 누락된 정보를 알려주면 바로 처리해주겠다는 내용

[연계문제] 고객이 제공해야 할 추가적인 정보는?
[정답] 집 주소

• 삼중지문 연계문제 유형

지문1 E-mail	지문2 Advertisement	지문3 E-mail
함께 일하게 된 직원에게 정보를 제공하는 내용으로, 입사한 A회사에서 제공하는 핸드폰 렌탈 정보와, 회사 근처에 위치한 쇼핑몰과 거래 은행을 안내하는 내용	회사가 거래하는 은행의 광고로 자사의 여러 지점을 소개하며, Eglinton Avenue에 쇼핑몰이 있는 지점도 함께 안내	신규 직원의 문의사항에 대한 은행의 답변 이메일로, 은행에서 A 회사 직원들에게 특별히 제공하는 서비스 종류(Car, Home, Mobile) 안내

[연계문제 1] A회사가 위치하고 있는 곳은? (1+2)
[정답] Eglinton Avenue

[연계문제 2] 신규 직원이 은행에서 이용할 것 같지 않은 서비스는? (1+3)
[정답] Mobile

지문1 Brochure	지문2 E-mail	지문3 Parking pass
지역 커뮤니티에서 성인을 대상으로 하는 교육을 공지하는 내용으로, 다양한 수업 리스트(부동산, 미술, 요리 등), 시간과 날짜, 강사 정보 등의 내용이 담긴 책자	예비 수강생에게 Daniel 강사의 수업 일자가 변경되었다는 이메일로, 변경된 수업일 안내와 새 주차증을 발급해주겠다는 내용	새로 발급된 주차증으로 5월 7일 당일에만 유효

[연계문제 1] 예비 수강생이 관심있는 수업은? (1+2)
[정답] 다니엘 강사의 부동산 수업

[연계문제 2] 새롭게 변경된 수업의 날짜는? (2+3)
[정답] 5월 7일

지문1 Web page	지문2 Form	지문3 E-mail
호텔 검색 사이트로 머무르고자 하는 지역과 기간이 명시되어 있고, 검색 결과로 호텔주소(Spadina Avenue)와 4개 타입의 객실이 가격과 함께 나옴(싱글 베드룸 $60, 더블 베드룸 $90, 디럭스 더블 베드룸 $150, 패밀리룸 $210)	호텔에 머문 투숙객의 피드백 양식으로 90달러라는 가격 대비 만족도가 컸으나 호텔 주위의 교통 체증을 불편사항으로 언급함	투숙객의 피드백에 대한 답변으로, 호텔 주위의 도로 공사로 인해 교통 체증이 야기되었음을 알리며 사과하는 내용

[연계문제 1] 고객이 머물렀던 객실의 타입은? (1+2)
[정답] 90달러에 해당하는 더블 베드룸 객실

[연계문제 2] Spadina Avenue에 관해 사실일 것 같은 것은? (1+3)
[정답] 최근에 도로 공사가 실시되었다.

Questions 1-5 refer to the following advertisement and e-mail.

Bertha's B&B

You can always expect to have a peaceful and comfortable stay here at Bertha's B&B, the best-rated family-run B&B in Washington State! Whether you're traveling alone, with family, or with friends, we will be able to accommodate you. Please note that breakfast is served between 7 A.M. and 9 A.M., but if you tell us in advance, we can prepare yours at a different time and bring it to your room since the dining area won't be open.

Room Type	Description	Daily Rate
Double Wide	2 Queen Beds, 1 1/2 Bath (Comfortable for 4 adults)	$150.00
Double	2 Twin Beds, 1 1/2 Bath (Comfortable for 2 adults)	$115.00
Wide	1 Queen Bed, 1 Bath (Comfortable for 2 adults)	$95.00
Basic	1 Single Bed, 1 Bath (Comfortable for 1 adult)	$65.00

A separate children's-sized cot can be added to any room for an additional $20 per day. If you have allergies or dietary restrictions, such as being a vegetarian, please let us know in advance so that we can prepare a meal that you can enjoy. Also, if you recommend us to someone who stays here, be sure to have them mention you when they come. We will send you a coupon for 10% off your next visit!

To: <reservations@berthasbnb.com>
From: Derrick Hunter <d.hunter@bmail.com>
Date: February 9
Subject: March 10 Reservation Request

Hello, a colleague and I will be visiting Goldendale for a photography gallery opening next month. I've heard great things about your B&B, so I'd like to make a reservation. We could share a room to save some money, but we would like separate beds.

If possible, we would like to have breakfast around 6 A.M. so that we could do a photo shoot of the area while the sun is rising. I didn't see anything about a down payment on your Web site, so please let me know if there is anything like that which I need to send to confirm my reservation. Thank you in advance.

Sincerely,

Derrick Hunter

---

1. What is NOT included in the advertisement?

   (A) The cost to rent each room
   (B) The number of bathrooms per room
   (C) The price of food ordered as room service
   (D) The recommended number of people for each room

2. What type of room will Mr. Hunter most likely reserve?

   (A) Double Wide
   (B) Double
   (C) Wide
   (D) Basic

3. What is indicated about Bertha's B&B?

   (A) It offers discounts for customer referrals.
   (B) It is partnered with a nearby photo gallery.
   (C) It has several locations in Washington state.
   (D) It only serves vegetarian dishes for breakfast.

4. What is suggested about Mr. Hunter?

   (A) He operates a photo gallery in Goldendale.
   (B) He will have a meal brought to his room.
   (C) He will be charged an additional fee.
   (D) He qualifies for a room discount.

5. What information does Mr. Hunter request?

   (A) How to get to Bertha's B&B
   (B) Where he could read reviews
   (C) What time he needs to check out
   (D) Whether he needs to pay a deposit

Questions 6-10 refer to the following survey and e-mail.

CUSTOMER SURVEY – JOYNER'S

Please take a moment to fill out this questionnaire about your latest experience with us. Write a number from 1–5, 1 being the worst and 5 being the best, in the blanks below:

Category	Score
Friendliness of host and servers	5
Speed of service	5
Quality of food	4
Cleanliness of venue	4
Variety of menu options	2
Prices for each dish	4
Overall experience	4

Dish(es) ordered: Chicken Parm, Spaghetti
Name (Optional): Chloe Bertrand
E-mail (Optional)*: cbertrand@rmail.com
*An e-mail address is required for us to send you compensation for completing this form.

To: Chloe Bertrand <cbertrand@rmail.com>
From: Customer Service <cs@joyners.com>
Date: August 28
Subject: Customer Survey
Attachment: Coupon

Dear Ms. Bertrand,

We would like to express our gratitude for taking the time to provide your feedback. Attached is a coupon for one free appetizer at Joyner's. It is valid for 1 year from today.

Our management team has noticed that many of our customers marked the same area as you did with a low score, and we are already working on that. Hopefully the issue will be fully resolved by October. We would be greatly pleased if you give us another chance after that, and then visit our homepage to share your thoughts once again. We look forward to seeing you again soon!

Sincerely,

Janet Palmer, Senior Customer Service Representative
Joyner's

6. What type of business is Joyner's?

(A) A delivery company
(B) A restaurant
(C) A grocery store
(D) A food manufacturer

7. Which statement about Joyner's would Ms. Bertrand most likely agree with?

(A) Its prices are not competitive.
(B) It should open more branches.
(C) Its staff are quick to assist customers.
(D) It offers more rewards than its competitors.

8. In the e-mail, the word "express", in paragraph 1, line 1, is closest in meaning to

(A) expedite
(B) specify
(C) dispatch
(D) convey

9. What most likely is Joyner's planning to do?

(A) Expand its menu options
(B) Hold a training session
(C) Find a new supplier
(D) Hire more staff

10. What is implied about the survey?

(A) It is available on Joyner's Web site.
(B) It was created by Ms. Palmer.
(C) It has been in use for 1 year.
(D) It will soon be revised.

Questions 11-15 refer to the following guidelines, form, and e-mail.

Knox Construction
Equipment Check-out Guidelines

Our laboratory facilities include all of the necessary equipment for conducting tests on construction materials and samples, but some tests need to be conducted in the field. In such cases, technicians are required to fill out Form F-21. The guidelines for checking out testing equipment are as follows:

1. Testing equipment is to be returned to the lab on the same day it is checked out.
2. Equipment designated "Highly Sensitive" (HS) can only be checked out if one of the following two conditions are met:
   (a) The employee has undergone special training and has a valid Training Certificate Number, or
   (b) The employee's supervisor has signed off on the employee using the equipment.

* Any damages or equipment malfunctions must be reported immediately to the Laboratory Director, Carmen Guzman, at cguzman@knoxconstruction.com.

Equipment Sign-out Form F-21	
Date	May 19
Employee Name	Melanie Boucher
Supervisor	Gisela Mingo
Equipment ID	EJV-881-256
Client/Job Site Code	Fairfield University Student Center
Employee Signature	*Melanie Boucher*
Supervisor Signature (if required)	*Gisela Mingo*
HS Designated Equipment (Y/N)	Y
Training Certificate Number	N/A

To: Melanie Boucher <mboucher@knoxconstruction.com>
From: Jonas Diez <jdiez@knoxconstruction.com>
Date: May 19
Subject: Re: Equipment damages

Dear Ms. Boucher,

Your e-mail was automatically forwarded to me as Ms. Guzman is on vacation this week. Thank you for quickly reporting the damage to the equipment you signed out this morning. I took a look at it, and it seems to still work as it is supposed to. However, just to be safe, I will send it in to the manufacturer since it is still under warranty. They will want to know exactly how the damages were incurred, so I ask that you submit a report giving more specific information about the incident. Could you send me that by tomorrow afternoon? If not, please call my office at 555-2735 as soon as you get a chance.

Sincerely,

Jonas Diez

---

11. Why were the guidelines written?

    (A) To provide instructions on how to fill out a form
    (B) To prevent technicians from conducting field tests
    (C) To describe a process for checking out testing equipment
    (D) To ensure that all necessary equipment is available

12. In the guidelines, the word "undergone", in paragraph 2, line 4, is closest in meaning to

    (A) supported
    (B) completed
    (C) endured
    (D) reached

13. Why did Ms. Mingo sign the form?

    (A) Ms. Boucher does not have a Training Certificate Number.
    (B) Ms. Boucher will return the equipment to Ms. Mingo.
    (C) Some equipment was not returned on time.
    (D) A piece of equipment malfunctioned.

14. What can be inferred about Mr. Diez?

    (A) He approved funding to purchase more equipment.
    (B) He oversees all construction at Fairfield University.
    (C) He conducts training sessions for HS equipment.
    (D) He is filling in for the Laboratory Director.

15. What information does Mr. Diez request from Ms. Boucher?

    (A) A time when she can visit his office
    (B) A phone number to reach her at
    (C) A detailed incident report
    (D) A project work schedule

Questions 16-20 refer to the following e-mails and advertisement.

To: Fahim Baris <fbaris@edgesoft.com>
From: Lalita Bonnag <lbonnag@edgesoft.com>
Date: March 23
Subject: Congratulations!

Dear Mr. Baris,

Congratulations on your reassignment to our branch here in Phuket! I look forward to working under you again. I'm sure that you'll really like it here in Thailand.

I'll forward you the contact information for a real estate agent I know here. She deals with an apartment complex that's in the downtown area that I think you would really love. It's even a short walk from the office, so you won't have to worry about needing a car. Plus, I remember that you love exercising and doing various sports activities.

Sincerely,

Lalita Bonnag

Seabreeze Apartment Complexes

When you're here, you're home!

Come take a look at our spacious apartments with beautiful views!
Speak to a real estate agent to discuss availability at each of our 4 locations:

Bangkok A: 162 Bamrungmuang Road
Bangkok B: 242 Chakrapong Road
Phuket A: 705 Asok-Dindaeng Road
Phuket B: 1300 Songwad Road

Each A style apartment is located a short walk from a beach, while each B style apartment is conveniently located near the city center. You can take a virtual tour on our Web site at www.seabreezeapt.com.
All Seabreeze Apartment units feature the same state-of-the-art facilities and amenities.
Check us out today!

To: Fahim Baris <fbaris@edgesoft.com>
From: Kanda Wattana <kwattana@seabreezeapt.com>
Date: April 8
Subject: Your Inquiry

Dear Mr. Baris,

Thank you for your interest in Seabreeze Apartments! You mentioned that you would be available anytime after 5 P.M. next week to come and check out what we have in person. How about 5:30 on Tuesday evening? Unit 14C just became available this month, which is very exciting because it's right next door to the famous singer Sunan Metharom! While you're here, I'll also show you our facilities which include:

• An air-conditioned fitness center with free weights, treadmills, and stationary bikes
• Garage parking spaces for mid-large sized personal vehicles
• An Olympic-sized indoor swimming pool
• Indoor courts that can be used for either squash or basketball

I look forward to hearing back from you and meeting you in person!

Sincerely,

Kanda Wattana

---

16. What is suggested about Mr. Baris?

(A) He used to work as Ms. Bonnag's supervisor.
(B) He was recently promoted to management.
(C) He prefers to live in rural areas.
(D) He has visited Thailand before.

17. Where most likely is the apartment that Ms. Bonnag recommends to Mr. Baris?

(A) At 162 Bamrungmuang Road
(B) At 242 Chakrapong Road
(C) At 705 Asok-Dindaeng Road
(D) At 1300 Songwad Road

18. What is one reason Ms. Wattana sent the e-mail to Mr. Baris?

(A) To invite him to watch an indoor sports event
(B) To introduce him to a business associate
(C) To schedule a time to view a residence
(D) To apologize for a delay

19. What is mentioned about Unit 14C?

(A) It was recently renovated.
(B) It is cheaper than other units.
(C) It will become available next month.
(D) It is adjacent to a celebrity's apartment.

20. Which amenity is Mr. Baris NOT likely to use?

(A) The fitness center
(B) The parking garage
(C) The swimming pool
(D) The indoor courts

Questions 21-25 refer to the following article, e-mail, and text message.

Kershaw Herald

(October 8) - Since the auto manufacturing plant was opened here in Kershaw earlier this year, there has been a large influx of residents. That has led to a much higher demand of goods and services, so many businesses here in Kershaw are looking to recruit more staff to meet the people's needs. Bart Sikora, owner of the Polish restaurant Warsaw's Star, said that he has decided to double his staff while also moving to a new location on Dartmouth Avenue. He said that he hopes to have the new location up and running in time to reopen by the end of this month.

Warsaw's Star is not alone in its need for more employees. There is certainly no shortage of "Help Wanted" signs in business windows here in Kershaw these days. However, local economists expect the positions to be filled quickly.

To: Shift Managers <managers@warsawsstar.com>
From: Bart Sikora <bsikora@warsawsstar.com>
Subject: Upcoming Interviews
Date: October 21
Attachment: applicant_résumés.zip; interviews_schedule

I'm sending this e-mail because it's not easy to line up all of our schedules on short notice. Attached are the résumés of the applicants that will be interviewing for positions here next week, along with the interview schedule. Keep in mind that the new staff will need to start no later than November 3, the first day at our new location on Dartmouth Avenue.

Among the applicants, there are 2 chefs that I think could be good, but we can only hire one of them. The first one hasn't actually worked as a chef before, but has obtained several cooking certifications. The other worked as a chef in Poland for two years and is familiar with Polish cuisine, but isn't quite as flexible with working hours. After meeting with all the applicants, let's meet on October 29 to discuss which ones we would like to hire for the first shift chef position.

Bart Sikora, Owner
Warsaw's Star

From: Bart Sikora (10:03 A.M.) October 30

Hi Rebecca, this is Bart from Warsaw's Star. I'm pleased to inform you that we have decided to hire you as a first shift chef! Even though this will be your first time working as a chef, I'm sure that you will do great. If you could, prior to opening I would like to bring you into our kitchen at Birch Street either today or tomorrow so that you can familiarize yourself with our menu. Please give me a call at this number once you get a chance. I hope to see you soon!

21. What is the purpose of the article?

    (A) To report on local businesses hiring more workers
    (B) To promote an automobile manufacturer
    (C) To discuss a restaurant's unique menu
    (D) To profile a local business owner

22. In the article, the word "influx" in paragraph 1, line 2, is closest in meaning to

    (A) majority
    (B) arrangement
    (C) aspect
    (D) increase

23. What is most likely true about Warsaw's Star?

    (A) It plans to update its menu.
    (B) It will reopen later than expected.
    (C) It is located in the downtown area.
    (D) It has received outstanding critic reviews.

24. What is most likely true about Rebecca?

    (A) She is unable to work during specific hours.
    (B) She has worked in a restaurant in Poland.
    (C) She has formal qualifications in cooking.
    (D) She met with Mr. Sikora on October 29.

25. What does Mr. Sikora ask Rebecca to do?

    (A) Fill out some paperwork
    (B) Visit the restaurant
    (C) Reply to his e-mail
    (D) Select a time slot

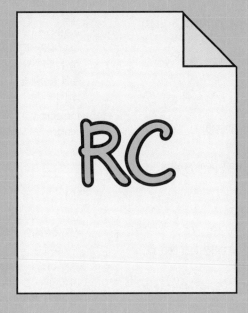

정답 및 해설

EXAMPLE 1

해석   회계사는 최근에 회사의 월 수익이 꾸준히 오르고 있다는 것을 알아냈다.

어휘   accountant 회계사 recently 최근에 revenue 수익 steadily 꾸준히 increase 오르다, 증가하다 determine ~을 알아내다, 밝히다

EXAMPLE 2

해석   교육 센터에서는 시험을 치는 동안 계산기 사용이 허용되지 않는다.

어휘   usage 사용, 이용 calculator 계산기 allow ~을 허용하다

EXAMPLE 3

해석   라운드트리 씨는 우리가 호텔 로비 리모델링 작업을 비수기까지 미뤄야 한다고 제안했다.

어휘   suggest ~을 제안하다 until ~까지 off-peak season 비수기 postpone ~을 미루다, 연기하다

EXAMPLE 4

해석   그 스포츠 잡지는 효과적인 온라인 광고의 결과로 250,000명의 구독자를 얻었다.

어휘   subscriber 구독자 as a result of ~의 결과로 effective 효과적인 advertisement 광고

EXAMPLE 5

해석   기획위원회는 모금행사를 위해 연회장을 빌리는 것이 적절할지 결정할 것이다.

어휘   planning committee 기획위원회 whether ~인지 rent ~을 빌리다 banquet room 연회장 fundraiser 모금행사 decide ~을 결정하다

EXAMPLE 6

해석   저희의 우편물 수신자 명단에 가입하시면 특가 판매 및 행사에 대한 정보를 받으실 수 있습니다.

어휘   sign up to ~에 가입하다 mailing list 우편물 수신자 명단 enable A to do A에게 ~할 수 있도록 하다

토익 실전 연습

1. (C)	2. (D)	3. (B)	4. (A)	5. (D)
6. (C)	7. (B)	8. (C)	9. (D)	10. (B)
11. (C)	12. (A)	13. (B)	14. (C)	15. (B)
16. (C)	17. (C)	18. (A)	19. (B)	20. (D)

1.

정답   (C)

해석   다음 달에 있을 공장 점검 후에, 하우덴 씨는 조립 라인 기계가 교체되어야 하는지 결정할 것이다.

해설   문장 시작 부분에 위치한 전치사구 After the factory inspection next month는 미래 시점인 next month보다 더 나중 시점을 가리키므로 빈칸에 미래시제 동사가 필요하다. 또한, 접속사 whether가 이끄는 명사절을 목적어로 취할 능동태 동사가 쓰여야 하므로 미래시제 능동태인 (C) will decide가 정답이다.

어휘   inspection 점검 whether ~인지 (아닌지) assembly 조립 replace ~을 교체하다, ~을 대체하다

2.

정답   (D)

해석   젠포스 일렉트로닉스는 지난 10년 동안에 걸쳐 캘리포니아 전역에 위치한 여러 고등학교에 거의 250대의 컴퓨터를 기부해왔다.

해설   문장 마지막 부분에 위치한 전치사구 over the past decade는 과거에서 현재에 이르는 기간을 가리키는 표현으로서 현재완료시제 동사와 함께 사용하므로 (D) has donated가 정답이다.

어휘   nearly 거의 throughout (장소) ~ 전역에, (기간) ~ 동안에 걸쳐 over ~ 동안에 걸쳐 decade 10년

3.

정답   (B)

해석   회원권이 있으신 분은 도서관에 있는 어떤 도서든 한 번에 3주 동안 빌리실 수 있습니다.

해설   빈칸 앞에는 주어와 with 전치사구, 빈칸 뒤에는 명사구 any book과 여러 전치사구가 쓰여 있으므로 빈칸이 문장의 동사 자리임을 알 수 있다. 또한, 빈칸 뒤에 위치한 명사구 any book을 목적어로 취할 능동태 동사가 필요하므로 조동사와 능동태 동사 borrow가 결합된 형태인 (B) may borrow가 정답이다.

어휘   at a time 한 번에 borrow ~을 빌리다

4.

정답   (A)

해석   각 직원은 늦어도 3월 1일까지 응급 처치 교육 과정을 이수하는 것이 필수입니다.

해설   주절에 required와 같이 필요성/중요성을 나타내는 형용사가 쓰이면 that절에 동사원형만 사용해야 하는데, 빈칸 뒤에 위치한 명사구 the first aid training course를 목적어로 취할 능동태 동사원형이 필요하므로 (A) complete이 정답이다.

어휘   required 필수인, 필요한 first aid 응급 처치 no later than 늦어도 ~까지 complete ~을 이수하다, ~을 완료하다

5.

정답   (D)

해석   회사 법인 카드는 주로 방문 고객들을 접대해 드리는 데 할당됩니다.

해설   빈칸 앞에는 명사구 주어 The company credit cards가, 빈칸 뒤에는 부사와 for 전치사구만 있으므로 빈칸은 문장의 동사 자리이다. 또한, 빈칸 뒤에 목적어 없이 부사 primarily만 쓰여 있어 목적어를 필요로 하는 타동사 allocate이 수동태로 쓰여야 하므로 수동태 동사의 형태인 (D) are allocated가 정답이다.

어휘   primarily 주로 entertain ~을 접대하다, ~을 즐겁게 하다 allocate ~을 할당하다, ~을 배정하다 allocation 할당(량), 배정

6.

정답   (C)

해석   지난주에 있었던 영업 워크숍은 우리 직원들에게 고객들에게 신제품을 판매하는 전략을 제공해주었다.

해설   명사구 주어 Last week's sales workshop 뒤로 명사와 for 전치사구, 그리고 to부정사구만 있으므로 빈칸은 문장의 동사 자리이다. 또한, '지난주'라는 과거 시점의 일을 나타내는 Last week과 어울리는 과거시제 동사가 쓰여야 하므로 과거시제 동사의 형태인 (C) provided가 정답이다.

어휘   strategy 전략 provide ~을 제공하다

7.

정답   (B)

해석   많은 손꼽히는 경제 전문가들이 전기 자동차에 대한 수요가 향후 5년 동안 50퍼센트 증가할 것으로 예상한다.

해설   빈칸이 속한 that절에서 명사구 주어 demand for electric vehicles와 빈칸 뒤로 전치사구들만 쓰여 있으므로 빈칸이 that절의 동사 자리임을 알 수 있다. 또한, 문장 마지막 부분에 위치한 전치사구 over the next five years가 미래시점을 나타내는 표현이므로 미래시제 동사의 형태인 (B) will grow가 정답이다.

어휘   leading 손꼽히는, 선도적인 expect that ~라고 예상하다 demand 수요, 요구 by (차이) ~만큼, ~ 정도 over ~ 동안에

걸쳐 grow 증가하다, 늘어나다

8.

정답   (C)

해석   새로운 사업을 시작하는 데 있어 가장 큰 도전 과제들 중 하나는 투자자들을 유치하는 어려움이다.

해설   수식어구의 역할을 하는 전치사구 of the greatest challenges of starting a new business 앞에 단수 대명사 One이 쓰여 있으므로 단수주어와 수 일치되는 단수동사 (C) is가 정답이다.

어휘   challenge 도전 과제, 힘든 일 attract ~을 유치하다, ~을 끌어들이다 investor 투자자

9.

정답   (D)

해석   인사부는 정규직 직원들에게 해마다 3일의 추가 유급 휴가일이 주어질 것이라고 공표했다.

해설   빈칸 뒤에 목적어 역할을 하는 that절이 쓰여 있으므로 능동태 동사가 필요하며, 단수주어 The personnel department와 수 일치되는 단수동사가 필요하므로 능동태 단수동사의 형태인 (D) has declared가 정답이다.

어휘   personnel 인사(부) grant A B A에게 B를 주다, A에게 B를 승인하다 paid leave day 유급 휴가일 declare that ~라고 공표하다

10.

정답   (B)

해석   브라이언은 심지어 대표이사님께서 무료 입장권을 자신에게 제공해주시기 전에도 브로드웨이에서 연극을 보고 싶어 했다.

해설   접속사 before가 이끄는 절에 과거시제 동사 presented가 쓰여 있으므로 before의 의미(~하기 전에) 특성상 주절은 before절보다 더 이전의 일을 나타내야 한다. 과거시제보다 더 이전의 과거에 있었던 일은 과거완료시제로 표현하므로 (B) had wanted가 정답이다.

어휘   play n. 연극 even 심지어 (~도) present A with B A에게 B를 제공하다

11.

정답   (C)

해석   보너스를 받으시려면, 직원들께서는 반드시 향후 6개월 동안에 걸쳐 최소 세 가지 교육 과정에 참석하셔야 합니다.

해설   조동사 must 다음은 동사원형이 필요한 자리이며, 빈칸 뒤에 위치한 명사구 at least three training courses를 목적어로 취할 능동태 동사가 필요하므로 능동태 동사원형인 (C) attend가 정답이다.

어휘   **in order to do** ~하려면, ~하기 위해   **at least** 최소한, 적어도   **over** ~ 동안에 걸쳐

12.

정답   (A)

해석   샤론 로저스 씨가 다음 주 화요일에 그 엔지니어링 회사의 대표를 만날 때쯤이면 해당 쇼핑몰 설계도를 완료했을 것이다.

해설   '~할 때쯤이면'을 뜻하는 by the time이 이끄는 절에 현재 시제 동사(meets)가 쓰이면 주절에 미래완료시제 동사를 사용하므로 (A) will have completed가 정답이다.

어휘   **blueprint** 설계도, 청사진   **by the time** ~할 때쯤이면   **head** 대표, 책임자, 수장   **complete** ~을 완료하다

13.

정답   (B)

해석   불만 사항을 처리하는 고객 서비스 직원들은 반드시 다양한 어려운 상황에 대처하도록 준비되어야 합니다.

해설   조동사 must 다음은 동사원형이 필요한 자리이므로 수동태 동사원형인 (B) be prepared가 정답이다.

어휘   **customer service agent** 고객 서비스 직원   **handle** ~을 처리하다, ~을 다루다   **complaint** 불만, 불평   **deal with** ~에 대처하다, ~을 처리하다, ~을 다루다   **a variety of** 다양한   **situation** 상황   **be prepare to do** ~할 준비가 되다

14.

정답   (C)

해석   경연 대회 수상자들은 이메일로 연락을 받고 상금 신청 방법을 통보받을 것입니다.

해설   빈칸 뒤에 목적어 없이 by 전치사구만 쓰여 있으므로 목적어를 필요로 하는 타동사 contact가 수동태로 쓰여야 한다는 것을 알 수 있다. 따라서, 선택지 중에서 유일하게 수동태인 (C) will be contacted가 정답이다.

어휘   **inform A of B** A에게 B를 통보하다   **claim** ~을 신청하다, ~을 청구하다   **prize** 상금, 상품, 경품

15.

정답   (B)

해석   신임 영업 지부장이신 로바즈 씨께서 네 개의 브리티쉬 에너지 영업팀에 대한 책임을 맡으시게 될 것입니다.

해설   사람 이름 Ms. Robards와 동격의 역할을 하는 명사구 뒤에 빈칸이 있고, 그 뒤로 명사와 of 전치사구만 쓰여 있으므로 빈칸이 문장의 동사 자리임을 알 수 있다. 또한, 조동사가 포함되어 있어 단수주어 Ms. Robards와의 수 일치와 상관없이 사용할 수 있는 (B) will assume이 정답이다.

어휘   **regional** 지역의   **responsibility** 책임   **assume** (책임, 역할

등) ~을 맡다

16.

정답   (C)

해석   왓슨 씨는 사무실 책임자 직책에 지원하도록 권장되었지만, 추가적인 책임을 원치 않는다는 결정을 내렸다.

해설   선택지에 제시된 동사 encourage는 목적어를 필요로 하는 타동사인데, 빈칸 뒤에 목적어 없이 to부정사만 쓰여 있어 encourage가 수동태로 쓰여야 한다는 것을 알 수 있으므로 선택지에서 유일한 수동태 동사의 형태인 (C) was encouraged가 정답이다.

어휘   **apply for** ~에 지원하다, ~을 신청하다   **position** 직책, 일자리   **decide (that)** ~라고 결정하다   **responsibility** 책임   **encourage A to do** A에게 ~하도록 권장하다, A에게 ~하도록 장려하다

17.

정답   (C)

해석   성공적인 대중 교통 앱의 개발자로서, 리드 씨는 최근 <모던 타임즈 매거진>에 의해 지난 10년간 최고의 기업가로 선정되었다.

해설   우선, 빈칸 앞에 과거시점을 나타내는 부사 recently가 쓰여 있으므로 과거시제 동사가 필요하다. 또한, 동사 name은 「name A B」와 같은 구조로 두 개의 목적어를 취하는데, 빈칸 뒤에 한 개의 목적어(Entrepreneur of the Decade)만 위치해 있어 수동태로 쓰여야 한다는 것을 알 수 있다. 따라서, 과거시제 수동태의 형태인 (C) was named가 정답이다.

어휘   **as** (자격, 신분 등) ~로서   **public transportation** 대중 교통   **recently** 최근에   **entrepreneur** 기업가   **name A B** A를 B로 선정하다, A를 B로 임명하다

18.

정답   (A)

해석   뷰몬트 호텔이 우리 모금 행사 날짜에 이용할 수 없기 때문에, 리 씨는 힐사이드 호텔이 대신 예약되도록 추천했다.

해설   빈칸 뒤에 위치한 that절에 단수주어 the Hillside Hotel과 어울리지 않는 수동태 동사원형 be reserved가 쓰여 있는데, 이는 주장/요구/명령/제안/추천을 나타내는 동사의 목적어 역할을 하는 that절에 쓰이는 동사 형태에 해당된다. 따라서, '~을 추천하다'를 뜻하는 recommend의 과거시제 (A) recommended가 정답이다.

어휘   **since** ~하기 때문에, ~한 이후로   **unavailable** 이용할 수 없는   **fundraiser** 모금 행사, 기금 마련 행사   **reserve** ~을 예약하다   **instead** 대신   **recommend that** ~하도록 추천하다, ~하도록 권하다   **introduce** ~을 소개하다, ~을 도입하다   **report** ~을 보고하다, ~을 보도하다   **announce** ~을 발표하다, ~을 알리다

19.

정답　(B)

해석　시의회가 이달 후반에 지역 주민들을 위해 공청회를 개최할 것이다.

해설　빈칸 뒤에 위치한 명사구 a public forum을 목적어로 취할 능동태 동사가 필요하며, 문장 마지막 부분에 쓰인 later this month가 미래 시점에 해당되므로 미래시제를 대신할 수 있는 현재진행시제 능동태 동사의 형태인 (B) is holding이 정답이다.

어휘　council 의회　public forum 공청회　hold ~을 개최하다

20.

정답　(D)

해석　저희 메뉴 품목들 중 어느 것도 고기 또는 유제품을 전혀 포함하지 않으므로 안심하시기 바랍니다.

해설　선택지에 제시된 동사 assure는 「assure 목적어 that절」의 구조로 쓰여 '~에게 …임을 보장하다' 등을 의미하는 타동사인데, 빈칸 뒤에 목적어 없이 that절만 위치해 있어 assure가 수동태로 쓰여야 하므로 be와 함께 수동태 동사를 구성하는 과거분사 (D) assured가 정답이다.

어휘　Please be assured that ~이므로 안심하시기 바랍니다　contain ~을 포함하다, ~을 담고 있다　dairy 유제품

DAY 02　Part 5 품사편_명사, 대명사, 형용사, 부사, 전치사

EXAMPLE 1

해석　우리 음식 배달 서비스의 가장 큰 강점은 고객들에게 제공하는 30분 보장 서비스이다.

어휘　delivery 배달　guarantee 보장　offer ~을 제공하다　strength 강점, 힘, 강도

EXAMPLE 2

해석　베켓 씨는 그녀의 수준급 고객 관리로 호텔 투숙객들로부터 칭찬을 받았다.

어휘　standard n. 수준, 기준 a. 표준의　compliment n. 칭찬 v. ~을 칭찬하다

EXAMPLE 3

해석　클라크 씨는 회사가 중요한 프로젝트를 제 시간에 완료할 수 있게 한 그의 노고에 대해 보너스를 받았다.

어휘　bonus 보너스, 상여금　hard work 노고　allow A to do A가

~할 수 있게 하다, A가 ~할 수 있도록 허락하다　complete ~을 완료하다　on time 제 시간에

EXAMPLE 4

해석　올 봄에 있는 기술 학회에 등록하고자 하는 사람은 2월 25일 전에 이벤트 웹 사이트에서 등록해야 한다.

어휘　intend to do ~할 의향이 있다　register for ~에 등록하다　conference 학회, 회의

EXAMPLE 5

해석　우리가 개장 행사에 가능한 한 많은 사람들을 모을 수 있도록, 수많은 전단지가 우리 영업팀에 의해 배포되었다.

어휘　so that ~하도록　attract ~을 끌어들이다, 불러일으키다　as ~ as possible 가능한 한, 가급적 ~　grand opening 개장, 개점　numerous 많은　flyer 전단　hand out ~을 나눠주다, 배포하다

EXAMPLE 6

해석　린넛 씨와 가너 씨는 대규모 기업 행사를 조직하는 데 있어 동등히 능숙하다.

어휘　proficient 능숙한　when it comes to ~에 관해서는　organize ~을 조직하다　corporate 회사의　equally 동등하게

EXAMPLE 7

해석　범부 비스트로의 주방장은 다수의 뛰어난 음식 비평가들에게 극찬 받았다.

어휘　head chef 주방장　praise ~을 칭찬하다　leading 뛰어난, 가장 중요한, 손꼽히는　critic 비평가　highly 매우, 아주

EXAMPLE 8

해석　가이드가 함께하는 마을의 역사 지구 투어는 센트럴 역에서 정확하게 오전 8시에 출발할 것이다.

어휘　guided 가이드가 안내하는　district 지구, 구역　depart from ~에서 출발하다　exactly 정확히

EXAMPLE 9

해석　잰슨 씨는 다가오는 제품 출시를 위한 새로운 마케팅 전략에 공을 들이고 있다.

어휘　work on ~에 공들이다, 노력을 들이다　strategy 전략　upcoming 다가오는, 곧 있을　launch n. 출시 v. ~을 출시하다

1. (D)	2. (C)	3. (B)	4. (C)	5. (D)
6. (D)	7. (B)	8. (B)	9. (C)	10. (B)
11. (C)	12. (A)	13. (A)	14. (C)	15. (D)
16. (D)	17. (C)	18. (A)	19. (B)	20. (B)

1.

정답 (D)

해석 휴대전화기 가격은 제조사, 모델, 그리고 저장 용량에 따라 크게 다르다.

해설 '다르다' 등을 뜻하는 자동사 vary와 전치사 by 사이에 위치한 빈칸은 자동사 vary를 뒤에서 수식할 부사 자리이므로 부사 (D) greatly가 정답이다.

어휘 vary 다르다, 다양하다 manufacturer 제조사 storage 저장, 보관 capacity 용량, 수용력 greatly 크게, 대단히, 매우

2.

정답 (C)

해석 참석자들은 컨퍼런스 중에 업계 선도자들과 이야기할 기회가 있었다.

해설 빈칸 앞에는 완전한 구성의 절이, 빈칸 뒤에는 명사구가 있으므로 빈칸은 전치사 자리이다. 따라서 선택지 중 유일한 전치사인 (C) during이 정답이다.

어휘 attendee 참석자 have the opportunity to do ~할 기회가 있다 industry 업계, 산업 leader 선도자, 선두 주자 during ~ 중에, ~ 동안

3.

정답 (B)

해석 우리의 새 텐트에 대한 고객 후기에 따르면, 대부분의 사람들은 그것을 갖고 다니고 조립하기 편리하다고 생각했다.

해설 빈칸 앞에 과거시제로 쓰여 있는 동사 find는 「find it 형용사 to do」와 같은 구조로 쓰여 '~하는 것을 …하다고 생각하다'라는 의미를 나타낸다. 따라서, 가목적어 it 뒤에 위치한 빈칸에 형용사가 쓰여야 알맞으므로 형용사 (B) convenient가 정답이다.

어휘 based on ~에 따르면, ~을 바탕으로 find it 형용사 to do: ~하는 것을 …하다고 생각하다 carry A around A를 갖고 다니다, A를 휴대하고 다니다 assemble ~을 조립하다 convenience 편리함, 편의(성) convenient 편리한 conveniently 편리하게

4.

정답 (C)

세미나 진행자는 직원 인센티브 프로그램에 역점을 두고 직원 유지에 대한 전략을 이야기할 것이다.

해설 전치사 with와 on 사이에 위치한 빈칸은 with의 목적어 역할을 할 명사 자리이므로 명사 (C) emphasis가 정답이다.

어휘 discuss ~을 이야기하다, ~을 논의하다 strategy 전략 retain ~을 유지하다 incentive 인센티브, 보상책, 장려책 emphatic 강조하는, 어조가 강한 emphasize ~을 강조하다 emphasis 강조, 역점

5.

정답 (D)

해석 선도적인 기술 제공업체와의 제휴 관계는 우리가 내놓은 제품들을 향상시켜 우리에게 시장 점유율을 확대할 수 있게 해주었다.

해설 빈칸 앞뒤에 각각 위치한 명사구들 사이의 관계로 볼 때, '기술 제공업체와 맺은 제휴 관계'와 같은 의미가 구성되어야 가장 자연스러우므로 '~와' 등을 뜻하는 전치사로서 동반/접촉/포함/관계 등의 대상을 나타낼 때 사용하는 (D) with가 정답이다.

어휘 partnership 제휴 관계 provider 제공업체, 제공업자 enhance ~을 향상시키다, ~을 강화하다 offering 내놓는 것, 제공하는 것 allow A to do A에게 ~할 수 있게 해주다, A에게 ~하도록 허용하다 expand ~을 확대하다, ~을 확장하다 market share 시장 점유율

6.

정답 (D)

해석 모금 행사의 초대 손님 명단을 업데이트한 후에, 딕슨 씨는 직접 행사 초대장을 발송할 것이다.

해설 수식어구인 After 전치사구를 제외하고, 주어 Ms. Dixon과 동사구 will send out, 명사구 목적어 event invitations로 구성된 완전한 문장이므로 빈칸은 부가적인 역할을 할 단어가 필요한 자리이다. 따라서, 부가적인 요소인 부사처럼 쓰여 '직접, 스스로' 등을 의미하는 재귀대명사 (D) herself가 정답이다.

어휘 fundraiser 모금 행사, 기금 마련 행사 send out ~을 발송하다 invitation 초대(장) oneself (부사처럼 쓰여) 직접, 스스로

7.

정답 (B)

해석 웰필드 클리닉의 모든 안내 담당 직원들은 환자들의 상세 기밀 정보 처리에 필요한 적절한 절차와 관련해 교육 받는다.

해설 소유격 patients'와 명사 details 사이에 위치한 빈칸은 명사를 수식할 형용사가 필요한 자리이다. 또한, '환자들의 기밀 정보'와 같은 의미가 구성되어야 자연스러우므로 '기밀의' 등을 뜻하는 형용사 (B) confidential이 정답이다.

어휘 receptionist 안내 담당 직원 proper 적절한, 제대로
된 procedure 절차 handle ~을 처리하다, ~을 다루다
confident 확신하는, 자신 있는 confidential 기밀의, 은밀
한 confide (비밀 등) ~을 털어놓다 confidentially 은밀히

8.

정답 (B)

해석 우리 사내 개발 책임자들은 우수한 직원들을 관찰하면서 그
들이 지닌 관리자로서의 잠재성을 평가한다.

해설 선택지가 모두 인칭대명사로 구성되어 있으며, 빈칸 앞에는
타동사 evaluate가, 빈칸 뒤에는 명사구 목적어 managerial
potential이 있으므로 소유격대명사 (B) their가 정답이다.

어휘 internal 내부의 development 개발, 발전 outstanding
우수한, 뛰어난 evaluate ~을 평가하다 managerial 관리의,
경영의 potential n. 잠재성, 가능성

9.

정답 (C)

해석 저희 행사 진행 책임자들은 반드시 모든 것이 순조롭게 진행
되도록 고객들과 긴밀히 협력합니다.

해설 자동사 work와 전치사 with 사이에 위치한 빈칸은 자동
사를 뒤에서 수식할 부사가 필요한 자리이므로 부사 (C)
closely가 정답이다.

어휘 coordinator 진행 책임자, 조정 책임자 ensure that 반드시
~하도록 하다, ~임을 확실히 해두다 run smoothly 순조롭게
진행되다 closely 긴밀하게, 밀접하게, 가깝게

10.

정답 (B)

해석 도전적인 업무 환경에 관심이 있으신 분들께서는 저희 회사
에 입사하는 것을 고려해 보시기 바랍니다.

해설 빈칸 바로 뒤에 관계대명사 who가 이끄는 절이 쓰여 있으
므로 이 who절의 수식을 받아 '~하는 사람들'이라는 의미
를 구성할 때 사용하는 (B) Those가 정답이다.

어휘 challenging 도전적인, 힘든 consider -ing ~하는 것을 고
려하다 whoever ~하는 사람은 누구든 whichever ~하는
어느 것이는, 어느 쪽이든 ~하는 사람

11.

정답 (C)

해석 모든 반품은 반드시 구입 날짜로부터 7일 이내에 이뤄져야
하며 영수증이 동반되어야 합니다.

해설 빈칸 뒤에 숫자를 포함한 기간 표현이 쓰여 있는데, 이는 반
품이 이뤄져야 하는 기간에 해당되므로 기간 표현과 함께 '~
이내에'라는 의미로 기간 범위를 나타낼 때 사용하는 전치
사 (C) within이 정답이다.

어휘 return 반품, 반납 be accompanied by A: A가 동반되다
within ~ 이내에

12.

정답 (A)

해석 존스 씨는 올해 자신의 연간 휴가일을 모두 사용했지만, 드
러먼드 씨는 여전히 자신의 것을 사용하지 않았다.

해설 빈칸에 쓰일 대명사는 앞서 주절에 언급된 all of his annual
leave days와 대비되는 드러먼드 씨의 휴가일을 가리켜야 한
다. 따라서, '그녀의 것'이라는 의미로 드러먼스 씨의 휴가일을
가리킬 수 있는 소유대명사 (A) hers가 정답이다.

어휘 annual 연간의, 연례적인 leave day 휴가일

13.

정답 (A)

해석 저희가 수집한 의견 카드에 따르면, 우리 식사 손님들께서
는 레스토랑의 새 메뉴에 대해 호의적으로 답변하셨습니다.

해설 현재완료시제로 쓰인 자동사 respond와 전치사 to 사이에
위치한 빈칸은 자동사를 뒤에서 수식할 부사가 필요한 자리
이므로 부사 (A) favorably가 정답이다.

어휘 based on ~에 따르면, ~을 바탕으로 comment 의견
diner 식사 손님 respond 답변하다, 반응하다, 대응하다
favorably 호의적으로, 유리하게 favorable 호의적인, 유리
한, 찬성하는 favoring 형편에 맞는, 순조로운

14.

정답 (C)

해석 혼자 운동 기구를 조립하시지 않는 것이 권장되는데, 여러
무거운 부품을 포함하고 있기 때문입니다.

해설 전치사 on 뒤에 위치한 빈칸은 on의 목적어 역할을 할 대
명사가 필요한 자리이며, 이 on 전치사구는 운동 기구 조립
방식과 관련된 의미를 나타내야 자연스러우므로 on과 함께
'혼자 (힘으로)' 등을 뜻할 때 사용하는 (C) your own이 정
답이다.

어휘 It is recommended that ~하도록 권장되다 assemble
~을 조립하다 on one's own 혼자 (힘으로), 단독으로
component 부품, 구성 요소

15.

정답 (D)

해석 휴 바우어스 박사님께서 어제 생명 공학 분야에 대한 공헌
으로 인해 상을 받으셨다.

해설 빈칸 뒤에 명사구 his contributions to the field of
biotechnology가 쓰여 있어 이 명사구를 목적어로 취할
전치사가 필요하므로 선택지에서 유일한 전치사인 (D) for
가 정답이다. (A) because와 (B) while은 주어와 동사가

포함된 절을 이끌어야 하는 접속사이며, (C) also는 부사이다.

어휘   present A with B A에게 B를 제공하다 contribution 공헌, 기여 field 분야 biotechnology 생명 공학 while ~하는 동안, ~인 반면

16.

정답   (D)

해석   그 제조 공장에 도착할 때, 대표자들은 경비실에 알리고 안전 장비를 착용해야 한다.

해설   정관사 the와 조동사 should 사이에 위치한 빈칸은 주어 역할을 할 명사가 필요한 자리이며, when절에 쓰인 복수 대명사 they로 지칭할 수 있는 복수명사가 필요하므로 (D) delegates가 정답이다.

어휘   manufacturing 제조 report to ~에 알리다 put on ~을 착용하다 delegate n. 대표자 v. (권한, 일 등) ~을 위임하다 delegator 대표자, 대리인

17.

정답   (C)

해석   점보 섭스의 모든 샌드위치는 식사의 일부로 또는 별도로 구입될 수 있다.

해설   빈칸은 바로 앞에 or로 연결된 as part of a meal과 마찬가지로 동사 be purchased를 수식해 제품 구입과 관련된 또 다른 방식을 나타낼 부사가 필요한 자리이므로 부사 (C) separately가 정답이다.

어휘   as part of ~의 일부로, ~의 일환으로 separation 분리, 구분 separate a. 분리된, 따로 떨어진 v. 분리되다, 나뉘다, ~을 분리하다, ~을 나누다 separately 별도로, 따로

18.

정답   (A)

해석   의회 웹 사이트에 따르면, 모든 대규모 외부 주택 개조 공사에 앞서 공사 허가증을 받아야 한다.

해설   빈칸 앞에 위치한 명사 construction은 부정관사 a로 수식 가능한 가산명사가 아니며, 동사 be obtained와 어울리는 획득 대상에 해당되지도 않는다. 따라서, 획득 가능한 것을 나타내는 가산명사가 빈칸에 쓰여 construction과 복합명사를 구성해야 알맞으므로 '허가증'을 뜻하는 가산명사 (A) permit이 정답이다. 또 다른 명사 (D) permission은 불가산명사이다.

어휘   according to ~에 따르면 council 의회 obtain ~을 얻다, ~을 획득하다 prior to ~에 앞서, ~ 전에 external 외부의 renovation 개조, 보수 permit n. 허가증 v. ~을 허락하다, ~에게 허락하다 permission 허락, 허가

19.

정답   (B)

해석   5월 1일부터, 홈 월드는 모든 주방 가전 기기 구매품에 대해 무료 배송 서비스를 제공할 예정입니다.

해설   전치사 on 뒤로 명사구 all kitchen appliance와 빈칸이 이어져 있으므로 빈칸에 또 다른 명사가 들어가 kitchen appliance와 복합명사를 구성하는 구조가 되어야 알맞다. 또한, 배송 대상을 나타내는 사물명사가 필요하므로 '구매품'을 뜻하는 purchase가 쓰여야 하는데, 이 경우에 purchase는 가산명사에 해당되어 all의 수식을 받을 수 있는 복수명사의 형태가 되어야 하므로 (B) purchases가 정답이다.

어휘   starting + 날짜 ~부터 appliance (가전) 기기 purchaser 구매자

20.

정답   (B)

해석   마케팅팀의 직원들은 2주마다 진행 회의에 참석하는 것이 요구된다.

해설   선택지가 모두 수량형용사로 구성되어 있어 빈칸 뒤에 제시된 명사구를 봐야 하는데, 빈칸 뒤에 two weeks라는 숫자 기간이 있으므로 이 명사구와 함께 '~마다, 매~'라는 표현을 구성하는 (B) every가 정답이다.

어휘   be required to do ~하는 것이 요구된다 attend ~에 참석하다 progress 진행, 진척

> **DAY 03**   Part 5 접속사편_관계사, 명사절, 부사절

EXAMPLE 1

해석   그레이슨 칼리지의 저녁 수업들은 9시부터 5시까지 풀타임으로 근무하는 누구에게나 편리하다.

어휘   be convenient for ~에게 편리하다, ~하기에 편리하다 full-time 풀타임으로, 전임으로서

EXAMPLE 2

해석   베니테즈 씨는 지난 수요일에 한 예약을 취소하기 위해 호텔에 이메일을 보냈다.

어휘   cancel ~을 취소하다 reservation 예약

EXAMPLE 3

해석   인테리어 디자이너는 대표이사가 본사에 오픈 플랜 디자인

을 고려할 것을 제안했다.

어휘   **interior** 실내   **suggest** ~을 제안하다, 암시하다   **open-plan** 오픈 플랜(용도에 따라 자유롭게 사용할 수 있도록 벽이나 파티션이 없는 공간 구조 방식)   **head office** 본사

EXAMPLE 4

해석   달 씨는 왜 그녀의 기사가 우리의 편집부로부터 거절당했는지 알고 싶어한다.

어휘   **article** 기사, 글   **reject** ~을 거절하다, 거부하다   **editorial department** 편집부

EXAMPLE 5

해석   비록 고객들이 우리 스테이크를 칭찬하긴 하지만, 우리 식당에서는 파스타와 피자가 훨씬 더 많이 팔린다.

어휘   **although** 비록 ~이긴 하지만   **praise** ~을 칭찬하다

EXAMPLE 6

해석   국립 공원 홍보를 돕고자, 방문객들은 소셜 미디어에 그들의 방문 동안 촬영한 사진들을 게시하도록 권장된다.

어휘   **promote** ~을 홍보하다, 촉진하다   **national park** 국립공원   **encourage** ~을 격려하다, 권장하다   **post** ~을 게시하다

토익 실전 연습

1. (C)	2. (A)	3. (B)	4. (B)	5. (A)
6. (C)	7. (B)	8. (C)	9. (A)	10. (B)
11. (C)	12. (B)	13. (D)	14. (C)	15. (D)
16. (C)	17. (B)	18. (D)	19. (C)	20. (D)

1.

정답   (C)

해석   파티 초대장이 인쇄되는 대로, 초대 손님 명단에 있는 모든 분께 보내는 일을 시작하십시오.

해설   빈칸과 콤마 사이에는 주어와 수동태 동사로 구성된 절이, 콤마 뒤에는 명령문 구조의 또 다른 절이 쓰여 있으므로 빈칸은 이 절들을 연결할 접속사가 필요한 자리이다. 또한, '파티 초대장이 인쇄되는 대로, ~에게 보내는 일을 시작하십시오'와 같은 의미가 구성되어야 자연스러우므로 '~하는 대로, ~하자마자'를 뜻하는 접속사 (C) As soon as가 정답이다.

어휘   **so as to do** ~하기 위해, ~할 수 있도록   **in addition to** ~뿐만 아니라, ~ 외에도   **as soon as** ~하는 대로, ~하자마자   **in order that** ~하기 위해

2.

정답   (A)

해석   비록 그 축제 입장권이 올해 더 비싸기는 했지만, 그 행사가 과거 그 어느 때보다 더 많은 참석자를 끌어들였다.

해설   문장 중간에 위치한 콤마를 기준으로 앞뒤에 주어와 동사가 하나씩 포함된 절이 각각 쓰여 있으므로 빈칸은 이 절들을 연결할 접속사 자리이다. 또한, '비록 입장권이 올해 더 비싸기는 했지만, 과거 그 어느 때보다 더 많은 참석자를 끌어들였다'와 같은 의미가 구성되어야 자연스러우므로 '비록 ~이기는 하지만'을 뜻하는 접속사 (A) Even though가 정답이다.

어휘   **attract** ~을 끌어들이다   **than ever before** 과거 그 어느 때보다   **even though** 비록 ~이기는 하지만   **so that** (목적) ~하도록, (결과) 그래서, 그러므로   **in spite of** ~에도 불구하고   **on top of** ~ 외에도, ~뿐만 아니라, ~ 위에

3.

정답   (B)

해석   미치 설니어 씨는 전 세계 각지를 여행하는 동안 타고 다녔던 자신만의 자전거를 제작했다.

해설   빈칸 앞뒤에 주어와 동사가 하나씩 포함된 절이 각각 쓰여 있으므로 빈칸은 이 절들을 연결할 접속사 자리이다. 따라서, 선택지에서 유일하게 접속사(관계대명사)인 (B) that이 정답이다.

어휘   **ride** (자전거, 자동차 등을) 타고 다니다   **while** ~하는 동안, ~인 반면   **then** 그때, 그런 다음, 그렇다면, 그래서

4.

정답   (B)

해석   비록 제인 씨는 그 모금 행사가 성공작이 될 것으로 예상하기는 했지만, 고액 기부금의 숫자는 그녀를 놀라게 했다.

해설   문장 중간에 위치한 콤마를 기준으로 앞뒤에 주어와 동사가 하나씩 포함된 절이 각각 쓰여 있으므로 빈칸은 이 절들을 연결할 접속사 자리이다. 또한, '비록 모금 행사가 성공작이 될 것으로 예상하기는 했지만, 고액 기부금의 숫자가 놀라게 했다'와 같은 의미가 구성되어야 자연스러우므로 '비록 ~이기는 하지만'을 뜻하는 접속사 (B) Even though가 정답이다. (A) Whenever도 접속사이기는 하지만 의미가 맞지 않으며, (C) Even so는 부사구, (D) Notwithstanding은 전치사이다.

어휘   **anticipate A to do** A가 ~할 것으로 예상하다   **fundraiser** 모금 행사, 기금 마련 행사   **the number of** ~의 숫자, ~의 수   **still** 그럼에도 불구하고, 여전히   **whenever** ~할 때마다, ~할 때는 언제든   **even though** 비록 ~이기는 하지만   **even so** 그렇다 하더라도   **notwithstanding** ~에도 불구하고

5.

정답 (A)

해석 누구든 원격 근무를 위해 회사 노트북 컴퓨터를 빌려가시는 분께서는 인사부에 반납하셔야 한다는 점을 기억하셔야 합니다.

해설 빈칸 바로 뒤에 동사 borrows와 목적어, 그리고 for 전치사구가 쓰여 있고, 그 뒤에 곧바로 또 다른 동사 should remember가 이어지는 구조이다. 따라서, 빈칸에서부터 should remember 앞까지가 명사절을 구성해 동사 should remember의 주어 역할을 하는 구조가 되어야 알맞으므로 빈칸에 명사절 접속사가 필요하며, 빌리는 행위의 주체는 사람이어야 하므로 '누구든 ~하는 사람'을 뜻하는 명사절 접속사 (A) Whoever가 정답이다.

어휘 remote working 원격 근무 remember to do ~하는 것을 기억하다 return ~을 반납하다, ~을 반품하다 whoever 누구든 ~하는 사람 whichever ~하는 어느 것이든, 어느 쪽이든

6.

정답 (C)

해석 귀하의 안내 책자 묶음에 포함된 것은 주차 허가증이며, 이로 인해 귀하께서는 컨벤션 센터 주차장을 이용하실 수 있으실 것입니다.

해설 선택지가 모두 관계사인데, 빈칸 바로 뒤에 동사 will allow가 쓰여 있어 빈칸이 주격관계대명사 자리임을 알 수 있다. 또한, 이 절은 사물명사(선행사) parking permit의 용도를 추가 설명하는 역할을 해야 하므로 주격관계대명사 (C) which가 정답이다.

어휘 information packet 안내 책자 묶음 permit 허가증 A allow B to do A로 인해 B가 ~할 수 있다, A가 B에게 ~할 수 있게 해주다

7.

정답 (B)

해석 대표이사님께서는 컨퍼런스에 참석하시는 동안 새로운 시장으로 사업을 확장하려는 계획에 관해 발표하셨다.

해설 빈칸 뒤에 분사 또는 동명사의 형태인 attending이 이끄는 구가 쓰여 있으므로, 분사구문을 이끌 수 있는 접속사 또는 동명사를 목적어로 취하는 전치사가 빈칸에 쓰여야 한다. 또한, '컨퍼런스에 참석하는 동안 ~에 관해 발표했다'와 같은 의미가 되어야 알맞으므로 '~하는 동안'이라는 의미로 분사구문을 이끌 수 있는 접속사 (B) while이 정답이다.

어휘 make an announcement 발표하다, 알리다 expand into (사업 등을) ~로 확장하다, ~로 확대하다 during ~ 중에, ~ 동안 while ~하는 동안, ~인 반면 ever since ~한 이후로 줄곧 as soon as ~하는 대로, ~하자마자

8.

정답 (C)

해석 현재 시중에 나와 있는 모든 휴대전화기들 중에서, 어느 것이 귀하의 요건에 가장 적합할지 결정하는 일은 어려울 수 있습니다.

해설 목적어를 필요로 하는 타동사 decide 뒤로 빈칸이 있고, 그 뒤에 동사 would suit으로 시작되는 불완전한 절이 위치한 구조이다. 따라서, decide의 목적어 역할을 할 불완전한 명사절을 이끌 접속사가 필요한데, 앞서 of 전치사구에 언급된 휴대전화기를 가리켜야 하므로 불완전한 명사절을 이끌 수 있으면서 사물명사에 대해 사용하는 (C) which가 정답이다.

어휘 currently 현재, 지금 on the market 시중에 (나와 있는) suit ~에 적합하다, ~에 어울리다 requirement 요건, 필요 조건

9.

정답 (A)

해석 생애 첫 영화 배역에서, 그레고리 창 씨는 마치 수년 동안 연기해온 것처럼 매혹적인 연기력을 선보였다.

해설 수식어구인 In 전치사구를 제외하고, 빈칸 앞뒤에 주어와 동사가 하나씩 포함된 절이 각각 위치해 있으므로 빈칸은 이 절들을 연결할 접속사 자리이다. 또한, '마치 수년 동안 연기해온 것처럼 매혹적인 연기력을 선보였다'와 같은 의미가 구성되어야 자연스러우므로 '마치 ~한 것처럼'을 뜻하는 접속사 (A) as if가 정답이다.

어휘 first ever 생애 처음의, 사상 최초의 captivating 매혹적인, 마음을 사로잡는 as if 마치 ~한 것처럼 unless ~하지 않는다면, ~가 아니라면 as such 따라서, 그러므로 otherwise 그렇지 않으면, 그 외에는, 달리

10.

정답 (B)

해석 그 책임자는 새로운 프로젝트에 대한 예산을 승인할지 여전히 결정하지 않았다.

해설 목적어를 필요로 하는 타동사 has decided 뒤로 빈칸이 있고, 그 뒤에 주어와 동사가 포함된 절이 이어져 있어 이 절이 has decided의 목적어 역할을 하는 명사절이 되어야 하므로 명사절 접속사인 (B) whether가 정답이다.

어휘 approve ~을 승인하다 budget 예산 whether ~인지 (아닌지) whereas ~인 반면 as though 마치 ~하는 것처럼

11.

정답 (C)

해석 자사 제품이 전 세계 각지에서 인기 있는 리치먼드 제조사는 내년에 캐나다 전역에서 세 곳의 새로운 공장을 열 것이다.

해설 회사명에 해당되는 명사구 Richmond Manufacturing과 빈칸 뒤로 또 다른 명사 products와 are를 포함한 절이 이어 지는 구조이다. 따라서, 이 절이 Richmond Manufacturing 을 뒤에서 수식하는 관계사절이 되어야 구조가 자연스러운데, Richmond Manufacturing과 products의 의미로 볼 때, '리치먼드 제조사의 제품'과 같은 소유 관계가 구성되어야 알 맞으므로 소유격 관계대명사 (C) whose가 정답이다.

어휘 throughout (장소) ~ 전역에서, (기간) ~ 동안에 걸쳐

12.

정답 (B)

해석 토런스 씨가 올해 10일 넘게 결근했기 때문에, 올해의 직원 상에 대한 자격이 없었다.

해설 선택지가 모두 부사절 접속사이므로 의미가 알맞은 것을 골 라야 한다. 빈칸 이하 부분을 읽어보면, '올해 10일 넘게 결 근했기 때문에, 올해의 직원 상에 대한 자격이 없었다'와 같 은 의미가 구성되어야 자연스러우므로 '~하기 때문에'라는 뜻으로 이유를 말할 때 사용하는 (B) since가 정답이다.

어휘 absent 결근한, 부재 중인 be eligible for ~에 대한 자격이 있다 until (지속) ~할 때까지 since ~하기 때문에, ~한 이후 로 while ~하는 동안, ~인 반면 unless ~하지 않는다면, ~가 아니라면

13.

정답 (D)

해석 직원 오리엔테이션 시간에, 딕슨 씨께서 어떻게 회사 제품이 제조되는지 설명하실 것입니다.

해설 목적어를 필요로 하는 타동사 explain 뒤로 빈칸이 있고, 그 뒤에 주어와 수동태 동사로 구성된 완전한 절이 이어져 있 으므로 이 절이 explain의 목적어 역할을 하는 명사절이 되 어야 알맞다. 따라서, 완전한 명사절을 이끌 수 있는 접속사 (D) how가 정답이다.

어휘 explain ~을 설명하다 manufacture ~을 제조하다

14.

정답 (C)

해석 홍 씨는 그 고객이 가능한 한 빨리 받을 수 있도록 특급 배송 으로 카펫 샘플을 보냈다.

해설 빈칸 앞뒤에 주어와 동사가 하나씩 포함된 절이 각각 쓰여 있으므로 빈칸은 이 절들을 연결할 접속사 자리이다. 또한, '고객이 가능한 한 빨리 받을 수 있도록 특급 배송으로 카펫 샘플을 보냈다'와 같은 의미가 구성되어야 자연스러우므로 '~하도록'이라는 뜻으로 목적을 말할 때 사용하는 접속사 (C) so that이 정답이다.

어휘 by (수단, 방법) ~로, ~에 의해 express shipping 특급 배송 as soon as possible 가능한 한 빨리 in order to do ~하기 위해, ~하려면 now that (이제) ~이므로 so that (목적) ~하

도록, (결과) 그래서, 그러므로 except that ~라는 점을 제외 하면

15.

정답 (D)

해석 청중을 대상으로 발표할 때, 반드시 명확하게 말하고 시각 자료를 활용해야 합니다.

해설 빈칸 뒤에 making으로 시작하는 현재분사구가 있으므로 이 분사구와 함께 쓰일 수 있는 접속사가 필요하다. 따라서 선택지 중 유일한 접속사인 (D) When이 정답이다.

어휘 make a presentation 발표하다 audience 청중, 관객, 시 청자들 ensure that 반드시 ~하도록 하다, ~임을 확실히 해 두다 clearly 명확하게, 분명하게 visual aids 시각 자료

16.

정답 (C)

해석 관람객들께서는 별도로 명시되지 않는 한 북쪽 입구를 통해 객석에 출입하셔야 합니다.

해설 빈칸 바로 뒤에 위치한 otherwise indicated는 접속사 unless와 결합해 '별도로 명시되지 않는 한'이라는 의미를 나타내므로 (C) unless가 정답이다.

어휘 theatergoer (극장) 관람객 exit ~에서 나가다 auditorium 객석, 강당 through ~을 통해, ~을 통과해 unless otherwise indicated 별도로 명시되지 않는 한 despite ~에 도 불구하고

17.

정답 (B)

해석 트로이어 씨는 자신이 어제 주문한 명함을 변경하기 위해 해당 인쇄소에 연락했다.

해설 명사구 the business cards 뒤로 사람 주어 she와 빈칸 이 이어지는 구조이므로 she와 빈칸 이하 부분이 이 명사구 를 수식해 추가 설명을 하는 관계사절이 되어야 한다는 것 을 알 수 있다. 따라서 빈칸이 동사 자리인데, 빈칸 뒤에 과 거 시점을 나타내는 yesterday가 있으므로 과거시제 (B) ordered가 정답이다.

어휘 make a change to ~을 변경하다, ~에 변화를 주다 until (지속) ~할 때까지

18.

정답 (D)

해석 그 다큐멘터리와 관련해 특히 흥미로운 것은 감독이 영화에 나오는 사람들을 30년 동안 촬영했다는 점이다.

해설 빈칸 뒤에 주어 없이 동사 is로 시작되는 불완전한 절 is especially interesting about the documentary가 있 고, 그 뒤에 또 다른 동사 is가 이어지는 구조이므로 빈칸에

서부터 documentary까지가 문장 전체의 주어 역할을 하는 명사절이 되어야 한다. 또한, 이 문장은 특히 흥미로운 사실 하나를 알리는 내용이므로 불완전한 명사절을 이끌 수 있으면서 특정 사실 한 가지를 말할 때 사용하는 접속사 (D) What이 정답이다.

어휘   especially 특히, 특별히   film v. ~을 촬영하다

19.

정답   (C)

해석   아무리 시간 소모적일 수 있다 하더라도, 직원들은 반드시 사무실에서 퇴근하기 전에 일일 업무 보고서를 제출해야 합니다.

해설   빈칸과 콤마 사이에 형용사와 주어, 동사가 이어지는 어순으로 된 절이 쓰여 있으므로 이 형용사를 수식함과 동시에 절을 이끄는 역할을 할 수 있는 (C) However가 정답이다.

어휘   time-consuming 시간 소모적인   daily 일일의, 매일의 leave ~에서 떠나다, ~에서 나가다   despite ~에도 불구하고 although 비록 ~하기는 하지만   however 아무리 ~하더라도 while ~하는 동안, ~인 반면

20.

정답   (D)

해석   우리 대표이사님께서 오늘 아침에 여러 부유한 사람들과 만나셨는데, 그분들 중 대부분은 회사에 투자하시는 데 아주 큰 관심을 갖고 계신다.

해설   주어와 동사가 포함된 절 뒤로 most of와 빈칸, 그리고 또 다른 동사 are로 이어지는 절이 쓰여 있어 빈칸에 of의 목적어 역할을 함과 동시에 절을 이끌 수 있는 목적격관계대명사가 빈칸에 쓰여야 한다. 또한, 그 지칭 대상이 several wealthy individuals이므로 사람에 대해 사용하는 목적격 관계대명사 (D) whom이 정답이다.

어휘   meet with (약속하고) ~와 만나다   be interested in ~에 관심이 있다   invest in ~에 투자하다

DAY 04   Part 5 준동사편_to부정사, 동명사, 분사

EXAMPLE 1

해석   높은 직원 유지율을 가진 고용주들은 그들의 직원들에게 더 많은 휴식을 주는 경향이 있다.

어휘   employer 고용주   retention 보유, 잔류   tend to do ~하는 경향이 있다   time off 휴식

EXAMPLE 2

해석   콜센터 상담원들은 즉각적이고 효율적으로 고객 불만을 처리할 것이 요구된다.

어휘   agent 직원   be required to do ~하는 것이 요구되다 address ~을 처리하다   promptly 즉각적으로, 즉시 efficiently 효율적으로

EXAMPLE 3

해석   행사 기획자들은 회의 이동 시간을 줄이기 위해 여러 대의 셔틀버스를 마련할 것이다.

어휘   organizer 기획자, 계획자   arrange ~을 마련하다, 처리하다 journey 이동, 여정   reduce ~을 줄이다

EXAMPLE 4

해석   적극적으로 개인 경력 개발을 장려함으로써, 이스트본 사는 올해 30명이 넘는 직원들을 내부적으로 승진시켰다.

어휘   actively 적극적으로   enterprise 기업, 사업   promote ~을 승진시키다, 홍보하다   encourage ~을 격려하다, 장려하다

EXAMPLE 5

해석   알파 케이터링은 높은 수준의 음식과 서비스 제공으로 고객들의 기대치를 능가하는 것에 전념합니다.

어휘   be dedicated to ~에 전념하다   expectation 예상, 기대 by -ing ~함으로써   standard n. 수준, 기준 a. 표준의 exceed ~을 능가하다, ~을 넘어서다

EXAMPLE 6

해석   로퍼 씨는 인사부장으로부터 발탁된 입사 지원자 목록을 받았고, 이번 주말까지 최종 결정을 내릴 것이다.

어휘   candidate 후보자, 지원자   final 최종적인   decision 결정 preferred 발탁된, 선호되는

EXAMPLE 7

해석   서지 블랑코 감독은 그의 최근 영화에 대한 실망스러운 논평 때문에 영화 페스티벌에 참석하지 않기로 결정했다.

어휘   director 감독, 임원, 책임자   attend ~에 참석하다   due to ~때문에   review 논평, 비평   latest 최신의

EXAMPLE 8

해석   그 축구팀은 오랜 부상에서 복귀한 마일즈 홀에게 다시 주장직을 맡겼고, 이는 그가 팀의 필수적인 구성원이라는 것을 재확인해주었다.

어휘   captaincy 주장직   return n. 복귀 v. 돌아오다   lengthy 오랜, 긴   injury 부상   integral 필수적인

1. (B)	2. (A)	3. (A)	4. (D)	5. (C)
6. (B)	7. (D)	8. (C)	9. (D)	10. (C)
11. (B)	12. (B)	13. (A)	14. (B)	15. (A)
16. (C)	17. (D)	18. (B)	19. (D)	20. (A)

1.

정답 (B)

해석 정부 기관들은 시민들과 신뢰를 구축하기 위해 다양한 의사 소통 선택권을 제공해야 한다.

해설 빈칸 뒤에 동사원형 build가 쓰여 있으므로 동사원형과 결합해 '~하기 위해, ~하려면'이라는 의미를 나타낼 때 사용하는 (B) in order to가 정답이다.

어휘 government agency 정부 기관 a variety of 다양한 communication 의사 소통 build trust with ~와 신뢰를 구축하다 nevertheless 그럼에도 불구하고 in order to do ~하기 위해, ~하려면 due to ~로 인해, ~ 때문에 in addition to ~뿐만 아니라, ~ 외에도

2.

정답 (A)

해석 맥헤일 씨께서 제안된 위치 이전의 여러 장점을 월간 주주 총회 중에 이야기하실 것입니다.

해설 정관사 the와 명사 relocation 사이에 위치한 빈칸은 명사를 수식할 단어가 필요한 자리이며, '위치 이전'이라는 계획은 사람에 의해 제안되는 대상이므로 수동의 의미를 나타낼 수 있는 과거분사 (A) proposed가 정답이다.

어휘 advantage 장점, 이점 relocation 위치 이전, 이사 during ~ 중에, ~ 동안 shareholder 주주 propose ~을 제안하다 proposal 제안(서) proposition (사업상의) 제의, 계획

3.

정답 (A)

해석 서울과 베이징, 그리고 도쿄에 레스토랑을 개장함으로써, 요리사 대니얼스 씨는 잠재적으로 수백 만 명이 새로운 식사 손님들에게 자신의 요리를 소개해왔다.

해설 전치사 By와 명사 restaurants 사이에 위치한 빈칸은 restaurants를 목적어로 취함과 동시에 전치사 By의 목적어 역할을 할 동명사가 필요한 자리이므로 동명사의 형태인 (A) opening이 정답이다.

어휘 by (방법) ~함으로써, ~해서 introduce ~을 소개하다, ~을 도입하다 potentially 잠재적으로 millions of 수백 만 명의, 수백 만 개의 diner 식사 손님

4.

정답 (D)

해석 그 새로운 개인 금융 앱은 이용자들에게 각자 진행하는 어떤 금융 거래든 기록할 수 있게 해준다.

해설 빈칸 앞에 위치한 동사 allow는 「allow A to do」의 구조로 쓰여 'A에게 ~할 수 있게 해주다' 등의 의미를 나타낸다. 따라서, allow의 목적어 users 뒤에 위치한 빈칸은 목적격 보어자리로 to부정사가 쓰여야 하므로 (D) to record가 정답이다.

어휘 finance 금융, 재무, 재정 allow A to do A에게 ~할 수 있게 해주다, A에게 ~하도록 허용하다 transaction 거래

5.

정답 (C)

해석 겨우 몇몇 기본적인 스페인어 문구만 알고 있는, 러더퍼드 씨는 마드리드에서 만난 고객들과 말로 의사 소통하는 데 어려움을 겪었다.

해설 빈칸 앞에 과거시제로 쓰인 동사 have와 difficulty는 동명사와 결합해 '~하는 데 어려움을 겪다'라는 의미를 나타내므로 (C) communicating이 정답이다.

어휘 phrase 문구, 어구 have difficulty -ing ~하는 데 어려움을 겪다 verbally 말로, 구두로

6.

정답 (B)

해석 그 시상식은 북미 지역에서 새롭게 떠오르는 다수의 기업가들을 표창하기 위해 기획되었다.

해설 형용사 numerous와 명사 entrepreneurs 사이에 위치한 빈칸은 또 다른 형용사가 쓰일 수 있는 자리이므로 형용사 (B) emerging이 정답이다.

어휘 awards ceremony 시상식 recognize ~을 표창하다, ~을 인정하다 entrepreneur 기업가 emerge (새롭게) 떠오르다, 생겨나다, 나타나다

7.

정답 (D)

해석 한 부동산 관련 보도에 따르면, 점점 더 많은 사람들이 교외 지역에 있는 부동산 매입을 고려하고 있다.

해설 빈칸 뒤에 동명사 purchasing이 쓰여 있어 동명사와 결합 가능한 형태가 빈칸에 쓰여야 하므로 동명사를 목적어로 취하는 동사 consider의 현재진행시제를 구성하는 현재분사 (D) considering이 정답이다.

어휘 according to ~에 따르면 real estate 부동산 property 부동산, 건물 suburban 교외의 considerable 상당한, 많은 consideration 고려, 숙고 considerate 사려 깊은, 배려하는 consider -ing ~하는 것을 고려하다

8.

정답   (C)

해석   홈그로우 푸드는 신선한 농산물을 운송하기 위한 냉장 용기를 개발하기 위해 노력하고 있다.

해설   전치사 for와 명사구 fresh produce 사이에 위치한 빈칸은 이 명사구를 목적어로 취함과 동시에 전치사 for의 목적어 역할을 할 동명사가 필요한 자리이므로 동명사의 형태인 (C) transporting이 정답이다.

어휘   refrigerated 냉장된 produce n. 농산물 transportation 운송, 수송, 교통(편) transport ~을 운송하다, ~을 수송하다 transporter 운송자, 운송 차량

9.

정답   (D)

해석   저희 웹 사이트는 라이브 채팅 및 지점 위치 찾기 같은 특징을 포함하기 위해 변경되었습니다.

해설   빈칸 앞에 이미 문장의 동사 has been modified가 쓰여 있으므로 빈칸은 동사 자리가 아니다. 따라서, 선택지에서 유일하게 준동사의 형태인 (D) to include가 정답이다.

어휘   modify ~을 변경하다, ~을 수정하다 feature 특징, 기능 locator 위치 찾기 기능, 위치 찾기 장치 include ~을 포함하다

10.

정답   (C)

해석   대부분의 서커스 참석자들께서는 세계적으로 유명한 저희 곡예사 및 줄타기 광대들의 즐거운 묘기를 관람하기 위해 찾아오고 계십니다.

해설   정관사 the와 명사 stunts 사이에 위치한 빈칸은 명사를 수식할 단어가 필요한 자리이므로 형용사 (C) entertaining이 정답이다.

어휘   stunt 묘기, 곡예 world-renowned 세계적으로 유명한 acrobat 곡예사 tightrope walker 줄타기 광대 entertain ~을 즐겁게 하다 entertaining 즐겁게 만드는, 재미있게 하는

11.

정답   (B)

해석   시장님께서 선임 건축가를 동반해 7월 13일에 공식적으로 새로운 시청을 개장하실 것입니다.

해설   빈칸 뒤에 이미 문장의 동사 will open이 쓰여 있으므로 빈칸은 준동사 자리이다. 또한, 전치사 by와 결합해 '~을 동반한'이라는 의미를 나타낼 때 과거분사 accompanied를 사용하므로 (B) accompanied가 정답이다.

어휘   mayor 시장 lead 선임의, 선도하는 officially 공식적으로, 정식으로 accompany ~을 동반하다, ~을 동행하다

12.

정답   (B)

해석   공항에서 겨우 2킬로미터 거리에 위치한, 페어뷰 호텔은 출장 여행객들과 관광객들에게 모두 아주 인기가 좋다.

해설   빈칸이 거리 표현 only two kilometers 및 위치 전치사구 from the airport와 어울려 문장의 주어 the Fairview Hotel의 위치를 설명하는 역할을 해야 하므로 거리 표현 및 위치 전치사와 함께 '~에 위치한'이라는 의미를 나타낼 때 사용하는 과거분사 (B) Located가 정답이다.

어휘   be popular with ~에게 인기 있다 location 위치, 지점, 장소 located 위치한 locate ~의 위치를 찾다

13.

정답   (A)

해석   제품을 더 잘 포장하기 위해, 우리는 재활용 용기 제조사와 제휴 관계를 맺었다.

해설   빈칸 바로 뒤에 부사 better의 수식을 받는 동사원형 package가 쓰여 있으므로 동사원형과 결합해 '~하기 위해, ~하려면'이라는 의미를 나타낼 때 사용하는 (A) In order to가 정답이다.

어휘   package v. ~을 포장하다 partner with ~와 제휴 관계를 맺다 recyclable 재활용할 수 있는 in order to do ~하기 위해, ~하려면 due to ~로 인해, ~ 때문에 owing to ~ 때문에 with regard to ~와 관련해서, ~에 관해서

14.

정답   (B)

해석   챈들러 씨는 사업 거래를 최종 확정하기 위해 윈턴 주식회사의 직원들과 만나기를 고대하고 있다.

해설   빈칸 앞에 현재진행시제로 쓰여 있는 look forward to는 동명사와 결합해 '~하기를 고대하다'라는 의미를 나타내므로 동명사 (B) meeting이 정답이다.

어휘   look forward to -ing ~하기를 고대하다 representative n. 직원, 대표자, 대리인 finalize ~을 최종 확정하다 deal 거래 (조건), 거래 제품

15.

정답   (A)

해석   제조 공장 내의 결함이 있는 장비를 수리하는 일이 수석 유지 관리 기술자의 주된 직무들 중 하나이다.

해설   문장 내에 이미 동사 is가 쓰여 있으므로 빈칸은 동사 자리가 아니다. 또한, 빈칸 바로 뒤에 위치한 명사구 faulty equipment를 목적어로 취해 문장의 주어 역할을 할 동명사구가 구성되어야 알맞으므로 동명사 (A) Repairing이 정답이다.

어휘   faulty 결함이 있는, 흠이 있는 manufacturing 제조 primary 주된 duty 직무, 임무 maintenance 유지 관리, 시

설 관리 **reparation** 배상(금)

16.

정답 (C)

해석 해당 달에 대한 자신의 판매 목표를 충족한, 오웬스 씨는 부서장에 의해 추가 유급 휴가일을 하루 승인 받았다.

해설 주어 Mr. Owens 이하 부분을 읽어보면, 과거시제 동사 was granted와 함께 과거 시점에 추가 유급 휴가일을 받은 사실이 쓰여 있는데, 이는 판매 목표를 충족한 이후에 그에 대한 보상으로 받은 것으로 볼 수 있다. 따라서, 과거시제 동사 was granted보다 더 이전의 과거에 발생된 일을 나타낼 수 있는 완료분사구문이 구성되어야 알맞으므로 (C) Having achieved가 정답이다.

어휘 **grant A B** A에게 B를 승인하다, A에게 B를 주다 **paid leave** 유급 휴가 **meet** (조건 등) ~을 충족하다

17.

정답 (D)

해석 조립 라인에서 근무하는 공장 직원들은 반드시 일일 보고서 책자에 어떤 기계 결함이든 기록해야 한다.

해설 빈칸 뒤에 문장의 동사 must log가 쓰여 있어 빈칸은 동사 자리가 아니므로 빈칸과 on the assembly line이 주어 Factory employees를 뒤에서 수식하는 구조가 되어야 자연스럽다. 따라서, 빈칸과 on the assembly line이 분사구를 구성해야 알맞으며, 자동사 work는 현재분사의 형태로만 명사를 수식할 수 있으므로 (D) working이 정답이다.

어휘 **assembly** 조립 **log** ~을 기록하다 **fault** 결함, 흠

18.

정답 (B)

해석 달리 지시가 있지 않는 한, 모든 신입 직원들은 근무 첫 날에 오전 9시까지 인사팀 사무실에 출근 보고를 해야 한다.

해설 접속사 Unless와 부사 otherwise는 과거분사와 결합해 '별도로 ~되지 않는 한' 등의 의미를 구성하므로 과거분사 (B) instructed가 정답이다.

어휘 **unless instructed otherwise** 달리 지시가 있지 않는 한, 별도로 안내되지 않는 한 **report to** ~에 보고하다 **instructor** 강사

19.

정답 (D)

해석 마침내 지난 달에 EDK 시스템즈와 합병한 끝에, 히마 코퍼레이션은 250개의 새로운 일자리 창출을 발표했다.

해설 빈칸 앞에 주어가 쓰여 있지 않아 선택지에 제시된 동사 merge가 분사의 형태로 접속사 After와 결합해 분사구문을 구성해야 한다. 또한, 동사 merge는 자동사여서 현

재분사의 형태로만 분사구문을 구성할 수 있으므로 (D) merging이 정답이다.

어휘 **eventually** 마침내, 결국 **announce** ~을 발표하다, ~을 알리다 **creation** 창출, 창조, 창작(품) **merge** 합병하다

20.

정답 (A)

해석 지난 10년 동안에 걸쳐 LQT 제약회사에서 여러 차례 승진되었음에도 불구하고, 린턴 씨는 다른 분야에서 경력을 추구하기로 결정했다.

해설 전치사 Despite 바로 뒤에 빈칸이 있으므로 빈칸은 전치사의 목적어 역할을 하는 동명사 자리이다. 또한, 과거시제 동사 decided보다 더 이전의 과거 시점에 10년 동안 여러 번 승진된 사실을 의미해야 자연스러운데, 이는 완료동명사로 표현하므로 (A) having received가 정답이다.

어휘 **despite** ~에도 불구하고 **promotion** 승진, 진급 **over** ~ 동안에 걸쳐 **pursue** ~을 추구하다 **career** 경력, 진로, 직장 생활 **field** 분야

DAY 05 **Part 5 어휘편_동사, 명사**

EXAMPLE 1

해석 이사회 임원들은 그들의 다음 회의에서 작업장 안전 문제를 다룰 것으로 예상된다.

어휘 **board** 이사회, 위원회 **be expected to do** ~할 것으로 예상된다 **workplace** 직장, 작업장 **safety** 안전 **issue** 주제, 문제 **address** ~을 다루다, 처리하다

EXAMPLE 2

해석 경영진은 신입 사원들이 그들의 근무 첫 주에 직무 워크숍에 등록할 것을 요구한다.

어휘 **management** 경영진 **require** ~을 필요로 하다, 요구하다 **skill** 기량, 역량 **enroll in** ~에 등록하다

EXAMPLE 3

해석 하워드 씨는 5년 전 회사의 대표이사가 된 이후로 그의 직원들에게 35일의 연차 유급 휴가를 주었다.

어휘 **grant** ~을 주다 **annual paid leave day** 연차 유급 휴가 **since** ~이후로

EXAMPLE 4

해석 하이브리드 승용차로 바꾼 이후, 휘발유에 쓰는 비용이 줄어든 덕분에 몇몇 택시 기사의 수익이 늘었다.

어휘 switch to ~로 바꾸다 hybrid car 하이브리드 승용차 profit 이익, 수익 thanks to ~ 덕분에, 때문에

EXAMPLE 5

해석 공장에서의 갑작스런 정전의 결과로, 생산성이 30퍼센트 하락했다.

어휘 as a result of ~의 결과로 sudden 갑작스러운 power failure 정전 productivity 생산성 drop 하락하다, 떨어지다

토익 실전 연습

1. (B)	2. (A)	3. (B)	4. (C)	5. (C)
6. (D)	7. (D)	8. (D)	9. (D)	10. (B)
11. (C)	12. (D)	13. (D)	14. (D)	15. (C)
16. (A)	17. (D)	18. (D)	19. (A)	20. (D)

1.

정답 (B)

해석 배기 가스 규제를 준수하는 상태로 유지하기 위해, 우리는 전기 자동차로의 전환을 고려해야 합니다.

해설 빈칸 앞뒤에 각각 위치한 전치사 in 및 with와 결합 가능하면서 배기 가스 규제에 대한 행위와 관련된 의미를 나타낼 명사가 필요하므로 '(법률, 명령 등의) 준수'를 뜻하는 (B) compliance가 정답이다.

어휘 remain ~한 상태로 유지되다, 계속 ~한 상태이다 in compliance with ~을 준수하여, ~을 따라 emission 배기 가스, 배출(물) restriction 규제, 제한, 제약 switch to ~로 전환하다, ~로 바꾸다 arrangement 준비, 마련, 조치, 정리, 배치 prevention 예방, 방지 precaution 예방 조치, 사전 대책

2.

정답 (A)

해석 크림슨 일렉트로닉스는 이번 분기 말에 자사의 디지털 스트리밍 서비스를 출시할 것이다.

해설 주어 Crimson Electronics는 회사명이며, 빈칸 뒤에 위치한 명사구 목적어 digital streaming service는 제품에 해당된다. 따라서, 회사가 자사의 제품과 관련해 할 수 있는 일을 나타낼 동사가 필요하므로 '~을 출시하다' 등을 뜻하는 (A) launch가 정답이다.

어휘 latest 최신의 quarter 분기 redeem (상품권 등) ~을 상품으로 교환하다

3.

정답 (B)

해석 교육 시간 중에, 참석자들은 컨벤션 센터에서 각자의 의사 소통 능력을 향상시키기 위해 역할극 연습에 참가할 것이다.

해설 빈칸 뒤에 위치한 전치사 in과 결합 가능한 자동사가 필요하므로 in과 함께 '~에 참가하다'라는 의미를 나타낼 때 사용하는 자동사 (B) participate이 정답이다.

어휘 during ~ 중에, ~ 동안 role-playing 역할극 exercise 연습, 실행, 실천, 운동 improve ~을 향상시키다, ~을 개선하다 complete ~을 완료하다 release ~을 출시하다, ~을 발매하다

4.

정답 (C)

해석 수리 요청서가 제출되는 대로, 세입자들께서는 24시간 내로 이메일 확인서를 받아보실 것으로 예상하실 수 있습니다.

해설 빈칸에 쓰일 과거분사는 세입자가 이메일 확인서를 받기 전에 수리 요청서와 관련해 할 수 있는 행위와 관련된 의미를 나타내야 한다. 요청서를 먼저 제출해야 그와 관련된 확인서를 받을 수 있으므로 '~을 제출하다'를 뜻하는 submit의 과거분사 (C) submitted가 정답이다.

어휘 once ~하는 대로, ~하자마자 request 요청(서) tenant 세입자 expect to do ~할 것으로 예상하다 confirmation 확인(서) apply 신청하다, 지원하다, ~을 적용하다 contract ~와 계약을 맺다

5.

정답 (C)

해석 조슈아 무어 씨는 세부 요소에 대한 예리한 눈과 이야기 전개 능력을 지닌 다작 작가로서의 명성을 지니고 있다.

해설 빈칸에 쓰일 명사는 사람이 지니거나 얻을 수 있는 것을 나타내야 하며, 일종의 신분을 나타내는 as a prolific writer와 의미가 어울려야 한다. 따라서, '다작 작가로서의 명성'이라는 의미가 구성되어야 가장 자연스러우므로 '명성, 평판'을 뜻하는 (C) reputation이 정답이다.

어휘 prolific 다작하는, 다산하는, 열매를 많이 맺는 keen 예리한, 민감한, 열심인 courtesy 공손함, 정중함 character 성격, 특징, 개성, 인물 reputation 명성, 평판

6.

정답 (D)

해석 더 높은 직원 생산성을 장려하기 위해, 모바일소프트는 높이 평가 받는 앱을 개발하는 팀에게 보너스를 제공한다.

해설 빈칸에 쓰일 명사는 바로 앞에 위치한 또 다른 명사 employee와 복합명사를 구성해 보너스 제공이라는 방법을 통해 직원들 사이에서 장려하고자 하는 것을 나타내야 하므로 '생산성'을 뜻하는 (D) productivity가 정답이다.

어휘 encourage ~을 장려하다, ~을 권장하다 highly rated 높이 평가 받는 suitability 적합(성) admiration 감탄, 존경 measure 조치, 수단, 치수, 척도, 측정 productivity 생산성

7.

정답 (D)

해석 유통 과정을 개선하기 위한 제안과 함께, 웨이벌리 씨는 스스로 창고에 소중한 추가 인원임을 증명했다.

해설 빈칸에 쓰일 명사는 주어 Mr. Waverly를 대신해야 하므로 사람을 가리킬 수 있어야 한다. 또한, 유통 과정 개선에 필요한 제안 사항을 갖고 있다는 말로 볼 때, Mr. Waverly가 소중한 구성원임을 의미해야 자연스러우므로 '추가 인원'을 뜻하는 (D) addition이 정답이다.

어휘 suggestion 제안, 의견 distribution 유통, 배부, 분배 process 과정 prove ~을 증명하다, ~을 입증하다 valuable 소중한, 가치 있는 nominee 지명된 사람, 후보 addition 추가 (인원), 추가되는 것

8.

정답 (D)

해석 래플스 레스토랑의 음식 질과 제공 방식이 우리의 기대치를 뛰어넘으면서, 기억에 남을 만한 식사 경험으로 이어졌다.

해설 빈칸 뒤에 위치한 명사구 our expectations가 '기대치'를 의미하므로 기대하는 수준의 높고 낮음과 관련된 동사가 빈칸에 쓰여야 알맞다. 따라서, '~을 뛰어넘다, ~을 초과하다'라는 의미로 기대하는 수준보다 높음을 나타내는 exceed의 과거형 (D) exceeded가 정답이다.

어휘 presentation 제공 (방식), 제시 (방식) expectation 기대(치) make for ~로 이어지다, ~에 도움이 되다 memorable 기억에 남을 만한 dining 식사 rate ~을 평가하다, ~의 등급을 매기다 exceed ~을 뛰어넘다, ~을 초과하다

9.

정답 (D)

해석 모든 지원자들께서는 각자의 구직 지원 과정 전체에 걸쳐 회사 웹 사이트에 대한 임시 이용 권한을 제공 받으실 것입니다.

해설 빈칸에 쓰일 명사는 바로 뒤에 위치한 전치사 to와 함께 회사 웹 사이트에 대해 할 수 있는 일과 관련된 의미를 나타내야 하므로 to와 함께 '~에 대한 이용 (권한)' 등을 뜻하는 (D) access가 정답이다.

어휘 temporary 임시의, 일시적인 throughout ~ 전체에 걸쳐 process 과정 advance 진전, 발전, 진급, 선금 installment 할부(금), (시리즈 등의) 1회분 access 이용 (권한), 접근 (권한)

10.

정답 (B)

해석 새로운 자동 일정 관리 시스템은 많은 일정 충돌을 해결했고 생산성을 높여주었다.

해설 빈칸에 들어갈 과거분사는 새로운 자동 일정 관리 시스템이 일정 충돌에 대해 취한 행위를 나타내야 하므로 '~을 해결하다'라는 뜻의 (B) resolved가 정답이다.

어휘 automated 자동화된 scheduling 일정 관리 conflict 충돌 productivity 생산성 conclude ~을 결론짓다, 끝내다 resolve ~을 해결하다 remind ~을 상기시키다, 연상시키다

11.

정답 (C)

해석 부서장 회의에서, 호지스 씨는 비용을 절감하기 위한 조치로 직원 규모의 감소를 제안했다.

해설 빈칸 뒤에 전치사 in과 함께 직원 규모를 뜻하는 명사구가 쓰여 있어 in과 어울려 직원 규모의 변화와 관련된 의미를 나타낼 명사가 필요하다는 것을 알 수 있으므로 '감소, 축소' 등을 뜻하는 (C) reduction이 정답이다.

어휘 measure 조치, 수단 cut costs 비용을 절감하다 solution 해결책 reduction 감소, 축소, 할인 shipment 배송(품)

12.

정답 (D)

해석 환불을 받으시려면 구매 영수증 사본과 함께 결함이 있는 제품을 저희에게 보내시기 바랍니다.

해설 빈칸 뒤에 두 개의 목적어 us와 the defective product가 쓰여 있으므로 두 개의 목적어를 취해 '~에게 …을 보내다'라는 의미를 나타내는 동사 (D) send가 정답이다.

어휘 defective 결함이 있는 along with ~와 함께 allow ~을 허용하다 address v. (문제 등) ~을 처리하다, ~을 다루다, ~에게 연설하다

13.

정답 (D)

해석 배송 서비스 업체 패스트투유가 배송 경로를 최적화하고 효율성을 향상시키기 위해 새로운 기술 전략을 시행했다.

해설 빈칸에 쓰일 동사는 바로 뒤에 위치한 명사구 목적어 a new technology strategy를 목적어로 취해 회사가 새로운 전략과 관련해 할 수 있는 일을 나타내야 하므로 '~을 시행하다'를 뜻하는 implement의 과거형 (D) implemented가 정답이다.

어휘 optimize ~을 최적화하다 route 경로, 노선 efficiency 효율성 remind ~에게 상기시키다 convince ~을 설득하다 implement ~을 시행하다

14.

정답 (D)

해석 이 메시지는 귀하의 카드에 남은 잔액 27.75달러의 지불 기한이 6월 9일임을 알려 드리기 위한 것입니다.

해설 빈칸 바로 뒤에 목적어 you와 that절이 이어져 있으므로 「목적어 + that절」 구조와 결합 가능한 동사로서 '~에게 …임을 알리다'라는 의미를 나타낼 때 사용하는 (D) notify가 정답이다.

어휘 remaining 남아 있는 balance 잔액, 잔고 due ~가 기한인 indicate ~을 가리키다, ~을 나타내다 declare ~을 공표하다 notify ~에게 알리다, ~에게 통보하다

15.

정답 (C)

해석 합격한 지원자는 모든 자격 요건을 충족했으며, 관련 경험으로 면접관들에게 깊은 인상을 남겼다.

해설 빈칸에 쓰일 명사는 합격한 지원자가 무엇을 충족했는지 나타내야 하므로 '자격 (요건)' 등을 뜻하는 (C) requirements가 정답이다.

어휘 candidate 지원자, 후보자 impress ~에게 깊은 인상을 남기다 relevant 관련된 requirement 자격 (요건) circumstance 상황, 사정, 환경

16.

정답 (A)

해석 지역 부동산 투자에 대한 트란 씨의 초기 의구심에도 불구하고, 상당한 이익을 만들어 낼 수 있었다.

해설 빈칸에 쓰일 명사는 바로 뒤에 위치한 전치사 about과 어울려 지역 부동산 투자와 관련해 처음에 갖고 있었던 생각 등을 나타내야 하므로 '의구심'을 뜻하는 (A) reservations가 정답이다.

어휘 despite ~에도 불구하고 initial 초기의, 처음의 manage to do ~해낼 수 있다, ~해내다 turn a profit 이익을 내다 significant 상당한, 많은, 중요한 reservation 의구심 attention 주의, 주목, 관심 specialization 특수화, 전문화

17.

정답 (D)

해석 품질 보증팀은 가장 좋은 제품 공개 날짜에 대해 마침내 합의하기 전까지 일주일 내내 숙고했다.

해설 빈칸 바로 뒤에 전치사 for가 위치해 있어 목적어를 필요로 하지 않는 자동사가 쓰여야 하며, 합의에 이르기 위해 할 수 있는 행위 등과 관련된 의미를 나타내야 하므로 '숙고하다' 등을 뜻하는 deliberate의 과거형 (D) deliberated가 정답이다.

어휘 quality assurance 품질 보증 agree on ~에 대해 합의하다, ~에 동의하다 unveiling (첫) 공개, 발표 predict ~을 예측하다 deliberate 숙고하다, 신중히 생각하다

18.

정답 (D)

해석 햄튼 배송회사가 프라임 매리타임을 인수하는 대로, 대서양 국제 배송 시장의 거의 절반을 지배하게 될 것이다.

해설 주절에 대서양 국제 배송 시장의 거의 절반을 지배하게 될 것이라는 말이 쓰여 있는데, 이는 빈칸 앞뒤에 언급된 두 회사 사이에 나타나는 변화에 따른 결과이다. 또한, 빈칸 뒤에 위치한 Prime Maritime을 목적어로 취할 수 있는 타동사가 필요하므로 '~을 인수하다'를 뜻하는 (D) acquires가 정답이다.

어휘 once ~하는 대로, ~하자마자 nearly 거의 advise ~에게 조언하다, ~에게 충고하다 merge 합병하다, 통합하다 acquire ~을 인수하다, ~을 획득하다

19.

정답 (A)

해석 대부분의 고용 책임자들은 긍정적인 업무 태도가 경험 부족을 보완할 수 있다는 점에 동의한다.

해설 빈칸 바로 뒤에 위치한 전치사 for와 어울리는 자동사가 필요하므로 for와 함께 '~을 보완하다' 등을 의미할 때 사용하는 자동사 (A) compensate이 정답이다.

어휘 hiring 고용 agree that ~라는 점에 동의하다 attitude 태도 lack 부족, 결핍 compensate 보완하다, 보충하다 reimburse ~을 환급해주다, ~에게 환급해주다 offset ~을 상쇄하다, ~을 벌충하다

20.

정답 (D)

해석 시간제 근무자들께서는 변경된 우리 휴가 일정과 관련해 어떤 질문이나 우려 사항이든 있으실 경우에 직속 상관과 상의하셔야 합니다.

해설 빈칸 바로 뒤에 위치한 명사구 their immediate supervisor를 목적어로 취해 의미상 자연스러운 타동사가 필요하므로 '~와 상의하다' 등을 뜻하는 타동사 (D) consult가 정답이다.

어휘 immediate supervisor 직속 상관 concern 우려, 걱정, 관심사 regarding ~와 관련해 revise ~을 수정하다, ~을 변경하다 inquire 문의하다 appeal 관심을 끌다, 호소하다 consult ~와 상의하다, ~을 참고하다

EXAMPLE 1

해석　모든 홍보팀 팀원들은 우리 회사 SNS 계정들을 모니터링하는 것에 부분적으로 책임을 지고 있다.

어휘　public relations 홍보　partially 부분적으로　be responsible for ~에 책임이 있다, ~을 책임지다　account 계정

EXAMPLE 2

해석　디트로이트 자동차 렌탈은 모든 종류의 차량들을 매우 경쟁력 있는 가격에 제공하는 것으로 알려져 있다.

어휘　auto 자동차　be known for ~로 알려져 있다　highly 매우　rate 요금, 비용　competitive 경쟁력 있는

EXAMPLE 3

해석　모든 영업사원의 계약서는 각 매출에 대해 얼마의 수수료를 받을 것인지 명확하게 진술하고 있다.

어휘　contract n. 계약, 약정 v. 계약하다　state ~을 진술하다　commission 수수료　clearly 뚜렷하게, 명확히

EXAMPLE 4

해석　브록만 주식회사의 가치는 작년에 회사 주식을 공개한 이래 꾸준히 증가했다.

어휘　value 가치, 가격　grow 증가하다　since ~이후로　stock 주식, 주식 자본　go public 주식을 상장하다, 공개하다　steadily 꾸준히

EXAMPLE 5

해석　국제 정상회담이 상호간에 이익이 되는 무역 협정을 협상하기 위해 열렸다.

어휘　international 국제적인　summit 정상회담　negotiate ~을 협상하다　beneficial 유익한, 이로운　trade agreement 무역 협정　mutually 상호간에, 상호적으로

EXAMPLE 6

해석　높은 생산성을 보인 그녀에게 사례하고자, 해리슨 씨의 상사는 그녀에게 크루즈 티켓 두 장을 주었다.

어휘　reward ~을 사례하다, 보상하다　productive 생산적인

EXAMPLE 7

해석　여행을 가기 전, 목적지의 현지 날씨를 확인하고 그에 맞춰 짐을 싸는 것이 현명하다.

어휘　wise 현명한　destination 목적지　pack (짐을) 싸다, 챙기다　accordingly 그에 맞춰

토익 실전 연습

1. (B)	2. (A)	3. (C)	4. (D)	5. (D)
6. (B)	7. (D)	8. (C)	9. (D)	10. (A)
11. (C)	12. (A)	13. (D)	14. (D)	15. (D)
16. (B)	17. (A)	18. (C)	19. (A)	20. (D)

1.

정답　(B)

해석　다음 주에 있을 교육 시간에 새로 설치된 장비를 다룰 것이므로, 조립 라인 직원들은 아무도 제외되지 않습니다.

해설　빈칸에 쓰일 형용사는 바로 뒤에 위치한 전치사 from과 어울려 조립 라인 직원들의 교육 시간 참가 여부와 관련된 의미를 나타내야 하므로 be동사 및 from과 함께 '~에서 제외되다, ~에서 면제되다' 등을 의미할 때 사용하는 (B) exempt가 정답이다.

어휘　since ~이므로, ~한 이후로　cover (주제 등) ~을 다루다, ~을 포함하다　install ~을 설치하다　assembly 조립　delayed 지연된, 지체된　exempt 제외된, 면제된　flexible 유연한, 탄력적인

2.

정답　(A)

해석　여러분의 식사 경험을 향상시키고 더 나은 서비스를 제공해 드리기 위해, 저희 레스토랑은 개조 공사 및 교육으로 인해 일시적으로 문을 닫습니다.

해설　빈칸에 쓰일 부사는 바로 뒤에 위치한 closed를 수식해 레스토랑이 문을 닫는 방식과 관련된 의미를 나타내야 한다. 개조 공사 및 교육으로 인해 문을 닫는 상황은 일시적으로 진행되는 일일 것으로 볼 수 있으므로 '일시적으로, 임시로'를 뜻하는 (A) temporarily가 정답이다.

어휘　improve ~을 향상시키다, ~을 개선하다　dining 식사　serve ~에게 서비스를 제공하다　temporarily 일시적으로, 임시로　shortly 곧, 머지 않아　previously 이전에, 과거에

3.

정답　(C)

해석　저희 회사는 다른 이들과 긴밀히 협력하면서 효과적으로 협업할 수 있는 직원을 소중히 여기고 있습니다.

해설 빈칸에 쓰일 부사는 다른 이들과 함께 일하는 방식과 관련된 의미를 나타내야 하므로 '긴밀하게' 등을 뜻하는 (C) closely가 정답이다.

어휘 **value** v. ~을 소중히 여기다 **effectively** 효과적으로 **nearly** 거의 **closely** 긴밀하게, 밀접하게, 가깝게 **newly** 새롭게

4.

정답 (D)

해석 노스뷰 텔레콤은 이용 가능한 가장 저렴한 월간 요금으로 고객들에게 휴대전화 이용 약정을 제공한다.

해설 빈칸에 쓰일 형용사는 바로 앞에 위치한 명사구 the lowest monthly rates를 뒤에서 수식해 가장 저렴한 요금의 제공 가능성과 관련된 의미를 나타내야 하므로 '이용 가능한'을 뜻하는 (D) available이 정답이다.

어휘 **plan** 약정, 계획 **rate** 요금, 속도, 비율, 등급 **acceptable** 받아들일 수 있는, 수용 가능한 **amenable** 말을 잘 듣는, 유순한, 다루기 쉬운 **agreeable** 기분 좋은, 선뜻 동의하는, 적합한

5.

정답 (D)

해석 그 환경 규정은 회사들이 반드시 상수도 오염을 예방하기 위해 유독성 폐기물을 적절히 처리해야 한다고 분명하게 명시하고 있다.

해설 빈칸에 쓰일 부사는 바로 뒤에 위치한 동사 states를 수식해 환경 규정이 특정 사항을 명시하는 방식과 관련된 의미를 나타내야 하므로 '분명하게, 명백하게'를 뜻하는 (D) explicitly가 정답이다.

어휘 **regulation** 규정, 규제 **state that** ~라고 명시하다 **properly** 적절히, 제대로 **dispose of** ~을 처리하다 **toxic** 유독성의 **contamination** 오염 **water supplies** 상수도, 급수 (시설) **rarely** 드물게, 좀처럼 ~ 않다 **evenly** 고르게, 균등하게, 평평하게 **explicitly** 분명하게, 명백하게

6.

정답 (B)

해석 고급 학위를 소지한 직원은 누구든 막 자리가 난 지점장 직책에 지원하실 수 있는 자격이 있습니다.

해설 빈칸 앞뒤에 be동사 및 to부정사가 쓰여 있으므로 이 둘과 결합 가능한 형용사가 빈칸에 필요하며, 특정 학위 소지 여부가 지원 자격 요건임을 알리는 의미가 구성되어야 자연스러우므로 be동사 및 to부정사와 함께 '~할 자격이 있다'라는 뜻을 나타낼 때 사용하는 (B) eligible이 정답이다.

어휘 **advanced degree** (석사, 박사 등의) 고급 학위 **eligible** 자격이 있는, 적격인 **capable** 할 수 있는, 유능한 **competent** 유능한, 능력 있는

7.

정답 (D)

해석 주최자들은 세계적으로 유명한 한 조각가의 강연에 대한 잠정적인 일정과 관련해 다수의 문의를 받았다.

해설 빈칸에 쓰일 형용사는 바로 뒤에 위치한 명사 schedule을 수식해 강연 일정의 확정 여부와 관련된 의미를 나타내야 하므로 '잠정적인'을 뜻하는 (D) tentative가 정답이다.

어휘 **inquiry** 문의 **world-renowned** 세계적으로 유명한 **sculptor** 조각가 **considerable** 상당한, 많은 **gradual** 점진적인 **tentative** 잠정적인

8.

정답 (C)

해석 허리케인 아이린이 여러 전선에 심각한 피해를 초래한 뒤로 그에 대한 교체 작업이 긴급히 필요한 상태이다.

해설 빈칸에 쓰일 부사는 수동태 동사 is needed를 중간에서 수식해 교체 작업의 필요성과 관련된 의미를 나타내야 하므로 '긴급히'를 뜻하는 (C) urgently가 정답이다.

어휘 **replacement** 교체(되는 것), 대체(되는 것) **power line** 전선 **cause** ~을 초래하다, ~을 야기하다 **accurately** 정확히 **nearly** 거의 **urgently** 긴급히 **primarily** 주로

9.

정답 (D)

해석 아시아틱 항공사에는 반드시 좋은 상태로 전달되도록 하기 위해 상하기 쉬운 상품을 운송하는 데 대한 엄격한 가이드라인이 있다.

해설 빈칸에 쓰일 형용사는 바로 뒤에 위치한 명사 goods를 수식해 운송되는 상품의 특성과 관련된 의미를 나타내야 하므로 '상하기 쉬운'을 뜻하는 (D) perishable이 정답이다.

어휘 **transport** ~을 운송하다, ~을 수송하다 **ensure (that)** 반드시 ~하도록 하다, ~임을 확실히 해두다 **in good condition** 좋은 상태로 **plentiful** 풍부한, 많은 **adverse** 부정적인, 불리한 **constructive** 건설적인 **perishable** 상하기 쉬운

10.

정답 (A)

해석 JS 일렉트로닉스는 자사의 신제품에 대한 판매 수치가 작년보다 약 10퍼센트 더 높을 것으로 예상한다.

해설 빈칸 바로 뒤에 숫자를 포함한 비율이 제시되어 있으므로 숫자 앞에 위치하는 부사로서 '약, 대략' 등을 의미할 때 사용하는 (A) roughly가 정답이다.

어휘 **expect A to do** A가 ~할 것으로 예상하다 **roughly** 약, 대략 **densely** 밀집되어, 빽빽하게 **fairly** 꽤, 상당히, 공정하게 **considerably** 상당히, 많이

11.

정답   (C)

해석   출장 경비에 대해 환급 받으시려면, 소속 부서 및 출장 목적 과 관련된 요청 양식을 제출하시기 바랍니다.

해설   빈칸에 쓰일 형용사는 빈칸 앞뒤에 위치한 be동사 및 전치 사 to와 어울릴 수 있어야 하며, 환급 요청 양식의 특성으로 서 해당 양식과 부서 및 출장 목적 사이의 관계에 해당되는 의미를 나타내야 하므로 be동사 및 to와 함께 '~와 관련되 다'이라는 뜻으로 쓰이는 (C) relevant가 정답이다.

어휘   reimburse ~에게 환급해주다 expense (지출) 비용, 경 비 claim 요청, 요구, 주장 estimated 추정되는, 견적의 frequent 자주 있는, 빈번한 relevant 관련된

12.

정답   (A)

해석   브라이언 린치 대표이사님께서 다가오는 워크숍을 위한 연 설을 예행 연습하고 계시는데, 여기서 지난 한 해 동안에 걸 친 회사의 재무 성과를 이야기하실 것입니다.

해설   빈칸에 쓰일 형용사는 바로 뒤에 위치한 명사 workshop을 수식해 워크숍의 특성과 관련된 의미를 나타내야 하며, 빈 칸 앞에 연설을 예행 연습하고 있다는 말이 쓰여 있어 곧 열 릴 행사임을 알 수 있으므로 '다가오는, 곧 있을'을 뜻하는 (A) upcoming이 정답이다.

어휘   rehearse ~을 예행 연습하다 over ~ 동안에 걸친 upcoming 다가오는, 곧 있을 appropriate 적절한, 알맞은 consecutive 연속적인 confident 확신하는, 자신 있는

13.

정답   (D)

해석   그 전자 제품 매장은 경쟁사들에 의해 판매되는 것보다 가 격 면에서 비슷한 다양한 고급 제품을 제공한다.

해설   빈칸 앞뒤에 be동사 및 전치사 to와 함께 가격 면에 있어서 비교 대상이 되는 경쟁사의 제품이 언급되어 있으므로 be동 사 및 to와 어울려 '~와 비슷하다, ~에 견줄 만하다' 등의 의 미로 비교를 나타낼 때 사용하는 (D) comparable이 정답 이다.

어휘   electronics 전자 제품 high-end 고급의 competitor 경쟁사, 경쟁자 accessible 이용 가능한, 접근 가능한 comparable 비슷한, 견줄 만한

14.

정답   (D)

해석   아테나 파크는 여러 주거 지역과 가까운 곳에 편리하게 위 치해 있어서, 가족들에게 인기 있는 곳이다.

해설   빈칸에 쓰일 부사는 '위치해 있다'를 뜻하는 수동태 동사 is located를 중간에서 수식해 위치상의 특성과 관련된 의미를 나타내야 하므로 '편리하게'를 뜻하는 (D) conveniently가

정답이다.

어휘   be located 위치해 있다 near ~와 가까이 residential 주거 의, 거주의 neighborhood 지역, 인근, 이웃 spot 곳, 자리, 장소 frequently 자주, 빈번히 greatly 크게, 대단히, 아주

15.

정답   (D)

해석   미술관들은 일반적으로 평론가들에게 꼼꼼하게 전시물들을 살펴보고 진열된 작품에 대한 통찰력을 제공하도록 요청한 다.

해설   빈칸에 쓰일 부사는 바로 뒤에 위치한 동사 review를 수 식해 평론가들이 전시물을 살펴보는 방식과 관련된 의미 를 나타내야 하므로 '꼼꼼하게, 철저히' 등을 뜻하는 (D) thoroughly가 정답이다.

어휘   typically 일반적으로, 전형적으로 invite A to do A에게 ~하도록 요청하다 critic 평론가, 비평가 exhibition 전시(물) insight 통찰력 on display 진열된, 전시된 unfavorably 불 리하게, 비우호적으로 thoroughly 꼼꼼하게, 철저히

16.

정답   (B)

해석   그 교육 프로그램은 너무 엄격해서 그것을 시작하는 지원자 들의 절반만 마칠 수 있다.

해설   빈칸 뒤에 위치한 that절에 지원자들의 절반만 마칠 수 있다 는 말이 쓰여 있어 수료하기 어려운 프로그램임을 나타내는 형용사가 빈칸에 쓰여야 알맞으므로 '엄격한'을 뜻하는 (B) rigorous가 정답이다.

어휘   so A that B 너무 A해서 B하다 graduate (학업을) 마치다, 졸업하다 impressed (사람이) 깊은 인상을 받은 rigorous 엄격한 spacious 널찍한 talented 능력 있는, 재능 있는

17.

정답   (A)

해석   리 엔터프라이즈가 투명하다는 점을 증명하기 위해, 리 씨는 자사 웹 사이트에 회사의 모든 기업 납세 신고서를 게시한 다.

해설   빈칸 뒤에 자시 웹 사이트에 회사의 모든 기업 납세 신고서 를 게시한다는 말이 쓰여 있어 이러한 방침과 어울리는 형 용사가 필요한데, 이는 회사의 투명성을 증명하기 위한 방 법으로 볼 수 있으므로 '투명한'을 뜻하는 (A) transparent 가 정답이다.

어휘   prove that ~임을 증명하다, ~임을 입증하다 corporate 기업의 tax return 납세 신고(서) transparent 투명한 appreciative 감사하는 concerned 우려하는, 걱정하는

18.

정답 (C)

해석 같은 주말에 개봉되었음에도 불구하고, 두 영화 모두 관람객들에 의해 동일하게 좋은 평가를 받았다.

해설 빈칸이 속한 주절이 두 영화가 모두 좋은 평가를 받았다는 의미를 지니고 있어 이러한 사실을 강조할 수 있는 부사가 빈칸에 쓰여야 알맞으므로 '동일하게, 똑같이'를 뜻하는 (C) equally가 정답이다.

어휘 release ~을 개봉하다, ~을 출시하다, ~을 발매하다 be received well 좋은 평가를 받다 moviegoer 영화 관람객 periodically 주기적으로 equally 동일하게, 똑같이

19.

정답 (A)

해석 이 유적지와 관련된 부가 정보는 저희 공식 웹 사이트에서 찾아보실 수 있습니다.

해설 빈칸에 쓰일 형용사는 바로 뒤에 위치한 명사 information을 수식해 특정 정보의 특성과 관련된 의미를 나타내야 하므로 '부가적인, 보충의'를 뜻하는 (A) Supplementary가 정답이다.

어휘 site 장소, 현지, 부지 supplementary 부가적인, 보충의 consistent 지속적인, 일관된, 한결 같은 cooperative 협조하는, 협력하는 rewarding 보람 있는

20.

정답 (D)

해석 달링턴 콘서트 홀은 최신 음향 및 조명 장비를 갖추고 있는 곳으로서, 라이브 음악 공연에 있어 혁신적인 행사장으로 알려져 있다.

해설 빈칸에 쓰일 형용사는 바로 뒤에 위치한 명사 venue를 수식해 행사장의 특성과 관련된 의미를 나타내야 하는데, 최신 음향 및 조명 장비를 갖추고 있다는 말과 어울려야 하므로 '혁신적인, 획기적인'을 뜻하는 (D) innovative가 정답이다.

어휘 equipped with ~을 갖추고 있는 be known as ~로 알려져 있다 venue 행사장, 개최 장소 definitive 한정적인, 최종적인, 명확한 selective 선택적인, 선별적인 innovative 혁신적인, 획기적인

EXAMPLE 1

해석 우리 매장의 VIP 고객 감사 세일 행사는 6월 19일 토요일에 열릴 예정이다.

어휘 appreciation 감사 be held 열리다, 개최되다

EXAMPLE 2

해석 연례 취업 박람회는 다음 달 시내에 있는 컨벤션 센터에서 열릴 예정이다.

어휘 job fair 취업 박람회 downtown 시내에

EXAMPLE 3

해석 홀딩스 은행은 지난해 동안 8개의 새로운 지점과 함께 빠르게 확장되었다.

어휘 expand 확장되다, ~을 확장하다 rapidly 빠르게

EXAMPLE 4

해석 새로운 평면도에 따르면, 이제 전동 공구 부서는 가전제품 부서 뒤에 위치한다.

어휘 according to ~에 따르면 floor plan 평면도 power tool 전동 공구 section 부서, 부문, 부분, 구획 home appliances 가전 제품

EXAMPLE 5

해석 신입 직원들의 교육에 관한 새로운 회사 방침은 다음 달 초에 시행될 것이다.

어휘 policy 방침, 방책 incoming 신입의, 후임의 implement ~을 시행하다

EXAMPLE 6

해석 주 야외 수영장 이외에도, 호텔 투숙객들을 위한 실내 온수 욕조도 있다.

어휘 hot tub 온수 욕조 besides ~외에

EXAMPLE 7

해석 악천후 때문에, 샤트너 섬을 오고 가는 모든 배편은 추후 공지가 있을 때까지 취소되었다.

어휘 inclement (날씨가) 궂은, 좋지 못한 cancel ~을 취소하다 further 추가의 until ~때까지

1. (C)	2. (B)	3. (A)	4. (D)	5. (D)
6. (C)	7. (B)	8. (B)	9. (B)	10. (D)
11. (C)	12. (D)	13. (C)	14. (C)	15. (B)
16. (C)	17. (C)	18. (A)	19. (C)	20. (A)

1.

정답 (C)

해석 해변에 도착하는 대로, 수영하는 사람들은 모든 경고 표지판을 확인하고 안전하지 않은 구역에서 수영하는 일을 피해야 한다.

해설 빈칸 바로 뒤에 위치한 명사 arrival과 어울려 도착 시점과 관련된 의미를 나타낼 때 전치사 on을 사용하므로 (C) On이 정답이다.

어휘 warning 경고, 주의 avoid -ing ~하는 것을 피하다

2.

정답 (B)

해석 핀 씨는 아직 물류 관리 분야에서 석사 학위 과정을 이수하지 않았다는 사실에도 불구하고 지부장 직책에 선임되었다.

해설 빈칸 바로 뒤에 위치한 명사구 the fact를 목적어로 취할 전치사가 빈칸에 필요하며, '~하지 않았다는 사실에도 불구하고 지부장 직책에 선임되었다'와 같은 의미가 구성되어야 자연스러우므로 '~에도 불구하고'를 뜻하는 전치사 (B) despite이 정답이다.

어휘 select ~을 선임하다, ~을 선택하다 master's degree 석사 학위 Logistics 물류 관리 although 비록 ~하기는 하지만 despite ~에도 불구하고 otherwise 그렇지 않으면, 그 외에는, 달리 due to ~로 인해, ~ 때문에

3.

정답 (A)

해석 그 회사는 다가오는 프로젝트에 대해 견적서 최종 확정 마감 기한을 이달 말까지 연장했다.

해설 빈칸 뒤에 위치한 시점 표현 the end of the month와 어울리는 시점 전치사가 필요하며, 마감 기한이 연장된 상태가 해당 시점까지 지속되는 의미를 나타내야 알맞으므로 '~까지'라는 의미로 지속 상태를 말할 때 사용하는 (A) until이 정답이다.

어휘 extend ~을 연장하다 finalize ~을 최종 확정하다 quote n. 견적(서) upcoming 다가오는, 곧 있을 until (지속) ~까지 during ~ 중에, ~ 동안 by (기한) ~까지 between (A and B) (A와 B) 사이에

4.

정답 (D)

해석 로빈슨 씨는 주로 뛰어난 직업 의식 때문에 승진되었다.

해설 빈칸 뒤에 명사구 his strong work ethic이 쓰여 있어 이 명사구를 목적어로 취할 전치사가 빈칸에 필요하며, 뛰어난 직업 의식이 승진 이유에 해당되는 것으로 볼 수 있으므로 이유 전치사 (D) because of가 정답이다.

어휘 mostly 주로, 대부분 work ethic 직업 의식 now that (이제) ~이므로 however 하지만, 그러나 as well as ~뿐만 아니라 …도 because of ~ 때문에

5.

정답 (D)

해석 윈필즈 스포츠웨어의 고객들은 전액 환불을 받으려면 반드시 3일 이내에 구매품을 반품해야 한다.

해설 빈칸 뒤에 기간을 나타내는 명사구 3 days가 쓰여 있으므로 '~ 이내에'라는 의미로 기간을 나타낼 때 사용하는 전치사 (D) within이 정답이다.

어휘 full refund 전액 환불 since ~ 이후로 above (분리된 위치) ~보다 위에, (정도, 수준 등) ~을 넘는, ~보다 우위인 by (위치) ~ 옆에, (기한) ~까지, (차이) ~만큼, ~ 정도, (방법) ~로, ~함으로써, (행위 주체) ~에 의해 within ~ 이내에

6.

정답 (C)

해석 회계 감사 중에, 회계부가 모든 재무 관련 기록 및 거래 내용을 검토할 것이다.

해설 빈칸 뒤에 회계부에서 모든 재무 관련 기록 및 거래 내용을 검토할 것이라는 말이 쓰여 있는데, 이는 회계 감사 중에 할 수 있는 일에 해당되므로 '~ 중에, ~ 동안'을 뜻하는 전치사 (C) During이 정답이다.

어휘 audit 회계 감사 accounting 회계(부) transaction 거래 onto ~ 위로 against ~에 반대해, ~에 맞서, ~에 대비해, ~에 기대어 during ~ 중에, ~ 동안 besides prep. ~ 외에(도), ~을 제외하고 ad. 게다가, 뿐만 아니라

7.

정답 (B)

해석 출장 요리 제공업자 및 기타 행사 담당 직원들께서는 주차장 옆에 있는 뒷문을 통해 행사장에 출입하셔야 합니다.

해설 빈칸 뒤에 '뒷문'을 뜻하는 명사구 the rear door가 쓰여 있는데, 이는 행사장 출입 수단에 해당되므로 '~을 통해, ~을 통과해' 등의 의미로 수단이나 과정 등을 나타낼 때 사용하는 전치사 (B) through가 정답이다.

어휘 be expected to do (기대되는 일로서) ~해야 하다 venue 행사장, 개최 장소 rear 뒤쪽의 by ~ 옆에 between (A and B) (A와 B) 사이에 **through** ~을 통해, ~을 통과해 **regarding** ~와 관련해 **upon** ~하자마자

8.

정답 (B)

해석 던포드 다리는 구조 점검에서 상당한 손상이 드러난 뒤로 수리가 불가능한 상태인 것으로 여겨졌다.

해설 빈칸에 쓰일 전치사는 바로 뒤에 위치한 명사 repair와 어울려 수리 가능 여부와 관련된 의미를 나타내야 하므로 능력이나 정도 등과 관련해 '~을 할 수 없는' 등을 뜻하는 (B) beyond가 정답이다.

어휘 **be deemed to be A** A한 것으로 여겨지다 **structural** 구조상의, 구조적인 **inspection** 점검 **reveal** ~을 드러내다 **significant** 상당한, 많은, 중요한 **beyond** (위치) ~ 너머에, (능력, 정도, 수량 등) ~을 할 수 없는, ~을 넘어서는, ~을 능가하는 **except** ~을 제외하고 **into** (이동) ~ 안으로, (변화 등) ~로, ~한 상태로

9.

정답 (B)

해석 부서장들을 제외하고, 전 직원이 지금부터 탄력적인 시간제로 근무하도록 허용될 것입니다.

해설 빈칸 뒤에 위치한 명사구 the exception과 어울려 제외 대상을 말할 때 전치사 with를 사용하므로 (B) With가 정답이다.

어휘 **exception** 제외, 예외 **be allowed to do** ~하도록 허용되다 **flexible** 탄력적인, 유연한

10.

정답 (D)

해석 환경적인 우려에 따른 결과로, 점점 더 많은 미국 주택 소유주들이 지붕에 태양열 전지판을 설치하고 있다.

해설 빈칸 뒤에 위치한 명사구 environmental concerns를 목적어로 취할 전치사가 필요하며, 점점 더 많은 주택 소유주들이 태양열 전지판을 설치하는 것을 환경적 우려에 따른 결과로 볼 수 있으므로 '~에 따른 결과로'를 뜻하는 전치사 (D) As a result of가 정답이다.

어휘 **concern** 우려, 걱정, 관심사 **install** ~을 설치하다 **solar panels** 태양열 전지판 **rooftop** 지붕 **in addition to** ~뿐만 아니라, ~ 외에도 **so that** (목적) ~하도록, (결과) 그래서, 그러므로 **according to** ~에 따르면 **as a result of** ~에 따른 결과로

11.

정답 (C)

해석 행사 기획 위원회는 반드시 모든 준비 작업이 4월 16일전에

완료되도록 하기 위해 부지런히 일하고 있다.

해설 빈칸이 속한 that절의 의미로 볼 때, 빈칸 뒤에 위치한 날짜가 모든 준비 작업이 완료되어야 하는 기한에 해당되는 것으로 판단할 수 있으므로 '~전에'라는 의미로 완료 시점을 말할 때 사용하는 (C) before가 정답이다.

어휘 **planning** 기획, 계획 **committee** 위원회 **diligently** 부지런히, 열심히 **ensure that** 반드시 ~하도록 하다, ~임을 확실히 해두다 **preparation** 준비

12.

정답 (D)

해석 지타 라이스 씨는 여러 소셜 미디어 플랫폼에서 실시되는 것들을 제외하고 회사의 모든 마케팅 운영 업무를 총괄한다.

해설 빈칸 앞에 모든 마케팅 운영 업무를 총괄한다는 말이 쓰여 있는데, 빈칸 뒤에 marketing operations를 대신하는 those와 함께 특정 마케팅 관련 업무가 제시되어 있어 제외 대상을 말하는 의미가 되어야 자연스럽다는 것을 알 수 있다. 따라서, '~을 제외하고'라는 뜻으로 제외 대상을 나타낼 때 사용하는 전치사 (D) except가 정답이다.

어휘 **oversee** ~을 총괄하다, ~을 감독하다 **operation** 운영, 가동, 작동 **without** ~ 없이, ~하지 않고, ~하지 않은 채로 **instead** 대신 **except** ~을 제외하고

13.

정답 (C)

해석 소음 규제로 인해, 주거 지역의 공사 작업은 반드시 오후 8시 이후에는 중단되어야 하며, 다음 날 오전에나 재개될 수 있다.

해설 빈칸 뒤에 시점 표현 8 p.m.이 쓰여 있어 시점 전치사가 빈칸에 필요하며, 주거 지역의 공사가 중단되어야 하는 시점을 나타내려면 '오후 8시 이후'와 같은 의미가 구성되어야 알맞으므로 '~ 후에'를 뜻하는 전치사 (C) after가 정답이다.

어휘 **regulation** 규제, 규정 **not A until B** B나 되어야 A하다 **resume** 재개되다 **following** 다음의 **within** ~ 이내에 **until** (지속) ~까지 **unless** ~하지 않는다면, ~가 아니라면

14.

정답 (C)

해석 순조로운 날씨 덕분에, 우리 비행기는 일정보다 약 15분 앞선, 오후 4시 25분에 시카고 공항에 도착할 예정입니다.

해설 빈칸 앞뒤의 단어들로 볼 때 일정보다 약 15분 앞서거나 뒤처진 상태와 관련된 의미를 나타내야 하므로 '~보다 앞서'를 뜻하는 전치사 (C) ahead of가 정답이다.

어휘 **favorable** 순조로운, 호의적인, 유리한 **during** ~ 중에, ~ 동안 **away from** ~에서 멀리, ~에서 벗어나 **ahead of** ~보다 앞서 **between (A and B):** (A와 B) 사이에

15.

정답   (B)

해석   저희 잡지 구독 약정과 관련해 갖고 계실 수 있는 어떤 문의 사항이든 있으시면 저희 고객 서비스팀에 연락하시기 바랍니다.

해설   빈칸 앞에 어떤 문의 사항이든 있으면 고객 서비스팀에 연락하라는 말이 쓰여 있으므로 빈칸 뒤에 제시된 명사구 our magazine subscription plans가 문의 사항의 주제에 해당되는 것으로 볼 수 있다. 따라서, '~와 관련해'라는 의미로 주제나 연관성을 나타낼 때 사용하는 전치사 (B) regarding이 정답이다.

어휘   query 문의   plan 약정, 계획   considering ~을 고려하면, ~을 감안하면   regarding ~와 관련해   notwithstanding ~에도 불구하고   following ~ 후에, ~ 다음에

16.

정답   (C)

해석   그린버그 그룹은 최근의 사이버 공격 증가에 따라 고객들의 데이터를 보호하기 위해 새로운 사이버 보안 조치에 투자하고 있다.

해설   빈칸 앞에 고객들의 데이터를 보호하기 위해 새로운 보안 조치에 투자하고 있다는 말이 쓰여 있는데, 이는 빈칸 뒤에 언급된 '사이버 공격의 증가'에 따른 조치에 해당된다. 이는 새로운 보안 조치에 투자하게 된 원인으로 볼 수 있으므로 '~에 따라'라는 의미로 근거 등을 나타낼 때 사용하는 전치사 (C) according to가 정답이다.

어휘   invest in ~에 투자하다   cybersecurity 사이버 보안   measure 조치, 수단   cyber-attack 사이버 공격   just as 꼭 ~처럼   in the event of ~할 경우에   according to ~에 따라, ~에 따르면   in spite of ~에도 불구하고

17.

정답   (C)

해석   청소팀이 진공 청소기로 카펫을 청소하는 동안 책상 아래에 있던 오래된 문서 및 파일 더미를 발견했다.

해설   빈칸 앞뒤의 내용을 읽어보면 진공 청소기로 카펫을 청소하는 동안 오래된 분서 및 파일 더미를 발견했다고 쓰여 있어 책상 주변 공간에서 발견한 것으로 판단할 수 있다. 따라서, 이러한 위치 관계를 나타낼 수 있는 전치사로서 '~ 아래에'를 뜻하는 (C) beneath가 정답이다.

어휘   crew (함께 작업하는) 팀, 조   stack 더미, 무더기   while ~하는 동안, ~인 반면   vacuum ~을 진공 청소기로 청소하다   beneath (위치) ~ 아래에, ~ 밑에, (수준 등) ~보다 못한   along (길 등) ~을 따라

18.

정답   (A)

해석   이익을 내는 데 대한 뛰어난 명성을 고려해 볼 때, 하우 파이낸셜은 투자하기 가장 좋은 회사이다.

해설   우선, 빈칸 뒤에 위치한 명사구 its outstanding reputation for turning a profit을 목적어로 취할 전치사가 빈칸에 필요하다. 또한, '이익을 내는 데 대한 뛰어난 명성'이 투자하기 가장 좋은 회사라고 말할 수 있는 근거로 볼 수 있으므로 '~을 고려해 볼 때'라는 의미로 판단 근거나 전제 조건을 말할 때 사용하는 전치사 (A) Given이 정답이다.

어휘   outstanding 뛰어난, 우수한   reputation 명성, 평판   turn a profit 이익을 내다   given ~을 고려해 볼 때, ~을 감안할 때   despite ~에도 불구하고   except ~을 제외하고

19.

정답   (C)

해석   그 회사의 웹 사이트에 있던 400개의 구인 공고들 중에서, 오직 50개만 그 지원자의 능력 및 경력과 관련되어 있었다.

해설   빈칸 뒤에 '400개의 구인 공고'를 의미하는 명사구가 쓰여 있는데, 이는 '특정 지원자의 능력 및 경력과 관련된 50개의 공고'가 포함된 범위에 해당되는 것으로 볼 수 있다. 따라서, '~ 중에서' 등의 의미로 범위를 나타낼 때 사용하는 전치사 (C) Out of가 정답이다.

어휘   job posting 구인 공고   be relevant to ~와 관련되다   instead of ~ 대신   on behalf of ~을 대표해, ~을 대신해   out of ~ 중에서, ~ 밖으로, ~에서 벗어나서   in case of ~의 경우에 (대비해)

20.

정답   (A)

해석   레니게이드의 새 소프트웨어 패키지는 데이터 암호화 및 자동 백업을 포함해, 다양한 특징으로 구성되어 있다.

해설   빈칸 뒤에 '데이터 암호화 및 자동 백업'을 의미하는 명사구가 쓰여 있는데, 이는 빈칸 앞에서 말하는 '다양한 특징'에 포함되는 요소로 볼 수 있다. 따라서, 포함 대상을 나타내는 전치사가 빈칸에 쓰여야 알맞으므로 '~을 포함해'를 뜻하는 전치사 (A) including이 정답이다.

어휘   feature 특징, 기능   encryption 암호화   including ~을 포함해   along (길 등) ~을 따라   starting (날짜 등과 함께) ~부터   prior to ~에 앞서, ~ 전에

EXAMPLE 1

버 씨께,

브렌트포드 커뮤니티 연합(BCA)은 7월 28일 오전 10시부터 오후 7시까지 비벌리 파크에서 패밀리 펀 데이 행사를 주최할 것입니다. 행사는 다양한 음식과 음료 판매자들, 여러 재미있는 콘테스트 및 활동들, 그리고 라이브 음악 공연들을 특징으로 할 예정입니다. 입장료는 성인은 5달러 그리고 10세 이하 어린이들은 2.5달러입니다. 수익금은 어린이 놀이 시설을 개선하고자 하는 지역 자선단체에 주로 쓰일 것입니다. 해당 단체는 메인 스트리트에 놀이터와 더불어 새로운 어린이 도서관 건립을 계획하고 있습니다. 나머지 10퍼센트의 입장료는 BCA가 향후 행사 개최 비용을 지원하는 데에 활용될 예정입니다.

어휘 **host** ~을 주최하다 **feature** ~을 특징으로 하다 **beverage** 음료 **vendor** 파는 사람, 행상인 **admission** 입장료 **proceeds** 수익금 **go towards** ~에 쓰이다 **charity** 자선 단체, 자선 (행위) **aim** ~을 목표로 하다 **recreational** 오락의, 휴양의 **construct** ~을 건설하다 **playpark** 놀이터 **utilize** ~을 활용하다

EXAMPLE 2

4월 17일

윌리엄 무니
브리지 애비뉴 2008번지
토피카, 캔자스 66409

무니 씨께,

5월 17일 일요일에 미드베일 아파트 뒤의 주차장이 오전 8시부터 오후 10시까지 긴급 표면 재포장 작업으로 모든 차량에게 폐쇄될 예정입니다. 따라서, 저희는 모든 입주자분들께 해당 시간 동안 다른 주차장을 이용하실 것을 요청 드립니다. 불편을 드려 죄송합니다. 입주자 여러분의 협조가 여러분 주변의 주차 시설을 개선하려는 저희의 노력에 큰 도움이 될 것입니다.

어휘 **condominium** 아파트 **urgent** 긴급한 **resurface** (도로 등) ~을 재포장하다 **as such** 따라서, 그러므로 **tenant** 세입자 **alternative** 다른, 대안의 **inconvenience** 불편 **cooperation** 협조 **neighborhood** 주변, 인근, 주위

EXAMPLE 3

몬테고 국립 공원

몬테고 국립 공원 관리팀은 공원 자연 환경의 아름다움과 여러 산책로를 지키는 것에 전념하고 있습니다. 많은 산책로가 방문객들의 남용으로 인한 손상에 취약합니다. 이러한 이유로, 공원 관리팀은 산책로 상태 보존을 위해 특정 산책로를 정기적으로 폐쇄합니다. 또한, 공원의 어느 곳에서도 캠핑은 허용되지 않습니다. 이러한 예방책을 실시함으로써, 관리소는 공원이 모든 이가 즐길 수 있는 오염되지 않은 자연 환경을 유지하도록 보장합니다.

어휘 **management** 관리, 운영 **be committed to -ing** ~하는 데 전념하다, ~하는 데 헌신하다 **trail** 산책로, 등산로 **be susceptible to** ~에 취약하다, 영향을 받기 쉽다 **overuse** 남용 **precaution** 예방책 **pristine** 오염되지 않은, 자연 그대로의

EXAMPLE 4

맥시 핸드폰은 최대 20가지 종류의 음성 작동 기능을 저장할 수 있습니다. 목소리만 사용해 전화를 거는 능력이 가장 편리한 기능들 중 하나라는 것을 알게 되실 겁니다. 하지만, 몇몇 제약도 있습니다. 이 기능을 올바르게 사용하기 위해서는, 조용한 장소에 있어야 하며 한 번에 한 명보다 많은 목소리는 인식하지 못한다는 사실을 고려해 한 명의 화자만 핸드폰에 말할 수 있습니다. 또한 이 기능을 사용할 때는, 알아듣기 쉽고 분명한 방식으로 핸드폰에 바로 말해야 합니다.

어휘 **store** ~을 저장하다, ~을 보관하다 **up to** 최대 ~의 **voice-activated** 음성으로 작동되는 **function** 기능, 특색 **place a call** 전화를 걸다 **make sure (that)** 반드시 ~하도록 하다, ~하는 것을 확실히 해 두다 **at a time** 한 번에 **feature** 특징, 기능 **distinct** 뚜렷한, 분명한 **fashion** 방법, 방식

토익 실전 연습

1. (A)	**2.** (D)	**3.** (A)	**4.** (A)	**5.** (D)
6. (C)	**7.** (A)	**8.** (C)	**9.** (B)	**10.** (A)
11. (B)	**12.** (B)	**13.** (D)	**14.** (C)	**15.** (C)
16. (B)	**17.** (C)	**18.** (D)	**19.** (A)	**20.** (A)
21. (C)	**22.** (D)	**23.** (D)	**24.** (C)	**25.** (A)
26. (D)	**27.** (C)	**28.** (A)	**29.** (D)	**30.** (A)
31. (A)	**32.** (C)			

1-4.

수신: 타워 버거 전 직원
제목: 메뉴 변경
날짜: 12월 12일

직원 여러분,

대부분의 우리 단골 고객들께서 여전히 우리의 대표적인 버거 및 샌드위치 제품군을 즐기고 계시는 것으로 보이는 **1** 반면, 일부

더 새로운 고객들께서는 다양성 부족 문제에 대해 불만을 제기하셨습니다. 이 고객들께서는 우리가 채식 또는 저지방 선택권을 제공하지 않는다는 실망감을 자주 나타내셨습니다. **2** 그 결과, 우리는 많은 잠재적인 단골 고객들을 잃고 있습니다. 우리가 더 다양한 고객들의 관심을 끌기를 원한다면, 우리가 취해야 하는 조치는 **3** 분명합니다. 특히, 우리는 건강에 좋은 새 메뉴 품목들을 반드시 도입해야 그분들의 기대를 **4** 충족할 수 있습니다. 다음 번 회의 시간에, 우리가 메뉴에 추가하는 것을 고려하고 있는 여러 새로운 버거 및 샌드위치를 이야기할 것입니다.

보리스 라일리
점장

어휘 **seem to do** ~하는 것으로 보이다, ~하는 것 같다 **lack** 부족, 결핍 **variety** 다양성 **voice** (말로) ~을 나타내다, ~을 표현하다 **low-fat** 저지방의 **appeal to** ~의 관심을 끌다 **a broader range of** 더 다양한 (종류의) **take action** 조치를 취하다 **specifically** 특히, 구체적으로 **introduce** ~을 도입하다, ~을 소개하다 **expectation** 기대(치) **consider -ing** ~하는 것을 고려하다 **add A to B** A를 B에 추가하다

1.

정답 (A)

해설 선택지가 모두 접속사이므로 의미 파악을 통해 적절한 것을 찾아야 한다. 문장 중간에 위치한 콤마를 기준으로, 앞에는 대부분의 고객들이 여전히 버거 및 샌드위치를 즐긴다는 의미를 지닌 절이, 뒤에는 일부 고객들이 불만을 제기했다는 의미를 나타내는 절이 각각 쓰여 있다. 따라서, 두 절이 대조적인 관계임을 알 수 있으므로 '~인 반면'이라는 뜻으로 대조/반대를 나타내는 접속사 (A) While이 정답이다.

어휘 **while** ~인 반면, ~하는 동안 **until** (지속) ~할 때까지 **wherever** 어디에서 ~하든, ~하는 곳은 어디든 **since** ~하기 때문에, ~한 이후로

2.

정답 (D)

해석 (A) 그럼에도 불구하고, 우리는 이번에 어떠한 변화도 주지 않을 것입니다.
(B) 이 제품들은 예상보다 덜 인기 있는 것으로 드러났습니다.
(C) 이 제품들은 내년 초에 판매에 돌입할 것입니다.
(D) 그 결과, 우리는 많은 잠재적인 단골 고객들을 잃고 있습니다.

해설 빈칸 앞에는 일부 고객들이 실망감을 자주 나타낸 사실을 말하는 문장이, 빈칸 뒤에는 더 다양한 고객들의 관심을 끌기를 원하는 경우에 해야 하는 일을 말하는 문장이 각각 쓰여 있다. 따라서, 고객 관리 및 유지와 관련된 의미를 지닌 문장이 빈칸에 쓰여야 흐름이 자연스러우므로 결과적으로 잠재 고객들을 잃고 있는 상황임을 언급하는 (D)가 정답이다.

어휘 **nevertheless** 그럼에도 불구하고 **make a change** 변화를 주다, 변경하다 **prove + 형용사** ~한 것으로 드러나다 **than anticipated** 예상보다 **go on sale** 판매에 돌입하다 **as a result** 그 결과, 결과적으로

3.

정답 (A)

해설 빈칸에 쓰일 형용사는 더 다양한 고객들의 관심을 끌기를 원하는 경우에 취해야 하는 조치의 특성과 관련된 의미를 나타내야 하므로 '분명한, 확실한' 등을 뜻하는 (A) clear가 정답이다.

어휘 **eligible** 자격이 있는 **brief** (시간, 이야기 등이) 짧은, 잠시 동안의, 간단한

4.

정답 (A)

해설 빈칸이 속한 so that절은 주절에 언급된 '건강에 좋은 새 메뉴 품목들을 반드시 도입하는 일'의 결과 또는 목적을 나타내야 하므로 '고객들의 기대를 충족할 수 있다'와 같은 의미가 되어야 자연스럽다. 따라서, '~을 충족하다'를 뜻하는 (A) meet이 정답이다.

어휘 **meet** (조건 등) ~을 충족하다 **retain** ~을 유지하다 **ascertain** ~을 알아내다, ~을 확인하다

5-8.

(2월 12일) 거의 10년 전에, 리차드 심슨 씨는 본인의 휴대전화 애플리케이션인 '토크 심플'을 **5** 개발하기 위한 투자금을 확보했습니다. 심슨 씨는 이 애플리케이션이 처음에는 좋지 못한 **6** 평가를 받았다는 사실을 인정합니다. "이 앱은 저희가 처음 출시했을 때 아주 기본적인 것이었습니다."라고 심슨 씨는 설명합니다. "이 앱이 어떤 추가적인 기능도 없는 단순한 메시지 전송 플랫폼에 불과했기 **7** 때문에 대부분의 사람들이 실망했습니다." 하지만 심슨 씨와 그의 팀은 수년 동안에 걸쳐, 많은 기능을 추가하기 위해 열심히 노력했고, 이로 인해 수백 만 명의 신규 이용자를 끌어모았습니다. **8** 동영상 공유 기능이 특히 인기를 얻게 되었습니다. 현재, 이 앱은 전 세계에서 5천만 명이 넘는 사람들에 의해 이용되고 있습니다.

어휘 **secure** v. ~을 확보하다 **admit that** ~임을 인정하다 **at first** 처음에는 **launch** ~을 출시하다, ~을 시작하다 **lack** v. ~이 없다, ~이 부족하다 **feature** 기능, 특징 **add** ~을 추가하다 **attract** ~을 끌어들이다 **millions of** 수백 만의 **worldwide** 전 세계에서, 전 세계적으로

5.

정답 (D)

해설 빈칸 앞에 이미 문장의 동사 secured가 있으므로 빈칸은 동사 자리가 아니다. 또한, 빈칸 앞에 위치한 명사 investment

를 수식해 '개발하기 위한 투자금'이라는 의미가 되어야 자연스러우므로 명사를 수식할 수 있는 to부정사의 형태인 (D) to develop이 정답이다.

6.

정답 (C)

해설 빈칸에 쓰일 과거분사는 부사 poorly의 수식을 받아 심슨 씨의 애플리케이션이 처음 출시되었던 당시에 어떤 반응을 얻었는지 나타내야 자연스러우므로 poorly와 함께 '좋지 못한 평가를 받은'이라는 의미를 구성할 때 사용하는 (C) received가 정답이다.

어휘 assert ~을 주장하다, ~을 단언하다 received 평가 받는, 인정되는 earn ~을 얻다, ~을 획득하다

7.

정답 (A)

해설 선택지가 모두 접속사이므로 의미 파악을 통해 적절한 것을 찾아야 한다. 빈칸 뒤에 '그 앱이 어떤 추가적인 기능도 없는 단순한 메시지 전송 플랫폼에 불과했다'라는 의미를 지니는 절이 쓰여 있는데, 이는 빈칸 앞에 위치한 주절에서 대부분의 사람들이 실망했다고 언급한 것의 이유에 해당되므로 '~하기 때문에'라는 의미로 쓰이는 이유 접속사 (A) because가 정답이다.

어휘 as soon as ~하는 대로, ~하자마자 unless ~하지 않는다면, ~가 아니라면 although 비록 ~이기는 하지만

8.

정답 (C)

해석 (A) 전직 게임 디자이너였던, 심슨 씨는 해당 분야에서 경력을 보유하고 있습니다.
(B) 고객들은 추가 요금으로 전체 버전을 잠금 해제할 수 있습니다.
(C) 동영상 공유 기능이 특히 인기를 얻게 되었습니다.
(D) 이 애플리케이션은 초여름에 출시될 것입니다.

해설 빈칸 앞에 위치한 문장에 많은 기능을 추가하기 위해 노력한 일과 함께 수백 만 명의 신규 이용자를 끌어들인 사실이 쓰여 있다. 따라서, 기능적인 특성 또는 신규 이용자 유입 등과 관련된 문장이 빈칸에 쓰여야 흐름이 자연스러우므로 특정 기능이 특히 인기를 얻게 된 사실을 언급하는 (C)가 정답이다.

어휘 formerly 전직 ~였던, 이전에, 과거에 field 분야 unlock ~을 잠금 해제하다, ~을 열다 sharing 공유 function 기능 especially 특히

9-12.

수신: annforbes@musichub.com
발신: mikejames@ckmanagement.com
날짜: 10월 19일
제목: 잠재적인 비즈니스 관계

포브스 씨께,

지난 주말에 콜체스터 음악 축제에서 있었던 귀하의 놀라운 공연 **9** 후에 저와 이야기 나눌 시간을 내주셔서 감사드립니다. 저는 귀하의 곡들이 굉장히 숨이 막힐 정도였다고 **10** 생각했습니다. 제가 전에 언급해 드린 바와 같이, 매니저로서 귀하를 대표하면서 녹음 계약을 확보하시도록 도움을 드리는 데 관심이 있습니다.

당연히, 저는 음악계에 여러 지인들이 있으며, 그분들 중 한 분과 계약을 이끌어낼 수 있다고 확신합니다. **11** 게다가, 저는 제가 매니저를 맡았던 음악가 분들을 위해 수년 동안 투어를 마련해 드린 경험도 지니고 있습니다. 이 문제를 더 자세히 논의할 수 있도록 직접 만나 뵐 수 있는 날짜를 합의하기를 바랍니다. **12** 가급적 빨리 이메일로 저에게 다시 연락 주시기 바랍니다.

어휘 take the time to do ~할 시간을 내다 absolutely 굉장히, 전적으로, 절대적으로 breathtaking 숨이 막힐 정도의, 숨이 멎는 듯한 mention ~을 언급하다 represent ~을 대표하다, ~을 대신하다 secure v. ~을 확보하다 contact (연락 관계에 있는) 지인, 연줄이 있는 사람 be confident (that) (~임을) 확신하다 agree on ~에 합의하다 in person 직접 (가서) in detail 자세히

9.

정답 (B)

해설 빈칸 뒤에 '귀하의 놀라운 공연'을 뜻하는 명사구 your amazing performance가 쓰여 있어 공연 후에 이야기를 나눴다는 의미가 구성되어야 가장 자연스러우므로 '~ 후에'를 뜻하는 전치사 (B) after가 정답이다.

어휘 during ~ 중에, ~ 동안 likewise 마찬가지로 along (길 등) ~을 따라

10.

정답 (A)

해설 각 선택지가 모두 능동태 동사의 형태이고 시제만 다르므로 시점 관련 단서를 찾아야 한다. 빈칸이 속한 문장은 상대방의 공연에 대한 의견을 말하는 내용인데, 앞선 문장에서 지난 주말(last weekend)에 있었던 공연임을 알 수 있어 과거 시점에 느낀 점을 말하는 흐름이 되어야 자연스러우므로 과거시제 동사의 형태인 (A) found가 정답이다.

11.

정답 (B)

해설 빈칸 앞에는 글쓴이 자신이 음악계에 아는 사람이 많아 계약을 확신한다는 말이, 빈칸 뒤에는 자신이 매니저를 했던 음악가들을 위해 오랫동안 투어를 마련한 경험이 있다는 말이 쓰여 있다. 이는 글쓴이 자신이 매니저로서 지닌 장점들을 나열하는 흐름에 해당되므로 '게다가' 등의 의미로 추가 정보를 나열할 때 사용하는 (B) Furthermore가 정답이다.

어휘 otherwise 그렇지 않으면, 그 외에는, 달리 furthermore 게다가, 더욱이 thus 따라서, 그러므로, 이렇게 하여 however 하지만, 그러나

12.

정답 (B)

해석 (A) 곧 있을 다른 어떤 콘서트와 관련된 것은 어느 것이든 귀하께 알려 드리겠습니다.
(B) **가급적 빨리 이메일로 저에게 다시 연락 주시기 바랍니다.**
(C) 다시 한 번, 함께 일할 수 없게 되어 유감스럽게 생각합니다.
(D) 서명된 계약서를 한 부 돌려보내주실 수 있다면 감사하겠습니다.

해설 빈칸 앞 문장에 더 자세히 논의할 수 있도록 직접 만나기를 바란다는 말이 쓰여 있어 만남 및 논의와 관련된 문장이 빈칸에 들어가야 흐름이 자연스럽다. 따라서, 그에 필요한 일정을 정할 수 있는 방법으로서 가급적 빨리 이메일로 다시 연락해 달라는 의미로 쓰인 (B)가 정답이다.

어휘 upcoming 곧 있을, 다가오는 get back to ~에게 다시 연락하다 at your earliest convenience 가급적 빨리 I would appreciate it if ~한다면 감사하겠습니다 signed 서명된

13-16.

5월 18일 – 토요일에, 딕시 유나이티드 축구팀의 주장 론 킨이 팀에서 350번째 경기를 치렀으며, 경기 후에 그 공로를 인정 받았습니다. 킨은 10년 전에 팀에 입단했으며, 그의 최근 **13** 출전은 폭슬리 어슬레틱을 상대로 이뤄졌습니다. 오직 팀의 과거 주장이었던 피터 스디일스만 이 축구팀에서 더 많은 경기를 치렀습니다. 10경기만 더 뛰면 킨은 팀 역사에서 가장 오래 활동한 선수가 **14** 될 것입니다. **15** 론 킨은 지난 10번의 시즌에 걸쳐 55골을 기록했습니다. 다음 달이면 이 팀에서 뛴 지 15년째가 될 것입니다.

딕시 유나이티드의 감독 션 서튼은 해당 **16** 시상식에서 론 킨을 축하했으며 그의 소중한 기여에 대해 감사의 인사를 전했습니다.

어휘 recognize ~을 인정하다, ~을 표창하다 achievement 공로, 업적, 성취 take place (일, 행사 등이) 일어나다, 개최되다 the longest-serving 가장 오래 활동한, 가장 오래 재직한 congratulate ~을 축하하다, ~에 축하 인사를 하다

valuable 소중한, 가치 있는 contribution 기여, 공헌

13.

정답 (D)

해설 빈칸에 앞서 딕시 유나이티드 축구팀의 주장 론 킨이 팀에서 350번째 경기를 치른 사실과 그 공로를 인정 받은 사실, 그리고 10년 전에 입단한 사실이 쓰여 있어 최근의 경기 출전 기록과 관련된 의미가 구성되어야 자연스러우므로 '출전'을 뜻하는 (D) appearance가 정답이다.

어휘 transfer (팀의) 이적, (부서 등의) 전근, (교통편의) 환승 operation 운영, 가동, 작동, 영업 strategy 전략 appearance 출전, 출연, 출석

14.

정답 (C)

해설 빈칸 앞에 Ten more games라는 말이 쓰여 있어 앞으로 10경기를 더 치르면 팀 역사에서 가장 오래 활동한 선수가 된다는 의미가 구성되어야 알맞다. 따라서, '~할 것이다'라는 의미로 가정 또는 상상하는 일의 결과를 말할 때 사용하는 조동사 would가 포함된 (C) would make가 정답이다.

15.

정답 (C)

해석 (A) 딕시 유나이티드는 이번 시즌에 여러 새로운 선수와 계약을 맺었습니다.
(B) 론 킨의 대체자가 아직 발표되지 않았습니다.
(C) **론 킨은 지난 10번의 시즌에 걸쳐 55골을 기록했습니다.**
(D) 물리치료사 새라 애쉬튼 씨도 해당 기념식에서 상을 받았습니다.

해설 빈칸 앞에는 10경기만 더 뛰면 킨이 팀 역사에서 가장 오래 활동한 선수가 된다는 말이, 빈칸 뒤에는 다음 달이면 팀에서 뛴 지 15년째가 된다는 말이 각각 쓰여 있다. 따라서, 해당 팀에서 활동한 경력과 관련된 문장이 빈칸에 쓰여야 흐름이 자연스러우므로 10번의 시즌에 걸쳐 55골을 기록한 사실을 말하는 (C)가 정답이다.

어휘 replacement 대체(자), 후임(자) have yet to do 아직 ~하지 않았다 physiotherapist 물리치료사 honor v. ~에게 상을 수여하다, ~에게 영예를 주다

16.

정답 (B)

해설 빈칸 뒤에 위치한 명사구 the awards ceremony가 '시상식'이라는 행사를 의미하므로 이러한 장소를 나타낼 때 사용하는 전치사 (B) at이 정답이다.

17-20.

수신: ajanssen@promail.net
발신: rfeldman@oakviewhomes.com
날짜: 7월 19일
제목: 채드포드 주택 개발

얀센 씨께,

저희가 채드포드에서 17 개발 중인 주택들에 대한 귀하의 관심에 감사 드립니다. 귀하께 이 주택들이 일단 지어지고 나면 어떤 모습일지에 대해 더 잘 알려 드리기 위해 몇몇 평면도와 사진들을 첨부해 드렸습니다. 또한, 이번 주 토요일 오후 3시에 저희 모델하우스를 방문하시도록 요청 드리고자 합니다. 18 하지만, 이 날짜와 시간이 적합하지 않을 경우, 둘러보실 다른 일정을 잡아 드릴 수 있도록 저에게 알려 주시기 바랍니다. 주중에는 오후 5시 후에, 그리고 주말에는 오후 1시 후에 언제든지 귀하의 19 편의를 봐 드릴 수 있을 것입니다. 저희가 이미 채드포드 주택들에 대해 전례 없는 수준의 관심을 받았습니다. 20 따라서, 귀하께서는 신속히 조치하셔야 할 것입니다. 제안을 넣으시고자 하는 경우, 저희 웹 사이트 www.oakviewhomes.com을 방문하셔서 그렇게 하실 수 있습니다.

안녕히 계십시오.

리타 펠드먼
오크뷰 홈즈

어휘 housing development 주택 개발 attach ~을 첨부하다, ~을 부착하다 floor plan 평면도 give A a better idea of B A에게 B에 대해 더 잘 알려 주다 once 일단 ~하고 나면, ~하자마자 invite A to do A에게 ~하도록 요청하다 show home 모델하우스, 견본 주택 suitable 적합한, 알맞은 viewing 견학, 둘러보기 unprecedented 전례 없는 put in an offer 제안을 넣다 do so (앞선 언급된 일에 대해) 그렇게 하다

17.

정답 (C)

해설 빈칸 뒤에 이어지는 문장에 미래시제 동사 will look과 함께 미래에 어떤 모습일지에 대해 더 잘 알 수 있도록 평면도와 사진을 첨부한 사실이 언급되어 있다. 이를 통해 해당 주택들이 현재 개발 중인 상태인 것으로 판단할 수 있으므로 현재진행시제인 (C) are developing이 정답이다.

18.

정답 (D)

해설 앞선 문장에는 이번 주 토요일 오후 3시에 모델하우스를 방문하도록 요청한다는 말이, 빈칸이 속한 문장에는 그 날짜와 시간이 적합하지 않으면 다른 일정을 잡겠다는 말이 각각 쓰여 있다. 이는 상반된 모델하우스 방문 일정을 언급하는 흐름에 해당되므로 '하지만, 그러나'라는 의미로 대조/반대를 나타낼 때 사용하는 (D) however가 정답이다.

어휘 moreover 게다가, 더욱이 for example 예를 들어 hence 그러므로, 이런 이유로 however 하지만, 그러나

19.

정답 (A)

해설 빈칸 뒤에 쓰여 있는 시간대는 앞선 문장에 언급된 모델하우스를 둘러보기 위해 방문하는 경우에 상대방에게 관련 서비스를 제공할 수 있는 시간대인 것으로 볼 수 있다. 따라서, 일종의 고객 응대와 관련된 의미를 지닌 동사가 쓰여야 알맞으므로 '~의 편의를 봐주다, ~을 수용하다' 등을 의미하는 (A) accommodate이 정답이다.

어휘 accommodate ~의 편의를 봐주다, ~을 수용하다 postpone ~을 연기하다, ~을 미루다

20.

정답 (A)

해석 (A) 따라서, 귀하께서는 신속히 조치하셔야 할 것입니다.
(B) 귀하의 주택 관련 제안이 성공적일 경우에 알려 드리겠습니다.
(C) 그 주택들마다 침실 세 개와 욕실 두 개가 있습니다.
(D) 귀하의 건물을 매각하신 것에 대해 축하 드립니다.

해설 빈칸 앞에 위치한 문장에는 이미 채드포드 주택들에 대해 전례 없는 수준의 관심을 받은 사실이 쓰여 있고, 빈칸 뒤에는 제안을 넣는 일이 언급되어 있다. 따라서, 많은 사람들이 관심을 갖는 주택에 대해 제안을 넣기 위한 방법과 관련된 문장이 빈칸에 쓰여야 흐름이 자연스러우므로 신속히 조치하도록 권하는 의미를 지닌 (A)가 정답이다.

어휘 as such 따라서, 그러므로 act quickly 신속히 조치하다 Congratulations on ~에 대해 축하 드립니다

21-24.

(4월 3일) 소프트웨어 개발업체 기가모프 주식회사는 파멜라 돕슨 씨가 신임 최고재무이사로 21 선임되었다는 사실을 어제 발표했습니다. 돕슨 씨는 그렉 챔버스 씨의 직책을 이어 받으며, 챔버스 씨는 가족과 더 많은 시간을 보내기 위해 22 은퇴하였습니다. "저희는 회사의 최고재무이사로서 25년간 재직하신 챔버스 씨께 어떻게 감사의 말씀을 드려야 할지 모르겠습니다."라고 기가모프 사의 창업자이자 대표이사인 마크 분 씨가 밝혔습니다. 돕슨 씨는 기가모프사의 재무부에서 지난 15년 동안 근무해왔습니다. 23 돕슨 씨는 그 기간에 여러 차례 승진되고 표창도 받았습니다. "돕슨 씨는 저희 회사에서 풍부한 경험을 쌓으신 것뿐만 아니라 훌륭한 의사 결정 능력도 지니고 계시기 때문에, 새로운 직책에 대해 아주 뛰어난 자격을 갖추고 계십니다."라고 분 씨가 밝혔습니다. "저희는 돕슨 씨가 새로운 24 역할에서 성공하실 것이라고 확신합니다."

어휘	announce that ~라고 발표하다 Chief Financial Officer 최고재무이사 take over ~을 이어 받다, ~을 인수하다 cannot thank A enough A에게 어떻게 감사의 말씀을 드려야 할지 모르겠습니다 service 재직, 근무 a wealth of 풍부한 decision-making 의사 결정 well-equipped (사람) 뛰어난 자격을 갖춘 be certain (that) ~임을 확신하다 succeed in ~에 있어 성공하다

21.

정답	(C)
해설	동사 appoint는 사람명사를 목적어로 취해 '~을 선임하다'라는 의미를 나타내는 타동사인데, 빈칸 앞에 that절의 주어로 사람 이름이 쓰여 있으므로 appoint가 수동태로 쓰여야 알맞다. 또한, 다음 문장에 현재시제 동사 takes가 쓰여 있어 그렉 챔버스 씨의 직책을 이어 받는 일이 현재 기정 사실화된 상태임을 알 수 있으므로 이미 선임 과정이 끝난 시점으로 판단할 수 있다. 따라서, 과거에 완료된 일의 상태가 현재까지 이어지는 경우에 사용하는 현재완료시제의 수동태 (C) has been appointed가 정답이다.
어휘	appoint A as B A를 B로 선임하다, A를 B로 임명하다

22.

정답	(D)
해설	빈칸에 쓰일 과거분사는 바로 앞에 위치한 has와 현재완료시제를 구성해 회사 생활을 하던 사람이 가족과 함께 더 많은 시간을 보내기 위해 한 일을 나타내야 하므로 '은퇴하다'를 뜻하는 retire의 과거분사 (D) retired가 정답이다.
어휘	obtain ~을 얻다, ~을 획득하다 assign ~을 배정하다, ~을 할당하다 recruit ~을 모집하다

23.

정답	(D)
해석	(A) 여러 직원들이 최근 해당 부서에 의해 고용되었습니다. (B) 돕슨 씨는 새로운 경력을 추구하기 위해 5월에 회사를 그만둘 것입니다. (C) 기가모프 사는 인기 있는 비즈니스 소프트웨어 제품군으로 알려져 있습니다. **(D) 돕슨 씨는 그 기간에 여러 차례 승진되고 표창도 받았습니다.**
해설	앞선 문장에 돕슨 씨가 기가모프 사의 재무부에서 지난 15년 동안 근무한 사실이 언급되어 있으므로 그 기간을 in that time으로 지칭해 해당 기간 중에 돕슨 씨에게 어떤 일이 있었는지 설명하는 역할을 하는 (D)가 정답이다.
어휘	recently 최근에 pursue ~을 추구하다 be known for ~로 알려져 있다 range 제품군, 종류, 범위 commendation 표창, 상

24.

정답	(A)
해설	빈칸에 쓰일 명사는 전치사 in의 목적어로서 무엇에서 성공을 거두는지 나타내야 하는데, her new라는 말이 빈칸 앞에 쓰여 있는 것으로 볼 때, 지문 초반부에 언급된 신임 최고재무이사(new Chief Financial Officer) 자리를 의미하는 명사가 필요하므로 '역할'을 뜻하는 (A) role이 정답이다.
어휘	approach 접근(법) vacancy 공석, 빈 자리, 빈 방

25-28.

> **웰니스 그로서리의 새 보상 프로그램이 분명 고객 여러분을 기쁘게 해드릴 것입니다!**
>
> 저희 웰니스 그로서리는 여러분께 매장 제품에 대한 엄청난 할인 및 다양한 특별 상품을 드리는 새로운 고객 보상 프로그램을 25 발표하게 되어 기쁘게 생각합니다. 새로운 저희 회원 카드와 함께, 여러분께서는 저희 지점 어느 곳에서든 비용을 26 소비하실 때마다 포인트를 받으실 수 있으며, 이 포인트는 아주 다양한 보상으로 교환될 수 있습니다. 저희는 고객 여러분께서 저희 웰니스 그로서리에서의 쇼핑 경험을 즐기시기를 원하기 때문에, 새로운 보상 프로그램을 즉시 시행하고 있습니다. 이는 많은 할인을 받으시는 것을 아주 좋아하시는 27 쇼핑객들께 완벽한 보상 프로그램입니다. 28 저희는 경쟁사들보다 더 낮은 가격을 제공해드릴 것을 약속 드립니다. 매력적인 보상을 받으실 수 있는 이 흥미로운 기회를 놓치지 마십시오!

어휘	reward 보상 be sure to do 분명 ~하다, 꼭 ~하다 earn A B A에게 B를 얻게 해주다 huge 엄청난 redeem A for B (포인트, 쿠폰 등) A를 B로 교환하다 implement ~을 시행하다 immediately 즉시 miss out on ~을 놓치다, ~을 지나치다 gain ~을 받다, ~을 얻다 attractive 매력적인

25.

정답	(A)
해설	뒤에 이어지는 문장들을 읽어보면, 새로운 회원 카드와 함께 새로운 보상 프로그램을 소개하면서 그 특징 등을 설명하고 있다. 따라서, 빈칸 뒤에 위치한 명사구 a new customer reward program을 목적어로 취해 새로운 보상 프로그램의 공개를 알리는 의미가 구성되어야 자연스러우므로 '~을 발표하다'를 뜻하는 (A) announce가 정답이다.
어휘	announce ~을 발표하다 prolong ~을 연장하다, ~을 길게 하다

26.

정답	(D)
해설	우선, 빈칸 뒤에 주어 you와 동사 spend로 이어지는 절이 쓰여 있어 이 절을 이끌 접속사가 빈칸에 쓰여야 한다. 또한, '지점에서 비용을 소비할 때마다 포인트를 받을 수 있다'와 같은 의미가 구성되어야 자연스러우므로 '~할 때마다'를 뜻

정답 및 해설 139

하는 접속사 (D) whenever가 정답이다.

어휘 **wherever** 어디서 ~하든, ~하는 곳은 어디든 **altogether** 완전히, 전적으로, 모두 합쳐 **somehow** 어떻게든, 왠지 **whenever** ~할 때마다, ~할 때는 언제든지

27.

정답 (C)

해설 빈칸 앞에는 전치사 for의 목적어 역할을 하는 명사구 those shoppers가, 빈칸 뒤에는 주어 없이 동사 love로 시작되는 불완전한 절이 위치해 있다. 따라서, 빈칸에 주격관계대명사가 들어가 사람명사 shoppers를 뒤에서 수식하는 구조가 되어야 알맞으므로 사람명사에 대해 사용하는 주격 관계대명사 (C) who가 정답이다.

28.

정답 (A)

해석 **(A) 저희는 경쟁사들보다 더 낮은 가격을 제공해드릴 것을 약속 드립니다.**
(B) 제품은 일주일 내로 환불 받으실 수 있도록 반품될 수 있습니다.
(C) 상품권들은 모든 계산대에서 구입 가능합니다.
(D) 저희 고객 서비스 데스크 중 어느 곳에서든 여러분의 카드를 받으시기 바랍니다.

해설 앞선 문장에 많은 할인을 받는 것을 아주 좋아하는 쇼핑객들에게 완벽한 보상 프로그램이라는 말이 쓰여 있어 이러한 특징과 관련된 문장이 필요하므로 경쟁사들보다 더 낮은 가격을 제공하는 것을 약속한다는 의미로 쓰인 (A)가 정답이다.

어휘 **competitor** 경쟁사, 경쟁자 **gift certificate** 상품권 **checkout** 계산대 **obtain** ~을 얻다, ~을 획득하다

29-32.

런매스터 5000 조립

여러분의 새 러닝머신을 부정확하게 조립하시면 기계 손상을 초래해 2년 기간의 품질 보증 서비스를 무효로 만들 수 있습니다. 29 따라서, 동봉된 설명서에 제공된 안내 사항들을 따르시는 것이 적극 권장됩니다. 저희는 온라인상의 지침을 따르시지 않도록 권해 드리는데, 이것들이 충분한 30 설명을 제공하지 않기 때문입니다.

조립 작업을 시작하시기 전에, 반드시 모든 부품들이 제품 포장 내에 포함되어 있는지 확인하시기 바랍니다. 31 전체 부품 목록은 설명서에서 찾아보실 수 있습니다. 조립 작업에 앞서 부품들의 상태를 확인하시는 것도 중요합니다. 그렇게 하시려면, 각 부품에 어떤 결함이든 있는지 32 개별적으로 점검하시기 바랍니다. 모든 부품이 확인된 상태이고 결함이 없다면, 조립 안내 사항에 따라 진행하시기 바랍니다.

어휘 **assemble** ~을 조립하다 **treadmill** 러닝머신 **incorrectly** 부정확하게 **result in** ~을 초래하다, ~라는 결과를 낳다 **void** ~을 무효로 만들다 **enclosed** 동봉된 **advise against** ~하지 않도록 권하다 **tutorial** 지침(서), 설명(서) **sufficient** 충분한 **assembly** 조립 **ensure that** 반드시 ~임을 확인하다, ~임을 확실히 해두다 **component** 부품(= part) **prior to** ~에 앞서, ~ 전에 **inspect** ~을 점검하다 **defect** 결함, 흠(= flaw) **assuming (that)** ~한다면, ~라고 가정하면 **account for** (소재, 행방 등) ~을 확인하다 **free from** ~가 없는 **proceed** 진행하다 **according to** ~에 따라

29.

정답 (D)

해설 빈칸 뒤에 동봉된 설명서의 안내 사항들을 따르도록 적극 권장한다는 말이 쓰여 있는데, 이는 빈칸 앞에 위치한 문장에서 말하는 '부정확한 조립에 의해 초래되는 문제들'에 따른 권고 사항에 해당된다. 따라서, 빈칸 앞뒤 문장이 원인과 결과의 관계에 해당되는 것으로 볼 수 있으므로 '따라서, 그러므로'라는 의미로 결과를 말할 때 사용하는 (D) Therefore가 정답이다.

어휘 **meanwhile** 그 사이에, 그러는 동안 **otherwise** 그렇지 않으면, 그 외에는, 달리 **even so** 그렇다 하더라도 **therefore** 따라서, 그러므로

30.

정답 (A)

해설 빈칸에 쓰일 명사는 온라인상의 지침이 충분히 제공하지 않는 것을 나타내야 하는데, 앞선 문장에서 언급하는 설명서의 안내 사항과 동일한 성격을 지닌 명사여야 하므로 '설명'을 뜻하는 (A) explanation이 정답이다.

어휘 **explanation** 설명 **estimation** 추정(치), 견적, 판단 **extension** 연장, 확대, 확장, 증축(된 것), 내선전화(번호)

31.

정답 (A)

해석 **(A) 전체 부품 목록은 설명서에서 찾아보실 수 있습니다.**
(B) 이것들은 여러분의 영수증 원본과 함께 반품되어야 합니다.
(C) 여러분의 품질 보증 서비스는 부적절한 사용으로 인한 파손을 포함하지 않습니다.
(D) 저희 고객 서비스팀은 하루 24시간 연락 가능합니다.

해설 빈칸 앞에는 모든 부품이 포함되어 있는지 확인하라는 말이, 빈칸 뒤에는 조립 작업 전에 부품들의 상태를 확인하라는 말이 각각 쓰여 있다. 따라서, 조립 작업에 필요한 부품과 관련된 정보를 담은 문장이 빈칸에 쓰여야 흐름이 자연스러우므로 부품 목록에 대해 알리는 (A)가 정답이다.

어휘 **along with** ~와 함께 **breakage** 파손 **due to** ~로 인해, ~ 때문에 **improper** 부적절한, 부당한

32.

정답   (C)

해설   빈칸에 쓰일 부사는 각 부품에 결함이 있는지 점검하는 방식을 나타내야 하므로 '개별적으로'라는 뜻으로 각각의 부품을 하나씩 점검하라는 의미를 구성하는 (C) individually가 정답이다.

어휘   approximately 약, 대략 extremely 대단히, 매우, 극도로 individually 개별적으로 intermittently 간헐적으로

DAY 09 | Part 7 단일지문

EXAMPLE 1

데이븐포트 스포츠웨어

데이븐포트 스포츠웨어의 온라인 매장이 드디어 영업합니다. 고객님께 주문이 중요하다는 것을 알기에, **1** 고객님께 배송되는 동안 소포의 위치 확인을 돕고자 이 정보를 제공해왔습니다. 저희 웹사이트 www.davenportsports.com/orders를 방문하시고 '검색'란에 고객님의 주문 번호만 입력해주세요. 어디서 마지막으로 처리됐는지와 더불어 어느 회사가 고객님의 소포를 배송하고 있는지 알려드립니다. **2** 저희는 온라인 주문 배송을 위해 여러 파트너 회사를 이용하고 있으며, 파트너 회사는 고유 코드 번호로 고객 주문을 추적하기 때문에 파트너사의 웹사이트에서 저희 주문 번호를 검색하는 것은 효과가 없을 것입니다.

어휘   up and running 영업 중인, 제대로 작동되는 locate (위치) ~를 알아내다 in transit 배송 중인, 운송 중에 simply 그저 as well as ~에 더하여, ~뿐만 아니라 process ~을 처리하다 work (원하는) 효과가 있다 track ~을 추적하다

1.   공지는 무엇에 관한 것인가?

(A) 환불을 받는 것
(B) 온라인 주문들을 추적하는 것
(C) 배송 지연을 보고하는 것
(D) 신속 배송을 요청하는 것

어휘   obtain ~을 얻다 report ~을 보고하다 expedited 신속히 처리된

2.   회사의 파트너 회사들에 관해 언급된 것은 무엇인가?

(A) 익일 주문에 대한 추가 비용을 청구한다.
(B) 제품들을 별도의 소포로 발송할 수 있다.
(C) 부서지기 쉬운 물품들을 다루는 것을 전문으로 한다.
(D) 다른 고객 코드를 사용한다.

어휘   fee 비용 separate 별도의 specialize in ~을 전문으로 하다

EXAMPLE 2

라이언 [오후 6:09]
브리아나… 다시 그 시기가 왔네. 인사 고과가 다음 주야.

브리아나 [오후 6:13]
그러게. 이 시기는 정말 즐겁지 않아. 목적과 목표를 정하는 것도 스트레스고, 특히 그 결과가 내년 내 월급에 영향을 미칠 때 스트레스 받아.

라이언 [오후 6:17]
그래도 **1** 개인 성장을 위해서는 좋은 기회야. 어차피 해야 하는 것이니, 나단 씨하고 정하는 목표가 너의 경력 목표와 일치하도록 하면 유익할거야.

브리아나 [오후 6:20]
그건 사실이야. 나는 언젠가 관리자가 되는 것을 목표로 하고 있으니, 이 일을 최대한으로 활용할 수 있게 확실히 해두어야겠지. 상기시켜 줘서 고마워.

라이언 [오후 6:25]
별 말씀을. **2** 내일 우리 점심 휴식 시간동안 목표를 설정하는 것을 같이 할래?

브리아나 [오후 6:27]
2 그럼 좋지.

어휘   performance review 인사 고과 set ~을 결정하다 target 목표 especially 특히 outcome 결과 affect ~에 영향을 주다 though (문장 끝이나 중간에서) 하지만 beneficial 유익한, 이로운 be in line with ~와 일치하다 career 경력 aim ~을 목표하다 one day 언젠가 definitely 확실히, 분명히 make sure ~을 확실히 하다 make the most of ~을 최대한 활용하다 reminder 상기시키는 것

1.   인사 고과에 대해 라이언 씨가 언급한 바는 무엇인가?

(A) 개인적으로 유용하다.
(B) 모든 직원들에게 요구되는 것은 아니다.
(C) 보통 회사 목표와는 잘 맞지 않는다.
(D) 한 달에 한 번 실시된다.

어휘   personally 개인적으로 useful 유용한 require ~을 필요로 하다, ~을 요구하다 match ~와 맞다, 어울리다

2.   오후 6시 27분에, 브리아나 씨가 "That would be great"이라고 말할 때 무엇을 의미하는가?

(A) 라이언 씨의 업무 목표에 감명받았다.
(B) 나단 씨와의 회의 일정을 변경할 것이다.
(C) 작업에 대해 라이언 씨와 협업하고 싶어 한다.
(D) 점심 휴식 연장을 받고 싶어 한다.

어휘   reschedule 일정을 변경하다 extension 연장

EXAMPLE 3

수신: 필립 스트링저<pstringer@tomail.com>
발신: 스타라인 테크놀로지스 인사부<hrteam@starlinetech.com>
제목: 귀하의 지원서
날짜: 9월 2일

스트링저 씨께,

저희 회사 선임 소프트웨어 디자이너 자리에 보여주신 귀하의 관심에 감사드립니다. 귀하의 자기소개서와 이력서를 받아보았으며, 채용 절차의 다음 단계로 넘도록 선발되셨음을 알리게 되어 기쁩니다. – [1] –.

1 다음 절차 진행을 위해, 첨부된 양식을 작성하셔서 9월 9일 목요일까지 저희에게 보내주세요. **3** 이 작업은 즉각적인 조치를 해주시면 감사하겠습니다. – [2] –. 더불어, 저희 디자인 팀이 귀하께서 현 직장에서 완료하신 몇 가지 작업물을 보고 싶어 합니다. – [3] –. **2** 최근 디자인 작업물의 포트폴리오를 제공해주시면 대단히 감사하겠습니다. 귀하의 작업물을 검토하고, 실력과 경험에 대해 더 알아가는 것을 기대합니다.

저희 팀에 합류하시는 것에 보여주신 관심에 다시 한 번 더 감사드립니다. 귀하의 시간과 노력에 감사드리며, 귀하께서 합류할 가능성이 있음에 흥분됩니다. – [4] –.

안녕히 계십시오,

아이린 올슨, 인사부장

어휘 **cover letter** 자기소개서 **move on to** (순서 등)~로 넘어가다 **proceed** 앞으로 나아가다, 진행하다 **attached** 첨부된 **fill out** ~을 작성하다 **appreciate** ~에 대해 감사하다 **prompt** 즉각적인 **greatly** 대단히, 크게 **look forward to -ing** ~할 수 있기를 고대하다

1. 스트링저 씨는 무엇을 하도록 권장되는가?

   (A) 승진 기회를 설명하는 일
   (B) 몇몇 새로운 소프트웨어를 소개하는 일
   (C) 추가적인 서류를 제출하는 일
   (D) 채용 공고를 알리는 일

어휘 **job opening** 채용 공고, (직장의) 빈 자리

2. 스트링저 씨는 올슨 씨에게 무엇을 제공해야 하는가?

   (A) 경과 보고서
   (B) 연락처 정보
   (C) 프로그램에 관한 피드백
   (D) 작업 샘플들

3. [1], [2], [3], [4]로 표기된 위치들 중에서, 다음 문장이 들어가기에 가장 적절한 곳은 어디인가?

   "혹시 시간이 더 필요하시면, 가능한 한 빨리 저희에게 알려주시기 바랍니다."

   (A) [1]
   (B) [2]
   (C) [3]
   (D) [4]

어휘 **as soon as possible** 가능한 한 빨리

EXAMPLE 4

시애틀 (3월 9일) – **1** 재활용 업체 플래닛원은 지역 내 가장 큰 경쟁업체 트리플알을 인수할 예정이라고 발표했습니다. 트리플알 직원들은 플래닛원의 고급 수거 및 재활용 도구들을 활용하도록 재훈련받을 예정입니다.

"이 변화를 통해, 지역 내 더 많은 고객에게 보다 효과적이고 효율적인 재활용 서비스를 제공할 수 있을 것입니다." 라고 플래닛원의 설립자이자 대표이사인 만셀 수아레즈 씨가 말했습니다. "이는 저희가 근처 퓨젯 사운드까지 운영을 확장할 수 있게 해줄 것입니다. **2** 저희의 수익을 새로운 프로젝트 재투자에 사용함으로써, 수면에서 플라스틱과 스티로폼 같은 폐기물을 수거하는 수척의 보트를 구매할 수 있게 되었습니다. 이 물질들은 이후 가공되어 목적에 맞게 다시 활용될 수 있습니다."

3 수아레즈 씨는 거의 10년 전 당시 시애틀 시장의 적극적인 지원을 받아 플래닛원을 설립했습니다. 여러 보조금 덕분에, 그는 지역에 4곳의 재활용 센터를 열 수 있었습니다.

플래닛원의 수거용 보트 디자인은 세계 바다에서 플라스틱 쓰레기를 제거하는 데 관심이 있는 다른 기관들도 **4** 이용할 수 있게 제작되었습니다.

어휘 **buy out** ~을 인수하다 **competitor** 경쟁업체 **retrain** 재교육시키다 **advanced** 선진의, 고급의 **operation** 가동, 작동, 운영 **nearby** 근처에 **surface** 표면 **repurpose** ~을 다른 용도에 맞게 고치다 **back** ~을 도와주다, 지원하다 **grant** 보조금 **accessible** 이용 가능한 **rid** ~을 없애다

1. 기사의 목적은 무엇인가?

   (A) 정부 프로그램을 홍보하는 것
   (B) 오염에 대한 인식을 높이는 것
   (C) 기업 합병에 관해 논의하는 것
   (D) 환경 운동가를 소개하는 것

어휘 **awareness** 인식 **acquisition** 합병 **profile** (인물을) 소개하다

2. 플래닛원이 계획하는 것은 무엇인가?

(A) 직원의 수를 감축하는 것
(B) 수역 정화 프로젝트를 시작하는 것
(C) 새로운 재활용 센터를 개장하는 것
(D) 대중에게 기부를 요청하는 것

어휘 cleanup 정화 ask ~을 요청하다

3. 수아레즈 씨에 대해 암시된 것은 무엇인가?

(A) 국제적으로 확장하고자 한다.
(B) 공직에 출마할 예정이다.
(C) 지역 어부와 긴밀히 협력한다.
(D) 그의 회사를 설립할 때 정부 지원금을 사용했다.

어휘 internationally 국제적으로 run for ~에 출마하다, 입후보하다 public office 공직, 관청 fund 지원금

4. 네 번째 단락, 첫 번째 줄의 단어 "accessible"과 의미가 가장 가까운 것은 무엇인가?

(A) 허용되는
(B) 이용할 수 있는
(C) 단순한
(D) 독특한

토익 실전 연습

1. (C)	2. (B)	3. (A)	4. (D)	5. (B)
6. (B)	7. (A)	8. (D)	9. (B)	10. (A)
11. (A)	12. (C)	13. (C)	14. (D)	15. (A)
16. (B)	17. (C)	18. (C)	19. (A)	20. (B)
21. (D)	22. (C)	23. (B)	24. (C)	25. (D)

1-2.

오스틴 컨트리 클럽
회원 카드 신청 양식

이 양식을 펜으로 분명하게 작성하시기 바랍니다.
완료하시는 대로, **2** 입구 옆에 위치한 등록 데스크의 직원 중한 명에게 전달해 주십시오.

성명: 세드릭 롱
휴대전화번호: (253) 555-3462
주소: 윌리엄 드라이브 578번지, 오스틴 TX 78758
이번이 첫 회원 카드 신청이신가요? 네:___ 아니오: _X_
1 아닐 경우, 카드가 어떻게 되었나요? 분실: _X_ 손상:___
제출 날짜: 2월 19일
신청자 서명: *세드릭 롱*

어휘 upon ~하는 대로, ~하자마자 completion 완료 hand A

to B A를 B에게 전달하다, A를 B에게 건네다 registration 등록 missing 분실된, 빠진, 사라진 damaged 손상된, 피해를 입은 submission 제출

1. 롱 씨는 왜 양식을 작성했는가?

(A) 회원 자격을 취소하기 위해
(B) 연락처를 업데이트하기 위해
(C) 분실한 회원 카드를 알리기 위해
(D) 불만을 제기하기 위해

정답 (C)

해설 양식의 밑에서 세 번째 줄에 카드가 어떻게 되었는지 묻는 질문에 '분실(Missing)'로 표기되어 있어 분실한 카드를 알리는 것이 양식 작성의 목적임을 알 수 있으므로 (C)가 정답이다.

어휘 file a complaint 불만을 제기하다

2. 양식에 어떤 안내 사항이 포함되어 있는가?

(A) 어떤 서류를 포함해야 하는지
(B) 어디에 양식을 제출해야 하는지
(C) 언제 양식을 내야 하는지
(D) 어떻게 비용을 지불해야 하는지

정답 (B)

해설 지문 상단에 작성 완료 후에 입구 옆에 위치한 등록 데스크의 직원 중 한 명에게 전달하라고 알리는 말이 쓰여 있다. 이는 제출하는 곳을 알리는 정보이므로 (B)가 정답이다.

어휘 turn A in A를 내다, A를 제출하다 make a payment 비용을 지불하다

3-5.

즉각 보도용

연락 담당자: 할리 보우덴
AAVT 대변인
전화번호: (614) 555-8943
이메일: h.bowden@aavt.org

데이토나 비치로 돌아가는 연례 아마추어 배구 토너먼트

데이토나 비치 (6월 18일) – 지난 수년 동안에 설쳐, **5** 극심한 폭풍이 연례 아마추어 배구 토너먼트가 수십 년 동안 개최되었던 해변 구역의 야외 관람석을 손상시켜 왔습니다. 저희는 해당 야외 관람석과 배구 코트가 다시 지어져 **3** 올해 다시 한 번 토너먼트를 주최할 준비가 되었다는 사실을 알려 드리게 되어 기쁩니다. 아나운서로 참여하시는, **4** 지난 여름의 올림픽 팀 주장 애드리안 메릭 씨도 참석할 것입니다.

팀마다 행사 웹 사이트 www.aavt.org/teams에서 등록하실 수 있습니다. 이번 행사는 8월 16일부터 19일까지 4일간 진행될 것이며, 입장권은 지역 티켓 판매점을 통해 구입하실 수 있습

니다. 첫 3일 중 1일에 대한 입장권은 모두 1인당 8달러가 되는 반면, 마지막 날은 비용이 1인당 10달러가 될 것입니다. 단체 할인은 구입 계획인 입장권 수에 따라 제공될 것입니다.

행사 기획자들은 ⑤ 지난 2년 동안 애틀랜타의 피치트리 경기장에서 개최해야 했던 이후로 다시 한 번 이 해변에서 행사를 개최할 수 있게 되어 기대에 부풀어 있습니다.

어휘 for immediate release (보도 자료 등의 제목으로) 즉각 보도용 spokesperson 대변인 severe 극심한 damage ~을 손상시키다 bleacher seating 야외 관람석 be ready to do ~할 준비가 되다 participating 참여하는, 참가하는 in attendance 참석한 register 등록하다 last v. 진행되다, 지속되다 vendor 판매점, 판매상 based on ~을 바탕으로, ~에 따라

3. 보도 자료의 목적은 무엇인가?

 (A) 다가오는 스포츠 행사를 홍보하는 것
 (B) 올림픽 출전 선수의 경력에 관해 이야기하는 것
 (C) 공사 프로젝트에 필요한 자금 제공을 요청하는 것
 (D) 아이들에 대한 입장권 할인 요금을 설명하는 것

정답 (A)

해설 첫 단락에 올해 다시 한 번 토너먼트를 주최할 준비가 되었다는 사실을 알린다는 말과 함께 이 배구 토너먼트 행사의 주최와 관련된 정보를 전달하고 있다. 이는 곧 있을 스포츠 행사를 홍보하는 것에 해당되므로 (A)가 정답이다.

어휘 upcoming 다가오는, 곧 있을 athlete 운동 선수 request ~을 요청하다 funding 자금 (제공) rate 요금, 비율, 등급, 속도

4. 메릭 씨는 누구인가?

 (A) 건축가
 (B) 대변인
 (C) 행사 편성 책임자
 (D) 전문 운동 선수

정답 (D)

해설 메릭 씨의 이름이 제시되는 첫 단락에 지난 여름의 올림픽 팀 주장이라는 말이 쓰여 있어 전문 운동 선수임을 알 수 있으므로 (D)가 정답이다.

5. 애틀랜타의 토너먼트와 관련해 암시된 것은 무엇인가?

 (A) 참석률이 좋지 못했다.
 (B) 해변에 생긴 손상으로 인해 개최되었다.
 (C) 유명한 선수들에 의해 주최되었다.
 (D) 극심한 날씨로 인해 취소되었다.

정답 (B)

해설 애틀랜타의 토너먼트가 언급되는 마지막 단락에 지난 2년 동안 개최된 사실이 쓰여 있다. 이는 첫 단락에서 말하는 폭

풍으로 인해 수십 년 동안 개최되었던 해변에 있는 좌석의 손상 문제로 인해 2년 동안 임시로 개최된 것이므로 (B)가 정답이다.

어휘 well attended 참석률이 좋은, 많은 사람이 참석한 due to ~로 인해, ~ 때문에 prominent 유명한, 중요한

6-8.

수신: 전 직원
발신: 리아 고메즈
회신: 직원 불만 사항
날짜: 10월 12일, 수요일

⑥ 일부 직원들께서 휴무가 보고되는 방식에 만족하지 못하고 계신다는 사실이 경영팀의 관심을 끌게 되었습니다. 저희는 이 문제에 관련된 여러분의 생각을 더 자세히 들어보고자 합니다.

어제, 몇 가지 문제 및 가능성 있는 해결책을 밝혀내기 위해 회의가 열렸습니다. – [1] –. 여러분의 우려 사항이 이미 처리되었을 수도, 그렇지 않았을 수도 있습니다. 그 회의에서 다뤄진 세부 사항을 포함하는 ⑦ 메시지 보드가 우리 인트라넷에 게시되었다는 점에 유의하시기 바랍니다. 저희는 어떤 새로운 것이든 게시하시기 전에 ⑦ 기존에 있던 일련의 메시지들을 읽어 보시도록 권해 드립니다. – [2] –.

저희는 기존의 방식이 복잡해 보일 수 있다는 점을 인정하고 있으며, 개선될 수 있다는 사실도 인정합니다. – [3] –. ⑧ 그것이 바로, 해당 상황을 분석하고 여러 가능성 있는 해결책을 생각해낸 끝에, 저희가 이를 표결에 부치려고 계획하는 이유입니다. – [4] –. 여러분의 협조 및 양해에 대해 미리 모든 분께 감사 드립니다.

어휘 It has come to the attention of A that ~라는 점이 A의 관심을 끌게 되다, ~라는 점에 A가 주목하게 되다 be dissatisfied with ~에 만족하지 못하다 time off 휴무 matter 문제, 사안 in detail 자세히 determine ~을 밝혀내다, ~을 결정하다 solution 해결책 concern 우려, 걱정 may have p.p. ~했을 수도 있다 address v. (문제 등) ~을 처리하다, ~을 다루다 note that ~라는 점에 유의하다 cover (주제 등) ~을 다루다 existing 기존의 thread (특정 주제에 대해 사람들이 올린) 일련의 메시지, 일련의 의견 prior to ~ 전에, ~에 앞서 complicated 복잡한 acknowledge ~을 인정하다 improve upon ~을 개선하다 analyze ~을 분석하다 come up with ~을 생각해내다 put A to a vote A를 표결에 부치다 in advance 미리, 사전에

6. 고메즈 씨가 왜 회람을 썼는가?

 (A) 휴가 요청서 제출 방법을 설명하기 위해
 (B) 절차에 관한 의견을 요청하기 위해
 (C) 시스템 오류에 대해 사과하기 위해
 (D) 신임 부서장을 소개하기 위해

정답 (B)

해설 | 첫 단락에 일부 직원들이 휴무가 보고되는 방식에 만족하지 못하고 있다는 사실과 함께 그 문제와 관련해 직원들의 생각을 더 자세히 듣고 싶다고 알리고 있다. 이는 해당 절차에 대한 의견을 요청하는 말에 해당되므로 (B)가 정답이다.

어휘 | explain ~을 설명하다 leave n. 휴가 feedback 의견 procedure 절차 apologize for ~에 대해 사과하다

7. 직원들은 무엇을 하도록 권장되는가?

(A) 메시지 보드를 확인하는 일
(B) 각자의 상사와 상담하는 일
(C) 설문 조사를 실시하는 일
(D) 투표하는 일

정답 | **(A)**

해설 | 두 번째 단락에 메시지 보드가 인트라넷에 게시된 사실과 함께 기존에 있던 일련의 메시지들을 읽어보도록 권한다는 말이 쓰여 있다. 이는 메시지 보드를 확인하라고 권하는 것이므로 (A)가 정답이다.

어휘 | consult ~와 상담하다, ~을 참고하다 supervisor 상사, 책임자, 감독 conduct ~을 실시하다 survey 설문 조사(지) cast a vote 투표하다

8. [1], [2], [3], [4]로 표기된 위치들 중에서 다음 문장이 들어가기에 가장 적절한 곳은 어디인가?

"이는 아마 다음 달 중에 있을 것입니다."

(A) [1]
(B) [2]
(C) [3]
(D) [4]

정답 | **(D)**

해설 | 제시된 문장은 앞서 언급된 특정한 일을 This로 지칭해 그 일이 다음 달 중으로 있을 것이라고 알리는 의미를 지니고 있다. 따라서, 표결에 부치려고 계획하고 있다는 말 뒤에 위치한 [4]에 들어가 그 계획에 대한 앞으로의 진행 일정을 말하는 흐름이 되어야 자연스러우므로 (D)가 정답이다.

어휘 | likely 아마, ~할 것 같은

9-11.

리앤 로 (오후 2:07): 안녕하세요, 놀란 씨, 저는 로스 모텔의 리앤 로입니다. **9** 이제 저희 공사 프로젝트가 끝난 상태이므로, 맞춤 제작 타월을 더 주문하고자 합니다.

데니스 놀란 (오후 2:09): 안녕하세요, 로 씨. 제가 실은 어제 운전해서 그 옆을 지나갔는데, **9** 건물이 전보다 훨씬 더 커 보이던데요. 그럼, 타월이 얼마나 많이 필요하신가요?

리앤 로 (오후 2:10): 300장이면 충분할 것 같아요. 저희 모텔 로고가 인쇄되었으면 합니다. 이번 주 목요일까지 저에게 보내주실 수 있으신가요?

데니스 놀란 (오후 2:11): **11** 그 정도로 많은 것을 그렇게 빨리 제작하려면 추가로 10%의 비용을 청구해야 할 겁니다.

리앤 로 (오후 2:13): 그래요? 달리 방도가 없는 것 같네요. **10** 일년 중에서 가장 바쁜 시기가 바로 코 앞에 닥친 상태이기 때문에 가능한 한 빨리 필요하게 될 겁니다.

데니스 놀란 (오후 2:14): 음, 이 주문에 대해 비용을 좀 절약하실 수 있는 방법이 한 가지 있습니다.

리앤 로 (오후 2:15): 제가 어떻게 해야 할까요?

데니스 놀란 (오후 2:16): 저희 쪽에 아직 기업 계정을 열지 않으신 것 같아요. 그렇게 하시면, 저희가 30일 내에 이뤄지는 모든 주문에 대해 15% 할인을 적용합니다. 단지 문제는, 저희 홈페이지에서 그렇게 하셔야 할 겁니다.

리앤 로 (오후 2:18): 알려주셔서 감사합니다. 어서 가서 지금 그렇게 하겠습니다.

어휘 | place an order for ~을 주문하다 much (비교급 수식) 훨씬 used to do 전에 ~했다 would like A p.p. A가 ~되기를 원하다 would have to do ~해야 할 것이다 charge ~을 청구하다, ~을 부과하다 get A p.p. A를 ~되게 하다 It seems (that) ~인 것 같다(= It looks like) there's no way around it 달리 방도가 없네요, 어쩔 수 없네요 as A as possible 가능한 한 A하게 around the corner 코 앞에 닥친 apply ~을 적용하다 go ahead and do 어서 ~하다

9. 로 씨의 업체와 관련해 암시된 것은 무엇인가?

(A) 시내 구역으로 이전했다.
(B) 최근에 확장 공사를 완료했다.
(C) 모든 고객에게 선물을 나눠준다.
(D) 아주 많은 직원 공석이 있다.

정답 | **(B)**

해설 | 로 씨가 2시 07분에 작성한 메시지에 공사 프로젝트가 끝났다고 알리는 메시지가, 곧이어 놀란 씨가 2시 09분에 작성한 메시지에 건물이 전보다 훨씬 더 커 보인다고 언급하는 메시지가 쓰여 있어 건물 확장 공사를 완료한 것으로 볼 수 있으므로 (B)가 정답이다.

어휘 | relocate 이전하다 recently 최근에 expansion 확장, 확대 give out ~을 나눠주다 opening 공석, 빈 자리

10. 로 씨가 왜 빨리 주문품을 받아야 하는가?

(A) 성수기가 막 시작되려 하고 있다.
(B) 일부 물품이 운송 중에 분실되었다.
(C) 업체 로고가 변경되었다.
(D) 아주 많은 고객들이 갑자기 예약했다.

정답 | **(A)**

해설 | 로 씨가 오후 2시 13분에 작성한 메시지에 일년 중에서 가장 바쁜 시기가 바로 코 앞에 닥친 상태이기 때문에 가능한 한 빨리 필요하다고 알리는 말이 쓰여 있다. 이는 곧 성수기

가 시작된다는 뜻이므로 (A)가 정답이다.

어휘   peak season 성수기 be about to do 막 ~하려 하다
while in transit 운송 중에 suddenly 갑자기 make a
reservation 예약하다

11. 오후 2시 13분에, 로 씨가 "It seems there's no way
around it"이라고 쓸 때 무엇을 의미하는가?

  (A) 추가 요금을 지불할 것이다.
  (B) 기다렸다가 주문할 수 있다.
  (C) 한 장소로 가는 길 안내가 필요하다.
  (D) 이리저리 다른 견적들을 알아보고 싶어한다.

정답   **(A)**

해설   there's no way around it을 말 그대로 해석해보면, '그것
주변에 길이 없다'와 같은 의미로 생각할 수 있으며, 다른 길
이나 방법이 없는 경우에 사용하는 표현이다. 이 대화에서
도 앞서 오후 2시 11분에 놀란 씨가 추가로 10%의 비용을
청구해야 한다고 알리는 것에 대해 로 씨가 '달리 방도가 없
는 것 같네요'라고 대답하면서 추가 요금을 지불하겠다는 뜻
을 나타내는 것이므로 (A)가 정답이다.

어휘   directions 길 안내 ask around 이리저리 알아보다
estimate 견적(서)

12-14.

글로벌 스타 클럽

글로벌 스타 클럽은 해외 여행객들께서 각자의 목적지로 쉽고 편
안하게 오가실 수 있도록 도와 드립니다. 저희 회원들께서는 일
반적으로 항공기 승무원들을 위해 지정되어 있는 13(A) 더 빠른
보안 통과 라인을 이용함으로써 공항에서 갇혀 있는 시간을 줄
이실 수 있습니다. 그뿐만 아니라, 저희 회원 카드를 통해 십여
개가 넘는 다른 항공사의 13(D) VIP 라운지를 이용하실 수 있으
며, 이는 일반적으로 오직 일등석 승객들에게만 제공되는 종류의
고급스러운 곳에서 항공편 사이의 시간을 보내실 수 있다는 의미
입니다. 추가 혜택으로, 글로벌 스타 클럽 회원들께서는 엄선된
공항 레스토랑에서 교환해 사용하실 수 있는 13(B) 식사 쿠폰도
지급 받습니다. 이 쿠폰은 항공편 이용 전에 맛있는 식사 또는 간
식을 즐기시는 데 사용될 수 있으므로, 여러분의 여행 경험을 훨
씬 더 즐겁게 만들어 드립니다.

14 글로벌 스타 클럽의 회원이 되시려면, 선호하시는 소셜 미디
어 플랫폼에서 저희를 태그해 연결시키기만 하시면 됩니다.

12 글로벌 스타 클럽 회원들께서는 비용이 많이 드는 회비에 대
해 걱정하실 필요가 없습니다. 대신, 저희는 여러분께서 여행 중
에 이용하시는 다양한 서비스에 대한 경험과 관련된 글만 작성
해 주시도록 요청 드립니다. 매년 단 하나의 게시글이 최소한도
이기는 하지만, 더 많이 작성해주실수록, 더 감사할 것입니다! 추
가 게시글에 대해서는, 저희가 심지어 여러 특전 및 혜택을 제공
해 드릴 수도 있습니다.

오늘 글로벌 스타 클럽에 가입하시고 전에 없던 번거로움 없는
여행을 경험해 보세요!

www.globalstarclub.com

어휘   get to and from ~을 오가다 comfortably 편안하게
stuck in ~에 갇혀 있는 reserved 지정된 A allow B to
do A로 인해 B가 ~할 수 있다, A가 B에게 ~할 수 있게 해주
다 dozen 십여 개의 afford ~을 제공하다 voucher 쿠폰,
상품권 redeem (상품권, 포인트 등) ~을 상품으로 교환하다
select a. 엄선된 preferred 선호하는 don't have to do
~할 필요가 없다 instead 대신 ask that ~하도록 요청하다
post 게시글 grateful 감사하는 perks 특전 benefit 혜택,
이점 hassle 번거로움 A-free A가 없는 like never before
전에 없던, 전례 없는

12. 글로벌 스타 클럽의 회원이 되는 데 무엇이 필요한가?

  (A) 유효 여권
  (B) 일등석 탑승권
  (C) 주기적인 서비스 후기 게시
  (D) 연회비 지불

정답   **(C)**

해설   세 번째 단락에 회비에 대해 걱정할 필요가 없다는 말과 함
께 여행 중에 이용하는 다양한 서비스에 대한 경험과 관련
된 글만 작성하도록 요청한다고 알리고 있다. 이는 서비스
와 관련된 후기를 게시하는 일을 의미하므로 (C)가 정답이
다.

어휘   valid 유효한 boarding pass 탑승권

13. 글로벌 스타 클럽의 회원이 즐길 수 있는 혜택으로 언급되지
않은 것은 무엇인가?

  (A) 더 신속한 보안 점검
  (B) 음식 쿠폰
  (C) 이른 항공편 탑승
  (D) 공항 라운지 출입

정답   **(C)**

해설   첫 단락 초반부의 using the faster security line 부분에
서 (A)를, 같은 단락 후반부의 receive a meal voucher
부분에서 (B)를, 그리고 같은 단락 중반부의 use the VIP
lounges 부분에서 (D)도 확인할 수 있다. 하지만, 이른 항
공편 탑승과 관련된 정보는 제시되어 있지 않으므로 (C)가
정답이다.

어휘   expedite ~을 더 신속히 처리하다 access 출입, 접근, 이용

14. 광고에 따르면, 글로벌 스타 클럽에 가입하려면 무엇을 해
야 하는가?

  (A) 모바일 앱을 다운로드하는 일
  (B) 모집 담당자와 이야기하는 일

(C) 몇몇 사진을 업로드하는 일

(D) 소셜 미디어 계정을 연결하는 일

정답 (D)

해설 두 번째 단락에 글로벌 스타 클럽의 회원이 되려면 선호하는 소셜 미디어 플랫폼에서 태그해 연결시키면 된다고 알리고 있으므로 소셜 미디어 계정 연결을 뜻하는 (D)가 정답이다.

어휘 recruiter 모집 담당자 account 계정, 계좌

15-17.

수영장 관련 설문 조사 예정

애리조나 주에 위치한 대부분의 도시들과 마찬가지로, 애번데일 주민들도 여름 내내 극도의 열기에 시달리고 있습니다. - [1] -. 시원한 물 속에서 시간을 보내는 일이 더위를 식히는 한 가지 방법이므로, 15 세 번째 및 가능하다면 심지어 네 번째 공공 수영장을 개장하는 것이 화제가 되어 왔습니다.

애번데일 시의회는 지역 업체 소유주들, 주민들, 그리고 관광객들을 대상으로 설문 조사를 함으로써 연구를 실시하기 위해 비영리 조사 단체 오픈스태츠를 고용했습니다. - [2] -. 이들이 수집하는 데이터는 여러 특정 지역 내의 공공 수영장에 대한 필요성을 밝혀내기 위해 16 17 정리되고 분석될 것입니다. 그 수치는 그 후 각 지역 내에서 한 곳을 유지하는 연간 경비와 비교될 것입니다. - [3] -.

"우리는 모두 뒤뜰에 수영장이 하나 있기를 원하지만, 이건 현실적이지 못합니다."라고 대니 코박 시의회 의원이 밝혔습니다. - [4] -.

어휘 suffer from ~에 시달리다, ~로 고통 받다 cool off 더위를 식히다 non-profit 비영리의 research 조사, 연구 conduct ~을 실시하다 study 연구 gather ~을 수집하다, ~을 모으다 compile (자료 등) ~을 모아 정리하다 analyze ~을 분석하다 determine ~을 밝혀내다, ~을 결정하다 particular 특정한, 특별한 figure 수치, 숫자 compare A with B A를 B와 비교하다 expense 경비, 지출 (비용) maintain ~을 유지하다 realistic 현실적인

15. 현재 애번데일에 공공 수영장이 얼마나 많이 있는가?

(A) 2개
(B) 3개
(C) 4개
(D) 5개

정답 (A)

해설 첫 단락에 세 번째 및 가능하다면 심지어 네 번째 공공 수영장을 개장하는 것이 화제가 되어 왔다는 말이 쓰여 있다. 세 번째 수영장을 개장하려 하는 것으로 볼 때 현재 수영장이 두 곳 밖에 없다는 사실을 알 수 있으므로 (A)가 정답이다.

16. 기사에서 오픈스태츠 설문 조사와 관련해 언급하는 것은 무엇인가?

(A) 주로 온라인상에서 실시될 것이다.
(B) 비용 견적 분석을 포함할 것이다.
(C) 공적 자금 이용을 필요로 하지 않을 것이다.
(D) 일년이라는 기간에 걸쳐 진행될 것이다.

정답 (B)

해설 두 번째 단락에 데이터가 정리되고 분석될 것이라는 말과 함께 그 수치가 그 후 각각의 지역 내에서 한 곳을 유지하는 데 대한 연간 경비와 비교된다고 알리고 있다. 이는 비용 관련 분석 과정을 포함한다는 뜻이므로 (B)가 정답이다.

어휘 primarily 주로 estimate 견적(서), 추정(치) analysis 분석 fund 자금, 기금 take place (일, 행사 등이) 일어나다, 개최되다

17. [1], [2], [3], [4]로 표기된 위치들 중에서 다음 문장이 들어가기에 가장 적절한 곳은 어디인가?

"이 데이터를 통해, 우리는 모두를 위해 가능한 한 가장 공정한 선택을 할 수 있습니다."

(A) [1]
(B) [2]
(C) [3]
(D) [4]

정답 (C)

해설 제시된 문장은 앞서 언급된 특정 데이터를 this data로 지칭해 그러한 데이터와 함께 가능한 한 가장 공정한 선택을 할 수 있다고 알리는 의미를 지니고 있다. 따라서 데이터 수집 및 정리 분석 과정을 설명하는 문장들 뒤에 위치한 [3]에 들어가 그러한 데이터를 수집하는 의의를 말하는 흐름이 되어야 자연스러우므로 (C)가 정답이다.

어휘 make a choice 선택하다 fair 공정한, 타당한

18-21.

수신: 세바스찬 클락 <sclark@vmail.com>
발신: 에밀리 포스터 <efoster@premierepublishing.com>
날짜: 12월 9일
제목: 회신: 검토용 소설 초안

클락 씨께,

집필하신 이 소설 초안을 제출해 주셔서 감사합니다. 아시다시피, 저희 프리미어 퍼블리싱은 전국에서 가장 경쟁력 있는 출판사들 중 하나입니다. 18 종신 작가로서 귀하와의 계약을 약속드리기 전에, 의견을 좀 제공해 드리고자 합니다. - [1] -. 저는 귀하께서 등장 인물들을 소개하고 묘사하는 방식이 아주 마음에 들긴 하지만, 19 몇몇 챕터들이 조금 전개가 느린 듯했으며, 이야기의 중심 줄거리와 거의 관련이 없었습니다. 그 부분들을 쳐내시면, 독자들이 더 많은 관심을 갖게 될 것입니다. - [2] -.

귀하께서 포함하신 20(A) 몇몇 그림들은 상당히 인상적입니다. – [3] –. 20(A) 저희 마케팅팀에서 귀하의 책을 홍보하는 데에도 이용할 수 있을 것입니다. 그 팀에서 귀하를 티나 고어 씨나 프랭크 헬먼 씨 같은 20(C) 유명 베스트셀러 작가들과 비교할 수도 있는데, 귀하의 책이 쓰여진 방식이 그분들의 글을 연상시키는 것으로 보이기 때문입니다. 또한, 5만 권 넘게 판매하시는 저희 모든 작가께서는 20(D) 21 팬들과 만나 그분들의 책에 사인해 드리기 위해 주요 도시들에서 투어를 하실 것으로 예상된다는 점에 유의하시기 바랍니다. 대중을 위한 낭독회도 하시겠다고 동의하시는 경우에 포함될 수 있습니다. – [4] –.

제가 이 이메일에 첨부해 드린 메모를 참고하시면 됩니다. 어떤 질문이나 우려 사항이든 있으시면, 언제든지 저에게 연락 주시기 바랍니다.

안녕히 계십시오.

에밀리 포스터

어휘   draft 초안 competitive 경쟁력 있는 commit to ~을 약속하다 permanent 종신의, 영구적인 author 작가 slow-paced 전개가 느린, 속도가 느린 have little to do with ~와 거의 관련이 없다 plot 줄거리 trim A down A를 쳐내다, A를 줄이다 drawing 그림 impressive 인상적인 promote ~을 홍보하다 as well ~도, 또한 compare A to B A를 B와 비교하다, A를 B에 견주다 see as ~하는 것으로 보이다, ~하는 것으로 여기다 reminiscent of ~을 연상시키는 be aware that ~라는 점에 유의하다, ~임을 알고 있다 be expected to do ~할 것으로 예상되다 involve ~을 포함하다, ~을 수반하다 agree to do ~하는 데 동의하다 refer to ~을 참고하다 attach ~을 첨부하다, ~을 부착하다 feel free to do 언제든지 ~하세요, 마음껏 ~하세요

18.   프리미어 퍼블리싱과 관련해 암시된 것은 무엇인가?
      (A) 최근에 경쟁사들 중 한 곳을 인수했다.
      (B) 여러 다른 국가에 사무실이 있다.
      (C) 작가들에게 장기 계약을 제공한다.
      (D) 주로 그림책을 출판한다.

정답   (C)

해설   첫 단락에 종신 작가로서 상대방과 계약하는 일이 언급되어 있는데, 이는 작가에게 장기 계약을 제공한다는 의미로 볼 수 있으므로 (C)가 정답이다.

어휘   recently 최근에 acquire ~을 인수하다, ~을 획득하다 competitor 경쟁사, 경쟁자 long-term 장기적인

19.   클락 씨가 어떻게 자신의 소설을 수정할 것 같은가?
      (A) 몇몇 부분을 짧게 만듦으로써
      (B) 분리된 책들로 나눔으로써
      (C) 더 깊이 있게 묘사함으로써
      (D) 조연 역할을 하는 인물들을 추가함으로써

정답   (A)

해설   첫 단락에 몇몇 챕터들이 조금 전개가 느리고 이야기의 중심 줄거리와 거의 관련이 없어서 그 부분들을 쳐내면 독자들이 더 많은 관심을 가질 것이라고 조언하고 있다. 따라서, 클락 씨가 해당 부분들의 내용을 줄이는 방식으로 수정할 것으로 생각할 수 있으므로 (A)가 정답이다.

어휘   revise ~을 수정하다, ~을 변경하다 shorten ~을 짧게 하다 divide A into B A를 B로 나누다 separate 별개의 in-depth 깊이 있는 supporting 조연의

20.   포스터 씨가 클락 씨에게 제안하지 않는 것은 무엇인가?
      (A) 그의 삽화가 홍보용 자료로 쓰일 수 있다.
      (B) 베스트셀러 작가들과 집필 관련 팁을 논의할 수 있다.
      (C) 그의 집필 방식이 다른 인기 작가들의 것과 유사하다.
      (D) 도서 사인회 행사에 참석하도록 요청 받을 수 있다.

정답   (B)

해설   두 번째 단락의 The few drawings ~ Our marketing team could use them to promote your book 부분에서 삽화를 홍보용 자료로 이용하는 일을 언급한 (A)를, famous best-sellers ~ seeing as the way your book is written is reminiscent of their writing 부분에서 다른 인기 작가들의 집필 방식과 유사함을 말하는 (C)를, 그리고 are expected to tour major cities to meet fans and sign their books 부분에서 도서 사인회 행사 참석을 뜻하는 (D)를 각각 확인할 수 있다. 하지만 베스트셀러 작가들과 논의하는 일은 언급되어 있지 않으므로 (B)가 정답이다.

어휘   illustration 삽화 promotional 홍보의 be asked to do ~하도록 요청 받다

21.   [1], [2], [3], [4]로 표기된 위치들 중에서 다음 문장이 들어가기에 가장 적절한 곳은 어디인가?

      "관련된 모든 경비는 프리미어 퍼블리싱에 의해 충당될 것입니다."

      (A) [1]
      (B) [2]
      (C) [3]
      (D) [4]

정답   (D)

해설   제시된 문장은 관련된 모든 경비를 프리미어 퍼블리싱에서 지불한다는 의미를 지니고 있다. 따라서, 비용 지출이 필요한 행사인 주요 도시 투어 및 사인회, 낭독회가 언급된 문장들 뒤에 위치한 [4]에 들어가 그러한 행사에 필요한 경비 지출 방식을 설명하는 흐름이 되어야 자연스러우므로 (D)가 정답이다.

어휘   related 관련된 expense 경비, 지출 (비용) cover ~을 충당하다, ~을 포함하다

22-25.

> ### 바이오케어
> #### 우리 지구는 우리의 우선 순위입니다
>
> 바이오케어는 야생 동물을 보호하기 위해 애쓰고 있는 비영리 단체입니다. 저희는 인간의 활동으로 인해 멸종 **22** 위협에 직면해 있는 동물들에게 관심을 기울이고 있습니다. 대기업들은 **23(A)** 여러 필수적인 호수와 강의 오염뿐만 아니라 **23(D)** 여러 대규모 산림 지역의 파괴에 대해 상당한 책임을 지고 있습니다. 지구의 제한적인 자원에도 불구하고, 많은 이 기업들이 오로지 이익에만 초점을 맞춰 **23(C)** 필요한 것보다 훨씬 더 많이 소비하고 있습니다.
>
> 증거를 수집하고 여러 주장들을 뒷받침하기 위해 전국적인 연구를 실시함으로써, 바이오케어는 단순히 동물의 권리를 위해 시위를 하는 것을 넘어섭니다. **24** 저희에게 많은 기부자 및 동물 병원 직원을 포함한 자원 봉사자들이 있긴 하지만, 모든 분에서 저희가 사명을 완수하도록 도와주실 수 있는 한 가지 훨씬 더 효과적인 방법이 있습니다. 저희가 정부 기관들로부터 인정을 받아 의미 있는 규정을 마련하기 위해 **25** 수많은 서명을 필요로 하는 청원서를 저희 웹사이트에 주기적으로 게시하고 있습니다. 이 청원서들에 여러분의 성함을 추가하시면 저희가 요청 드릴 수 있는 가장 훌륭한 기여가 될 것입니다.

어휘 **priority** 우선 순위 **nonprofit** 비영리의 **strive to do** ~하기 위해 애쓰다 **draw attention to** ~에 관심을 기울이다, ~에 주목하다 **face** v. ~에 직면하다 **threat** 위협 **extinction** 멸종 **bear responsibility for** ~에 대한 책임을 지다 **significant** 상당한, 많은 **pollution** 오염 **vital** 필수적인 **as well as** ~뿐만 아니라 …도 **destruction** 파괴 **despite** ~에도 불구하고 **focus on** ~에 초점을 맞추다 **profit** 이익 **carry out** ~을 실시하다 **gather** ~을 수집하다 **argument** 주장, 논쟁 **go beyond** ~을 넘어서다 **protest** 시위하다, 항의하다 **donor** 기부자 **veterinary** 동물의, 수의학의 **effective** 효과적인 **petition** 청원(서), 탄원(서) **recognize** ~을 인정하다 **put A in place** A를 마련하다, A를 시행하다 **regulation** 규정, 규제 **contribution** 기여, 공헌 **ask for** ~을 요청하다

---

22. 첫 번째 단락, 두 번째 줄의 단어 "threat"과 의미가 가장 가까운 것은 무엇인가?

(A) 공격, 침범
(B) 질병
(C) 가능성
(D) 책임

정답 (C)

해설 해당 문장에서 threat은 동사 face의 목적어로서 동물들이 직면하고 있는 특정 상황과 관련된 의미를 나타낸다. threat 바로 뒤에 '멸종'을 뜻하는 extinction이 쓰여 있어 동물들이 멸종 가능성에 직면하고 있는 부정적인 상황을 말하는 것으로 볼 수 있으므로 '가능성'을 뜻하는 (C) possibility가 정답이다.

---

23. 대기업들과 관련해 언급되지 않은 것은 무엇인가?

(A) 수자원을 오염시킨다.
(B) 규정을 자주 위반한다.
(C) 너무 많은 자원을 이용한다.
(D) 삼림 파괴를 초래한다.

정답 (B)

해설 첫 단락의 the pollution of vital lakes and rivers 부분에서 수자원 오염을 뜻하는 (A)를, consume far more than necessary 부분에서 너무 많은 자원 이용을 의미하는 (C)를, 그리고 destruction of large forest areas 부분에서 삼림 파괴 초래를 말하는 (D)를 각각 확인할 수 있다. 하지만, 규정 위반과 관련된 정보는 제시되어 있지 않으므로 (B)가 정답이다.

어휘 **pollute** ~을 오염시키다 **violate** ~을 위반하다 **cause** ~을 초래하다, ~을 유발하다 **deforestation** 삼림 파괴, 삼림 벌채

---

24. 바이오케어와 관련해 언급된 것은 무엇인가?

(A) 호수와 강에 대해서만 연구를 실시한다.
(B) 주기적인 자연 정화 행사를 주최한다.
(C) 수의사들과 협업한다.
(D) 동물을 위해 보호소를 만든다.

정답 (C)

해설 두 번째 단락에 동물 병원 직원을 포함한 자원 봉사자들이 있다는 말이 쓰여 있어 동물 병원 의사들과 협업하는 것으로 판단할 수 있으므로 (C)가 정답이다.

어휘 **conduct** ~을 실시하다 **cleanup** 정화, 청소 **veterinarian** 수의사 **shelter** 보호소, 대피소, 쉼터

---

25. 이 글을 읽는 사람들이 어떻게 바이오케어의 사명을 지원할 수 있는가?

(A) 여러 행사에서 돕기 위해 자원 봉사함으로써
(B) 소식지를 신청함으로써
(C) 주기적으로 기부함으로써
(D) 온라인 청원서에 서명함으로써

정답 (D)

해설 두 번째 단락 후반부에 수많은 서명을 필요로 하는 청원서를 웹사이트에 주기적으로 게시한다고 알리면서 이 청원서들에 이름을 추가하도록 권하는 말이 쓰여 있으므로 (D)가 정답이다.

어휘 **volunteer** 자원 봉사하다 **make a donation** 기부하다

EXAMPLE 1

터너스 하드웨어

저희는 다양한 전동 공구와 주거 개선 프로젝트에 필요한 재료들을 취급하고, 또 매주 일요일에 이것들을 어떻게 적절히 활용할 수 있는지에 대한 강좌를 주최합니다. 수업 당 단돈 5달러로, 수업에 참여하고 전동 공구를 어떻게 다루는지 배우실 수 있습니다. 여기 저희 웹사이트에서 등록하세요!

어휘 hardware 철물 power tool 전동 공구 home
improvement 주거 개선 properly 적절히, 제대로

수신: 고객 서비스 <cs@turnershardware.com>
발신: 페르난도 가르시아 <fgarcia@umail.com>
제목: 웹사이트 오류
첨부: 카드_정보

이번 주 일요일 최신 전동 공구에 관한 수업을 신청하려고 했는데, 웹사이트 링크가 작동하지 않습니다. 첨부된 정보를 사용해 해당 수업에 등록해주실 수 있으신가요? 미리 감사드립니다.

어휘 latest 최신의 work 작동되다 attached 첨부된

1. 가르시아 씨에 관해 암시된 것은 무엇인가?

(A) 구입 제품을 교환하고 싶어한다.
(B) 전동공구를 온라인으로 주문했다.
(C) 수업료를 지불할 것이다.
(D) 터너스 하드웨어에서 일한다.

어휘 registration fee 수업료, 등록비

EXAMPLE 2

모든 직원들에게 알립니다,

우리 사무실이 다음 달 며칠에 걸쳐 다시 페인트칠될 예정입니다. 각 팀은 개인 소지품이 페인트 작업자들에게 방해가 되지 않도록 지하에 있는 창고에 가져다 두어야 할 것입니다. 소속 팀 사무실이 페인트칠되는 날 하루 전에 이렇게 짐을 옮겨주셔야 합니다. 페인트 작업이 완료된 다음 날에 모든 물품들을 다시 가져오실 수 있게 됩니다.

아만다 백, 사무실 관리자

어휘 repaint ~을 다시 칠하다 personal belongings 개인 소지품 storage 창고 basement 지하 get in the way of ~에게 방해되다 prior to ~전에, ~에 앞서

사무실 페인트 작업 일정	
일자	부서
3월 5일	인사, IT
3월 6일	고객 지원
3월 7일	판매, 관리

1. 인사팀 팀원들은 소지품을 언제 지하에 옮겨 놓아야 하는가?

(A) 3월 4일
(B) 3월 5일
(C) 3월 6일
(D) 3월 7일

EXAMPLE 3

싱 씨께,

귀하의 연차 사용에 대한 요청을 받았고, 흔쾌히 승인합니다. 귀하는 지난 10월에 입사한 이후, 지속적으로 업무 목표를 초과 달성하셨고, 저희 고객들은 싱 씨가 제공한 서비스에 만족했습니다. 4월 마지막 주의 휴가를 즐기시길 바라며, 5월에 다시 돌아오시기를 기다리고 있겠습니다.

베아트리체 잭슨, 설치 매니저
AXS 텔레콤 주식회사

어휘 request 요청 annual leave 연간 휴가 approve ~을 승인하다 consistently 지속적으로 exceed ~을 초과 달성하다, 넘어서다 target 목표, 대상 time off 휴가 look forward to-ing ~하기를 기대하다

수신: AXS 텔레콤 설치팀
발신: 베아트리체 잭슨, 설치 매니저
제목: 팀 내 변동 사항

팀원 여러분, 좋은 오후입니다. 4월 24일부터 30일까지의 기간 동안에 있는 작은 변동 사항에 대해 알려 드리려고 합니다. 아미트 싱 씨가 그 주에 연차를 사용할 예정이라, 자리를 비운 동안 담당 구역의 설치를 실시할 수 있도록 두 분을 배정했습니다. 레지나 리 씨가 비숍브룩의 모든 설치 요청을 처리해주시고, 아담 호로위츠 씨는 실버튼의 모든 요청을 담당해주시길 바랍니다. 감사드리고, 앞으로도 지금처럼 잘 해주시길 부탁드립니다.

어휘 assign (사람) ~을 배치하다 a couple of 둘의, 몇 가지의 carry out ~을 실시하다, ~을 수행하다 installation 설치 away 자리에 없는 handle ~을 다루다, ~을 처리하다

AXS 텔레콤 설치 신청서

이름: 조셉 개러건
설치 지역: 비숍브룩
희망 설치 일자: 4월 26일

설치 요청 세부 사항: 개러건 씨는 기존 거주지였던 실버튼에서 최근 이사한 AXS 텔레콤 기존 고객입니다. 개러건 씨는 현재의 브로드밴드 인터넷 패키지를 계속 유지하고 싶어하시고, 새 주소에 기기 설치를 요청하셨습니다. 설치는 오전 8시에서 오후 4시 사이에 진행되어야 합니다.

어휘 installation 설치 request form 신청서 require ~을 요청하다, 필요로 하다

1. 누가 개러건 씨의 브로드밴드 기기를 설치할 것 같은가?

(A) 아미트 싱
(B) 레지나 리
(C) 아담 호로위츠
(D) 베아트리체 잭슨

토익 실전 연습

1. (C)	**2.** (B)	**3.** (A)	**4.** (B)	**5.** (D)
6. (B)	**7.** (C)	**8.** (D)	**9.** (A)	**10.** (A)
11. (C)	**12.** (B)	**13.** (A)	**14.** (D)	**15.** (C)
16. (A)	**17.** (D)	**18.** (C)	**19.** (D)	**20.** (B)
21. (A)	**22.** (D)	**23.** (B)	**24.** (C)	**25.** (B)

1-5.

버사스 B&B

여러분께서는 이곳 워싱턴 주에서 최고의 평점을 받고 있는 가족 운영 B&B인 버사스 B&B에서 언제나 평화롭고 편안한 숙박을 하실 것으로 예상하실 수 있습니다! 혼자 여행하시든, 아니면 가족이나 친구 분들과 함께 여행하시든 상관없이, 여러분께 공간을 제공해 드릴 수 있을 것입니다. 4 아침 식사가 오전 7시에서 오전 9시 사이에 제공되기는 하지만, 저희에게 미리 말씀하시면, 다른 시간대에 준비해 식당이 문을 열지 않을 것이기 때문에 객실로 가져다 드릴 수 있다는 점에 유의하시기 바랍니다.

객실 유형	설명	일일 요금
더블 와이드	퀸 사이즈 침대 2개, 1(B), (D) 욕실 1 1/2개 (성인 4인용으로 적합)	1(A) $150.00
2 더블	2 트윈 침대 2개, 1(B), (D) 욕실 1 1/2개 (성인 2인용으로 적합)	1(A) $115.00
와이드	퀸 사이즈 침대 1개, 1(B), (D) 욕실 1개 (성인 2인용으로 적합)	1(A) $95.00
베이직	싱글 사이즈 침대 1개, 1(B), (D) 욕실 1개 (성인 1인용으로 적합)	1(A) $65.00

별도의 아동용 간이 침대가 1일당 20달러의 추가 요금으로 어느 객실이든 추가될 수 있습니다. 알레르기 또는 채식주의자인 경우와 같이 식단의 제한 사항이 있으신 경우, 저희에게 미리 알려주셔야 즐기실 수 있는 식사를 준비해 드릴 수 있습니다. 또한, 3 저희를 이곳에 숙박하시는 누군가에게 추천해주시는 경우, 그분들께서 오실 때 반드시 여러분을 언급하시도록 해주십시오. 다음 번 방문에 대해 10% 할인해 드리는 쿠폰을 보내 드리겠습니다!

어휘 expect to do ~할 것으로 예상하다 best-rated 최고의 평점을 받은 family-run 가족 운영의 whether A, B, or C A이든, 아니면 B나 C이든 (상관없이) accommodate ~에게 공간을 제공하다, ~을 수용하다 note that ~라는 점에 유의하다 in advance 미리, 사전에 separate 별도의, 분리된 cot 간이 침대 dietary 음식물의, 식단의 restriction 제한 so that (결과) 그래야, 그러므로 (목적) ~하도록 be sure to do 반드시 ~하다, 꼭 ~하다

수신: <reservations@berthasbnb.com>
발신: 데릭 헌터 <d.hunter@bmail.com>
날짜: 2월 9일
제목: 3월 10일 예약 요청

안녕하세요, 2 저와 제 동료 한 명이 다음 달에 개관하는 사진 미술관 때문에 골든데일을 방문할 예정입니다. 제가 귀하의 B&B에 관해 아주 좋은 얘기들을 들었기 때문에, 예약하고자 합니다. 저희가 비용을 절약하기 위해 2 방을 공유할 수는 있지만, 침대는 분리된 것이었으면 합니다.

가능하다면, 4 저희가 오전 6시쯤 아침 식사를 했으면 하는데, 그래야 저희가 해가 떠오르는 동안 그 지역의 사진 촬영을 할 수 있을 겁니다. 5 귀하의 웹 사이트에서 선금과 관련해 아무 것도 보지 못했기 때문에, 제 예약을 확정하기 위해 무엇이든 그런 식으로 보내 드려야 하는 게 있다면 알려 주시기 바랍니다. 미리 감사 드립니다.

안녕히 계십시오.

데릭 헌터

어휘 reservation 예약 request 요청 colleague 동료 (직원) make a reservation 예약하다 share ~을 공유하다 separate 분리된, 별도의 if possible 가능하다면, 가능할 경우 photo shoot 사진 촬영 down payment 선금, 착수금, 계약금 confirm ~을 확정하다, ~을 확인하다

1. 광고에 포함되지 않은 것은 무엇인가?

(A) 각 객실을 빌리는 비용
(B) 객실당 욕실 숫자

(C) 룸 서비스로 주문되는 음식 가격

(D) 각 객실에 대해 권장되는 인원 수

정답 (C)

해설 첫 지문에 제시된 도표에, 각 객실 유형에 대해 일일 요금 (Daily Rate)이 제시되어 있고, 욕실 숫자와 함께(1 1/2 Bath와 1 Bath) 적합한 숙박 인원이 1~4명까지 표기되어 있으므로 (A)와 (B), 그리고 (D)를 확인할 수 있다. 하지만, 룸 서비스로 주문하는 음식에 대한 가격을 알리는 정보는 찾아볼 수 없으므로 (C)가 정답이다.

2. 헌터 씨가 어떤 종류의 객실을 예약할 것 같은가?

(A) 더블 와이드

(B) 더블

(C) 와이드

(D) 베이직

정답 (B)

해설 두 번째 지문 첫 단락에 동료 한 명과 함께 방문한다는 사실을 알리면서 침대가 분리된 것을 원한다고 언급하고 있다. 첫 번째 지문의 도표에서 성인 2인용이면서 침대가 2개인 객실이 두 번째 줄에 2 Twin Beds 및 Comfortable for 2 adults로 표기된 Double이므로 (B)가 정답이다.

3. 버사스 B&B와 관련해 언급된 것은 무엇인가?

(A) 고객 추천에 대해 할인을 제공한다.

(B) 근처의 사진 미술관과 제휴 관계에 있다.

(C) 워싱턴 주에 여러 지점이 있다.

(D) 아침 식사로 오직 채식 요리만 제공한다.

정답 (A)

해설 첫 지문 마지막 부분에 누군가에게 버사스 B&B를 추천하는 경우에 그 사람들이 방문할 때 추천인의 이름을 언급하도록 요청하면서 다음 번 방문에 대해 10% 할인해주는 쿠폰을 보내주겠다고 알리고 있다. 이는 해당 업체를 다른 고객에게 추천하는 경우에 할인 서비스를 제공한다는 뜻이므로 (A)가 정답이다.

어휘 referral 추천, 소개 be partnered with ~와 제휴 관계에 있다 nearby 근처의

4. 헌터 씨와 관련해 암시된 것은 무엇인가?

(A) 골든데일에서 사진 미술관을 운영한다.

(B) 객실로 식사를 받게 될 것이다.

(C) 추가 요금이 청구될 것이다.

(D) 객실 할인에 대한 자격이 있다.

정답 (B)

해설 두 번째 지문 두 번째 단락에 오전 6시에 아침 식사를 하고 싶다고 알리고 있다. 이와 관련해, 첫 지문 첫 단락에 아침 식사가 오전 7시에서 9시 사이에 제공된다는 말과 함께 미리 알리기만 하면 다른 시간대에 준비해 객실로 갖다 줄 수

있다는 말이 쓰여 있다. 따라서, 헌터 씨는 정해진 아침 식사 제공 시간대보다 이른 시간에 객실에서 식사를 받을 것으로 생각할 수 있으므로 (B)가 정답이다.

어휘 operate ~을 운영하다 charge A B A에게 B를 청구하다 qualify for ~에 대한 자격이 있다

5. 헌터 씨가 어떤 정보를 요청하는가?

(A) 버사스 B&B로 가는 방법

(B) 이용 후기를 읽을 수 있는 곳

(C) 체크아웃해야 하는 시간

(D) 선금을 지불해야 하는지의 여부

정답 (D)

해설 두 번째 지문 두 번째 단락에 웹 사이트에서 선금과 관련해 아무 것도 보지 못한 사실과 함께 예약을 확정하기 위해 무엇이든 보내야 하는 게 있다면 알려 달라고 요청하고 있다. 이는 선금 지불 여부와 관련해 문의하는 말에 해당되므로 (D)가 정답이다.

어휘 get to ~로 가다 whether ~하는지 (아닌지) deposit 선금, 보증금, 예치금

6-10.

고객 설문 조사 – 조이너스

잠시 시간 내셔서 최근에 저희와 함께 하셨던 경험과 관련해 이 설문지를 작성해 주시기 바랍니다. 아래의 빈칸마다 1점에서 5점까지, 1점이 최저점에 그리고 5점이 최고점에 해당되도록 숫자를 써주십시오.

항목	점수
소유주 및 종업원의 친절함	5
7 서비스 속도	7 5
6 음식의 질	4
식당의 청결함	4
6 9 메뉴 옵션의 다양성	9 2
6 각 요리의 가격	4
전체적인 경험	4

주문한 요리(들): 치킨 팜, 스파게티
7 성명 (선택): 클로에 버트런드
이메일 (선택)*: cbertrand@rmail.com
* 이메일 주소는 이 양식을 작성 완료하시는 데 대한 보상을 보내 드리는 데 필요합니다.

어휘 take a moment to do 잠시 ~할 시간을 내다 fill out ~을 작성하다 questionnaire 설문지 blank 빈칸 venue 장소, 행사장 overall 전체적인, 종합적인 optional 선택적인 required 필요한, 필수의 compensation 보상

수신: 클로에 버트런드 <cbertrand@rmail.com>
발신: 고객 서비스팀 <cs@joyners.com>
날짜: 8월 28일
제목: 고객 설문 조사
첨부: 쿠폰

버트런드 씨께,

귀하의 의견을 제공해주시기 위해 시간 내주신 것에 대해 감사의 뜻을 8 표하고자 합니다. 첨부된 것은 조이너스에서 무료 애피타이저 한 가지를 이용하실 수 있는 쿠폰입니다. 오늘부터 1년 동안 유효합니다.

9 저희 경영팀은 귀하께서 하신 것과 같은 영역에 많은 저희 고객들께서 낮은 점수로 표기하셨다는 사실을 알게 되었으며, 저희는 이미 그에 대한 조치를 취하는 중입니다. 10 이 문제가 10월까지 완전히 해결될 것으로 바라고 있습니다. 귀하께서 그 후에 저희에게 한 번 더 기회를 주신다면 대단히 기쁠 것이며, 그때 다시 한 번 저희 홈페이지를 방문하셔서 생각을 공유해주시기 바랍니다. 곧 다시 뵐 수 있기를 고대합니다!

안녕히 계십시오.

재닛 파머, 고객 서비스 선임 직원
조이너스

어휘 express (생각, 감정 등) ~을 표현하다, ~을 나타내다 attached 첨부된, 부착된 valid 유효한 notice that ~임을 알게 되다, ~라는 점에 주목하다 mark ~을 표기하다 hopefully 희망하여, 바라건대 fully 완전히, 전적으로 resolve ~을 해결하다 look forward to -ing ~하기를 고대하다

6. 조이너스는 어떤 종류의 업체인가?

(A) 배송 회사
(B) 식당
(C) 식료품점
(D) 식품 제조사

정답 (B)

해설 첫 번째 지문에 제시된 표를 보면, 음식의 질(Quality of food), 메뉴 옵션의 다양성(Variety of menu options), 각 요리의 가격(Prices for each dish) 등이 쓰여 있는데, 이는 식당의 특징과 관련된 항목들이므로 (B)가 정답이다.

7. 조이너스에 관한 어떤 설명에 대해 버트런드 씨가 동의할 것 같은가?

(A) 가격이 경쟁력이 없다.
(B) 더 많은 지점을 열어야 한다.
(C) 직원들이 신속히 고객들을 돕는다.
(D) 경쟁사들보다 더 많은 보상을 제공한다.

정답 (C)

해설 버트런드 씨의 이름은 첫 지문 하단에 설문지 작성자로 쓰여 있으며, 이 설문지에 제시된 표의 두 번째 줄에 제시된 '서비스 속도(Speed of service)' 항목에 대해 최고점인 5점을 준 것으로 볼 때, 직원들이 신속히 고객을 돕는다는 데 동의할 것으로 생각할 수 있으므로 (C)가 정답이다.

어휘 competitive 경쟁력 있는 assist ~을 돕다, ~을 지원하다 reward 보상

8. 이메일에서, 첫 번째 단락, 첫 번째 줄의 단어 "express"와 의미가 가장 가까운 것은 무엇인가?

(A) 더 신속히 처리하다
(B) 명시하다, 구체적으로 말하다
(C) 파견하다, 보내다
(D) 전하다, 전달하다

정답 (D)

해설 해당 문장에서 동사 express의 목적어로 쓰인 명사 gratitude는 '감사, 감사하는 마음'을 뜻한다. 고객 서비스부에서 설문 조사와 관련해 고객에게 보내는 이 이메일의 특성상 '감사의 마음을 표하다'와 같은 의미가 되어야 자연스러운데, 이는 그러한 마음을 전하는 것과 같으므로 '전하다' 등을 뜻하는 (D) convey가 정답이다.

9. 조이너스가 무엇을 할 계획을 세우고 있는 것 같은가?

(A) 메뉴 옵션을 확대하는 일
(B) 교육 시간을 개최하는 일
(C) 새로운 공급업체를 찾는 일
(D) 더 많은 직원을 고용하는 일

정답 (A)

해설 두 번째 지문 두 번째 단락에 상대방인 버트런드 씨가 한 것과 같은 영역에 많은 고객들이 낮은 점수로 표기한 사실과 함께 이미 그에 대한 조치를 취하는 중이라고 밝히고 있다. 첫 번째 지문의 표에서 '메뉴 옵션의 다양성(Variety of menu options)' 항목이 가장 낮은 2점을 받았는데, 이에 대한 조치는 메뉴 옵션을 다양하게 만드는 것이므로 (A)가 정답이다.

어휘 expand ~을 확대하다, ~을 확장하다 supplier 공급업체, 공급업자

10. 설문 조사와 관련해 암시된 것은 무엇인가?

(A) 조이너스의 웹 사이트에서 이용할 수 있다.
(B) 파머 씨에 의해 만들어졌다.
(C) 1년 동안 이용되어 왔다.
(D) 곧 수정될 것이다.

정답 (A)

해설 두 번째 지문 두 번째 단락에 10월까지 문제를 해결할 것이라고 밝히면서 그 후에 다시 한 번 홈페이지를 방문해 생각을 공유해 달라고 요청하는 말이 쓰여 있다. 이는 서비스 수

준을 개선한 후에 다시 한 번 홈페이지를 방문해 설문 조사에 참여하도록 요청하는 것이므로 (A)가 정답이다.

어휘 in use 이용 중인 revise ~을 수정하다, ~을 변경하다

11-15.

> **녹스 컨스트럭션**
> **장비 대여 가이드라인**
>
> 우리 실험실 시설은 공사 자재 및 샘플에 대해 테스트를 실시하는 데 있어 모든 필수적인 장비를 포함하고 있지만, 일부 테스트는 현장에서 실시되어야 합니다. 그러한 경우에, 기술자들은 양식 F-21을 작성해야 합니다. **11** 테스트용 장비 대여를 위한 가이드라인은 다음과 같습니다.
>
> 1. 테스트용 장비는 대여되는 동일한 날에 실험실로 반납되어야 합니다.
> 2. "매우 민감함(HS)"이라고 지정된 장비는 다음 두 가지 조건들 중 하나가 충족되는 경우에 한해 대여될 수 있습니다.
> (a) **13** 해당 직원은 특별 교육을 **12** 거쳐 유효한 교육 수료증 번호를 소지하고 있어야 하며, 그렇지 않으면
> (b) **13** 해당 직원의 상사가 그 직원의 장비 이용에 대해 승인해야 합니다.
>
> * 어떤 손상이나 장비 오작동이든 반드시 **14** 실험실 관리 책임자 카르멘 구즈먼 씨께 cguzman@knoxconstruction.com으로 즉시 보고되어야 합니다.

어휘 check-out 대여, 대출 laboratory 실험실(= lab) conduct ~을 실시하다 field 현장 be required to do ~해야 하다, ~할 필요가 있다 as follows 다음과 같은, 아래와 같은 designated 지정된 sensitive 민감한 following 다음의, 아래의 undergo ~을 거치다, ~을 겪다 valid 유효한 certificate 수료증, 자격증 supervisor 상사, 책임자, 감독 sign off on (서명하여) ~에 대해 승인하다 malfunction 오작동 immediately 즉시

장비 대여 양식 F-21	
날짜	5월 19일
직원 성명	멜라니 부쉐
부서장	기젤라 밍고
장비 ID	EJV-881-256
고객/작업 현장 코드	페어필드 대학 학생 회관
직원 서명	멜라니 부쉐
13 부서장 서명 (필요 시)	기젤라 밍고
HS 지정 장비 (Y/N)	Y
교육 수료증 번호	해당 없음

어휘 sign-out (서명 후) 대여, 대출 site 현장, 부지, 장소 N/A 해당 없음

수신: 멜라니 부쉐 <mboucher@knoxconstruction.com>
발신: 조나스 디에즈 <jdiez@knoxconstruction.com>
날짜: 5월 19일
제목: 회신: 장비 손상

부쉐 씨께,

14 구즈먼 씨께서 이번 주에 휴가 중이신 관계로 귀하의 이메일이 저에게 자동으로 전송되었습니다. 오늘 아침에 대여하신 장비의 손상 문제를 신속히 알려주셔서 감사합니다. 제가 한 번 살펴봤는데, 여전히 원래 그래야 하는 것처럼 작동되는 듯합니다. 하지만, 안전을 위해서, 여전히 품질 보증 기간에 해당되기 때문에 제조사에 보낼 것입니다. 그쪽에서 정확히 어떻게 손상이 발생되었는지 알고 싶어할 것이기 때문에, **15** 해당 사고와 관련해 더욱 구체적인 정보를 제공하는 보고서를 제출하시도록 요청 드립니다. 내일 오후까지 그것을 저에게 보내주시겠습니까? 그러지 못하실 경우, 기회가 생기시는 대로 555-2735번으로 제 사무실로 전화 주시기 바랍니다.

안녕히 계십시오.

조나스 디에즈

어휘 forward ~을 전송하다, ~을 회송하다 on vacation 휴가 중인 take a look at ~을 한 번 보다 seem to do ~하는 듯하다, ~하는 것처럼 보이다 be supposed to do ~해야 하다, ~하기로 되어 있다 manufacturer 제조사 warranty 품질 보증(서) incur ~을 발생시키다 ask that ~하도록 요청하다 specific 구체적인, 특정한 incident 사고 as soon as ~하는 대로, ~하자마자

---

11. 가이드라인이 왜 쓰여졌는가?

(A) 양식 작성 방법에 관한 안내를 제공하기 위해
(B) 기술자들이 현장 테스트를 실시하는 것을 방지하기 위해
(C) 테스트용 장비를 대여하는 과정을 설명하기 위해
(D) 반드시 모든 필수 장비가 이용 가능한 상태로 있도록 하기 위해

정답 (C)

해설 첫 지문 첫 단락에 '테스트용 장비 대여를 위한 가이드라인은 다음과 같습니다'라는 말과 함께 해당 가이드라인의 세부 정보를 설명하고 있다. 이는 테스트용 장비를 대여하는 과정을 설명하는 것이므로 (C)가 정답이다.

어휘 instructions 안내, 설명, 지시 prevent A from -ing A가 ~하는 것을 방지하다 process 과정 ensure that 반드시 ~하도록 하다, ~임을 확실히 해두다 available 이용 가능한

12. 가이드라인에서, 두 번째 단락, 네 번째 줄의 단어 "undergone"과 의미가 가장 가까운 것은 무엇인가?

(A) 지원했다, 지지했다

(B) 완료했다

(C) 견뎠다, 참았다

(D) 도달했다, 이르렀다

정답 (B)

해설 해당 문장에서 동사 has undergone의 목적어로 쓰인 명사구 special training은 '특별 교육'을 의미한다. 따라서, has undergone이 특별 교육 과정을 거치는 일을 가리키는 것으로 볼 수 있는데, 이는 그러한 교육을 완료하는 것과 같으므로 '완료하다'를 뜻하는 complete의 과거분사 (B) completed가 정답이다.

---

13. 밍고 씨가 왜 양식에 서명했는가?

(A) 부쉐 씨가 교육 수료증 번호를 갖고 있지 않다.

(B) 부쉐 씨가 밍고 씨에게 장비를 반납할 것이다.

(C) 일부 장비가 제때 반납되지 않았다.

(D) 한 가지 장비가 오작동했다.

정답 (A)

해설 두 번째 지문의 밑에서 세 번째 줄에 위치한 '부서장 서명 (Supervisor Signature)' 항목에 밍고 씨가 서명한 것을 확인할 수 있다. 이 부서장 서명과 관련해, 첫 지문 두 번째 단락에 교육 수료증 번호가 없는 직원일 경우에 상사가 해당 장비 이용에 대해 승인해야 한다는 말이 쓰여 있어 양식 작성자인 부쉐 씨가 해당 수료증 번호를 갖고 있지 않다는 사실을 알 수 있으므로 (A)가 정답이다.

어휘 on time 제때

---

14. 디에즈 씨와 관련해 유추할 수 있는 것은 무엇인가?

(A) 장비를 더 구입하기 위한 자금을 승인했다.

(B) 페어필드 대학의 모든 공사를 총괄한다.

(C) HS 장비에 대한 교육 시간을 진행한다.

(D) 실험실 관리 책임자를 대신하고 있다.

정답 (D)

해설 세 번째 지문 첫 문장에 구즈먼 씨가 이번 주에 휴가 중이라서 이메일이 자신에게 자동으로 전송되었다는 말이 쓰여 있다. 이는 디에즈 씨가 휴가 중인 구즈먼 씨의 업무를 대신하는 경우에 발생되는 상황이며, 첫 지문 마지막 문장에 구즈먼 씨가 실험실 관리 책임자라고(Laboratory Director, Carmen Guzman) 쓰여 있으므로 (D)가 정답이다.

어휘 approve ~을 승인하다 funding 자금 (제공) oversee ~을 총괄하다, ~을 감독하다 fill in for (업무 등에 대해) ~을 대신하다

---

15. 디에즈 씨가 부쉐 씨에게 어떤 정보를 요청하는가?

(A) 자신의 사무실을 방문할 수 있는 시간

(B) 연락할 수 있는 전화번호

(C) 자세한 사고 보고서

(D) 프로젝트 업무 일정

정답 (C)

해설 세 번째 지문 중반부에 해당 사고와 관련해 더욱 구체적인 정보를 제공하는 보고서를 제출하도록 요청한다고 알리고 있으므로 (C)가 정답이다.

어휘 reach ~에게 연락하다

16-20.

수신: 파힘 바리스 <fbaris@edgesoft.com>

발신: 랄리타 보나그 <lbonnag@edgesoft.com>

날짜: 3월 23일

제목: 축하합니다!

바리스 씨께,

17 이곳 푸켓에 위치한 저희 지사로 재배치되신 것을 축하합니다! 16 다시 한 번 당신을 모시고 근무하기를 고대하고 있습니다. 분명 태국에 있는 이곳이 정말 마음에 드실 것입니다.

제가 이곳에서 알고 지내는 부동산 중개인의 연락처를 전송해 드리겠습니다. 이분께서 시내 지역에 있는 한 아파트 단지를 거래하고 계시는데, 당신이 그곳을 정말 마음에 들어 할 것이라고 생각합니다. 17 심지어 사무실에서 금방 걸어서 가실 수 있는 거리이기 때문에, 20 자동차 이용 필요성에 대해 걱정하지 않아도 될 것입니다. 게다가, 운동과 다양한 스포츠 활동을 하시는 걸 아주 좋아하신다는 사실을 기억하고 있습니다.

안녕히 계십시오.

랄리타 보나그

어휘 reassignment 재배치, 재배정 forward ~을 전송하다, ~을 회송하다 real estate agent 부동산 중개인 deal with ~을 거래하다, ~을 다루다, ~을 처리하다 complex (건물) 단지, 복합 건물 won't have to do ~하지 않아도 될 것이다

시브리즈 아파트 단지

이곳에 계시는 순간, 여러분의 집이 됩니다!

아름다운 경관을 지닌 널찍한 저희 아파트에 한 번 오셔서 둘러 보세요!
부동산 중개인에게 말씀하셔서 4곳의 저희 지점 각각에 대한 이용 가능성을 이야기해 보세요:

방콕 A: 밤룽무앙 로드 162번지

방콕 B: 차크라퐁 로드 242번지

푸켓 A: 아속-딘다엥 로드 705번지

17 푸켓 B: 송와드 로드 1300번지

각각의 A 스타일 아파트가 해변에서 조금만 걸어서 갈 수 있는 곳에 위치해 있는 반면, 17 각각의 B 스타일 아파트는 도심지역

과 가까운 곳에 편리하게 위치해 있습니다.
저희 웹사이트 www.seabreezeapt.com에서 가상 투어를 해
보실 수 있습니다.
모든 시브리즈 아파트 세대들은 동일한 최신 시설물과 편의시설
을 특징으로 합니다.
오늘 오셔서 확인해보세요!

어휘 **take a look at** ~을 한 번 보다 **spacious** 널찍한
availability 이용 가능성 **near** ~ 가까이에, ~ 근처에 **virtual**
가상의 **unit** (아파트, 상가 등의) 한 세대, 한 점포 **feature** ~
을 특징으로 하다 **state-of-the-art** 최신의 **amenities** 편
의시설

수신: 파힘 바리스 <fbaris@edgesoft.com>
발신: 칸다 와타나 <kwattana@seabreezeapt.com>
날짜: 4월 8일
제목: 귀하의 문의

바리스 씨께,

시브리즈 아파트에 대한 귀하의 관심에 감사 드립니다! 18 귀하
께서는 다음 주 오후 5시 이후로 언제든지 직접 오셔서 저희가
보유하고 있는 것을 확인해보실 시간이 있으실 거라고 언급해주
셨습니다. 화요일 저녁 5시 30분이 어떨까요? 19 14C 세대가
이번 달에 막 이용 가능한 상태가 되었는데, 이곳은 유명 가수 수
난 메타롬 씨 바로 옆집이기 때문에 아주 흥미롭습니다. 이곳에
계시는 동안, 다음을 포함하는 저희 시설물도 보여 드리겠습니
다.

· 무료 웨이트 기구, 러닝머신, 그리고 실내 자전거 운동 기구를
  갖춘 에어컨이 설치된 피트니스 센터
· 20 중대형 크기의 개인 차량을 위한 주차 공간
· 올림픽 규모의 실내 수영장
· 스쿼시 또는 농구 중 하나를 위해 이용하실 수 있는 실내 코트

귀하의 답변을 비롯해 직접 만나 뵐 수 있기를 고대합니다!

안녕히 계십시오.

칸다 와타나

어휘 **inquiry** 문의 **mention that** ~라고 언급하다 **in person** 직
접 (가서) **How about ~?** ~는 어떤가요? **treadmill** 러닝머
신 **stationary bike** 실내 자전거 운동 기구 **garage** 주차장
mid-large sized 중대형의

16. 바리스 씨와 관련해 암시된 것은 무엇인가?

(A) 전에 보나그 씨의 상사로 일했다.
(B) 최근 경영진으로 승진되었다.
(C) 시골 지역에 사는 것을 선호한다.
(D) 전에 태국을 방문한 적이 있다.

정답 (A)

해설 첫 번째 지문 첫 단락에 다시 한 번 상대방인 바리스 씨 밑에
서 일하기를 고대하고 있다고 언급하고 있다. 이를 통해, 과
거에도 바리스 씨가 보나그 씨의 상사로 일한 적이 있다는
사실을 유추할 수 있으므로 (A)가 정답이다.

어휘 **used to do** 전에 ~했다 **supervisor** 상사, 책임자, 감독
recently 최근에 **management** 경영진, 운영진 **rural** 시골
의

17. 보나그 씨가 바리스 씨에게 추천하는 아파트가 어디에 있을
것 같은가?

(A) 밤룽무앙 로드 162번지에
(B) 차크라퐁 로드 242번지에
(C) 아속-딘댕 로드 705번지에
(D) 송와드 로드 1300번지에

정답 (D)

해설 첫 지문 첫 단락에는 푸켓에 있는 지사로(here in Phuket)
재배치된 사실이, 그리고 두 번째 단락에는 시내 지역에 있
는 아파트를 언급하면서 사무실에서 금방 걸어서 갈 수 있
는 거리에 있다고 알리는 말이 각각 쓰여 있다. 이와 관련해,
두 번째 지문에서 푸켓으로 표시된 아파트들 중 B 스타일
아파트가 도심 지역과 가까운 곳에 편리하게 위치해 있다고
쓰여 있어 Phuket B: 1300 Songwad Road를 추천한 것
으로 볼 수 있으므로 (D)가 정답이다.

18. 와타나 씨가 바리스 씨에게 이메일을 보낸 한 가지 이유는
무엇인가?

(A) 실내 스포츠 행사를 관람하도록 요청하기 위해
(B) 동업자 한 명을 소개해주기 위해
(C) 주택 한 곳을 둘러볼 시간 일정을 잡기 위해
(D) 지연 문제에 대해 사과하기 위해

정답 (C)

해설 세 번째 지문 첫 단락에 상대방인 바리스 씨가 다음 주 오후
5시 이후로 언제든지 직접 가서 확인해볼 시간이 있을 거라
고 언급한 사실을 말하면서 화요일 저녁 5시 30분이 어떤지
묻고 있다. 이는 둘러보는 일정을 잡으려는 것이므로 (C)가
정답이다.

어휘 **invite A to do** A에게 ~하도록 요청하다 **business
associate** 동업자 **view** ~을 둘러보다 **residence** 주택, 거주
지 **delay** 지연, 지체

19. 14C 세대와 관련해 언급된 것은 무엇인가?

(A) 최근에 개조되었다.
(B) 다른 세대들보다 더 저렴하다.
(C) 다음 달에 이용 가능하게 될 것이다.
(D) 한 유명인의 아파트와 인접해 있다.

정답 (D)

해설	세 번째 지문 첫 단락에 Unit 14C가 지금 이용 가능한 상태라는 말과 함께 유명 가수 수난 메타롬 씨 바로 옆집이라는 사실이 언급되어 있다. 이는 유명인의 아파트와 가깝다는 뜻이므로 (D)가 정답이다.
어휘	adjacent to ~와 인접한 celebrity 유명인

20. 바리스 씨가 어떤 편의시설을 이용하지 않을 것 같은가?

(A) 피트니스 센터
(B) 주차장
(C) 수영장
(D) 실내 코트

정답	(B)
해설	첫 지문 두 번째 단락에 사무실과 아주 가까워서 자동차 이용 필요성에 대해 걱정하지 않아도 될 것이라는 말이 쓰여 있다. 따라서, 세 번째 지문 두 번째 단락에 제시된 편의시설 중에서 '주차 공간(Garage parking spaces)'을 이용하지 않을 것으로 생각할 수 있으므로 (B)가 정답이다.

21-25.

커쇼 헤럴드

23 (10월 8일) – 자동차 제조 공장이 올해 초 이곳 커쇼 지역에 문을 연 이후로, 많은 주민들이 22 유입되어 왔습니다. 이는 상품 및 서비스에 대한 훨씬 높은 수요로 이어졌기 때문에, 21 이곳 커쇼 지역의 많은 업체들이 사람들의 요구를 충족하기 위해 더 많은 직원을 모집하기를 바라고 있습니다. 폴란드 레스토랑 '바르샤바의 스타' 소유주인 바트 시코라 씨는 다트머스 애비뉴에 있는 새로운 장소로 이전도 하고 직원 숫자도 두 배로 늘리기로 결정했다고 밝혔습니다. 23 시코라 씨는 새로운 장소를 이달 말까지 재개장하는 시점에 맞춰 정상 운영할 수 있기를 바란다고 밝혔습니다.

'바르샤바의 스타'가 더 많은 직원을 필요로 하는 유일한 곳은 아닙니다. 요즘 이곳 커쇼 지역에 위치한 업체 창문마다 내걸리는 "직원 급구" 표지판이 분명 적지 않습니다. 하지만, 지역 경제 전문가들은 이 일자리들이 빠르게 충원될 것으로 예상하고 있습니다.

어휘	auto manufacturing 자동차 제조 Influx 유입 lead to ~로 이어지다 look to do ~하기를 바라다, ~하려 하다 recruit ~을 모집하다 double v. ~을 두 배로 늘리다 have A up and running A를 정상 운영시키다, A를 제대로 작동하게 하다 in time 때에 맞춰, 제때 in one's need for ~을 필요로 하는 certainly 분명히, 확실히 shortage 부족 however 하지만, 그러나 economist 경제 전문가 expect A to do A가 ~할 것으로 예상하다 fill ~을 충원하다, ~을 채우다

수신: 교대 근무 관리자들 <managers@warsawsstar.com>
발신: 바트 시코라 <bsikora@warsawsstar.com>
제목: 다가오는 면접
날짜: 10월 21일
첨부: 지원자_이력서.zip; 면접_일정표

제가 이 이메일을 보내는 이유는 촉박하게 모든 우리 일정을 마련하는 것이 쉽지 않기 때문입니다. 첨부해 드린 것은 다음 주에 이곳에서 구직 면접을 볼 예정인 지원자들의 이력서이며, 면접 일정표가 함께 들어 있습니다. 신입 직원이 늦어도 23 다트머스 애비뉴에 위치한 우리의 새 매장에서 문을 여는 첫 날인 11월 3일에는 근무를 시작해야 할 것이라는 점을 명심하시기 바랍니다.

지원자들 중에서, 제가 괜찮다고 생각하는 요리사가 2명 있는데, 우리는 그분들 중 오직 한 명만 고용할 수 있습니다. 24 첫 번째 분은 전에 실제로 요리사로 근무하신 적은 없지만, 여러 요리 관련 자격증을 취득하셨습니다. 다른 한 분은 폴란드에서 2년 동안 요리사로 근무했고 폴란드 요리에 익숙하시기는 하지만, 근무 시간에 대해 그렇게 유연하시진 않습니다. 모든 지원자들을 만나보신 후에, 10월 29일에 모여 어느 분을 우리가 첫 번째 교대 근무 요리사 자리를 위해 고용하기를 원하는지 논의해 보겠습니다.

바트 시코라, 소유주
바르샤바의 스타

어휘	shift 교대 근무(조) upcoming 다가오는, 곧 있을 line up ~을 마련하다, ~을 준비하다 on short notice 촉박하게, 갑작스럽게 통보해 along with ~와 함께 keep in mind that ~라는 점을 명심하다 no later than 늦어도 (~까지는) certification 자격증, 증명(서) be familiar with ~에 익숙하다, ~을 잘 알다 cuisine 요리 not quite as 그렇게 ~하지는 않은 flexible 유연한, 탄력적인

발신: 바트 시코라 (오전 10:03) 10월 30일

안녕하세요, 레베카 씨, 바르샤바의 스타에서 연락 드리는 바트입니다. 귀하를 첫 번째 교대 근무 요리사로 고용하기로 결정했다는 사실을 알려 드리게 되어 기쁩니다! 24 이번에 처음 요리사로 근무하시게 되는 것이기는 하지만, 분명 아주 잘 해주시리라 생각합니다. 가능하시면, 개장에 앞서, 저희 메뉴에 익숙해지실 수 있도록 25 오늘 또는 내일 중에 하루 버치 스트리트에 위치한 저희 주방으로 귀하를 모셨으면 합니다. 기회가 생기시는 대로 이 번호로 저에게 전화 주시기 바랍니다. 곧 뵐 수 있기를 바랍니다!

어휘	inform A that A에게 ~라고 알리다 do great 아주 잘 하다 prior to ~에 앞서, ~ 전에 familiarize oneself with ~에 익숙해지다 once ~하는 대로, ~하자마자

21. 기사의 목적은 무엇인가?

(A) 더 많은 직원을 고용하는 지역 업체들에 관해 보도하는 것
(B) 자동차 제조업체 한 곳을 홍보하는 것
(C) 한 레스토랑의 독특한 메뉴를 이야기하는 것
(D) 지역 업체 소유주 한 명을 소개하는 것

정답 (A)

해설 첫 지문 첫 단락에 커쇼 지역의 많은 업체들이 사람들의 요구를 충족하기 위해 더 많은 직원을 모집하기를 바라고 있다고 알리면서 그 지역의 직원 고용 현황과 관련해 알리고 있으므로 (A)가 정답이다.

어휘 **unique** 독특한, 특별한, 고유의 **profile** (인물 등) ~을 소개하다

22. 기사에서, 첫 번째 단락, 두 번째 줄의 단어 "influx"와 의미가 가장 가까운 것은 무엇인가?

(A) 대다수, 대부분
(B) 조치, 마련, 준비, 배치
(C) 측면, 양상
(D) 증가, 상승

정답 (D)

해설 influx 앞뒤로 large와 residents가 각각 연결되어 있어 influx가 주민들과 관련된 큰 변화를 가리킨다는 것을 알 수 있다. 또한, 바로 다음 문장에 상품과 서비스에 대한 수요가 훨씬 더 높아진 사실이 언급되어 있는데, 이는 주민들의 숫자가 늘어난 경우에 나타나는 현상으로 볼 수 있으므로 '증가' 등을 뜻하는 (D) increase가 정답이다.

23. 바르샤바의 스타와 관련해 무엇이 사실일 것 같은가?

(A) 메뉴를 업데이트할 계획이다.
(B) 예상보다 더 늦게 재개장할 것이다.
(C) 시내 지역에 위치해 있다.
(D) 비평가들의 뛰어난 평가를 받았다.

정답 (B)

해설 기사 작성 날짜가 상단에 10월 8일(October 8)로 쓰여 있는 첫 지문 첫 단락에는 바르샤바의 스타가 그 달 말일, 즉 10월말까지 재개장하기를 바라는 것으로 쓰여 있다. 하지만, 두 번째 지문 첫 단락에는 11월 3일이 재개장 첫 날이라고 알리고 있어 예상보다 더 늦게 재개장한다는 것을 알 수 있으므로 (B)가 정답이다.

어휘 **than expected** 예상보다 **be located in** ~에 위치해 있다 **outstanding** 뛰어난, 우수한 **critic** 비평가, 평론가

24. 레베카 씨와 관련해 무엇이 사실일 것 같은가?

(A) 특정 시간 중에 근무할 수 없다.
(B) 폴란드에 있는 레스토랑에서 근무한 적이 있다.
(C) 요리 관련 정식 자격증을 소지하고 있다.

(D) 10월 29일에 시코라 씨와 만났다.

정답 (C)

해설 세 번째 지문에 고용 결정 사실과 함께 이번에 처음 요리사로 근무하게 된다는 말이 쓰여 있다. 이 부분을 통해 두 번째 지문 두 번째 단락에서 전에 실제로 요리사로 근무한 적은 없지만 여러 요리 관련 자격증을 취득했다고 언급한 사람이 레베카 씨인 것으로 볼 수 있으므로 (C)가 정답이다.

어휘 **specific** 특정한, 구체적인 **formal** 정식의, 공식적인 **qualification** 자격(증)

25. 시코라 씨가 레베카 씨에게 무엇을 하도록 요청하는가?

(A) 일부 서류를 작성하는 일
(B) 레스토랑을 방문하는 일
(C) 이메일에 답장하는 일
(D) 시간대를 선택하는 일

정답 (B)

해설 세 번째 지문 중반부에 오늘 또는 내일 중에 하루 버치 스트리트에 위치한 주방으로 레베카 씨를 모시고 싶다고 알리고 있다. 이는 레베카 씨에게 레스토랑을 방문하도록 요청하는 말에 해당되므로 (B)가 정답이다.

어휘 **paperwork** 서류 (작업) **select** ~을 선택하다 **time slot** 시간대

토익 오프라인 현장강의 고득점 노하우가 궁금하다면?

LC 만점 제조기
알렉스 선생님

RC 고득점 메이커
이연경 선생님

시원스쿨
토익 기본서 압축노트
RC+LC 동영상 강의

10일 완성
토익 기본서 압축강의

총 42강으로 10일 만에
토익 RC+LC 기본서 내용 총 정리

토익 고득점을 위한
1:1 과외 수업

현장강의에서만 제공되는
고득점 비법 필기 모두 공개

문제풀이
전략과 이론을 한번에

[예제 → 만점 시크릿 노트] 구성의
2 step 학습으로 실전 완벽 대비

저자 이연경&알렉스의
초밀착 관리

공부질문&토익 고민이 생겼을 때
카톡 스터디방으로 바로 질문

지금 시원스쿨LAB 사이트(lab.siwonschool.com)에서 유료로 수강 가능합니다.

시원스쿨LAB에서 100% 무료로 공부하자
시원스쿨LAB
무료 학습 시스템

TOEIC 실전 문제풀이

하루 5분 투자로 이번달 토익 점수가 바뀐다!
토익 파트별 고퀄리티 퀴즈부터 해설 강의까지 무료로 누려보세요.

무료

서아쌤의 토익 10분 부스터샷

시원스쿨LAB 최서아쌤이 100% 적중에 도전합니다!
매월 정기 토익을 예측하고 목표 점수 달성을 위해 꼭 필요한 학습 포인트를 제공합니다.
정기 토익 시험 응시 전, 점수를 올리기 위한 마무리 특강

무료

토익 시험 당일 분석 LIVE 특강

토익 시험 당일 난이도 총평 및 논란 문제 종결!
시원스쿨랩 스타강사의 시험 당일 분석으로
최신 경향을 정리하세요.

무료

토익 무료 레벨테스트

50문제로 토익 예상 점수부터 파트별 취약점까지 완벽 분석!
나에게 맞는 강의 추천으로 선택이 쉬워집니다.

무료

선생님이 직접 관리하는 카카오톡 스터디

데일리 자료와 토익 비법자료, 실시간 1:1 질의응답까지!
이제 온라인에서도 빡세게 관리받으세요.

무료

실전 문제풀이와 무료 특강은 시원스쿨LAB(lab.siwonschool.com)에서 무료로 제공합니다.

시원스쿨 토익 기본서 압축노트 RC + LC
동영상 강의

RC 고득점 메이커 **이연경 강사**

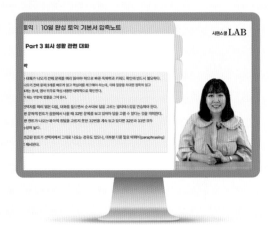

LC 만점 제조기 **알렉스 강사**

▷ 10일 완성 토익 기본서 압축 강의!

▷ 문제풀이 전략과 이론을 한 번에!

▷ 토익 고득점을 위한 밀착 코칭 수업!

▷ 현강에서만 제공되는 비법 자료 모두 공개!

밀착 코칭
카카오톡 스터디방 참여

참여 코드

swtoeic7

알렉스(박현진) 강사

(현) 분당 탑토익 학원 부원장 및 대표강사

(현) 시원스쿨LAB 토익 LC 전문강사

(현) YBM Class 실전 토익 1000제 온라인 토익 강의

(현) 안테나 뮤직 임원진 사내 영어 교육 전임강사

(전) YBM어학원 분당센터, 강남센터 강사

(전) 삼성생명, 현대, 프뢰벨, AK Plaza, CJ, 비지니스 회화 출강 강사

(학) Macquarie University 통번역대학원 / 한영 통번역 석사

시원스쿨어학연구소

토익/텝스 베스트셀러 집필진과 토익 990점 수십 회 만점자, 시험영어 콘텐츠 개발 경력 10년 이상의 원어민 전문 연구원, 미국/호주/영국의 명문 대학원 석사 출신 영어 테스트 전문가들이 포진한 시험영어 전문 연구 조직입니다. 본 연구소 연구원들은 매월 TOEIC은 물론, TOEIC SPEAKING/OPIc/SPA/IELTS/TOEFL/G-TELP/TEPS 등 주요 영어 시험에 응시하여 기출 문제를 철저하게 해부 · 분석함으로써 최신 출제 경향을 정확하게 꿰뚫고 있으며, 기출 문제 빅데이터 분석을 통해 효율적인 고득점이 가능한 학습 솔루션을 개발하고 있습니다.

토익 기본서 압축노트

10일 완성

시원스쿨 **LAB**

시원스쿨
토익 기본서 압축노트 RC+LC

초판 1쇄 발행 2023년 5월 30일
초판 2쇄 발행 2023년 11월 10일

지은이 알렉스 이연경 시원스쿨어학연구소
펴낸곳 (주)에스제이더블유인터내셔널
펴낸이 양홍걸 이시원

홈페이지 www.siwonschool.com
주소 서울시 영등포구 국회대로74길 12 시원스쿨
교재 구입 문의 02)2014-8151
고객센터 02)6409-0878

ISBN 979-11-6150-709-5 13740
Number 1-110207-12120400-08

머리말

대부분의 토익 학습자들은 최대한 짧은 시간 내에 고득점을 달성하는 것을 목표로 공부를 시작합니다. 그런데 최근 들어 토익 시험이 어려워지면서 많은 학습자들이 어떤 교재를 선택해 어떤 방식으로 공부해야 할지에 대한 고민이 특히 많아진 것 같습니다. 그래서 저는 지난 10여 년간 토익 Listening 만을 코칭해 온 경력을 토대로, 토익을 처음 준비하는 학습자부터, 만족스럽지 않은 성적을 기록한 학습자, 이미 점수가 만료되어 최근 토익 시험 경향에 대한 갈증이 있는 학습자까지 다양한 needs를 지닌 있는 학습자들을 위해 본 교재를 집필하게 되었습니다.

「시원스쿨 토익 기본서 압축노트 RC + LC」에서는 최단기 10일안에 고득점을 달성할 수 있도록 학습자들이 필수적으로 알아야 하는 이론과 출제포인트를 압축하여 정리하였습니다. 장황한 이론 설명을 배제하고 꼭 필요한 중요한 출제 포인트만 선별해서 제공하여, 이 교재로 학습하는 모든 토익 학습자들이 단기간에 목표 점수를 달성할 수 있도록 해 줄 것입니다.

「시원스쿨 토익 기본서 압축노트 LC」는

1. 단 한 권으로 LC 450점 이상의 점수를 받도록 구성되었습니다.
초급자부터 중급 이상의 수강생까지 단 한 권으로 고득점을 할 수 있도록 핵심 내용을 체계적으로 전달하고 관련 문제 또한 충분히 풀어볼 수 있도록 했습니다.

2. 토익 강의 10년 이상의 경력을 지닌 전문강사의 초특급 밀착 코칭을 제공합니다.
온오프라인 학원에서 토익만 10년 이상 지도해온 토익 LC 전문강사로서 그동안의 강의 노하우가 집약된 핵심적인 내용만을 담았습니다.

3. 최단기 10일 안에 완성하도록 핵심적인 내용만을 다루어 실용성을 높였습니다.
10일이라는 단기간 내에 집중해서 토익 시험을 준비할 수 있도록, 필수적으로 맞혀야 하는 문제와 고득점을 위한 실전 문제들을 모두 압축해서 담아냈습니다.

이 책이 취업, 졸업, 입학, 승진, 편입 등 다양한 꿈과 목표를 위해 공부하는 대한민국의 모든 토익 학습자들에게 꼭 필요한 나침반 같은 지침서가 되길 바라며, 여러분들의 꿈과 목표를 항상 응원하겠습니다.

알렉스(박현진) 강사 드림

목차

LC

RC

✏️ 왜 「토익 기본서 압축노트 RC + LC」인가?

1. 바쁜 토익커를 위한 10일 완성 솔루션

▹ 방대한 토익 기본서 내용을 초단기 10일 과정으로 압축
▹ RC 10 Days + LC 10 Days

2. 초단기 폭발적인 점수 향상 보장

▹ 최빈출 출제포인트와 실전에 바로 적용 가능한 핵심 전략만 골라 집중 학습
▹ 만점 강사의 전략적 문제풀이 과정을 그대로 보여줌으로써 풀이 속도 UP 스킬 체득

3. RC/LC 분권으로 높은 학습 편의

▹ RC와 LC를 분권하여 가벼운 두 권으로 구성 → 가볍고 빠르다!
▹ 휴대가 간편하고, 학습자의 학습 상황에 맞게 필요한 섹션부터 시작할 수 있어 효율적

4. 저자가 현장 강의에서 전수하는 비법을 집약

▹ 토익 강의 경력 10년 이상 전문 강사진이 현강에서만 공개하는 실전 비법 집약
▹ 꼼꼼한 "스파르타 관리"로 명성 높은 분당 탑토익 강사진의 밀착 관리

5. 최신 기출 트렌드 반영

▹ 최신 논란 문제, 최신 기출 고난도 표현 수록
▹ 어려워진 Part 3, 4, 7 난이도 반영

6. 엄선된 실전 문제

▹ 전략 적용 연습을 충분히 해 볼 수 있도록 각 Day마다 기출 변형 실전문제 수록
▹ 최신 기출 변형 실전 모의고사 2회분 무료 제공 (온라인)

이 책의 구성과 특징

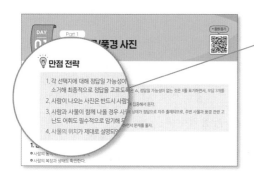

만점 전략

실전에서 반드시 통하는 문제풀이 핵심 전략을 알기 쉽게 정리해 줍니다.

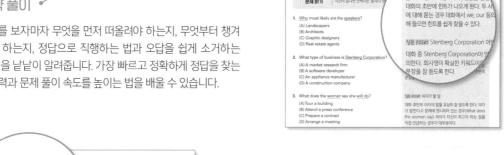

전략 풀이

문제를 보자마자 무엇을 먼저 떠올려야 하는지, 무엇부터 챙겨 봐야 하는지, 정답으로 직행하는 법과 오답을 쉽게 소거하는 법 등을 낱낱이 알려줍니다. 가장 빠르고 정확하게 정답을 찾는 직관력과 문제 풀이 속도를 높이는 법을 배울 수 있습니다.

Alex쌤의 LC 만점 씨크릿 노트

현강에서만 공개하던 강사의 비법노트! 학원에 가지 않아도 고득점에 꼭 필요한 비법자료를 얻을 수 있습니다. 기본적인 학습 내용에서 더 나아가, 알고 있을 경우 고난도 문제 대처 능력이 높아지는 추가 학습 내용을 정리한 코너입니다.

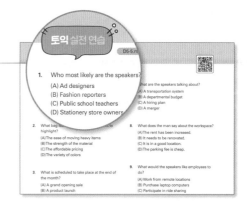

토익 실전 연습

해당 Day의 학습이 끝나면 실제 시험과 똑같은 난이도의 문제 들을 풀면서 학습이 잘 되었는지 점검합니다. 채점 후, 틀린 문 제는 오답 노트에 기록하여 취약한 부분을 완전히 보충하고 넘어가야 합니다.

# TOEIC이 궁금해

토익은 어떤 시험이에요?

TOEIC은 ETS(Educational Testing Service)가 출제하는 국제 커뮤니케이션 영어 능력 평가 시험(Test Of English for International Communication)입니다. 즉, 토익은 영어로 업무적인 소통을 할 수 있는 능력을 평가하는 시험으로서, 다음과 같은 주제를 다룹니다.

기업 일반	계약, 협상, 홍보, 영업, 비즈니스 계획, 회의, 행사, 장소 예약, 사무용 기기
제조 및 개발	공장 관리, 조립 라인, 품질 관리, 연구, 제품 개발
금융과 예산	은행, 투자, 세금, 회계, 청구
인사	입사 지원, 채용, 승진, 급여, 퇴직
부동산	건축, 설계서, 부동산 매매 및 임대, 전기/가스/수도 설비
여가	교통 수단, 티켓팅, 여행 일정, 역/공항, 자동차/호텔 예약 및 연기와 취소, 영화, 공연, 전시

토익은 총 몇 문제인가요?

구성	파트	내용	문항 수 및 문항 번호		시간	배점
Listening Test	Part 1	사진 묘사	6	1-6	45분	495점
	Part 2	질의 응답	25	7-31		
	Part 3	짧은 대화	39 (13지문)	32-70		
	Part 4	짧은 담화	30 (10지문)	71-100		
Reading Test	Part 5	단문 빈칸 채우기 (문법, 어휘)	30	101-130	75분	495점
	Part 6	장문 빈칸 채우기 (문법, 문맥에 맞는 어휘/문장)	16 (4지문)	131-146		
	Part 7 독해	단일 지문	29 (10지문)	147-175		
		이중 지문	10 (2지문)	176-185		
		삼중 지문	15 (3지문)	186-200		
합계			200 문제		120분	990점

토익 시험을 보려고 해요. 어떻게 접수하나요?

▹ 한국 TOEIC 위원회 인터넷 사이트(www.toeic.co.kr)에서 접수 일정을 확인하고 접수합니다.

▹ 접수 시 최근 6개월 이내에 촬영한 jpg 형식의 사진이 필요하므로 미리 준비합니다.

▹ 토익 응시료는 (2023년 10월 기준) 정기 접수 시 48,000원, 특별 추가 접수 시 52,800원입니다.

시험 당일엔 뭘 챙겨야 하나요?

▹ 아침을 적당히 챙겨 먹습니다. 빈속은 집중력 저하의 주범이고 과식은 졸음을 유발합니다.

▹ 시험 준비물을 챙깁니다.

  – 신분증 (주민등록증, 운전면허증, 기간 만료 전 여권, 공무원증만 인정. 학생증 안됨. 단, 중고등학생은 국내 학생증 인정)
  – 연필과 깨끗하게 잘 지워지는 지우개 (볼펜이나 사인펜은 안됨. 연필은 뭉툭하게 깎아서 여러 자루 준비)
  – 아날로그 시계 (전자시계는 안됨)
  – 수험표 (필수 준비물은 아님. 수험 번호는 시험장에서 감독관이 답안지에 부착해주는 라벨을 보고 적으면 됨)

▹ 고사장을 반드시 확인합니다.

시험은 몇 시에 끝나나요?

오전 시험	오후 시험	내용
9:30 – 9:45	2:30 – 2:45	답안지 작성 오리엔테이션
9:45 – 9:50	2:45 – 2:50	수험자 휴식 시간
9:50 – 10:10	2:50 – 3:10	신분증 확인, 문제지 배부
10:10 – 10:55	3:10 – 3:55	청해 시험
10:55 – 12:10	3:55 – 5:10	독해 시험

▹ 최소 30분 전에 입실을 마치고(오전 시험은 오전 9:20까지, 오후 시험은 오후 2:20까지) 지시에 따라 답안지에 기본 정보를 기입합니다.

▹ 안내 방송이 끝나고 시험 시작 전 5분의 휴식 시간이 주어지는데, 이때 화장실에 꼭 다녀옵니다.

시험 보고 나면 성적은 바로 나오나요?

▹ 시험일로부터 10~12일 후 낮 12시에 한국 TOEIC 위원회 사이트(www.toeic.co.kr)에서 성적 확인이 가능합니다. 성적표 수령은 우편 또는 인터넷으로 가능한데, 이는 시험 접수 시 선택할 수 있습니다.

✏️ 스파르타 학습 플랜

- 아래의 학습 진도를 참조하여 매일 학습합니다.
- 해당일의 학습을 하지 못했더라도 이전으로 돌아가지 말고 오늘에 해당하는 학습을 하세요. 그래야 끝까지 완주할 수 있습니다.
- 교재의 학습을 모두 마치면 시원스쿨랩 홈페이지(lab.siwonschool.com)에서 토익 최신 경향이 반영된 실전 모의고사를 다운로드 하여 풀어보세요.
- 교재를 끝까지 한 번 보고 나면 2회 학습에 도전합니다. 두 번째 볼 때는 훨씬 빠르게 끝낼 수 있어요. 토익은 천천히 1회 보는 것보다 빠르게 2회, 3회 보는 것이 훨씬 효과가 좋습니다.

10일 완성

DAY 01	DAY 02	DAY 03	DAY 04	DAY 05
월 일	월 일	월 일	월 일	월 일
RC DAY 01	RC DAY 02	RC DAY 03	RC DAY 04	RC DAY 05
☐ 본문 ☐ 토익 실전 연습 ☐ 오답 복습	☐ 본문 ☐ 토익 실전 연습 ☐ 오답 복습	☐ 본문 ☐ 토익 실전 연습 ☐ 오답 복습	☐ 본문 ☐ 토익 실전 연습 ☐ 오답 복습	☐ 본문 ☐ 토익 실전 연습 ☐ 오답 복습
LC DAY 01	LC DAY 02	LC DAY 03	LC DAY 04	LC DAY 05
☐ 본문 ☐ 토익 실전 연습 ☐ 오답 복습	☐ 본문 ☐ 토익 실전 연습 ☐ 오답 복습	☐ 본문 ☐ 토익 실전 연습 ☐ 오답 복습	☐ 본문 ☐ 토익 실전 연습 ☐ 오답 복습	☐ 본문 ☐ 토익 실전 연습 ☐ 오답 복습

DAY 06	DAY 07	DAY 08	DAY 09	DAY 10
월 일	월 일	월 일	월 일	월 일
RC DAY 06	RC DAY 07	RC DAY 08	RC DAY 09	RC DAY 10
☐ 본문 ☐ 토익 실전 연습 ☐ 오답 복습	☐ 본문 ☐ 토익 실전 연습 ☐ 오답 복습	☐ 본문 ☐ 토익 실전 연습 ☐ 오답 복습	☐ 본문 ☐ 토익 실전 연습 ☐ 오답 복습	☐ 본문 ☐ 토익 실전 연습 ☐ 오답 복습
LC DAY 06	LC DAY 07	LC DAY 08	LC DAY 09	LC DAY 10
☐ 본문 ☐ 토익 실전 연습 ☐ 오답 복습	☐ 본문 ☐ 토익 실전 연습 ☐ 오답 복습	☐ 본문 ☐ 토익 실전 연습 ☐ 오답 복습	☐ 본문 ☐ 토익 실전 연습 ☐ 오답 복습	☐ 본문 ☐ 토익 실전 연습 ☐ 오답 복습

20일 완성

DAY 01
월 일

RC DAY 01
- □ 본문
- □ 토익 실전 연습
- □ 오답 복습

DAY 02
월 일

LC DAY 01
- □ 본문
- □ 토익 실전 연습
- □ 오답 복습

DAY 03
월 일

RC DAY 02
- □ 본문
- □ 토익 실전 연습
- □ 오답 복습

DAY 04
월 일

LC DAY 02
- □ 본문
- □ 토익 실전 연습
- □ 오답 복습

DAY 05
월 일

RC DAY 03
- □ 본문
- □ 토익 실전 연습
- □ 오답 복습

DAY 06
월 일

LC DAY 03
- □ 본문
- □ 토익 실전 연습
- □ 오답 복습

DAY 07
월 일

RC DAY 04
- □ 본문
- □ 토익 실전 연습
- □ 오답 복습

DAY 08
월 일

LC DAY 04
- □ 본문
- □ 토익 실전 연습
- □ 오답 복습

DAY 09
월 일

RC DAY 05
- □ 본문
- □ 토익 실전 연습
- □ 오답 복습

DAY 10
월 일

LC DAY 05
- □ 본문
- □ 토익 실전 연습
- □ 오답 복습

DAY 11
월 일

RC DAY 06
- □ 본문
- □ 토익 실전 연습
- □ 오답 복습

DAY 12
월 일

LC DAY 06
- □ 본문
- □ 토익 실전 연습
- □ 오답 복습

DAY 13
월 일

RC DAY 07
- □ 본문
- □ 토익 실전 연습
- □ 오답 복습

DAY 14
월 일

LC DAY 07
- □ 본문
- □ 토익 실전 연습
- □ 오답 복습

DAY 15
월 일

RC DAY 08
- □ 본문
- □ 토익 실전 연습
- □ 오답 복습

DAY 16
월 일

LC DAY 08
- □ 본문
- □ 토익 실전 연습
- □ 오답 복습

DAY 17
월 일

RC DAY 09
- □ 본문
- □ 토익 실전 연습
- □ 오답 복습

DAY 18
월 일

LC DAY 09
- □ 본문
- □ 토익 실전 연습
- □ 오답 복습

DAY 19
월 일

RC DAY 10
- □ 본문
- □ 토익 실전 연습
- □ 오답 복습

DAY 20
월 일

LC DAY 10
- □ 본문
- □ 토익 실전 연습
- □ 오답 복습

DAY 01 Part 1

인물/사물/풍경 사진

🔆 만점 전략

1. 각 선택지에 대해 정답일 가능성이 높은 것은 O, 불확실한 것은 △, 정답일 가능성이 없는 것은 X를 표기하면서, 오답 3개를 소거해 최종적으로 정답을 고르도록 한다.
2. 사람이 나오는 사진은 반드시 사람의 동작을 나타내는 동사에 집중해서 듣자.
3. 사람과 사물이 함께 나올 경우 사람 주변의 사물이나 풍경의 상태가 정답으로 자주 출제되므로, 주변 사물과 풍경 관련 고난도 어휘도 필수적으로 암기해 두어야 한다.
4. 사물의 위치가 제대로 설명되었는지 위치를 확실히 체크하면서 문제를 풀자.

1. 인물 중심 사진

● 사람의 동작에 가장 먼저 집중한다.
● 사람의 복장과 상태도 확인한다.
● 사람 주변에 있는 사물들의 위치를 확인한다.

▶ EXAMPLE 1

D1-1.mp3

(A) The woman is _____ glasses.

(B) The woman is _____ a cup.

(C) The woman is _____ from a mug.

(D) The woman is _____ a hat.

(A) The woman is putting on glasses.

X putting on = trying on: 착용하는 동작을 묘사하는 표현

(B) The woman is filling up a cup.

X filling up a cup = pouring: 붓는 동작

(C) The woman is sipping from a mug.

X sipping: 홀짝홀짝 마시는 동작

(D) The woman is wearing a hat.

O wearing: 착용 중인 상태를 나타내므로 정답

	상태 동사	동작 동사
입다	be wearing 입고 있는(착용한) 상태 * have(has) ~ on She has her glasses on.	be putting on / be trying on 입는 동작 ↔ be taking off / be removing 옷을 벗는 동작 be tying / be fastening / be adjusting (넥타이/스카프 등을) 매는 동작 be buttoning up 단추를 채우는 동작 be buckling 버클을 채우는 동작
타다	be riding 타고 있는 상태	be getting on[onto] / be getting in[into] / be entering / be boarding / be stepping on[onto] / be embarking (교통 수단에) 타는 동작 ↔ be getting off / be getting out of / be exiting / be stepping off / be disembarking (교통 수단에서) 내리는 동작
잡다	be holding / be grasping / be grabbing / be gripping (무언가를) 잡고 있는 상태	be picking up / be lifting (무언가를) 들어올리는 동작 ↔ be putting down / be laying down (무언가를) 내려 놓고 있는 동작

▶ EXAMPLE 2

(A) The woman is _____ an apron.

(B) The woman is _____ some _____.

(C) The woman is _____ into a cup.

(D) The woman is _____ in a doorway.

(A) The woman is tying an apron.

X tying: 앞치마를 매는 동작을 묘사하는 표현

(B) The woman is making some copies.

X make copies: 복사를 하다
coffee와 copy의 유사 발음 주의!

(C) The woman is pouring coffee into a cup.

O pouring coffee: 커피를 붓는 동작

(D) The woman is standing in a doorway.

X standing 동작은 맞지만 서 있는 곳이 doorway가 아님

2. 인물 + 사물 사진

◉ 사람의 동작과 복장을 눈여겨 보고, 주변 사물에 대한 묘사에 더욱 신경 써서 듣자!
◉ 시제 듣기에 집중하자. have been p.p. [상태]와 be being p.p. [동작]을 구분할 수 있어야 한다.
◉ 사물의 명칭을 나타내는 다소 생소한 고난도 어휘에 유의하자.

▶ EXAMPLE 3

D1-4.mp3

(A) A path _____ the water.

(B) Some _____ have been built along the path.

(C) A man is running up a _____.

(D) Some lampposts are _____.

(A) A path leads to the water.

(B) Some railings have been built along the path.

(C) A man is running up a ramp.

(D) Some lampposts are being installed.

X A lead to B: A로 쭉 가면 B가 나온다, A가 B로 이어진다

O railings: 난간
   난간이 길을 따라 세워져 있으므로 정답

X ramp: 경사로

X be being p.p.는 동작을 나타내는 진행시제
   are being installed: 설치되는 중이다 (동작)
   have been installed: 설치되어 있다 (상태)

Alex쌤의 LC 만점 Secret Note 자주 출제되는 고난도 사물 명사

D1-5.mp3

vase 화병 ↝ 발음 체크! 영국 [바즈] vs. 미국 [베이스]	(electrical) outlet (전기) 콘센트
ceiling 천장	container 용기, 그릇
fireplace 벽난로	podium 연단
liquid 액체	tray 쟁반
rack 걸이, 선반	pier, dock 부두
level 층, 단	archway 아치형 길
canopy 캐노피(지붕 형태의 덮개)	entryway 입구
drawer 서랍	light fixture 조명 기구
staircase 계단	briefcase 서류 가방
fuel 연료	lid 뚜껑

✓ 사물의 상태를 나타내는 시제

현재 수동태: be + p.p.
The vehicles are parked along the curb.
차량들이 연석을 따라 주차되어 있다.

현재완료 수동태: have[has] been + p.p.
The vehicles have been parked along the curb.
차량들이 연석을 따라 주차되어 있다.

There is/are ~: ~가 있다.
There are some vehicles along the curb.
차량들이 연석을 따라 있다.

✓ 사람의 동작을 나타내는 시제

현재진행 수동태: be being p.p.
The vehicle is being parked along the curb.
차량이 연석을 따라 주차되고 있다.

> 이 문장이 정답이 되려면 반드시 사람이 나와서 being 뒤의 동사 즉, 주차하는 동작이 사진상에 보여야 한다. 만약 사진에 사람의 동작이 보이지 않는다면 소거한다!
> have been p.p. (상태)
> be being p.p. (동작)

✓ 사진에 사람의 동작이 없어도 정답이 되는 예외의 동사들

be being displayed ~이 진열되어 있다

be being watered (기계에 의해) 물이 뿌려지고 있다

Shadows are being cast. 그림자가 드리워 있다.

be being grown (꽃, 나무 등) 자라고 있다

3. 사물 중심 사진 `고난도`

● 사물의 상태를 표현하는 고난도 어휘와 시제를 확인해야 한다.
● 사람이 없는 사진에 be being p.p.가 나오면 소거한다. (예외의 경우 체크)
● 사진에 있는 사물을 묘사하는 문장에서 동사나 전치사구가 틀리게 언급되는 경우가 있으므로 끝까지 듣고 확인해야 한다.
● 사물의 수의 일치도 확인해야 한다. (단수 vs. 복수)

▶ EXAMPLE 4

`D1-7.mp3`

(A) There are _____ in the paint can.

(B) A wall is _____.

(C) The ____ of the paint can has been _____.

(D) A bucket is _____ on the table.

(A) There are paintbrushes in the paint can.

(B) A wall is being painted.

(C) The lid of the paint can has been removed.

(D) A bucket is being put down on the table.

X paintbrush는 한 개만 있으므로 오답

X 페인트칠을 하는 사람의 동작이 없으므로 오답

O 페인트 캔의 뚜껑이 제거되어 있는 상태를 묘사하는 정답

X 주어 오류, be being p.p.는 동작을 묘사하므로 시제 오류

Alex쌤의 LC 만점 Secret Note 사물 사진에 자주 나오는 포괄적 의미의 명사 `D1-8.mp3`

제품, 상품, 물건 – product, merchandise, item, goods
제과, 쿠키 종류 – baked goods
과일, 야채, 농산물 – produce
기기, 장비, 도구 – device, tool, instrument
서류, 신문, 종이 – paper, document, report
중장비 종류 – heavy machinery
건축에 사용되는 자재들 – construction material, building material
안전을 위해 사용되는 헬멧, 고글, 보호대 종류 – safety gear, safety equipment
자동차, 택시, 트럭 등 차량 – vehicle, traffic
커피, 차, 물 등 음료 – beverage
악기 – (musical) instrument
가구 – furniture
문구류 – stationery
책, 잡지 – reading material, publication

4. 풍경 중심 사진 고난도

◉ 사물의 상태와 풍경을 표현하는 어휘/표현이 어렵게 나오는 편이므로 알아 둔다.

◉ 사람이 없는 사진에 사람 주어가 언급되면 소거한다.

◉ 사람이 없는 사진에 be being p.p.가 나오면 소거한다. (예외의 경우 체크)

▶EXAMPLE 5

D1-9.mp3

(A) Some _____ have been left outside.

(B) _____ of flowers have been placed by a statue.

(C) A _____ a walkway.

(D) _____ are lining up flowers in rows.

(A) Some gardening tools have been left outside.	X tool로 보이는 사물이 없으므로 주어 오류
(B) Bouquets of flowers have been placed by a statue.	X 꽃다발이 없으므로 주어 오류
(C) A sculpture overlooks a walkway.	O 조각상이 인도를 내려다보고 있으므로 정답
(D) Gardeners are lining up flowers in rows.	X 사람이 없으므로 주어 오류

 Alex쌤의 LC 만점 Secret Note **occupied vs. unoccupied**

D1-10.mp3

좌석이나 테이블을 이용하는 사람이 있는 경우

being used
be occupied
unavailable
taken

좌석이나 테이블을 이용하는 사람이 없는 경우

unoccupied
not occupied
available
empty / vacant / deserted
None of the ~ are occupied.

1.

2.

3.

4.

5.

6.

7.

8.

9.

10.

11.

12.

정답 및 해설 p.108

★쉿! 나만 알고 싶은 Part 1 고득점 노트

동작 관련 기출 어휘 Check

- □ 보다 gazing, glancing, staring, reviewing, studying, browsing, examining, inspecting, checking
- □ (기계 등을) 작동하다, 조작하다 adjusting, operating, handling
- □ ascending 올라가다 ↔ descending 내려가다
- □ 발표하다 presenting, addressing, delivering a speech
- □ 허리를 구부리다 leaning over, bending over
- □ 기대다 leaning against
- □ 쪼그려 앉다 squatting
- □ 웅크리다 crouching

- □ 무릎을 꿇다 kneeling
- □ 마주보다 facing
- □ 식사를 하다 having a meal, dining, eating
- □ 메뉴를 보다 studying the menu
- □ 주문을 받다 taking an order
- □ 한 모금 마시다 sipping, taking a sip
- □ 휘젓다 stirring
- □ 소통하다, 대화하다 interacting with, having a conversation

야외 활동 기출 어휘 Check

- □ 거닐다, 산책하다 strolling, taking a walk
- □ 노를 젓다 paddling, rowing
- □ 운동을 하다 working out

- □ 건너다 crossing
- □ 인사를 하다 greeting each other
- □ 누워 있다 lying (동사원형은 lie)

고난도 기출 사물 사진 어휘 Check

- □ 물건이 방치되어 있다 be left unattended
- □ 사방에 흩어져 있다 be scattered
- □ 세워져 있다 be erected
- □ 고정되어 붙어 있다 be mounted
- □ A에서 쭉 가면 B로 이어져 있다 A lead to B
- □ 떠 있다 be floating
- □ ~로 구비되어 있다 be stocked with
- □ ~에 비치다 be reflected (in)
- □ ~로 가득 채워져 있다 be packed with
- □ 그림자를 드리우다 casting a shadow
- □ 내려다보다 overlooking
- □ 그늘져 있다 be shaded
- □ 환히 밝혀져 있다 be illuminated
- □ 조정되다 be adjusted

- □ ~에 받쳐 놓다 prop up against
- □ (다리가 강을) 가로지르다 span
- □ ~을 향해 뻗어 있다 extend to
- □ 모여 있다 gather, be gathered, be grouped
- □ 분류되어 있다 be sorted
- □ (도로가) 포장되어 있다 be paved
- □ 열려 있는 상태이다 be left open
- □ ~로 둘러싸여 있다 be surrounded by
- □ 텅 비어져 있다 be deserted
- □ ~으로 분리되어 있다 be separated
- □ 한쪽으로 치워져 있다 be set aside
- □ 정박되어 있다 be tied, be docked, be anchored
- □ ~에서 나오다 emerge from

고난도 기출 명사 어휘 Check

- ☐ 외바퀴 손수레 wheelbarrow
- ☐ 주방용품 utensil
- ☐ 등받이 없는 의자 stool
- ☐ 소파 couch
- ☐ 조리대, 계산대 counter
- ☐ 그릇, 용기 container
- ☐ 옷걸이, 선반 rack
- ☐ 가판대 stall
- ☐ 실험실 가운 lab coat
- ☐ 게시판 bulletin board
- ☐ 저울 scale
- ☐ 찬장 cupboard
- ☐ 천장 ceiling
- ☐ 계단 stairs / stairway / steps / staircase
- ☐ 전구 light bulb
- ☐ 가스레인지 stove
- ☐ 손잡이 knob
- ☐ 도자기 pottery
- ☐ 화분에 담긴 식물 potted plant
- ☐ 뚜껑 lid
- ☐ 양동이 bucket
- ☐ 콘센트 electrical outlet
- ☐ 노, 노를 젓다 row / paddle
- ☐ 분수, 음수대 (water) fountain
- ☐ 교차로 intersection
- ☐ 전단지 flyer
- ☐ 비계, 공사장 발판 scaffolding
- ☐ 경사대, 경사로 ramp
- ☐ 연석, 경계석 curb
- ☐ 머리 위 짐칸 overhead compartment
- ☐ 옷, 의류 garment, apparel

- ☐ 테라스, 뜰 patio
- ☐ 쟁반 tray
- ☐ 천막 canopy
- ☐ 차양 awning
- ☐ 기둥 column, pillar
- ☐ 블라인드 shade
- ☐ 창문 아래 선반 window ledge
- ☐ 창턱 windowsill
- ☐ 나무나 딱딱한 재질의 상자 crate
- ☐ 두꺼운 종이로 된 상자 carton
- ☐ 화로, 벽난로 fireplace
- ☐ 자전거를 탄 사람 cyclist
- ☐ 중장비 heavy machinery / heavy machine
- ☐ 난간 handrail, railing
- ☐ 기하학적 무늬 geometric design
- ☐ 원형무늬(문양) circular patterns

DAY 02 Part 2

의문사 의문문

🔦 만점 전략

1. 각 선택지에 대해 정답일 가능성이 높은 것은 O, 불확실한 것은 △, 정답일 가능성이 없는 것은 X를 표기하면서, 오답 2개를 소거해 최종적으로 정답을 고르도록 한다.
2. 의문사 의문문에 Yes/No 답변은 할 수 없으니 반드시 소거하자.
3. 문장 맨 앞 의문사와 함께 동사를 듣고 전반부 내용을 이해하면 쉽게 정답을 고를 수 있다.
4. 직접적인 대답이 아닌 우회적인 응답의 출제 비중이 높아지고 있다는 점을 꼭 기억해야 한다.
5. 반복음/유사음 함정, 주어 오류, 시제 오류, 연상 어휘 오류, 내용 불일치 오류 등을 체크해서 소거하도록 하자.

1. Who, When, Where 의문문

- Who – 사람 이름, 직업, 직책, 부서, 회사명이나 I, Someone, No one, Nobody, Not me 등이 정답으로 나온다.
- When – 시점을 묻는 질문이므로, 시제(과거 or 미래)에 유의해서 들어야 한다.
- Where – 장소, 위치, 방향, 출처, 담당자를 나타내는 표현이 정답으로 출제된다. 영국/호주식 발음의 경우 /r/ 발음 시 혀를 굴리지 않기 때문에 When과 구분하기 쉽지 않으므로 주의한다.

▶ EXAMPLE 1

D2-1.mp3

1. Mark your answer.	(A) (B) (C)
2. Mark your answer.	(A) (B) (C)
3. Mark your answer.	(A) (B) (C)

1. Who changed the color in the new advertisement for JW Beverages?

(A) Yes, he is the new program director.
(B) Don't you like it?
(C) Black and white.

질문 POINT 누가 색상을 바꿨나요?

(A) X 의문사에 Yes 답변 오류
(B) O 역질문 정답
(C) X [color–black and white] 연상 오류

2. When does the convention center open?

(A) They opened a new branch downtown.
(B) We'll be there soon.
(C) Not long from now, I think.

질문 POINT 언제 문 열어요?

(A) X 반복음 함정 → 의문사를 Where로 착각하면 고를 위험이 있다.
(B) X [When–soon] 연상 오류
(C) O Not long from now(머지않아) 정답

3. Where will the company retreat be held this year?

(A) We're still considering a couple of locations.
(B) It's my treat.
(C) You should check aisle number two.

질문 POINT 어디서 열리나요?

(A) O 아직 생각 중이라는 우회적 답변으로 정답
(B) X 유사음/반복음 함정 → retreat 야유회 / treat 접대
(C) X [Where–aisle number two] 연상 오류. 상점에서 물건의 위치를 물어볼 때 할 수 있는 대답

내용	답변	
잘 모르겠어요.	I don't know. 잘 모르겠어요. I have no clue. 전혀 모르겠어요. No one is sure yet. 아직 아무도 몰라요.	I have no idea. 잘 모르겠어요. I'm not sure[certain]. 잘 모르겠어요. Nobody knows. 아무도 몰라요.
	It's too early[soon] to tell. 말씀드리기 너무 일러요. I wish I knew. 저도 알았으면 좋겠어요. Who knows? 누가 알겠어요?	
결정되지 않았어요./ ~에 따라 달라요.	It hasn't been decided yet. 아직 결정되지 않았어요. It hasn't been finalized yet. 아직 마무리되지 않았어요. I'm still deciding. 아직 결정 중입니다. I haven't made up my mind. 아직 결정하지 못했어요. I'm still considering[thinking about] it. 아직 고려 중입니다. We're still in the planning stages. 저희는 아직 기획 단계에 있습니다. I'm still waiting to hear back. 회답을 기다리고 있어요. It depends. 그때그때 달라요.	
들은 바가 없어요.	I haven't been told yet. 아직 듣지 못했어요. Alex will let me know this afternoon. 알렉스 씨가 오늘 오후에 알려주기로 했어요. I haven't heard anything yet. 아직 아무것도 듣지 못했어요. I haven't been notified[informed]. 통지를 받지 못했어요. That's news to me. 처음 듣는 이야기인데요. No one told me about that. 아무도 그것에 대해 제게 얘기해 주지 않았어요.	
확인해 볼게요. 확인해 보세요.	Let me check that for you. 확인해 볼게요. I'll find out. / I'll try to find out. / I'll go see. 제가 알아 볼게요. I'll let you know soon. 곧 알려드릴게요. I'll check to make sure. 제가 확실한 건지 알아 볼게요. I'll ask her[him, them]. 그녀[그, 그들]에게 물어볼게요. Why don't you ask Alex? 알렉스 씨에게 물어보는게 어때요? Alex might[would, should] know. 아마 알렉스 씨가 알고 있을 거예요. Please ask Alex. / Ask Alex. / Speak[Talk] to Alex. / That's the question for Alex. 알렉스 씨에게 물어보세요. Let me ask someone else. 다른 사람에게 물어볼게요. Let me call the supplier. 납품업체에게 전화해 볼게요. Please check the bulletin board. 게시판을 확인해 보세요. It's listed in the announcement[on the website / on the Internet]. 공고문[웹 사이트에 / 인터넷에]에 나와 있어요. The schedule was emailed yesterday. 스케줄은 어제 이메일로 보냈어요. (이메일 확인하세요.)	
기억이 나지 않아요.	I forgot. 깜빡했어요. I can't remember. 기억이 나지 않아요. I'm sorry, I forgot. / I'm afraid I forgot all of them. 기억이 안나요. I don't recall seeing it. 그것을 본 기억이 없어요. It completely slipped my mind. 까맣게 잊었어요.	

2. What, Which 의문문

- What – What 뒤에 오는 명사에 따라 질문의 내용과 답변이 바뀌므로 What 뒤에 오는 명사를 꼭 들어야 한다.
- Which – Which 뒤에 오는 명사까지 꼭 들어야 하며, Which에 대해서는 어떤 하나를 특정하는 답변인 the one(~것)이 정답으로 자주 나온다.

▶ EXAMPLE 2

D2-3.mp3

1. Mark your answer.　　　(A)　(B)　(C)
2. Mark your answer.　　　(A)　(B)　(C)

1. Which computer model did you purchase for the new project?

(A) Actually, I haven't bought one yet.
(B) Sorry, I forgot his name.
(C) Because it's brand new.

질문 POINT 어떤 컴퓨터를 샀나요?

(A) O 아직 사지 못했다고 말하는 우회적 답변으로 정답. Actually ~ 답변은 정답 가능성이 높다.
(B) X 엉뚱한 대상(his)을 말하는 오답
(C) X Because는 which 질문에 오답

2. What was the theme of yesterday's workshop?

(A) We plan to talk about sales.
(B) I liked that shop, too.
(C) I was meeting with my new clients.

질문 POINT 주제가 뭐였나요?

(A) X 시제 오류
(B) X 유사음/반복음 함정
(C) O 고객과의 미팅으로 워크샵에 참여하지 못해서 워크샵 주제를 모른다는 우회적 답변으로 정답

Alex쌤의 LC 만점 Secret Note　시험에 잘 나오는 What/Which 의문문

What/Which + 명사	What 관용 표현
What time = When 언제	What made you ~? = What's the reason 왜
What's the date[day/deadline/timeline] = When 언제	★ How come ~? 왜
	What about ~? = How about ~? ~하는게 어때요?
What type[kind/sort] = Which	What do you say to + (동)명사 ~? ~하는게 어때요?
What place[location/space] = Where 어디	What do you think of[about] ~?
What's the price(가격) = How much 얼마	= What do you say about ~? ~에 대해서 어떻게 생
price 자리에 cost(비용), estimate(견적), fee(요금), budget(예산), monthly expense(월간 지출), net profit(순수익) 등이 올 수 있다.	각해요?
	What is ~ like? ~은 어떤가요?
What's the seating capacity = How many	What would you like to ~? 무엇을 ~하시겠어요?
What's the problem = What's wrong with ~ 무슨 일이야	What are you going to do ~? 무엇을 할 계획인가요?
	What do you want me to do ~? 제가 무엇을 할까요?
What happened to ~ 무슨 일이야	What can we do ~? 무엇을 할 수 있을까요?
What's the (best/fastest) way 방법	What should we do ~? 무엇을 해야 할까요?
What's the topic = What is ~ about? 주제	
Which of you = Who	

3. Why, How 의문문

- Why는 [Why + 동사]를 반드시 들어야 어떤 이유를 묻는지 정확히 파악할 수 있다.
- How는 '어떻게, 얼마나, 어때요' 등 다양한 의미로 나오므로 How만 들어서는 질문을 이해할 수 없다. How 뒤에 나오는 형용사/부사를 반드시 듣고 이어지는 동사와 명사를 듣고 파악해야 한다.
- Why에 대해서는 because, to부정사로 답하거나 이유를 설명하는 문장의 형태가 정답으로 출제된다. 물론 due to(~때문에), for + 명사(~를 위해서), since(~때문에) 등도 Why에 어울리는 답변 패턴이다.
- [How + 동사] = '어떻게' / [How + 형용사/부사] = '얼마나' / [How do you like + 명사] = '어때요'[상태]로 해석한다.
- Why don't we[you / I] ~? How about ~?은 '~하시겠어요?'라는 뜻으로 제안·권유를 나타낸다. 이에 대해서는 수락 또는 거절로 응답할 수 있기 때문에 Yes/No 답변도 가능하다.

▶ EXAMPLE 3

D2-4.mp3

1. Mark your answer.	(A) (B) (C)
2. Mark your answer.	(A) (B) (C)
3. Mark your answer.	(A) (B) (C)

1. Why is our company's Internet currently unavailable?

(A) It's working for me.
(B) He's in his office right now.
(C) Because I am available this weekend.

질문 POINT 왜 인터넷이 안되나요?
(A) O 현재 문제가 없음을 나타내는 우회적 답변으로 정답
(B) X He라는 주어 오류로 오답
(C) X [Why-Because] 내용 오류

2. How can I make a reservation for a group tour?

(A) A popular new exhibit.
(B) Visit our museum's Web site.
(C) The discount applies to groups of 4 or more.

질문 POINT 예약 어떻게 하나요?
(A) X [group tour-exhibit] 연상 오류
(B) O 예약 방법을 알려주는 정답
(C) X 반복음 함정

3. How long will the building addition take to finish?

(A) We're still going over some plans.
(B) Which building do you like better?
(C) That's okay, I'll be fine.

질문 POINT 얼마나 걸리나요?
(A) O 아직 계획을 검토 중이라는 것은 시간이 더 걸릴 것이라는 우회적 답변으로 정답. still은 Part 2에서 정답으로 자주 출제된다.
(B) X 반복음 함정
(C) X 의문사 의문문에 okay로 대답이 불가하므로 오답

Alex쌤의 LC 만점 Secret Note 암기해야 할 How 질문 패턴

✓ How + 형용사/부사

How long ~? 얼마나 오래 → 기간
How much ~? 얼마 → 가격
How many ~? 얼마나 많은(많이) → 수량
How often / How frequently 얼마나 자주 → 빈도
How soon[quickly] 얼마나 빨리 / How late 얼마나 늦게 / How early 얼마나 일찍 → 시기, 시간
How far (away) ~ 얼마나 멀리 → 거리

✓ 의견이나 이유

How do you like + 명사? ~ 어때요?
How do you feel about ~? 어떻게 생각하나요?
How would you like + 명사? ~을 어떻게 해드릴까요?
How would you like to do ~? = How do you want to do ~? 어떻게 ~하고 싶으세요?
How come 주어+동사? 왜 하나요?

✓ 상태나 상황

How is/are ~? ~ 어때요? → 상태
How do/does ~ look? ~ 어때 보여요? → 상태
How did ~ go? 어땠나요? → 상황
How's[How're] ~ coming along? 어떻게 되어 가고 있나요? → 진행 상황

✓ 제안문

How about ~ing? = What about ~? ~하는 게 어때요? → 질문이 아니라 제안하는 것이므로 Yes/No 응답 가능!

D2-5.mp3

1. Mark your answer.   (A) (B) (C)

2. Mark your answer.   (A) (B) (C)

3. Mark your answer.   (A) (B) (C)

4. Mark your answer.   (A) (B) (C)

5. Mark your answer.   (A) (B) (C)

6. Mark your answer.   (A) (B) (C)

7. Mark your answer.   (A) (B) (C)

8. Mark your answer.   (A) (B) (C)

9. Mark your answer.   (A) (B) (C)

10. Mark your answer.   (A) (B) (C)

11. Mark your answer.   (A) (B) (C)

12. Mark your answer.   (A) (B) (C)

13. Mark your answer.   (A) (B) (C)

14. Mark your answer.   (A) (B) (C)

15. Mark your answer.   (A) (B) (C)

16. Mark your answer.   (A) (B) (C)

17. Mark your answer.   (A) (B) (C)

18. Mark your answer.   (A) (B) (C)

19. Mark your answer.   (A) (B) (C)

20. Mark your answer.   (A) (B) (C)

21. Mark your answer.   (A) (B) (C)

22. Mark your answer.   (A) (B) (C)

23. Mark your answer.   (A) (B) (C)

24. Mark your answer.   (A) (B) (C)

25. Mark your answer.   (A) (B) (C)

정답 및 해설 p.111

만점 전략

1. 각 선택지에 대해 정답일 가능성이 높은 것은 O, 불확실한 것은 △, 정답일 가능성이 없는 것은 X를 표기하면서, 오답 2개를 소거해 최종적으로 정답을 고르도록 한다.
2. 의문사 의문문과 달리 Yes/No 답변이 가능하며, Yes/No를 생략한 답변도 정답으로 자주 나온다.
3. 주어, 동사, 시제를 반드시 들어야 질문에 대한 대략적인 이해가 가능하다.
4. 대부분의 일반 의문문은 동사의 의미대로 대답이 나오지만, 우회적인 답변도 자주 출제되므로 주의한다.
   (Yes/No로 답변 가능한 일반 의문문은 의문문 동사의 의미만 파악해도 대답 유추 가능)
5. 반복음/유사음 함정, 주어 오류, 시제 오류, 연상 어휘 오류, 내용 불일치 오류 등을 체크해서 소거하도록 하자.

1. 일반 의문문

- 의문사가 아닌 Be동사, Do, Have, Will, Can 등으로 시작하는 질문을 일반 의문문이라고 한다.
- 주어, 동사의 시제를 제대로 들어야 한다.

> **Did you finish the project?**
>
> 질문 POINT 끝냈나요?
>
> – 프로젝트를 끝냈다면 Yes, 아직 끝내지 못했다면 No로 응답하는 것이 기본적인 답변이다.
> – Yes나 No를 생략하고 답변할 수 있다.

▶ EXAMPLE 1

D3-1.mp3

1. Mark your answer. (A) (B) (C)
2. Mark your answer. (A) (B) (C)

1. Did Mr. Anderson submit the budget report?
(A) Yes, he was hired last month.
(B) No, he hasn't gotten to it yet.
(C) You'll have to file a travel expense report.

질문 POINT 앤더슨이 제출했나요?
(A) X 내용 불일치 오류
(B) O 아직 하지 못했다는 정답
(C) X 반복음 함정

2. Have you received confirmation from the head manager yet?
(A) Please confirm that by 5 p.m.
(B) No, let's contact her right now.
(C) In the conference room.

질문 POINT 컨펌 받았나요?
(A) X 유사음/반복음 함정
(B) O 아직 안 받았으니 지금 연락해보자는 정답
(C) X 내용 불일치 오류

2. 부정 의문문

◉ Don't you, Isn't he, Aren't we, Haven't you처럼 일반 의문문의 조동사나 be동사에 not이 붙은 질문을 부정 의문문이라고 한다.

◉ 문제 푸는 방식은 일반 의문문과 동일하다. 문제를 들을 때 앞에 있는 not은 무시하고 동사 위주로 해석해서 응답이 긍정이면 Yes, 부정이면 No로 대답한다.

Didn't you finish the project?

질문 POINT 끝내지 않았나요? → 끝냈나요?

– 부정 의문문의 not은 무시하고 긍정 의문문과 동일하게 해석한다.

– 프로젝트를 끝냈다면 Yes, 아직 끝내지 못했다면 No로 응답하는 것이 기본적인 답변이다.

– Yes나 No를 생략하고 답변할 수 있다.

▶ EXAMPLE 2

1. Mark your answer.　　　(A)　(B)　(C)

2. Mark your answer.　　　(A)　(B)　(C)

---

1. Hasn't your branch manager approved your transfer yet?

(A) They moved to a new office last year.
(B) I just put in the request.
(C) I can prove myself.

질문 POINT 매니저가 승인했나요?

(A) X they 주어 오류
(B) O 방금 승인 요청했다는 정답
(C) X 반복음/유사음 함정

2. Didn't you take notes during today's presentation?

(A) You can take one if you want.
(B) Who will present the data?
(C) A recording was available.

질문 POINT 필기했나요?

(A) X 반복음 함정
(B) X 반복음/유사음 함정
(C) O 녹음이 가능해서 따로 필기를 안 했다는 정답

Alex쌤의 LC 만점 Secret Note 　모르면 안 들리는 부정 의문문 연음

D3-3.mp3

뒤에 이어지는 주어와 섞여 빠르게 연음이 될 경우, 당황해서 소리는 물론 의미까지 놓치기 쉬우므로 연음된 소리를 미리 알고 연습해 두어야 한다.

Haven't you already got tickets for the show?
[해븐츄]
Shouldn't we update our company logo?
[슈른위]
Won't you be at the panel discussion tomorrow?
[워운츄]

won't = will not
won't의 발음은 [워운트]

3. 부가 의문문

● 사실이나 정보에 대한 동의 및 확인을 구할 때 사용된다.

● 부가 의문문은 형태가 어떻든 신경 쓸 필요가 없다. 부가 의문문 앞에 주어진 문장의 내용에만 집중!

● 부정 의문문과 마찬가지로 동사를 꼭 듣고 질문을 일반 의문문과 동일하게 해석하여 응답이 긍정이면 Yes, 부정이면 No로 대답한다.

You finished the project, didn't you?

질문 POINT 끝냈죠, 그렇죠?

– 질문의 핵심은 동사! 일반 의문문처럼 생각하고 해석하면 쉽다.

– 프로젝트를 끝냈다면 Yes, 아직 끝내지 못했다면 No로 응답할 수 있다.

– Yes/No는 생략 가능하다.

▶ EXAMPLE 3

D3-4.mp3

1. Mark your answer.　　(A)　(B)　(C)

2. Mark your answer.　　(A)　(B)　(C)

3. Mark your answer.　　(A)　(B)　(C)

---

1. Mr. Potter arrived at 7 at the airport today, didn't he?

(A) Yes, gate 7 was closed.
(B) Actually, I got here before 6.
(C) All flights were delayed.

질문 POINT 포터 씨가 도착했죠?

(A) X 연상 어휘 오류

(B) X 주어 오류

(C) O 모든 비행편이 지연돼서 아직 도착하지 않았다는 의미이므로 정답

2. You have an extension cord somewhere, right?

(A) We can't extend the deadline.
(B) Of course, I do.
(C) We've been expecting you.

질문 POINT 연장선 있죠?

(A) X 반복음/유사음 함정

(B) O 물론 가지고 있다고 답하는 의미이므로 정답

(C) X 반복음/유사음 함정

3. The train hasn't departed yet, has it?

(A) Around the corner from the station.
(B) The training session is down the hall.
(C) No, you've got 5 minutes.

질문 POINT 기차 출발했죠? ⟿ 부정문이라도 일반 긍정문으로 해석

(A) X 연상 어휘 오류

(B) X 반복음/유사음 함정

(C) O 아직 출발하지 않았으며 5분 후에 출발한다는 의미이므로 정답

Q Do you know who wants to request technical support?
A Sorry, I just got into the office.

　누가 기술 지원을 요청하기를 원하는지 아세요?
　죄송해요, 방금 사무실에 왔어요. ⟿ 방금 들어와서 질문과 관련된 내용을 몰라요.

Q Why is the office so cold?
A I just came in.

　왜 사무실이 이렇게 추워요?
　저도 방금 들어왔어요. ⟿ 방금 들어와서 왜 그런지 몰라요.

Q Have you ordered more paper clips yet?
A Kate is in charge of supplies.

　혹시 페이퍼 클립 주문했나요?
　케이트 씨가 물품 담당인데요. ⟿ 제 일이 아니라서 몰라요.

Q Jason is going to Kevin's retirement party, isn't he?
A I don't think they worked together.

　제이슨 씨가 캐빈 씨의 은퇴 파티에 가시는 거죠?
　그분들이 같이 일한 적 없을 걸요. ⟿ 참석 여부에 대한 대답이 아닌 '두 분이 모르는 사이인 것 같아요' 라는 뜻

Q When will the copy machine be repaired?
A I'll call the shop to find out.

　복사기는 언제 수리되나요?
　전화 걸어서 알아볼게요. ⟿ 모르겠습니다만, 알아볼게요.

Q Can you find me some nails?
A I'll call the maintenance department.

　못 좀 찾아줄래요?
　유지보수 부서에 전화 해볼게요. ⟿ 저도 어디 있는지 모릅니다. 담당 부서에게 알아볼게요.

Q What's one of the requirements for the position?
A Maybe they are listed on the Web site.

그 직책의 지원자격 중 하나는 무엇인가요?
웹 사이트에 나와 있을 거예요. ⟿ 공고문을 찾아서 직접 알아보세요.

Q The management workshop is going to be held this Friday, isn't it?
A Haven't you checked your e-mail?

경영 워크숍이 이번 금요일에 열리죠, 그렇지 않나요?
이메일 확인 안 했어요? ⟿ 이메일로 이미 관련 정보가 전송되었으니 읽어보세요.

Q Should I present this data at the meeting tomorrow?
A Why don't you ask Alex?

내일 회의에서 이 자료를 발표해야 할까요?
알렉스 씨에게 물어보는 게 어때요? ⟿ 나도 잘 모르니 담당자인 알렉스 씨에게 물어보세요.

Q There's a special exhibition at the art gallery this Friday, right?
A I think I saw an article about it in today's newspaper.

이번 금요일에 화랑에서 특별 전시가 있죠?
오늘 신문에서 그것에 대한 기사를 본 것 같아요. ⟿ 기사를 읽고 알아보세요.

D3-7.mp3

1. Mark your answer. (A) (B) (C)

2. Mark your answer. (A) (B) (C)

3. Mark your answer. (A) (B) (C)

4. Mark your answer. (A) (B) (C)

5. Mark your answer. (A) (B) (C)

6. Mark your answer. (A) (B) (C)

7. Mark your answer. (A) (B) (C)

8. Mark your answer. (A) (B) (C)

9. Mark your answer. (A) (B) (C)

10. Mark your answer. (A) (B) (C)

11. Mark your answer. (A) (B) (C)

12. Mark your answer. (A) (B) (C)

13. Mark your answer. (A) (B) (C)

14. Mark your answer. (A) (B) (C)

15. Mark your answer. (A) (B) (C)

16. Mark your answer. (A) (B) (C)

17. Mark your answer. (A) (B) (C)

18. Mark your answer. (A) (B) (C)

19. Mark your answer. (A) (B) (C)

20. Mark your answer. (A) (B) (C)

21. Mark your answer. (A) (B) (C)

22. Mark your answer. (A) (B) (C)

23. Mark your answer. (A) (B) (C)

24. Mark your answer. (A) (B) (C)

25. Mark your answer. (A) (B) (C)

정답 및 해설 p.116

DAY 04 Part 2

선택 의문문, 제안·요청문, 평서문

음원 듣기

만점 전략

1. 각 선택지에 대해 정답일 가능성이 없는 것은 O, 불확실한 것은 △, 정답일 가능성이 없는 것은 X를 표기하면서, 오답 2개를 소거해 최종적으로 정답을 고르도록 한다.
2. 선택 의문문은 문장 구조상 문장을 끝까지 들어야 A or B 두 가지 선택사항을 파악할 수 있다.
3. 제안·요청문은 대부분 수락/거절하는 답변이 정답으로 출제되나, 최근 우회적인 답변 정답이 늘어나고 있다.

1. 선택 의문문

● [A or B] 두 가지 중 무엇을 선택할지 묻는 질문이므로 한 가지를 선택하는 것이 보편적이다. 이때 질문에 제시된 단어를 그대로 언급하거나 다른 말로 바꿔 지칭하기도 하는데, 후자의 경우에서 난이도가 높다.
● 둘 중 하나를 선택하는 것 외에 neither(둘 다 아니다), either(둘 중 아무거나 하나), both(둘 다), whichever(아무거나) 등 다양한 답변 또한 나올 수 있다는 것을 기억해 두자.
● 선택 의문문은 Yes/No로 답변할 수 없으므로 Yes/No로 시작하는 답변은 소거한다. 단, [완전한 문장 or 완전한 문장]의 구조일 경우 Yes/No 대답이 나올 수도 있으므로 주의한다.

▶EXAMPLE 1

D4-1.mp3

| 1. Mark your answer. | (A) (B) (C) |
| 2. Mark your answer. | (A) (B) (C) |

1. Should I go over the sales report, or will someone else review it?

(A) It's selling well so far.
(B) You should take responsibility for that.
(C) I think it's over.

질문 POINT 내가 검토 or 다른 사람?

(A) X [sales-selling] 연상 오류
(B) O '당신이 해야 한다'는 의미로 정답
(C) X 반복음 함정

2. Would you rather walk on the outdoor track or at the indoor gym?

(A) It's quite hot today.
(B) Please keep track of them.
(C) Walking is a good exercise.

질문 POINT 밖에서 or 실내에서?

(A) O '오늘 꽤 덥다'라는 것은 실내를 선택하는 정답
(B) X 반복음 함정
(C) X 유사음 함정

2. 제안·요청문

● 자주 나오는 패턴 (Can you ~?, Could you ~?, Would you like to ~?, Would you mind ~?, Why don't you[we] ~?, Shouldn't we ~?) 등을 암기해 놓도록 하자.
● 상대방의 제안이나 요청에 대해서 직접적으로 수락/거절하는 답변이 보편적이지만, 어려운 문제의 경우 우회적으로 수락/거절을 하기 때문에 주의해야 한다.
● 수락/거절 답변 외에 제안에 대해 세부적인 정보를 되묻는 답변도 출제된다.

▶ EXAMPLE 2

D4-2.mp3

| 1. Mark your answer. | (A) (B) (C) |
| 2. Mark your answer. | (A) (B) (C) |

1. Could I borrow that novel after you're finished with it?

(A) It's a highly novel system.
(B) Jamal asked me first.
(C) Can you read it again?

질문 POINT 소설책 빌려도 될까요?

(A) X 반복음 함정
   novel n. 소설 / a. 기발한
(B) O 거절 답변이므로 정답
(C) X [novel-read] 연상 오류

2. Would you mind if I kept the window open?

(A) Sure, I'll close it now.
(B) I prefer a window seat.
(C) Isn't the office too cold?

질문 POINT 창문 열어 둬도 될까요?

(A) X [open-close] 연상 오류
(B) X 반복음 함정
(C) O 사무실이 춥지 않냐고 되묻는 것은 추워서 안되겠다고 우회적으로 거절하는 의미로 정답

Alex쌤의 LC 만점 Secret Note 다양한 형태의 수락/거절 답변

D4-3.mp3

수락/동의	Yes, please. No problem. / Okay. That sounds good to me. / That's fine with me. Sure. / Of course. / Certainly. / Absolutely. / Definitely. Why not? / Go ahead. I really should do it. I'd love to. / I'd be happy to. / I'm glad to. / I'd be delighted to. That's a good idea. / It's my pleasure. / That would be great[nice].
거절/부정	I'm sorry, but ~. / Sorry, I have other plans. / Sorry, I can't make it. No thanks. I'm afraid that I can't ~ I wish I could ~ Probably not. Unfortunately, ~

3. 평서문

● 난이도가 가장 높은 유형으로, 회당 3~6 문제 정도 출제된다. 문장에서 비교적 강하게 발음되는 핵심 단어를 잘 챙겨 듣고 문장의 핵심 내용을 제대로 이해해야 한다.

● 어울리지 않는 오답 2개를 찾는 소거법을 최대한 활용하도록 하자.

● 주된 답변 유형에는 되묻기, 제안, 맞장구 유형이 있으며, 문장이 아닌 명사구로 된 답변은 오답일 확률이 높다.

▶ EXAMPLE 3

D4-4.mp3

1. Mark your answer.   (A) (B) (C)
2. Mark your answer.   (A) (B) (C)

1. I just heard from David about the sales figures last month.

(A) Last month's big sale event.
(B) The data was quite surprising.
(C) He works in sales.

질문 POINT 매출 수치에 대해 들었어요.

(A) X 반복음 함정
(B) O 맞장구 정답(the sales figures = the data)
(C) X 반복음 함정

2. I thought the manager was supposed to be transferred to the Chicago office this week.

(A) There was an e-mail update about that.
(B) I sent the money by bank transfer.
(C) I chose to move to the Seattle branch.

질문 POINT 매니저가 시카고로 옮기는 줄 알았어요.

(A) O 이메일에 그 내용이 있었으니 확인하라는 의미로 정답
(B) X 반복음/유사음 함정
(C) X [transfer-move to] 연상 오류

Alex쌤의 LC 만점 Secret Note   평서문 문제가 좋아하는 답변

D4-5.mp3

Q I can't understand the client's handwriting on this document.
이 문서에 있는 고객의 글씨를 이해하지 못하겠어요.
(A) Why don't you ask her to fill it out again? ⟿ 문제점을 말하는 평서문은 해결책을 제시하는 답변을 좋아한다. (O)
(B) I'd like to win the contract. 연상 오류 (X)
(C) A separate application form. ⟿ 평서문에 명사형 답변이 나오면 거의 오답 (X)

Q I'm going to order some sandwiches now, if you're hungry.
배가 고프시다면 제가 지금 샌드위치를 주문하려고 해요.
(A) She is so angry right now. 주어 오류 (X)
(B) Can I see the menu? ⟿ 평서문은 되묻는 답변이 정답인 경우가 많다. (O)
(C) Of course, fast food isn't good for you. 연상 오류 (X)

Q Ms. Alex Cooper will be a great head manager for our branch office.
알렉스 쿠퍼 씨는 우리 지사에 훌륭한 수석 매니저가 될 겁니다.
(A) She does achieve the highest sales. ⟿ 평서문에 맞장구치는 답변이 정답인 경우가 많다. (O)
(B) She did a really great job. 시제 오류, 반복음 함정 (X)
(C) I have to trim some branches this weekend. 반복음 함정 (X)

D4-6.mp3

1. Mark your answer.　　　(A)　(B)　(C)

2. Mark your answer.　　　(A)　(B)　(C)

3. Mark your answer.　　　(A)　(B)　(C)

4. Mark your answer.　　　(A)　(B)　(C)

5. Mark your answer.　　　(A)　(B)　(C)

6. Mark your answer.　　　(A)　(B)　(C)

7. Mark your answer.　　　(A)　(B)　(C)

8. Mark your answer.　　　 (A)　 (B)　 (C)

9. Mark your answer.　　　(A)　(B)　(C)

10. Mark your answer.　　　(A)　(B)　(C)

11. Mark your answer.　　　(A)　(B)　(C)

12. Mark your answer.　　　(A)　(B)　(C)

13. Mark your answer.　　　(A)　(B)　(C)

14. Mark your answer.　　　(A)　(B)　(C)

15. Mark your answer.　　　(A)　(B)　(C)

16. Mark your answer.　　　(A)　(B)　(C)

17. Mark your answer.　　　(A)　(B)　(C)

18. Mark your answer.　　　(A)　(B)　(C)

19. Mark your answer.　　　(A)　(B)　(C)

20. Mark your answer.　　　(A)　(B)　(C)

21. Mark your answer.　　　(A)　(B)　(C)

22. Mark your answer.　　　(A)　(B)　(C)

23. Mark your answer.　　　(A)　(B)　(C)

24. Mark your answer.　　　(A)　(B)　(C)

25. Mark your answer.　　　(A)　(B)　(C)

정답 및 해설 p.121

Part 2 필수 어휘_교통, 여행

- baggage claim (area) (공항의) 수하물 찾는 곳
- aisle seat 통로 쪽 좌석 / window seat 창가 쪽 좌석
- provide directions 길을 안내해주다
- one-way trip 편도 / round trip 왕복
- direct flight 직항편 / connecting flight 연결편
- departure 출발
- jet lag 시차증
- parking permit 주차 허가증
- waive the parking fee 주차비를 면제하다
- drop someone off ~을 차로 내려주다
- give a ride = give a lift 태워주다
- pick someone up ~을 태워주다
- heavy traffic 교통체증
- traffic congestion = traffic jam 교통혼잡
- public transportation 대중교통

- airfare 항공 요금
- book = reserve 예약하다
- customs 세관
- on board 기내에
- overhead compartment 머리 위 짐칸
- sightseeing 관광
- souvenir 기념품
- commute 통근하다
- abroad = overseas 해외로
- itinerary 여행 일정표
- accommodations 숙박시설
- cover the cost 금액을 보상해주다
- detour 우회로
- alternative route 대체 경로

Part 2 필수 어휘_회의

- annual report 연간 보고서
- extend 연장하다
- extension 내선 번호, 연장
- expand 확장하다
- board of directors 이사회
- participant 참석자
- registration fee 등록비
- sign up for = register for = enroll in ~에 등록하다
- be absent from ~에 불참하다
- mandatory 필수적인, 의무적인
- upcoming 곧 있을
- make[give, deliver] a speech 연설하다
- make[give, deliver] a presentation 발표하다
- notify 알리다, 공지하다

- come up with an idea 아이디어를 내다
- agenda 안건
- sales figures 매출 수치
- call off = cancel 취소하다
- call a meeting 회의를 소집하다
- put off = postpone 미루다, 연기하다
- sales target 목표 매출액
- estimate 예상치
- profit 이익
- strategy 전략
- promotion 홍보, 판촉
- demand 수요
- demonstration 시연
- attract customers 고객을 끌어들이다

Part 2 필수 어휘_채용, 인사

- ☐ qualified 자격을 갖춘
- ☐ qualification 자격요건
- ☐ be in charge of = be responsible for
  ~을 담당하다, ~에 책임이 있다
- ☐ evaluate 평가하다
- ☐ give a raise 임금을 인상하다
- ☐ nomination 추천, 지명
- ☐ human resources = personnel 인사부
- ☐ application form 지원서
- ☐ apply for a job 지원하다
- ☐ applicant 지원자 / candidate 후보자
- ☐ fill out = complete a form 양식을 작성하다
- ☐ letter of recommendation = reference letter
  추천서
- ☐ résumé 이력서
- ☐ job opening = job vacancy 일자리 공석
- ☐ hire = employ = recruit 고용하다
- ☐ cover a shift 근무를 대신하다
- ☐ day shift 낮 근무 / night shift 저녁 근무

- ☐ take over a position 직책을 맡다
- ☐ replace (사람을) 대신하다
- ☐ transfer = relocate 전근 가다
- ☐ be promoted to ~로 승진하다
- ☐ get a promotion 승진하다
- ☐ retire 은퇴하다
- ☐ performance evaluation[appraisal, review]
  업무 평가
- ☐ trainee 훈련생
- ☐ temporary worker 임시직 직원
- ☐ on duty 근무 중인
- ☐ specialist = expert 전문가
- ☐ branch 지사, 지점
- ☐ assignment 업무
- ☐ procedure 과정
- ☐ process 진전, 진행
- ☐ oversee 감독하다
- ☐ dress code 복장 규정

Part 2 필수 어휘_쇼핑

- ☐ carry 물건을 판매하다, 취급하다
- ☐ set aside 따로 빼놓다, 챙겨두다
- ☐ receipt 영수증
- ☐ gift wrap 선물용 포장하다
- ☐ exchange 교환하다 / replace 교체하다
- ☐ get a refund 환불하다
- ☐ for free = complimentary = free of charge
  = at no extra charge 무료의
- ☐ reasonable 가격이 적당한
- ☐ expensive = costly 가격이 비싼
- ☐ clearance sale 재고정리 세일

- ☐ flyer 전단지
- ☐ consumer[customer] satisfaction 고객 만족도
- ☐ offer a discount 할인을 해주다
- ☐ valid 유효한
- ☐ sold out = out of stock 품절된, 재고가 없는
- ☐ in stock 재고가 있는
- ☐ brand new 새로 출시된
- ☐ launch = release 출시하다
- ☐ gift certificate 상품권
- ☐ store credit 상점에서 사용 가능한 포인트

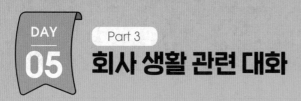

DAY 05 · Part 3
회사 생활 관련 대화

 만점 전략

1. Part 3는 대화가 나오기 전에 문제를 미리 읽어야 하므로 빠른 독해력과 키워드 확인이 반드시 필요하다.
   - 대화가 나오기 전에 문제 3개를 빠르게 읽고 핵심어를 체크해야 하는데, 이때 질문을 최대한 정확히 읽고 선택지 4개는 동사, 명사 위주로 핵심 내용만 대략적으로 확인한다.
   - 키워드가 되는 부분에 밑줄을 그어 둔다.
2. 질문과 선택지를 미리 읽은 다음, 대화를 들으면서 순서대로 답을 고르는 멀티태스킹을 연습해야 한다. 이는 32번 문제의 힌트가 음원에서 나올 때 32번 문제를 보고 있어야 답을 고를 수 있다는 것을 의미한다. 만약 33번 힌트가 나오는데 아직 정답을 고르지 못한 32번을 계속 보고 있다면 32번과 33번 모두 틀릴 가능성이 높다.
3. 대화에 언급된 힌트가 선택지에 그대로 나오는 경우도 있으나, 대부분 다른 말로 바뀌어(paraphrasing) 정답으로 제시된다.

1. 사내 업무 관련 대화
● Part 3에서 가장 많이 등장하는 내용으로, 대부분 업무 상황에서의 논의나 요청, 작업의 진행 상황을 확인하는 내용이다.

▶ EXAMPLE 1

D5-1.mp3

| STEP 1 문제 읽기 | 대화를 듣기 전 문제를 먼저 읽고 들어야 할 내용을 빠르게 파악한다. 시간이 없다면 선택지는 동사나 명사 위주로 빠르게 skimming(훑어 읽기) 하자. |

1. Who most likely are the speakers?
   (A) Landscapers
   (B) Architects
   (C) Graphic designers
   (D) Real estate agents

질문 POINT 화자들의 신분

남/녀 또는 두 사람 모두의 신분을 묻는 질문은 대부분 대화의 초반에 힌트가 나오게 된다. 두 사람(speakers)에 대해 묻는 경우 대화에서 we, our 등의 표현에 유의해 들으면 힌트를 쉽게 찾을 수 있다.

2. What type of business is Stenberg Corporation?
   (A) A market research firm
   (B) A software developer
   (C) An appliance manufacturer
   (D) A construction company

질문 POINT Stenberg Corporation 어떤 업체?

대화 중 Stenberg Corporation이 언급되는 곳에 유의한다. 회사명이 확실한 키워드이므로 키워드 주변의 문장을 잘 듣도록 한다.

3. What does the woman say she will do?
   (A) Tour a building
   (B) Attend a press conference
   (C) Prepare a contract
   (D) Arrange a meeting

질문 POINT 여자가 할 일

대화 후반부 여자의 말을 유심히 잘 듣도록 한다. 여자가 말한다고 문제에 명시되어 있는 경우(What does the woman say) 여자가 자신이 하고자 하는 일을 직접 언급하는 경우가 대부분이다.

M: Florence, can we have a quick chat? We need to get started on the blueprint for Stenberg Corporation's new headquarters. This is one of the biggest clients our architectural firm has ever had.

W: I know. They recently acquired their biggest rival, Ascot Enterprises, right?

M: Exactly. Stenberg wanted to broaden its range of software to include business software, which was Ascot Enterprises' main product. So, Stenberg has taken over development of all those product lines.

W: Wow. Well, I'll set up a teleconference with the representative from Stenberg so that we can discuss the project.

1. Who most likely are the speakers?

  (A) Landscapers

  (B) Architects

  (C) Graphic designers

  (D) Real estate agents

단서 We need to get started on the blueprint(설계도 작업을 해야 한다), our architectural firm(우리 건축 회사의 큰 고객)

blueprint, our architectural firm을 단서로 화자들이 architect임을 알 수 있다. blueprint를 듣고 architect를 떠올릴 수 있어야 한다.

2. What type of business is Stenberg Corporation?

  (A) A market research firm

  (B) A software developer

  (C) An appliance manufacturer

  (D) A construction company

단서 Stenberg wanted to broaden its range of software to include business software(업무용 소프트웨어를 포함시키기 위해 소프트웨어 제품군을 넓히다)

소프트웨어 제품군을 넓힌다는 것은 기존에 소프트웨어 제품 사업을 하는 업체라는 의미이므로 어떤 업체인지 파악할 수 있다.

3. What does the woman say she will do?

  (A) Tour a building

  (B) Attend a press conference

  (C) Prepare a contract

  (D) Arrange a meeting

단서 I'll set up a teleconference(화상회의를 잡겠다)

set up a meeting = arrange a meeting은 자주 출제되는 paraphrasing 유형이므로 꼭 외워 두자.

Paraphrase set up a teleconference → Arrange a meeting

2. 인사 관련 대화

● 인사 관련 대화는 대부분 직원의 승진, 임금 인상, 휴가, 전근, 퇴직, 공석에 대해서 이야기를 나누는 내용이다.

▶ EXAMPLE 2

D5-2.mp3

STEP 1 문제 읽기	대화를 듣기 전 문제를 먼저 읽고 들어야 할 내용을 빠르게 파악한다. 시간이 없다면 선택지는 동사나 명사 위주로 빠르게 skimming(훑어 읽기) 하자.

1. How do the speakers know each other?

   (A) They grew up in the same neighborhood.
   (B) They attended the same university.
   (C) They worked as interns together.
   (D) They first met at a conference.

질문 POINT 서로 어떻게 아는가

대화 초반에 서로 어떤 사이인지 파악할 수 있는 키워드가 나올 것이므로 이에 집중한다.

2. What (does the woman say) she likes about her company?

   (A) Getting seasonal bonuses
   (B) Working flexible hours
   (C) Earning a high salary
   (D) Using her creativity

질문 POINT 여자가 회사에 대해 좋아하는 것

질문이 다소 길지만 does the woman say[think]와 같은 형식적인 표현에 괄호를 치면 핵심 내용이 더 잘 보인다. 문제에서 여자에 대해 물었음을 반드시 기억해야 한다.

3. What does the woman agree to do?

   (A) Visit the man's workplace
   (B) Participate in a workshop
   (C) Apply for a job opening
   (D) Conduct some research

질문 POINT 여자가 동의하는 것

남자가 제안하면 여자가 동의하는 식으로 대화가 마무리될 것임을 짐작할 수 있다. 대화 마지막 부분에서 남자가 제안하는 내용을 잘 듣도록 한다.

Alex쌤의 LC 만점 Secret Note   긴 질문 빠르게 파악하기

대화를 듣기 전 질문 읽고 요약할 때 According to the man, does the woman say와 같은 형식적인 표현에 괄호를 치면 문제의 핵심이 더 잘 보인다.

What (does the woman say) will take place this afternoon? ▶ 오늘 오후 무슨 일
(According to the man), what did the company do recently? ▶ 회사가 최근에 한 일
Why will the man (most likely) talk to his supervisor? ▶ 왜 상사에게 말하나

M: Jessica, is that you? I haven't seen you since we were interns at Global Financial!

W: Oh, Martin! It's good to see you! We learned a lot at that internship, didn't we?

M: We sure did. That's why I was able to land my current job at Platinum Bank. They pay a high salary and give bonuses each quarter. Where are you working these days?

W: That's good for you. I'm with Jones Accounting. One great thing about the company is that they allow me to have a flexible work schedule.

M: Wow, that's not common in our line of work. By the way, I'm taking part in a workshop about industry trends next month. Why don't you join me?

W: Hmm… that sounds interesting. I'd love to!

---

1. How do the speakers know each other?

   (A) They grew up in the same neighborhood.
   (B) They attended the same university.
   (C) They worked as interns together.
   (D) They first met at a conference.

단서 I haven't seen you since we were interns at Global Financial! (우리가 글로벌 파이낸셜에서 인턴했을 때 이후로 못 봤다)

Paraphrase we were interns → worked as interns together

2. What (does the woman say) she likes about her company?

   (A) Getting seasonal bonuses
   (B) Working flexible hours
   (C) Earning a high salary
   (D) Using her creativity

단서 One great thing about the company ~ allow me to have a flexible work schedule. (회사의 훌륭한 점은 유연 근무를 하게 해주는 것이다)

여자가 마음에 들어 하는 점을 물었으므로 남자의 말을 듣고 혼동하지 않도록 한다.

Paraphrase have a flexible work schedule → Working flexible hours

3. What does the woman agree to do?

   (A) Visit the man's workplace
   (B) Participate in a workshop
   (C) Apply for a job opening
   (D) Conduct some research

단서 I'm taking part in a workshop (워크숍에 참가한다) / Why don't you join me (함께 하는 게 어떨지?) / I'd love to (그렇게 하고 싶다)

take part in = participate in = attend는 자주 출제되는 paraphrasing 유형이므로 알아 둔다.

Paraphrase taking part in a workshop → Participate in a workshop

3. 회사 행사 관련 대화

● 회사의 행사 준비나 그 진행 상황에 대한 확인, 워크샵, 직원 연수 등록 등에 관한 내용이 자주 출제된다. 행사 준비에는 여러 직원들이 각각 맡고 있는 업무가 다양하므로 이 주제는 3인 대화로 자주 출제된다는 것도 기억하자.

▶ EXAMPLE 3

D5-3.mp3

| STEP 1 문제 읽기 | 대화를 듣기 전 문제를 먼저 읽고 들어야 할 내용을 빠르게 파악한다. 시간이 없다면 선택지는 동사나 명사 위주로 빠르게 skimming(훑어 읽기) 하자. |

1. What is included in the information packet?

   (A) Profiles of the speakers
   (B) Local business maps
   (C) The event schedule
   (D) Vouchers for food

질문 POINT information packet에 포함된 것

information packet이 언급되는 부근에서 단서를 들어야 한다.

2. What does the woman want to do?

   (A) Air some advertisements
   (B) Prepare name badges
   (C) Send some e-mails
   (D) Edit a handout

질문 POINT 여자가 하고 싶은 것

여자의 말에 집중해서 I'd like to ~, I want to ~, I(we) should ~ 등의 표현이 나오는 곳에서 단서를 찾는다.

3. What is the woman impressed by?

   (A) The pattern of a design
   (B) The low cost of some materials
   (C) The quick completion of a project
   (D) The high number of event attendees

질문 POINT 여자가 감명 받은 것

impressed는 감명이나 놀라움을 느낄 때 사용하므로 대화 후반부 여자의 말에서 감탄사나 감탄을 나타내는 단어(impressive, impressed)가 언급될 것임을 예상하고 그 부근을 잘 듣고 정답을 고른다.

W: Hi, Steve and Josh. Is the information packet ready for next weekend's conference?

M1: Almost. I just finished printing out the maps of the local area for the attendees. It marks things like restaurants and hotels.

W: Okay, good. And I was thinking, we should get name badges ready for the attendees.

M1: That should be easy. I could write their names on stickers.

W: Thanks, Steve. And, Josh, when do you think you'll be able to finish the design for our business center's promotional brochures?

M2: I'm actually putting the finishing touches on that. Would you like to see it this afternoon?

W: Wow, that quickly? I'm impressed! Sure, let's meet again at 3 P.M.

1. What is included in the information packet?

   (A) Profiles of the speakers
   (B) Local business maps
   (C) The event schedule
   (D) Vouchers for food

단서 Is the information packet ready (자료집이 준비됐나요) / I just finished printing out the maps of the local area (지역 지도를 인쇄했어요) / It marks things like restaurants and hotels (식당과 호텔이 표시되어 있죠)

난이도 높은 문제의 경우, 이렇게 여러 단서를 종합해 정답을 찾아야 한다. 토익에서 business가 '업체'라는 뜻으로 자주 등장한다는 것을 알아 두자.

2. What does the woman want to do?

   (A) Air some advertisements
   (B) Prepare name badges
   (C) Send some e-mails
   (D) Edit a handout

단서 we should get name badges ready for the attendees (명찰을 준비해야 해요)

Paraphrase get ~ ready → prepare

3. What is the woman impressed by?

   (A) The pattern of a design
   (B) The low cost of some materials
   (C) The quick completion of a project
   (D) The high number of event attendees

단서 I'm actually putting the finishing touches on that (그 일 최종 마무리하고 있어요) / Wow, that quickly? I'm impressed! (그렇게 빨리요? 인상적이네요!)

남자가 하고 있던 brochures 관련 작업을 project라고 표현한 것에 유의한다.

√ 사내 업무
- agenda 안건
- handout 유인물
- assignment 업무, 과제
- headquarters 본사
- branch 지사
- demonstration 시연
- launch = release 출시하다
- fill in ~을 채우다, (사람을) 대신하다
- endorsement (상품에 대한) 보증, 지지
- feature 특별히 포함하다
- market research 시장 조사
- call for ~을 소집하다
- call off 취소하다
- draft 초안
- board room 회의실
- lay out ~을 마련[준비]하다
- merger 합병
- negotiation 협상
- acquisition 인수
- deal transaction 거래
- compete 경쟁하다
- accomplish 해내다, 성취하다
- adopt 채택하다
- forward ~을 전송하다
- executive 간부
- duplicate 사본, 복사의
- representative 담당자
- proposal 제안서
- contract = agreement 계약서
- come to an agreement 합의에 도달하다
- summary 요약

- breakthrough 돌파구
- meet the deadline 마감 기한을 맞추다
- extend the deadline 마감 기한을 연장하다
- miss the deadline 마감 기한을 놓치다
- strategy 전략
- top priority 최우선 사항
- duty 업무
- edit = revise, amend 편집하다, 수정하다
- update 업데이트하다
- publish 발표하다
- renew 갱신하다
- budget 예산
- quarter 분기
- reimburse 환급해주다, 변제하다
- sales figure 매출 수치
- deduct 공제하다
- property 부동산
- expire 만료되다
- valid 유효한
- earnings 수익
- finalize 마무리 짓다
- revenue 수익
- paper work 서류 업무
- paycheck 급여
- blueprint 청사진, 설계도
- check = review = go over = look over 확인하다, 검토하다
- process = fulfill = handle = take care of 처리하다
- difficulty = issue 문제

√ 사무기기/시설
- office supplies 사무용품
- stationery 사무용품, 문구류
- be out of = run out of ~가 다 떨어지다
- out of order = be broken = break down = not working = doesn't work properly = malfunction 고장 난, 고장 나다
- out-of-date = old fashioned 구식의
- warranty period 보증 기간
- instruction manual 사용 설명서
- bulk order 대량 주문

- place an order = order 주문하다
- take an order 주문을 받다
- carry 취급하다
- affordable 가격이 알맞은, 적당한
- replacement 교체품, 대체품
- set up = install 설치하다
- maintenance department 관리 부서
- mechanic 수리공, 정비사
- estimate = quote 견적서
- stockroom 비품 저장실

√ 인사
· applicant 지원자
· candidate 후보자
· qualified 자격이 되는
· qualification 자격
· requirement 요구 사항, 필요 요건
· experienced 경력이 있는
· benefits 복리 후생
· job opening = job vacancy 공석
· job[career] fair 채용 박람회
· job posting 일자리 공지
· job seeker 구직자
· hire = recruit = employ 고용하다
· apply for a position 지원하다
· fill out[complete] an application form
  지원서를 작성하다
· résumé 이력서
· cover letter 자기소개서
· reference 추천서
· evaluate 평가하다
· clarification 설명
· coworker = colleague 동료
· predecessor 전임자
· replacement = successor 후임자
· understaffed = short-staffed 인원이 부족한

· get a raise 급여가 오르다
· increase in pay 급여 인상
· transfer = reassign = relocate 전근 가다
· be promoted = get[receive] a promotion
  승진하다
· underperform 실적을 못 내다
· human resources = personnel department
  인사부
· time sheet 근무 시간 기록표
· take over a position 직책을 맡다
· be responsible for = be in charge of
  ~을 담당하다
· lay off = fire, dismiss 해고하다
· be dedicated[committed] to ~에 헌신하다
· resign 사직하다
· retire 은퇴하다
· on leave 휴가 중인
· scale up (규모를) 확대하다
· keen = eager ~을 간절히 열망하는
· keep an eye on ~을 주시하다
· reputation 명성
· temporary worker 임시직 직원
· stop by = drop by = come by 들르다
· pop into ~를 잠시 방문하다

√ 행사
· trade fair 무역 박람회
· award ceremony 시상식
· anniversary celebration 창립 기념행사
· company retreat[outing] 회사 야유회
· retirement party 은퇴식
· refresher course 재교육 과정
· venue 개최지, 행사 장소
· participant = attendee 참석자
· take part in = attend = join 참석하다
· make it 참석하다
· attendance – turnout 참석자 수

· function = event 행사
· register for = enroll in = sign up for 등록하다
· accommodate 수용하다
· accommodation 숙박 시설
· ballroom 연회장
· open-air 야외의
· overcast 구름이 낀
· caterer 출장 요리 업체, 출장 요리사
· luncheon 오찬
· refreshments 다과
· culinary 요리의

1. Who most likely are the speakers?

(A) Ad designers
(B) Fashion reporters
(C) Public school teachers
(D) Stationery store owners

2. What bag feature does the woman want to highlight?

(A) The ease of moving heavy items
(B) The strength of the material
(C) The affordable pricing
(D) The variety of colors

3. What is scheduled to take place at the end of the month?

(A) A grand opening sale
(B) A product launch
(C) A fashion show
(D) A photo shoot

4. What problem is being discussed?

(A) A client's flight was canceled.
(B) A meeting space is unavailable.
(C) A colleague did not return a call.
(D) A computer system is malfunctioning.

5. What does the man say he did yesterday?

(A) Reserved a hotel room
(B) Checked a weather report
(C) Spoke with a service representative
(D) Contacted a friend from his hometown

6. Why must the meeting be held tomorrow?

(A) A budget forecast needs to be finalized.
(B) A colleague is leaving on vacation.
(C) It is the last day of the quarter.
(D) There is an executive meeting.

7. What are the speakers talking about?

(A) A transportation system
(B) A departmental budget
(C) A hiring plan
(D) A merger

8. What does the man say about the workspace?

(A) The rent has been increased.
(B) It needs to be renovated.
(C) It is in a good location.
(D) The parking fee is cheap.

9. What would the speakers like employees to do?

(A) Work from remote locations
(B) Purchase laptop computers
(C) Participate in ride sharing
(D) Work on the weekends

10. Who most likely are the speakers?

(A) Event planners
(B) Salespeople
(C) Accountants
(D) Engineers

11. What does the woman suggest Colin do?

(A) Show Brad how to use some software
(B) Introduce Brad to employees
(C) Inform Brad about company policies
(D) Provide Brad with some documents

12. What will the woman do next?

(A) Make a reservation
(B) Hold a staff meeting
(C) Order some food
(D) Conduct a tour

13. What are the speakers planning to do?

(A) Relocate a business
(B) Arrange a company trip
(C) Launch new products
(D) Recruit additional staff

14. Why is the man concerned?

(A) A road has been closed.
(B) A rental payment is too high.
(C) A property is no longer available.
(D) A location is inconvenient.

15. What benefit does the woman mention?

(A) Underground parking
(B) Affordable accommodation
(C) Good public transportation
(D) Access to local restaurants

16. What does the woman remind the man about?

(A) A management meeting
(B) A project deadline
(C) A welcome meal
(D) A birthday party

17. Which department do the speakers most likely work in?

(A) Finance
(B) Sales
(C) Customer Service
(D) Marketing

18. Why does the woman say, "you'll figure it out"?

(A) To request assistance
(B) To delegate a task
(C) To recommend some software
(D) To offer encouragement

19. What industry do the speakers most likely work in?

(A) News
(B) Fashion
(C) Publishing
(D) Marketing

20. What does the woman say about a new story?

(A) It includes a surprise twist.
(B) It is about an actual event.
(C) It still needs to be edited.
(D) It has a happy ending.

21. What does the man suggest?

(A) Signing an exclusive contract
(B) Holding a book signing event
(C) Having the author do a book tour
(D) Combining short stories into a book

22. Where do the interviewers most likely work?

(A) At a taxi service
(B) At a parking garage
(C) At a car rental agency
(D) At an automobile manufacturer

23. What job requirement do the speakers talk about?

(A) Leading a work team
(B) Obtaining a certification
(C) Using the proper equipment
(D) Dealing directly with customers

24. What does the man agree to do next?

(A) Tour a facility
(B) Greet a customer
(C) Provide references
(D) Give a demonstration

25. What industry do the speakers most likely work in?

(A) IT
(B) Finance
(C) Healthcare
(D) Advertising

26. What does the man say will happen this year?

(A) A new product will be launched.
(B) A company merger will take place.
(C) A colleague will speak at a convention.
(D) Some research will receive more funding.

27. What does the woman imply when she says, "Doesn't Rafael make those reservations?"

(A) A confirmation was not sent.
(B) More funds will be needed.
(C) Rafael can help the man.
(D) Rafael made a mistake.

Article	Deadline
"Spinach: Cooked vs. Raw"	April 10
"Amazing Pizzas"	April 10
"Meat Alternatives"	May 8
"World's Best Mushrooms"	June 9

ELEVATOR CLOSURES October 21st	
North Elevator	9:00 a.m. - 10:00 a.m.
South Elevator	11:00 a.m. - 12:00 p.m.
East Elevator	1:30 p.m. - 2:30 p.m.
West Elevator	3:00 p.m. - 4:00 p.m.

28. What does the man ask the woman to do?

(A) Increase the length of an article
(B) Include an interview transcript
(C) Correct some mistakes
(D) Sign a contract

29. Look at the graphic. Which article's deadline will be changed?

(A) "Spinach: Cooked vs. Raw"
(B) "Amazing Pizzas"
(C) "Meat Alternatives"
(D) "World's Best Mushrooms"

30. What does the woman say she will send the man?

(A) Some pictures
(B) Meeting notes
(C) A trip itinerary
(D) An expense report

31. What did Ms. Foster do last week?

(A) Posted a schedule
(B) Checked a document
(C) Scheduled an inspection
(D) Repaired some equipment

32. Look at the graphic. Which elevator is closest to the entrance?

(A) North Elevator
(B) South Elevator
(C) East Elevator
(D) West Elevator

33. What does the man tell the woman she should do?

(A) Contact a technician
(B) Speak to a supervisor
(C) Review a service contract
(D) Postpone an appointment

정답 및 해설 p.127

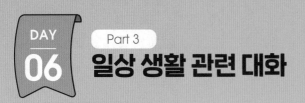
일상 생활 관련 대화

 만점 전략

1. 아무리 강조해도 지나치지 않는 것은 대화를 듣기 전에 미리 문제를 읽고 대화에서 들을 내용을 미리 파악한 다음 대화를 듣는 것이다.
2. 대부분의 경우 문제 순서대로 정답 단서가 등장하지만 간혹 순서가 바뀌거나, 바로 이어서 다음 문제의 단서가 나오는 경우가 있으니, 반드시 미리 읽기를 꼼꼼히 한 후에 듣기에 집중하도록 하자.

1. 쇼핑 및 여가

- 상품을 구매하기 위해 재고 상황을 문의하는 내용, 상품 구매 후 교환 및 환불하는 내용, 할인 관련 행사에 관한 내용이 주로 출제된다.
- 출장을 위한 호텔, 비행기, 기차 예약이나 이용 문의, 공연 관람 문의 등에 관한 내용이 출제된다.

▶ EXAMPLE 1

D6-1.mp3

STEP 1 문제 읽기	대화를 듣기 전 문제를 먼저 읽고 들어야 할 내용을 빠르게 파악한다. 시간이 없다면 선택지는 동사나 명사 위주로 빠르게 skimming(훑어 읽기) 하자.

1. What does the woman want to do?

   (A) Start an online membership
   (B) Try on some pants
   (C) Reschedule a delivery
   (D) Get a refund

2. What problem does the man mention?

   (A) The store is short staffed.
   (B) An item is not refundable.
   (C) A shipment did not arrive.
   (D) Some merchandise is unavailable.

3. What does the man offer to do?

   (A) Contact another branch
   (B) Check for another size
   (C) Issue a new receipt
   (D) Talk to his supervisor

질문 POINT 여자가 원하는 것

여자의 말에 집중하여 I'd like to ~, I want to ~, I(we) should ~ 등의 표현이 나오는 곳에서 단서를 들을 준비를 해야 한다.

질문 POINT 남자가 언급하는 문제

남자의 말에서 having trouble/difficulty with ~, I'm afraid, But, However, Unfortunately 등과 같은 부정적인 표현이나 대화에서 언급되는 부정적인 정보를 바탕으로 문제점을 파악해야 한다.

질문 POINT 남자가 해주겠다고 하는 일

대화 끝부분에서 남자가 무엇을 하겠다고 하는지를 잘 들어야 한다.

W: Hi, I'd like to return these pants and get my money back for them. I bought them through your online store, but when they arrived, the zipper was broken.

M: I'm sorry to hear about that. Let's see… It looks like you purchased this item on clearance. Unfortunately, our store only issues store credit for returned clearance items, not refunds.

W: That's disappointing. I didn't know you had such a strict return policy.

M: Sometimes we make exceptions. If you'd like, I could call my manager. He might be able to approve the transaction.

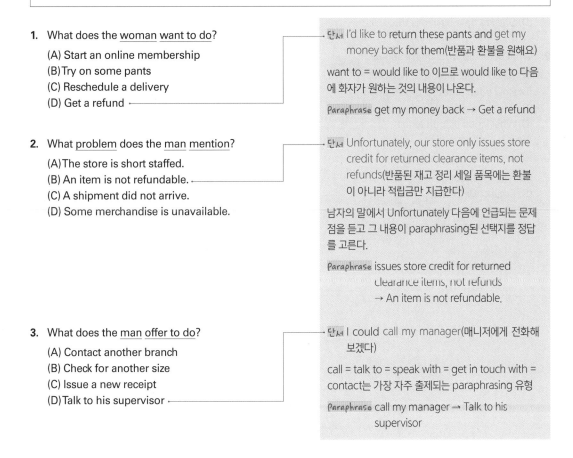

1. What does the <u>woman want to do</u>?

(A) Start an online membership
(B) Try on some pants
(C) Reschedule a delivery
(D) Get a refund

단서 I'd like to return these pants and get my money back for them(반품과 환불을 원해요)

want to = would like to 이므로 would like to 다음에 화자가 원하는 것의 내용이 나온다.

Paraphrase get my money back → Get a refund

2. What <u>problem</u> does the <u>man mention</u>?

(A) The store is short staffed.
(B) An item is not refundable.
(C) A shipment did not arrive.
(D) Some merchandise is unavailable.

단서 Unfortunately, our store only issues store credit for returned clearance items, not refunds(반품된 재고 정리 세일 품목에는 환불이 아니라 적립금만 지급한다)

남자의 말에서 Unfortunately 다음에 언급되는 문제점을 듣고 그 내용이 paraphrasing된 선택지를 정답를 고른다.

Paraphrase issues store credit for returned clearance items, not refunds → An item is not refundable.

3. What does the <u>man offer to do</u>?

(A) Contact another branch
(B) Check for another size
(C) Issue a new receipt
(D) Talk to his supervisor

단서 I could call my manager(매니저에게 전화해보겠다)

call = talk to = speak with = get in touch with = contact는 가장 자주 출제되는 paraphrasing 유형

Paraphrase call my manager → Talk to his supervisor

2. 기타 일상 생활

● Part 3 대화의 내용은 대부분 업무에 관련된 성격을 띠지만, 식당, 병원, 약국, 공연장, 박물관, 관광지, 은행, 부동산, 우체국, 도서관, 편의시설 등에서 이루어지는 대화도 자주 출제되므로 관련 어휘와 표현을 익혀 두어야 한다.

▶EXAMPLE 2

D6-2.mp3

| STEP 1 문제 읽기 | 대화를 듣기 전 문제를 먼저 읽고 들어야 할 내용을 빠르게 파악한다. 시간이 없다면 선택지는 동사나 명사 위주로 빠르게 skimming(훑어 읽기) 하자. |

1. What is mentioned about Dr. Stone?

   (A) She was nominated for an award.
   (B) She currently lives in Buffalo.
   (C) She is examining a patient.
   (D) She left on a business trip.

질문 POINT Dr. Stone에 대해 언급된 것

Dr. Stone이 키워드이므로 대화 중 Dr. Stone이 언급되는 곳에 유의해야 한다.

2. What does the woman ask about?

   (A) When to get a prescription refilled
   (B) How often to take a prescription
   (C) Where to pick up a prescription
   (D) What kinds of food to eat

질문 POINT 여자가 묻는 것

여자가 묻는 내용을 찾아야 하므로 여자가 궁금하다고 말하는 것을 듣고 질문하는 내용의 핵심을 파악해야 한다.

3. What will the man do next?

   (A) Take a message
   (B) Contact Dr. Stone
   (C) Transfer the woman's call
   (D) Check some information

질문 POINT 남자가 곧이어 할 일

남자가 곧이어 할 일을 묻고 있으므로 대화 후반부에서 남자가 자신의 의지 또는 계획과 관련하여 무슨 말을 하는지 잘 들어야 한다. 보통 자신의 계획을 밝힐 때 I'll ~, I'm going to ~, Let me ~ 등의 표현을 쓴다.

시선은 선택지에 둔 채로, 미리 파악한 내용을 순서대로 노려 들으며 정답을 선택한다.
Dr. Stone에 대해 언급된 것 ▶ 여자가 묻는 것 ▶ 남자가 곧이어 할 일

W: Hi, I'm Alissa Jones. I'm calling because I was examined by Dr. Stone yesterday, but I have a follow-up question for her.

M: Unfortunately, Dr. Stone has already left to attend a medical seminar in Buffalo tomorrow morning. She's going to be the keynote speaker.

W: Oh, I see. Well, she told me that I should avoid heavy foods while I'm on the medication that she prescribed. I was just wondering, is it okay for me to eat foods like potatoes?

M: Let me look up your health records to confirm if there are any food restrictions.

---

1. What is mentioned about Dr. Stone?

   (A) She was nominated for an award.
   (B) She currently lives in Buffalo.
   (C) She is examining a patient.
   (D) She left on a business trip.

단서 Dr. Stone has already left to attend a medical seminar(스톤 박사님은 의학 세미나에 참석하기 위해 이미 떠나셨다)

의학 세미나 참석차 떠났다는 것을 paraphrasing한 정답을 골라야 한다. 의학 세미나 참석이 곧 '출장'을 의미한다는 것을 빠르게 알아차릴 수 있어야 한다.

Paraphrase medical seminar → business trip

2. What does the woman ask about?

   (A) When to get a prescription refilled
   (B) How often to take a prescription
   (C) Where to pick up a prescription
   (D) What kinds of food to eat

단서 is it okay for me to eat foods like potatoes?(감자와 같은 음식을 먹어도 괜찮나요)

여자가 I was just wondering ~으로 궁금한 내용을 말하는 부분에 주목한다. 질문을 들어보면 감자 같은 음식을 먹어도 되는지 묻는 것인데, 이 내용이 선택지에 그대로 나오지 않고 paraphrasing되어 나오므로 주의한다.

Paraphrase is it okay ~ to eat foods like potatoes? → What kinds of food to eat

3. What will the man do next?

   (A) Take a message
   (B) Contact Dr. Stone
   (C) Transfer the woman's call
   (D) Check some information

단서 Let me look up your health records(당신의 의료 기록을 찾아보겠다)

Let me ~는 I'll ~과 같다고 생각하면 된다. 대화에 나온 health records를 정답에서 information이라고 표현한 것에 유의한다. 토익이 좋아하는 paraphrasing 방식이다.

Paraphrase look up your health records → Check some information

Alex쌤의 LC 만점 Secret Note   문제점을 묻는 문제 유형과 단서 문장이 나오는 신호 표현

√ 문제점을 묻는 문제 유형
· What is the problem?
· What is the man's problem?
· What problem does the woman mention?
· What is the man concerned about?
· What is the woman worried about?
⤷ 문제를 읽을 때 성별에 유의해야 한다.

√ 문제점을 언급하는 단어 신호
· But 그러나
· However 그러나
· Unfortunately 불행하게도, 안타깝게도
· In fact, actually 사실은
· I'm sorry 미안하지만
· I'm afraid that 안타깝게도
· I'm worried ~이 걱정이다
· I'm concerned ~이 염려된다
· The problem is 문제는 ~다

√ 부정적인 의미를 나타내는 표현
· broken, out of order, malfunctioning, not working, stop working, damaged 고장 난, 작동이 안되는
· missed 없어진, 놓친
· forgot 깜빡 잊다
· out of stock, not in stock, not available, unavailable, sold out 품절된, 구매할 수 없는
· having difficulty = having trouble, having some issues 문제를 가지고 있다
· bad weather = inclement weather 악천후
· can't do = not able to do ~할 수 없다
· will not(= won't) = not going to do ~하지 않을 것이다
· no, not, never 아닌, ~하지 않는, ~가 없는

√ 병원
- hospital = clinic, doctor's office, medical office, medical center[facility] 병원을 통칭하는 표현
- make an appointment = schedule an appointment 진료 예약을 잡다
- examine = see a doctor 진찰받다
- inspection = check up 검사
- diagnose 진단하다
- prescription 처방전
- get a shot = get an injection 주사를 맞다
- take a medicine 약을 복용하다
- medication = medicine 약
- supplement 보충제
- pharmacist 약사
- pharmacy 약국
- physician 내과 의사
- optician 안경사
- bandage 붕대
- cavity 충치
- injury 부상
- emergency room 응급실
- first aid 응급처치

√ 우체국
- package = parcel 소포
- express mail = rush delivery 빠른 우편
- regular mail 보통 우편
- overnight delivery 익일 배송
- by courier 택배로
- fragile 깨지기 쉬운
- zip code 우편 번호
- tracking service 추적 서비스
- additional fee 추가 요금
- stamp 우표

√ 식당
- restaurant = bistro 식당
- cuisine = cooking 요리
- vegetarian meal 채식주의자 식사
- culinary 요리의, 음식의
- recipe 요리법
- flavor 맛
- ingredient 요리 재료
- kitchen utensils 조리 도구
- diner 식당에서 식사하는 손님
- patron 단골 고객
- gourmet 미식가
- dine 식사하다
- tricky = picky 까다로운
- have a meal 식사하다
- grab a bite 간단하게 먹다
- dish 음식
- plate 접시
- tray 쟁반
- beverage = drink 음료
- leftover 남긴 음식
- make a reservation = book, reserve 예약하다
- reservation 예약
- confirm 확인하다
- taste = sample = try 맛보다
- check 계산서
- examine the menu 메뉴를 살펴보다

1. Who most likely is the woman?

   (A) An interior decorator
   (B) A building inspector
   (C) A real estate agent
   (D) An assistant chef

2. Why is the man worried?

   (A) The building is too old.
   (B) The location is inconvenient.
   (C) The cost estimate is too high.
   (D) The patterns are complicated.

3. What will the woman probably do next?

   (A) Get something from her car
   (B) Give the man her number
   (C) Send the man an e-mail
   (D) Prepare a contract

4. What is the woman's problem?

   (A) She missed her flight.
   (B) She cannot locate her luggage.
   (C) She needs to upgrade her seat.
   (D) She does not know where to board.

5. What does the man suggest the woman do?

   (A) Check another luggage carousel
   (B) Use her membership points
   (C) Ride an airport shuttle
   (D) Take a later flight

6. What will the woman probably do next?

   (A) Go to another terminal
   (B) Present her passport
   (C) Call her travel agent
   (D) Fill out a document

7. Where are the speakers?

   (A) At a sporting goods store
   (B) At a basketball court
   (C) At a swimming pool
   (D) At a badminton club

8. Why is the woman unable to assist Gary?

   (A) She does not have enough experience.
   (B) She does not have authorization.
   (C) She has to make an urgent phone call.
   (D) She is leaving to attend a meeting.

9. What does Marvin agree to do for Gary?

   (A) Show him around a facility
   (B) Repair some equipment
   (C) Explain a procedure
   (D) Provide a discount

10. What does the man inquire about?

    (A) A gym bag
    (B) A race event
    (C) An accessory
    (D) Some footwear

11. What does the man mean when he says, "Oh, here we are!"?

    (A) He realized he has a task to complete.
    (B) He found the location of an event.
    (C) He located a product he wanted.
    (D) He was right about a price.

12. What does the woman encourage the man to take?

    (A) A store newsletter
    (B) A discount coupon
    (C) A product catalog
    (D) A health magazine

13. What is the main topic of the conversation?

    (A) A recent product launch
    (B) Places to see in Cincinnati
    (C) Possible future expo locations
    (D) Upcoming business travel plans

14. What problem do the speakers have?

    (A) Their hotel was overbooked.
    (B) Their flights will arrive too late.
    (C) Their company car has broken down.
    (D) Their client in Cincinnati is unavailable.

15. What does the woman suggest they do?

    (A) Rehearse a group presentation
    (B) Contact an event coordinator
    (C) Cancel their reservations
    (D) Postpone a decision

16. Where is the conversation most likely taking place?

    (A) At a radio station
    (B) At a magazine company
    (C) At a television studio
    (D) At a job fair

17. What field does the woman work in?

    (A) Renewable energy
    (B) Building preservation
    (C) Electric vehicles
    (D) Animal conservation

18. What will the woman most likely do next?

    (A) Introduce a special guest
    (B) Discuss a current project
    (C) Receive an award
    (D) Watch a video clip

19. Where does the woman most likely work?

   (A) At an office supply store
   (B) At a bookstore
   (C) At a travel agency
   (D) At a hotel

20. What is the man in charge of?

   (A) Advertising
   (B) Recruitment
   (C) Staff training
   (D) Financial planning

21. What does the woman caution the man about?

   (A) Some items are expensive.
   (B) Some items are out of stock.
   (C) Some items are damaged.
   (D) Some items are outdated.

22. What did the man recently do?

   (A) He started a new job.
   (B) He went on a vacation.
   (C) He moved into a new home.
   (D) He started a home renovation project.

23. What does the man mean when he says, "I don't have much experience with painting"?

   (A) He has a small project budget.
   (B) He is open to recommendations.
   (C) He would like to hire a professional.
   (D) He is interested in taking painting lessons.

24. What will the speakers most likely do next?

   (A) Browse some color options
   (B) Schedule a home visit
   (C) Compare some pictures
   (D) Start a tutorial

25. What did the man do in Mexico?

   (A) He stayed at a beach resort.
   (B) He spoke at a conference.
   (C) He visited historical sites.
   (D) He attended a festival.

26. According to the woman, what happened while the man was in Mexico?

   (A) A project deadline was extended.
   (B) A company meeting was canceled.
   (C) An HR presentation was given.
   (D) An intern started working.

27. What will the man most likely do next?

   (A) Schedule an interview
   (B) Speak with a coworker
   (C) Lead a training session
   (D) Reserve a meeting room

Sky Eyewear: Order #JS58874	
Item	Quantity
Contact lens cleaner	20
Contact lens cases	40
Eyeglass cases	50
Glasses cleaning cloth	100

Universal Flights Promotion: Bonus Mileage Points
To Canada: 35,000
To South America: 45,000
To Europe: 60,000
To Africa: 75,000

28. Why is the woman calling?

(A) To provide a cost estimate
(B) To promote a new service
(C) To offer an upgrade
(D) To report an issue

29. Look at the graphic. What quantity on the original order form has to be changed?

(A) 20
(B) 40
(C) 50
(D) 100

30. What has the woman's manager told her to do?

(A) Expedite a shipment
(B) Personally deliver an order
(C) Send some product samples
(D) Offer a discount on a future purchase

31. Why does the woman call the man?

(A) To sign up for a program
(B) To confirm flight details
(C) To register for a prize
(D) To book a flight

32. Look at the graphic. How many additional mileage points will the woman earn?

(A) 35,000
(B) 45,000
(C) 60,000
(D) 75,000

33. What does the man suggest the woman do?

(A) Speak with an agent at the boarding gate
(B) Present her membership card at check-in
(C) Use her points before they expire
(D) Wait before submitting a request

정답 및 해설 p.137

Part 3 대화 전반부 문제풀이 요령

대화의 주제, 목적, 남녀의 신분, 장소에 대한 힌트는 대부분 대화 전반부에 포함되어 있으며, 문제도 대부분 첫 번째 문제로 출제된다. 주로 첫 화자의 말에서 문제점 제시, 문의 내용, 질문 형태의 문장 등이 주제와 목적의 단서 문장이므로 대화가 시작되자마자 집중하고 들어야 한다.

주제를 묻는 문제

☐ What are the speakers discussing?

☐ What are the speakers mainly discussing?

☐ What are the speakers talking about?

☐ What is the conversation mainly about?

목적을 묻는 문제

☐ What is the purpose of the conversation?

☐ Why is the man calling?

남녀의 신분, 대화 장소를 묻는 문제

☐ Who most likely is the woman?

☐ Who is the man?

☐ What is the man's job?

☐ What is the woman's profession?

☐ Who most likely are the speakers?

☐ What most likely is the man's job?

☐ Where do the speakers most likely work?

☐ Where does the woman most likely work?

☐ Where does the man work?

☐ Who is the woman most likely talking to?

☐ What department does the man most likely work in?

☐ Where does the conversation (most likely) take place?

☐ Where is the conversation (most likely) taking place?

Part 3 대화 중반부 문제풀이 요령

대화 중반부에서는 이유, 시간, 일정 변경/조정/취소 등 세부적인 내용을 묻는 문제가 주로 출제된다. 문제에 나온 명사, 동사 등을 미리 체크해 놓고 체크된 단어가 대화에 나오면 앞뒤 문장을 꼼꼼히 들어보고 정답을 선택하자. 특히, 문제가 누구에 대해 묻는지 화자의 성별을 반드시 미리 체크해 놓고 듣도록 한다.

이유를 묻는 세부사항 문제(Why, What has caused)의 정답 신호 표현

□ because
□ because of
□ to부정사
□ due to
□ in order to

Part 3 대화 후반부 문제풀이 요령

다음에 일어날 일, 제안 및 요청 사항을 묻는 문제는 주로 마지막 문제로 출제되기 때문에 힌트도 대화 후반부에 나온다. 대화의 후반부에서 I will, I am going to / let me ~ / can I / could I 표현 뒤를 잘 들어보자. 또한 핵심 성별의 말에서 Why don't you ~? / Let's / What about ~? / How about~? / You have to, should, need to 등의 표현이 나오는 곳을 잘 들으면 정답을 쉽게 고를 수 있다.

제안 요청사항 문제

□ What does the man ask the woman to do?
　누가 누구에게 요청하는 것을 묻는지 확실히 파악해야 한다.

□ What is the man asked to do?
　수동태 표현에 유의한다. 이 경우 남자가 요청하는 것이 아니라 남자가 요청 받는 것을 묻는 문제이므로 여자의 말에 힌트가 있다.

□ What does the woman recommend?

□ What does the man suggest?

다음에 일어날 일을 묻는 문제

□ What will happen next?

□ What does the man say he will do?

□ What will the woman most likely do next?

□ What does the man plan to do next?

□ What is the woman going to do next?

전화 메시지, 공지사항

💡 만점 전략

1. 문제 푸는 방식은 Part 3와 동일하다. 3개의 문제를 미리 읽고 키워드에 표시를 해 둔 상태에서 들으면서 정답을 찾는다.
2. Part 4는 Part 3와 다르게 1인 담화로 구성되어 성별을 체크할 필요가 없으므로, 화자 한 사람의 말을 한 호흡으로 이해하면서 듣는 것이 중요하다.
3. 담화에 나왔던 키워드나 표현, 또는 문장이 선택지에서 그대로 나오는 경우도 있으나, 대부분은 비슷한 뜻을 가진 다른 표현으로 바꾸는 패러프레이징이 Part 3보다 더 어렵게 나올 수 있다.
4. 대부분의 문제는 순서대로 힌트 문장이 나오지만, 간혹 순서가 바뀌거나 바로 이어서 다음 문제 힌트가 나오는 경우가 있으니, 반드시 미리 읽기를 꼼꼼히 한 후에 듣도록 하자.

1. 전화 메시지(telephone message)

● Part 4에서 가장 많이 출제되는 지문 중 하나이며, 업무 전달 사항, 예약 및 변경, 물품 배송 지연, 고장에 대한 수리 요청, 기업의 ARS 등의 내용이 출제된다.
● 음원 초반부에 telephone message, recorded message 등으로 지문의 종류가 소개된다.

▶ EXAMPLE 1

D7-1.mp3

 | 담화를 듣기 전 문제를 먼저 읽고 들어야 할 내용을 빠르게 파악한다.
STEP 1
문제 읽기 | 시간이 없다면 선택지는 동사나 명사 위주로 빠르게 skimming(훑어 읽기) 하자.

1. What problem with a form does the speaker mention?

    (A) It was sent to the wrong department.
    (B) It was not filed properly.
    (C) It is missing a signature.
    (D) It was received too late.

2. Why does the speaker say, "it's all in our handbook"?

    (A) To explain where to find instructions
    (B) To remind the listener of a task
    (C) To correct a coworker's mistake
    (D) To request some assistance

3. What does the speaker ask the listener to bring to her?

    (A) A book
    (B) A schedule
    (C) A budget report
    (D) Some office supplies

질문 POINT 무슨 문제

담화 초반부에 문제점이 언급될 것임을 알 수 있다. 초반부에 언급되는 부정적인 내용에 집중한다. 참고로, 부정적인 내용은 but, however, unfortunately, I'm afraid와 같은 표현이 함께 나오는 경우가 많다.

질문 POINT "핸드북에 다 나와 있다"

의도파악 문제임을 알아차리고 반드시 미리 주어진 문장을 읽고 해석해 둔다. 이런 문제는 전체적인 내용의 흐름을 이해해서 맥락을 잡아야 풀 수 있는 문제이므로 흐름에 집중해야 한다.

질문 POINT 무엇을 가져오라고 하나

대화 마지막 부분에서 뭔가를 가져오라고 당부하는 말이 있는지 들어야 한다. 담화에서 상대에게 부탁하거나 요청하는 표현이 나오는 곳을 잡아야 한다.

Telephone message

Patty, this is Eva MacLeod calling about your time off request. I'm glad that you got it to me as soon as you could, but I don't see a signature from the head of your department. You know, if you have any questions regarding how to properly fill out any forms, it's all in our handbook. And one more thing. When you come back to pick up your request, could you bring me your department's updated schedule for next week? I still haven't received it from your team leader.

전화 메시지의 내용 흐름

❶ 첫인사(전화 건 사람 밝힘)
❷ 용건

❸ 당부의 말/요청 사항

---

1. What problem with a form does the speaker mention?

(A) It was sent to the wrong department.
(B) It was not filed properly.
(C) It is missing a signature.
(D) It was received too late.

단서 but I don't see a signature(그런데 서명이 없네요)

질문의 form은 앞서 언급된 time off request를 말한다. 문제점이 but 이후에 언급되고 있다. 서명이 보이지 않는다는 것은 서명이 없다는 말이므로 missing(없는, 빠진)을 이용해 표현한 (C)가 정답.

Paraphrase I don't see a signature → It is missing a signature.

2. Why does the speaker say, "it's all in our handbook"?

(A) To explain where to find instructions
(B) To remind the listener of a task
(C) To correct a coworker's mistake
(D) To request some assistance

단서 if you have any questions regarding how to properly fill out any forms(서식을 제대로 작성하는 방법에 대해 질문이 있다면)

'서식을 제대로 작성하는 방법에 대해 질문이 있다면 핸드북에 다 있다'고 말하는 것은 참고할 '설명'이 있는 위치를 알려주는 것이므로 (A)가 정답.

3. What does the speaker ask the listener to bring to her?

(A) A book
(B) A schedule
(C) A budget report
(D) Some office supplies

단서 could you bring me your department's updated schedule(최신 일정표를 가져다주시겠어요)

대화 마지막 부분에서 Could you ~?라는 부탁 표현을 통해 언급되고 있으므로 (B)가 정답.

Paraphrase your department's updated schedule → A schedule

2. 공지사항(announcement, talk)

● Part 4에서 자주 출제되는 유형으로, 사내 업무 관련 변경사항, 사내 행사 및 정책 안내, 공공장소에서의 주의사항 및 변경 사항, 상점 내 할인 행사 및 신상품 소개 등과 관련된 정보를 알려주는 내용이 자주 출제된다.

● 음원 초반부에 announcement, talk, excerpt from a meeting으로 지문의 종류가 소개된다.

▶EXAMPLE 2

D7-2.mp3

STEP 1 문제 읽기	담화를 듣기 전 문제를 먼저 읽고 들어야 할 내용을 빠르게 파악한다. 시간이 없다면 선택지는 동사나 명사 위주로 빠르게 skimming(훑어 읽기) 하자.

1. What is the purpose of the announcement?

    (A) To analyze customer survey results
    (B) To discuss a company acquisition
    (C) To introduce new staff members
    (D) To review a budget proposal

질문 POINT 공지의 목적

담화 초반부에 공지의 목적이 언급될 것임을 알 수 있다. 초반부에 화자가 인사말을 하면서 공지의 주제나 목적을 언급하는 내용에 집중한다.

2. What does the man mean when he says,
   "You don't see that every day"?

    (A) He is impressed by a business approach.
    (B) He is concerned about a recent shipment.
    (C) He thinks that some prices should be raised.
    (D) He wants to hear the opinions of the listeners.

질문 POINT "흔한 일은 아니다"

의도파악 문제임을 알아차리고 반드시 미리 주어진 문장을 읽고 해석해 둔다. 이런 문제는 전체적인 내용의 흐름을 이해해서 맥락을 잡아야 풀 수 있는 문제이므로 흐름에 집중해야 한다.

3. What does the speaker ask the listeners to do?

    (A) Review a pamphlet
    (B) Update their availability
    (C) Prepare a list of questions
    (D) Register for a training session

질문 POINT 무엇을 요청하나

담화 마지막 부분에 화자가 청자들에게 무엇을 하라는 말이 있는지 들어야 한다. 부탁하거나 요청하는 표현이 나오는 곳에 귀기울여 듣는다.

Announcement

Welcome to this week's meeting. For starters, I have some good news. The rumors are true, and our restaurant chain is acquiring Lorenzo's Coffee. I'm thrilled to offer their premium coffee products at each of our locations. They're not only delicious, but also 100% organic and grown and harvested using environmentally friendly practices. You don't see that every day. In recent years, environmentally conscious brands have been increasingly popular. Please note that brewing their coffee will require a different method than the cheaper beans we used before. We'll be conducting training sessions over the next month, so sign up for a session that works for you.

공지의 내용 흐름

❶ 인트로(첫 인사)
❷ 공지 내용

❸ 당부의 말/요청 사항

1. What is the purpose of the announcement?
   (A) To analyze customer survey results
   (B) To discuss a company acquisition
   (C) To introduce new staff members
   (D) To review a budget proposal

단서 our restaurant chain is acquiring Lorenzo's Coffee(우리 레스토랑 체인점이 로렌조스 커피를 인수하게 되었습니다)

담화 앞부분에 좋은 소식이 있다고 말하면서 인수 계획에 대해 언급하므로 (B)가 정답.

Paraphrase acquiring Lorenzo's coffee
→ company acquisition

2. What does the man mean when he says, "You don't see that every day"?
   (A) He is impressed by a business approach.
   (B) He is concerned about a recent shipment.
   (C) He thinks that some prices should be raised.
   (D) He wants to hear the opinions of the listeners.

단서 but also 100% organic and grown and harvested using environmentally friendly practices(100% 유기농이며 환경 친화적인 방법으로 재배되고 수확됩니다)

로렌조스 커피의 환경 친화적 방식을 언급한 뒤 '흔한 일은 아니죠"라고 말하는 것은 이 업체의 방식이 특별하다는 뜻이고, 이어지는 문장에서 이러한 방식이 인기를 얻고 있다고 하므로 (A)가 정답.

3. What does the speaker ask the listeners to do?
   (A) Review a pamphlet
   (B) Update their availability
   (C) Prepare a list of questions
   (D) Register for a training session

단서 sign up for a session that works for you(여러분의 일정에 맞는 교육 시간에 등록해 주세요)

담화 후반부에 sign up이라고 명령문으로 요청하고 있으므로 (D)가 정답. sign up for = register for = enroll in은 토익에 자주 등장하는 paraphrasing이다.

Paraphrase sign up for → Register for

Alex쌤의 LC 만점 Secret Note   전화 메시지에서 자주 출제되는 문제 및 정답 단서 표현

문제 유형	단서 표현
speaker에 대해 묻는 질문 Who most likely is the speaker?	– This is ~ from 소속 – I'm calling from ~ – My name is ~ – I'm ~
listener에 대해 묻는 질문 Who is the speaker addressing[talking to]? Who is the speaker calling? Who most likely is the message intended for?	– This message is for ~ – As you are ~
전화한 용건을 묻는 질문 What is the speaker calling about? What is the message mainly about? Why is the speaker calling? What is the purpose of the message?	– I'm calling to/about/for/because ~ – I was wondering if ~ – I'd like to ~ – I want to ~ – I'm interested in ~
화자가 속한 업체를 묻는 질문 Where is the message being made? Where does the caller probably work? Where does the speaker most likely work? Where is the speaker calling from? What type of facility does the message give information about? What does the store most likely sell?	– Thank you for calling ~ – Welcome to ~ – This is a message from ~ – You've reached ~ – Here at ~

Alex쌤의 LC 만점 *Secret Note* 안내/공지사항에서 자주 출제되는 문제 및 정답 단서 표현

문제 유형	단서 표현
speaker에 대해 묻는 질문 Who most likely is the speaker? Who most likely is making the announcement? Where does the speaker most likely work?	– As 직책명, I am ~ – My name is ~ – I'm ~
listeners에 대해 묻는 질문 Who are the listeners? Who most likely are the listeners? Who is the announcement for? Who is the announcement intended for?	– Attention, ~ – Good morning/afternoon/evening, 청중 호칭 – As 직책명, you ~
주제/목적을 묻는 질문 What is the purpose of the announcement? What is being announced? What is the announcement mainly about? What is the main topic of the announcement? What is the speaker mainly discussing?	– It's my honor to ~ – I am pleased to announce ~ – I am happy to announce ~ – I am going to announce ~ – I'd like to announce ~ – I'd like to let you know ~ – I'd like to remind you ~ – I want to let you know ~ – I want to inform you ~ – Let me remind you ~
청자에게 요청하는 것을 묻는 질문 What does the speaker ask the listeners to do? What does the speaker recommend? What does the speaker request? What does the speaker suggest? What are the listeners asked to do? What are the listeners advised to do? What are the listeners encouraged to do? What are the listeners invited to do? What are the listeners instructed to do? What are the listeners requested to do?	– Let's ~ – Please ~ – I would like you to ~ / I want you to ~ – I suggest you to ~ – I encourage you to ~ – Remember to ~ – You should / have to / need to / can – Make sure ~ / Be sure to ~ – Do you mind ~? / Would you mind ~? – Why don't you ~? / Can you ~? / Could you ~? / Would you ~? – 동사원형으로 시작하는 명령문

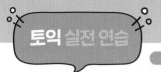
1. Where most likely does the speaker work?

(A) At an appliance store
(B) At an auto repair shop
(C) At a manufacturing plant
(D) At an apartment complex

2. Why does the speaker ask the listener to return the call?

(A) To confirm his address
(B) To provide a receipt number
(C) To schedule some maintenance
(D) To give more details about an issue

3. Why does the speaker think the listener will be pleased?

(A) A product warranty will be extended.
(B) He will be issued a full refund.
(C) The repairs will not take long.
(D) He will not be charged.

4. Where does the speaker most likely work?

(A) At a law office
(B) At an architectural firm
(C) At a magazine company
(D) At a recruitment agency

5. Why is the speaker calling?

(A) To discuss a contract
(B) To schedule an interview
(C) To get an update on a project
(D) To ask for a deadline extension

6. What does the speaker apologize about?

(A) A cancelation
(B) A printing error
(C) A policy change
(D) A short timeline

7. What kind of business is making the announcement?

(A) A fashion magazine
(B) An auto repair shop
(C) A car dealership
(D) A clothing store

8. What is mentioned about the business?

(A) It launched a new line of products.
(B) It has opened a new branch.
(C) It recently won an award.
(D) It is currently hiring.

9. According to the announcement, what has changed?

(A) The online ordering process
(B) The job application process
(C) The location of the store
(D) The hours of operation

10. Where does the speaker work?

    (A) At a law firm
    (B) At a print shop
    (C) At a shoes store
    (D) At a marketing agency

11. What did Ms. Stein request?

    (A) Some design samples
    (B) Some extra products
    (C) A work contract
    (D) A video clip

12. Why does the speaker say, "but they're a VIP client"?

    (A) To explain a delay
    (B) To justify an exception
    (C) To apologize for a mistake
    (D) To suggest issuing a refund

13. What does the company produce?

    (A) Flowers
    (B) Perfumes
    (C) Soaps
    (D) Candles

14. What is special about the new packaging?

    (A) It features personalized messages.
    (B) It is environmentally friendly.
    (C) It preserves the product quality.
    (D) It can be purchased in bulk.

15. What does the speaker mean when he says, "it's a small price to pay"?

    (A) He thinks some products are too cheap.
    (B) He is confident that a deadline can be met.
    (C) He believes an extra expense is worth it.
    (D) He wants the listeners to work harder.

16. Why is the speaker calling?

    (A) To correct an earlier mistake
    (B) To provide some instructions
    (C) To inquire about an apartment
    (D) To discuss a job opportunity

17. What did the speaker send by e-mail?

    (A) A photograph
    (B) A map
    (C) A contract
    (D) A form

18. What does the speaker say about a parking lot?

    (A) It is currently unavailable.
    (B) It is located behind a building.
    (C) It requires a parking permit.
    (D) It is free to use.

19. Who is the announcement for?

    (A) Maintenance workers
    (B) Train passengers
    (C) Travel agents
    (D) Store clerks

20. What is being changed?

    (A) A boarding platform
    (B) A weather forecast
    (C) A departure time
    (D) A ticket price

21. What does the speaker recommend?

    (A) Referring to a station map
    (B) Taking a different route
    (C) Printing out a schedule
    (D) Requesting assistance

22. What does the store most likely sell?

    (A) Exercise equipment
    (B) Sports gear
    (C) Footwear
    (D) Clothing

23. What does the speaker say will be extended?

    (A) A sales event
    (B) The store hours
    (C) A renovation schedule
    (D) A product guarantee

24. Why does the speaker apologize?

    (A) A shipment was delayed.
    (B) Some inventory is limited.
    (C) The store may be short-staffed.
    (D) A brand's prices have been raised.

25. According to the speaker, what will take place next week?

    (A) A training session
    (B) A safety inspection
    (C) An office renovation
    (D) A hardware upgrade

26. What does the speaker ask the listeners to do?

    (A) Store their personal belongings
    (B) Sign for some equipment
    (C) Move their vehicles
    (D) Select a time slot

27. What does the speaker imply when she says, "It shouldn't be anything new"?

    (A) She has already confirmed a checklist.
    (B) She expects work to continue smoothly.
    (C) She does not want to make major changes.
    (D) She would prefer to use a previous supplier.

Extension	Name
3	Chanelle Katz
5	Fidel Georgiou
7	Silvia West
9	Michael Norton

Flight	Destination	Departure
209	Monterey	2:35
174	Santa Barbara	4:50
610	Cancun	6:45
905	Tijuana	7:30

28. Who most likely is the speaker?

(A) A home owner
(B) A real estate agent
(C) A property manager
(D) A convention organizer

29. Why is the speaker calling?

(A) To invite the listener to an event
(B) To request a payment deposit
(C) To inquire about some costs
(D) To cancel a reservation

30. Look at the graphic. Who should the listener contact?

(A) Chanelle Katz
(B) Fidel Georgiou
(C) Silvia West
(D) Michael Norton

31. Look at the graphic. What was the original departure time of the delayed flight?

(A) 2:35
(B) 4:50
(C) 6:45
(D) 7:30

32. Why was the flight delayed?

(A) An airplane had to be refueled.
(B) A storm had to pass through first.
(C) A mechanical problem was detected.
(D) Some connecting passengers arrived late.

33. According to the speaker, why does the airline offer food coupons?

(A) An in-flight meal will not be served.
(B) Some special meals were requested.
(C) It is a service for VIP passengers.
(D) The flight was overbooked.

정답 및 해설 p.147

연설, 광고

▼음원 듣기

만점 전략

1. 인물 소개나 방송, 행사 소개 등의 담화에서는 세부사항을 묻는 문제가 다수 출제되므로, 담화를 듣기 전에 핵심 키워드를 확실히 잡고 키워드가 나오는 문장 구간을 집중력 있게 들어야 한다.

2. 세부사항을 묻는 질문일 경우, 오답 선택지도 담화에서 언급된 소재로 구성되는 경우가 많기 때문에 들리는 단어를 무작정 고르지 않도록 주의해야 한다.

3. 특히 인물 소개와 광고 담화에는 자주 나오는 표현이나 어휘가 있기 때문에 이를 미리 암기해 두면 유리하다.

1. 연설

- 시상식이나 워크숍, 라디오 프로그램 등에서 행사를 소개하거나 수상자나 새로 취임한 인사, 초대 손님을 소개하는 내용이 자주 출제된다.
- 담화가 나오기 전에 introduction, talk, speech로 지문의 종류가 소개된다.

▶EXAMPLE 1

D8-1.mp3

STEP 1
문제 읽기
담화를 듣기 전 문제를 먼저 읽고 들어야 할 내용을 빠르게 파악한다.
시간이 없다면 선택지는 동사나 명사 위주로 빠르게 skimming(훑어 읽기) 하자.

1. <u>Who</u> most likely is the <u>speaker</u>?

(A) A hiring manager
(B) A business owner
(C) A research assistant
(D) A university official

질문 POINT 화자는 누구인가

담화 초반부에 집중해 화자의 신분을 추측할 수 있는 키워드를 듣고 정답을 고르도록 한다.

2. <u>Why</u> does the speaker <u>thank Ms. Roland</u>?

(A) Because she offered job opportunities
(B) Because she placed a large order
(C) Because she wrote many good reviews
(D) Because she is a loyal customer

질문 POINT 왜 Ms. Roland에게 감사하나

특정 인물에 대해 묻는 문제가 나오면 인물의 이름에 표시해 두고 담화에서 그 이름이 언급되는 부분을 놓치지 말고 들어야 한다.

3. What will probably <u>happen next</u>?

(A) A presentation will take place.
(B) A meeting will be rescheduled.
(C) Refreshments will be served.
(D) A video will be shown.

질문 POINT 다음에 일어날 일

담화 후반부에 집중해 미래 표현이나 계획 등과 관련된 정보를 들어야 한다. '인물 소개 → 상을 받아야 하는 이유 → 상 수여'로 전개되는, 일반적인 시상식의 순서를 알아 두면 다음에 일어날 일을 어렵지 않게 유추할 수 있다.

Speech

Thank you for joining us on this significant occasion as we honor and express gratitude to Ms. Joanne Roland for her contributions to our university. Ms. Roland is a distinguished authority in the field of renewable energy and serves as the CEO of Ace Energy Solutions. She has generously offered our students many employment opportunities at her organization. As the Vice President of National Science University, I would like to extend my sincere thanks to Ms. Roland for her commitment to our institution and students. It will give us great pleasure to present her with this plaque as a symbol of our appreciation.

연설의 내용 흐름

❶ 인사말 및 연설의 목적
❷ 인물 소개
- 상세 업적

❸ 마무리
- 이어지는 일정 소개

1. Who most likely is the speaker?

   (A) A hiring manager
   (B) A business owner
   (C) A research assistant
   (D) A university official

단서 our university(우리 대학교) / As the Vice President of National Science University (국립 과학 대학교의 부총장으로서)

눈치 빠른 사람은 our university를 듣자마자 (D)를 바로 선택할 수 있겠으나, 뒤에 나오는 또 다른 단서 Vice President ~까지 확인하고 정답을 확정하는 것이 안전하다.

Paraphrase the Vice President of National Science University → A university official

2. Why does the speaker thank Ms. Roland?

   (A) Because she offered job opportunities
   (B) Because she placed a large order
   (C) Because she wrote many good reviews
   (D) Because she is a loyal customer

단서 She has generously offered our students many employment opportunities(우리 학생들에게 많은 취업 기회를 아낌없이 제공했다)

Ms. Roland를 She로 지칭해 화자가 감사하는 이유를 언급하고 있으므로 (A)가 정답.

Paraphrase employment opportunities → job opportunities

3. What will probably happen next?

   (A) A presentation will take place.
   (B) A meeting will be rescheduled.
   (C) Refreshments will be served.
   (D) A video will be shown.

단서 present her with this plaque(그녀에게 이 상패를 수여하다)

연설 마지막 부분에서 상패를 수여하겠다고 말하고 있다. 이를 명사 presentation(수여식)으로 표현한 (A)가 정답.

Paraphrase present her with this plaque → A presentation will take place.

2. 광고

● 새로 출시된 제품이나 서비스에 대한 소개, 할인 행사, 구입 관련 정보에 대한 내용이 전개된다.

● 담화가 나오기 전에 advertising, advertisement로 지문의 종류가 소개된다.

▶EXAMPLE 2

| STEP 1 문제 읽기 | 담화를 듣기 전 문제를 먼저 읽고 들어야 할 내용을 빠르게 파악한다. 선택지는 동사나 명사 위주로 빠르게 skimming(훑어 읽기) 하자. |

1. What is being advertised?

(A) A charity organization
(B) A staff training company
(C) A real estate agency
(D) An event planning firm

질문 POINT 무엇이 광고되나

광고 담화의 경우 화자가 청자의 관심을 끌기 위한 질문 형태로 담화를 시작한 후 광고 제품을 언급하는 경우가 많으므로 초반부터 집중해서 들어야 한다.

2. What does the speaker encourage the listeners to do?

(A) Read customer reviews
(B) Sign up for a newsletter
(C) Get a cost estimate
(D) Request a catalog

질문 POINT 무엇을 권장하나

화자가 청자들에게 권장하는 것을 묻고 있으므로 명령문이나 제안 표현으로 무언가를 하라고 권하는 부분을 놓치지 않고 듣도록 한다.

3. What will new customers receive this month?

(A) A complimentary gift
(B) A discount on a service
(C) A book of coupons
(D) An upgraded membership

질문 POINT 신규 고객들이 이달에 받는 것

광고 담화에서 혜택에 대한 정보는 주로 마지막에 언급된다. new customers와 this month라는 키워드를 중심으로 고객 입장에서 받게 되는 것이나 화자 또는 업체 측에서 고객들에게 제공한다고 말하는 부분을 들어야 한다.

Advertisement

Do you want to organize a small party to celebrate a retirement or promotion, or do you want to arrange a large company banquet? Either way, Alpha Events can meet your needs! We offer an extensive range of services, including catering, decorations, and live music. Visit our Web site today at alphaonline.com to request an estimate for your event costs. Also, for this month only, new customers will get 10 percent off when they book our service. Just click on New Customer on our Web site!

> 광고의 내용 흐름
>
> ❶ 관심을 끄는 문구
>
> ❷ 제품/서비스 소개
> - 상세 정보 제공
>
> ❸ 구매 방법 및 혜택 안내

---

1. What is being advertised?

    (A) A charity organization
    (B) A staff training company
    (C) A real estate agency
    (D) An event planning firm

> **단서** Alpha Events(알파 이벤트 사) / catering, decorations, and live music(출장요리, 장식, 라이브 음악)
>
> 회사명과 제공하는 서비스를 설명하는 부분을 통해 담화에서 광고되는 것은 행사 기획사임을 유추할 수 있으므로 (D)가 정답.
>
> **Paraphrase** Alpha Events → An event planning firm

2. What does the speaker encourage the listeners to do?

    (A) Read customer reviews
    (B) Sign up for a newsletter
    (C) Get a cost estimate
    (D) Request a catalog

> **단서** Visit our Web site today ~ to request an estimate for your event costs(오늘 웹사이트에 방문해서 이벤트 비용 견적을 요청하다)
>
> 명령문 형태인 Visit our Web site ~로 권장사항을 말하고 있다. 웹 사이트에 와서 비용 견적을 요청하라고 하므로 이를 간략하게 표현한 (C)가 정답.
>
> **Paraphrase** an estimate for your event costs → a cost estimate

3. What will new customers receive this month?

    (A) A complimentary gift
    (B) A discount on a service
    (C) A book of coupons
    (D) An upgraded membership

> **단서** for this month only, new customers will get 10 percent off when they book our service(신규 고객들이 서비스를 예약하면 10퍼센트 할인을 받을 것이다)
>
> 10퍼센트 할인을 받는다는 것을 discount를 활용해 표현한 (B)가 정답.
>
> **Paraphrase** 10 percent off when they book our service → A discount on a service

- present an award 상을 주다, 수여하다
- win an award 상을 받다
- award ceremony 시상식
- awards show 시상식
- show appreciation 감사를 표현하다
- lend A a hand A를 도와주다
- stress 강조하다
- recipient 수상자
- winner 우승자, 수상자
- presenter 발표자
- keynote speaker 기조 연설자
- guest speaker 초대 연사
- instructor 강사
- director 감독
- expert = specialist, professional 전문가
- author 저자
- expertise 전문지식
- look up 우러러보다, 존경하다
- employee of the year = best employee
  올해의 직원
- contribution 공헌, 기여
- contribute 공헌하다, 기여하다
- recognize (시상식에서) 치하하다, 인정하다, 알아주다
- achievement 업적
- accomplishment 업적
- dedicated 헌신적인
- commitment 헌신
- prestigious 훌륭한
- rewarding 보람 있는

- talented 재능 있는
- promising 유망한
- remarkable 놀라운
- top-rated 최고 등급의
- forefront 선두
- simultaneously 동시에
- reputation 평판
- beforehand 사전에
- constant 끊임없는
- prospective 유망한, 다가오는
- honored 명예로운
- inspire 영감을 주다
- on behalf of ~을 대신하여
- give a round of applause 박수를 보내다
- best known for ~로 매우 유명하다
- well known for ~로 유명하다
- renowned 유명한
- prominent 유명한
- world-renowned 세계적으로 유명한
- outstanding job 뛰어난 업적
- manage to ~을 해내다
- lifelong 평생 동안의, 일생의
- aggressively 적극적으로
- foundation 재단
- fundraiser 모금 행사
- charity 자선 단체
- retreat 수련회
- speaking of ~이야기가 나온 김에

√ 제품/서비스 특징 관련 어휘
- lightweight 가벼운
- long-lasting 오래 가는
- long battery life 오래가는 배터리
- brand-new 신상의
- a new line 신상 제품군
- electronics 전자제품
- appliance 가정용 기기
- auto dealership 자동차 대리점
- insurance provider 보험 업체
- portable 휴대용의, 휴대하기 좋은
- easy to carry 가지고 다니기 편한
- sturdy 견고한
- fragile 깨지기 쉬운
- customized = custom-made, tailored
  맞춤의, 개개인의 요구에 맞춘
- reliable 믿을 만한
- long-awaited 오랫동안 기다린
- environmentally friendly = eco-friendly
  친환경의
- user-friendly = easy to use 사용하기 쉬운
- fuel-efficient 연료 효율성이 좋은

- time-consuming 시간이 많이 걸리는
- straightforward 간단한, 손쉬운
- durable 내구성 있는
- decent 괜찮은
- by hand 수작업으로
- drawback 결점
- affordable price = reasonable price 적절한 가격
- unbeatable price 최저 가격
- trial period 체험 기간
- market (시장에) 내놓다, 광고하다
- feature 특징
- comfort 편안함
- customer base 고객층
- age bracket 연령층
- loyal customer 단골 고객
- target ~을 대상으로 하다
- attract 끌어모으다
- particular 특정한
- rate = price 요금
- remind 상기시키다
- raffle 경품 추첨

√ 할인 행사 관련 어휘
- clearance sale 재고 정리 할인
- going-out-of-business sale = closing down
  sale, closing sale 폐점 세일, 점포 정리 세일
- opening sale 개업 세일
- anniversary sale 기념일 세일
- holiday sale 연휴 세일
- half priced = 50% off 반값 할인
- special promotion = special offer, special deal,
  price reduction 특별 할인 행사
- good deal 좋은 거래/가격
- mark down 할인하다
- on sale 할인하는

- for sale 판매하는
- buy one get one free
  1 + 1(제품 한 개 구입 시 하나 더 증정)
- complimentary = free of charge = no charge
  무료의
- at no extra charge 추가 요금 없이
- voucher = gift certificate 상품권, 할인권
- guarantee = warrant 보장하다
- compensate 보상하다
- competitive 경쟁력 있는
- limited time only 한정된 기간 안에만

1. What is the purpose of the speech?

(A) To announce a museum's reopening
(B) To introduce a new curator
(C) To explain a city's history
(D) To thank a donor

2. What kind of collection does the speaker mention?

(A) Short stories
(B) Official records
(C) Historical photos
(D) Handmade figurines

3. According to the speaker, what is special about Joey McKinney's work?

(A) Its combination of different styles
(B) Its depiction of everyday life
(C) Its focus on special events
(D) Its diversity of subjects

---

4. What industry does the speaker most likely work in?

(A) Book publishing
(B) Toy manufacturing
(C) Market research
(D) Children's clothing

5. According to the speaker, who designed the new line of products?

(A) A scientist
(B) An artist
(C) An engineer
(D) A teacher

6. What does the speaker say will happen on Saturday?

(A) A product demonstration will be held.
(B) A marketing campaign will begin.
(C) A new department store will be opened.
(D) A competition will take place.

7. What is being advertised?

(A) A cooking school
(B) An amusement park
(C) A health food store
(D) A fitness center

8. According to the speaker, what has the business recently done?

(A) It reduced some prices.
(B) It remodeled a building.
(C) It hired new employees.
(D) It redesigned a Web site.

9. Why are the listeners encouraged to visit a Web site?

(A) To view a schedule
(B) To obtain a discount
(C) To take a virtual tour
(D) To read customer reviews

10. Where does the speaker most likely work?

    (A) At an art gallery
    (B) At a camera store
    (C) At a filming studio
    (D) At a history museum

11. What does the speaker imply when he says, "I hear this question during every tour"?

    (A) He feels tired of answering the same questions all the time.
    (B) He is impressed by recent technological advances.
    (C) He expects that the listeners are curious.
    (D) He cannot give a definitive answer.

12. What is "Wayne's Eye"?

    (A) A collector's item
    (B) A famous image
    (C) A camera lens
    (D) A photo book

13. What type of business is being advertised?

    (A) A real estate agency
    (B) A home cleaning service
    (C) An interior design firm
    (D) An event planning company

14. What does the speaker say about the business?

    (A) Its staff are highly experienced.
    (B) Its customer list is growing.
    (C) It offers discounts to new clients.
    (D) It provides free consultations.

15. What can the listeners do on the company's Web site?

    (A) Sign up for an event
    (B) Request a quote
    (C) View some pictures
    (D) Read some reviews

16. What field do the listeners most likely work in?

    (A) Accounting
    (B) Architecture
    (C) Entertainment
    (D) Computer technology

17. According to the speaker, what is different about today's seminar?

    (A) It can be attended via video conference.
    (B) It will be interpreted into several languages.
    (C) It sold more tickets than previous years' events.
    (D) It is being held in a newly constructed building.

18. What are some of the listeners encouraged to do?

    (A) Turn off their phones
    (B) Offer some feedback
    (C) Join a group discussion
    (D) Download some materials

19. Where most likely is the speaker?

    (A) At an award ceremony
    (B) At a convention
    (C) At a staff orientation
    (D) At a grand opening

20. What does the speaker say the company did this year?

    (A) Launched new products
    (B) Opened a factory
    (C) Surveyed some customers
    (D) Received an award

21. Why does the speaker say, "There's plenty for everyone"?

    (A) To inform the listeners about a new project
    (B) To advise the listeners to pick up some documents
    (C) To encourage the listeners to enjoy refreshments
    (D) To suggest that the listeners ask questions

22. Who most likely is the speaker?

    (A) A museum guide
    (B) A history teacher
    (C) A security guard
    (D) A curator

23. Why are the listeners going to wait?

    (A) Some participants are still on their way.
    (B) Some equipment is not ready yet.
    (C) A payment needs to be made.
    (D) A door needs to be unlocked.

24. What does the speaker suggest doing?

    (A) Downloading a mobile app
    (B) Pairing with a partner
    (C) Joining a mailing list
    (D) Visiting a gift shop

25. What does the speaker's company produce?

    (A) Compact suitcases
    (B) Custom jewelry
    (C) Laptop computers
    (D) Cell phone accessories

26. Why does the speaker want to work with the department store?

    (A) It has received positive customer reviews.
    (B) It is based in a popular commercial area.
    (C) It is known for its high-quality products.
    (D) It is easily accessible by public transportation.

27. Why does the speaker say, "our products are remarkably durable"?

    (A) To explain a packaging design
    (B) To justify a relatively high cost
    (C) To praise the efforts of some colleagues
    (D) To address a customer's complaint

Loyola's Swim Center
50% OFF
Applicable Lessons

Kiran Laptops	
Model Name	**Screen Size**
Terrier	11 inches
Collie	14 inches
Shepherd	15.6 inches
Husky	17.3 inches

28. What is Ms. Loyola known for?

(A) She designed a line of swimwear.
(B) She owns several swimming pools.
(C) She has won swimming competitions.
(D) She specializes in teaching beginners.

29. Look at the graphic. What classes can the voucher be used for?

(A) Beginner lessons
(B) Advanced lessons
(C) Children's lessons
(D) Senior citizen's lessons

30. What recently changed at Loyola's Swim Center?

(A) The variety of classes
(B) The types of lockers
(C) The sizes of pools
(D) The guest policy

31. What is mentioned as a notable feature of Kiran laptops?

(A) Their light weight
(B) Their long battery life
(C) Their high customer rating
(D) Their fast processing speeds

32. Look at the graphic. Which laptop has a detachable keyboard?

(A) Terrier
(B) Collie
(C) Shepherd
(D) Husky

33. What does the speaker say visitors to the Kiran Web site can do?

(A) View product specifications
(B) Read customer reviews
(C) Enter a prize drawing
(D) Redeem an offer

정답 및 해설 p.157

Part 4 담화 전반부 문제풀이 요령

담화의 주제, 목적, 화자 및 청자의 신분, 담화의 발생 장소에 대한 단서는 대부분 담화의 전반부에 위치하며, 이는 대부분 첫 번째 문제로 출제된다.

주제를 묻는 문제

☐ What is the speaker mainly discussing?

☐ What is the talk[telephone message, announcement, introduction, speech, advertisement] mainly about?

목적을 묻는 문제

☐ What is the purpose of the talk[announcement]?

➜ 주로 화자가 초반부에 '~를 하고 싶다', '~하게 되어 기쁘다', '~를 알려주고 싶다', '~하게 되어 영광이다' 등 Part 4의 핵심 키워드를 가지고 있는 화자의 의지를 나타내는 문장이 주제와 목적의 단서이다.

화자의 신분을 묻는 문제

☐ What most likely is the speaker?

➜ I'm, This is, My name is ~로 시작하는 초반부의 문장에 집중하도록 하자.

청자의 신분을 묻는 문제

☐ Who most likely are the listeners?

➜ 담화 장소에 따라 청자의 신분을 추측할 수 있다. 사무실-직장인 / 비행기, 기차-승객들 / 박물관-관람객 / 공장-공장근무근로자 또한, 안내문은 담화 초반부에 나오는 "Attention, [청중 호칭]"으로도 정답을 찾을 수 있다.

담화가 이뤄지는 장소를 묻는 문제

☐ Where does the talk[announcement] most likely take place?

➜ 담화의 초반부에 "Welcome to ~, Here at ~, Thanks for calling ~" 등 장소를 언급하는 단서 문장을 반드시 잡도록 하자.

Part 4 담화 중반부 문제풀이 요령

주로 이유, 시간, 일정 등 세부사항을 묻는 문제가 출제된다.

이유를 묻는 세부사항 문제(Why, What has caused)의 정답 신호 표현

☐ because (~때문에)

☐ because of (~때문에)

☐ to 부정사 (~하기 위해서)

☐ due to (~로 인해)

☐ in order to (~하기 위해서)

🔍 문제에 나온 명사, 동사 등에 미리 표시해 놓고, 표시된 단어가 대화에 나온 앞뒤 문장을 꼼꼼히 들어보고 정답에 체크하자.
정답을 말해주는 성별은 반드시 미리 표기해 놓고 들어야 한다.

Part 4 담화 후반부 문제풀이 요령

담화 이후에 일어날 일, 제안, 요청 사항이 대부분 후반부에 출제된다.

제안·요청사항 문제

☐ What does the speaker ask the listeners to do?

🔍 화자가 청자에게 지시하거나, 요청 또는 제안하는 말이 단서가 된다. → "Why don't you ~? / Let's / What about ~? / How about ~? /
You have to, should, need to" 등의 표현 뒤를 잘 들어보자.

다음에 일어날 일을 묻는 문제

☐ What will the speaker probably do next?

☐ What will most likely happen next?

🔍 담화 후반부에 "I will, I am going to / Let's" 등의 표현 뒤를 잘 들어보자.

DAY 09 Part 3, 4
시각정보 연계 문제, 의도파악 문제

▼음원 듣기

 만점 전략

1. 시각정보 연계 문제는 대화/담화 내용과 관련된 도표나 지도 등을 보면서 풀어야 한다. 따라서 음원이 나오기 전에 문제와 선택지는 물론, 시각정보까지 재빨리 파악하고 중요 사항을 미리 표시해 놓아야 하므로 눈과 손의 역할이 매우 중요하다.

2. 의도파악 문제는 전체적인 지문 흐름과 내용을 이해하고 듣고 있는지, 아니면 나오는 핵심 단어만을 듣고 찍기를 하고 있는 지를 가리는 고난도 문제 유형으로, 대화/담화에서 제시된 문장의 앞 뒤의 내용의 흐름과 화자의 어조를 반드시 이해해야 한다.

1. 시각정보 연계 문제

◉ 시각정보 연계 문제는 항상 "Look at the graphic."으로 나오며, Part 3의 마지막에 3개 세트(62~70번), Part 4의 마지막에 2개 세트(95~100번)로 출제된다.

◉ 선택지 (A), (B), (C), (D)의 단어들을 제시된 시각정보에 미리 표시를 해주면 좋다.

◉ 반드시 미리 문제와 선택지를 읽어 놓은 상태에서 음원을 듣는 동시에 시각정보를 보면서 문제를 풀어야 한다.

▶ EXAMPLE 1

D9-1.mp3

STEP 1 문제 읽기	대화/담화를 듣기 전 문제를 먼저 읽고 들어야 할 내용을 빠르게 파악한다. 이때 제시된 시각정보도 파악해 두어야 한다.

Employee Extension Numbers	
Lance Barrett	Ext. 112
Allan Kemp	Ext. 203
Miguel Redondo	Ext. 207
Simon Langford	Ext. 312

시각정보 연계 문제가 포함된 문제 세트에서는 각 문제뿐만 아니라 제시된 시각정보까지 파악해야 해서 더욱 바쁘다.

시각정보를 보면 직원 이름과 함께 내선번호가 나와 있다.

3번 문제를 보면 시각정보 연계 문제임을 알 수 있다. 남자가 전화할 내선번호를 묻고 있다.

대화에서 남자가 필요로 하는 사람의 이름을 듣고 시각정보에서 그 사람의 이름 옆에 매칭되어 있는 내선번호를 재빠르게 확인하여 정답을 고르면 된다.

1. Where most likely do the speakers work?
   (A) At a travel agency
   (B) At a financial institution
   (C) At a real estate firm
   (D) At a marketing company

2. Why does the woman ask the man to go to the downtown area?
   (A) To show properties to a client
   (B) To pick up a coworker from the airport
   (C) To have a meal with a colleague
   (D) To submit some work documents

3. Look at the graphic. Which extension number will the man call?
   (A) Ext. 112
   (B) Ext. 203
   (C) Ext. 207
   (D) Ext. 312

W: Hey, Miguel. Did you hear that we just hired a new realtor? He's very experienced in dealing with commercial property, so it's good news for our agency.

M: I'm happy to hear that!

W: The thing is... I need you to help him settle in, as he's new to the city. How about taking him to the downtown area on Friday? Our company can pay for a meal and some drinks for you both.

M: That sounds like a great idea.

W: Thanks. You should check the extension list and give him a call to confirm the plan. His name is Simon Langford.

M: No problem. I'll do that now.

---

1. Where most likely do the speakers work?

   (A) At a travel agency
   (B) At a financial institution
   (C) At a real estate firm
   (D) At a marketing company

단서 we just hired a new realtor(새로운 부동산 중개사를 고용했다) / dealing with commercial property(상업용 부동산을 취급) / our agency(우리 중개소)

대화 첫 부분에 나오는 단서들을 종합해 이들이 부동산 중개 회사에서 근무하고 있음을 유추할 수 있으므로 (C)가 정답. realtor, commercial property 등의 주요 어휘를 모르면 유추하기 어려우므로 빈출 어휘를 정리해 두어야 한다.

2. Why does the woman ask the man to go to the downtown area?

   (A) To show properties to a client
   (B) To pick up a coworker from the airport
   (C) To have a meal with a colleague
   (D) To submit some work documents

단서 How about taking him to the downtown area ~?(그를 시내에 데려가는 게 어때요?) / Our company can pay for a meal(회사에서 식사비를 내줄 수 있다)

여자의 제안에 downtown area가 언급되고 있다. How about taking him ~?에서 him은 새로 고용한 realtor이므로 colleague라고 할 수 있다. 회사가 식사비를 내줄 수 있다고 하므로 (C)가 정답.

3. Look at the graphic. Which extension number will the man call?

   (A) Ext. 112
   (B) Ext. 203
   (C) Ext. 207
   (D) Ext. 312

단서 give him a call to confirm the plan(그에게 전화해서 계획을 확인하다) / His name is Simon Langford(그의 이름은 사이먼 랭포드이다)

남자에게 Simon Langford에게 전화해 보라고 하므로 시각정보에서 이 이름을 찾아 내선번호를 매칭하면 (D)가 정답. 시각정보를 미리 파악했다면 이름들 중 하나가 대화에 언급될 것임을 알고 미리 마음의 준비를 할 수 있기 때문에 결정적 단서를 놓치지 않고 잡아낼 수 있다.

• 일정표

October 1st Schedule	
09:00–11:30	Intern Interviews
14:00	
15:00	Board Meeting
16:00	
17:00	Client Teleconference

M: 오전엔 면접이 있고요, 오후에 이사회 끝나고 시간이 있어요.
W: 네, 그럼 그때 뵐게요.

[문제] 이들은 몇 시에 만날 것인가?
[정답] 16:00

• 출발/도착 안내

Destination	Departure Time	Status
Chicago	4:20 P.M.	On time
Los Angeles	7:00 P.M.	Delayed 30 min.
New York	7:35 P.M.	Delayed 1 hour
Miami	8:00 P.M.	On time

M: 나 교통체증 때문에 늦을 것 같아. 어쩌지?
W: 괜찮아. 우리 비행기가 1시간 지연된대.

[문제] 이들의 목적지는?
[정답] New York

• 층별 안내

Pro Electronics Directory	
1F	Cameras
2F	Mobile phones
3F	Televisions
4F	Computers

W: 스마트폰을 사려고 하는데요. 어디로 가야 해요?
M: 여기 층별 안내를 참조하세요.

[문제] 여자는 몇 층으로 갈 것인가?
[정답] 2nd floor

• 약도

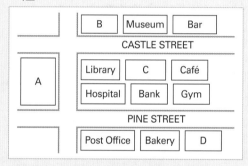

W: 새로 생긴 타코 레스토랑에서 만납시다. 캐슬 스트리트에 있고 박물관 바로 맞은편에 있어요.

[문제] 청자는 어디로 갈 것인가?
[정답] C

✓ 스케줄
shareholder's meeting 주주 회의
board meeting 이사진 회의
conference call 전화 회의
webinar 웨비나(인터넷상의 세미나)
itinerary 여행 일정
lunch break 점심 휴게 시간

✓ 출발/도착 안내
departure 출발 / arrival 도착
status 상황
delayed 지연된 / on schedule 일정대로, 예정대로
canceled 취소된

baggage claim (공항의) 수하물 찾는 곳
flight number 항공편 번호

✓ 평면도, 약도
next to = by 옆에
close to = near 근처의
across from ~의 맞은 편에
on the corner of A and B A와 B의 코너에
office layout 사무실 배치도
closest to ~에서 가장 가까운
steps = stairs = stairway = staircase 계단
hallway 통로, 복도

• 막대 그래프

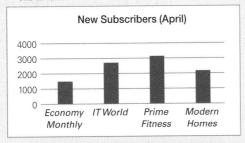

New Subscribers (April)

W: 우리 회사 잡지들 중 하나가 이번 달에 2,000명의 신규 구독자를 확보하는 것에 실패했네요. 다음 회의 때 이 잡지에 대해 논의해 봅시다.

[문제] 어떤 잡지에 대해 논의할 것인가?
[정답] *Economy Monthly*

• 쿠폰

Paint	Paradise
Buy ··········	Save
1 gallon ··········	5%
2 gallon ··········	10%
3 gallon ··········	15%
4 gallon ··········	25%
Valid in-store only 9/10-9/20	

W: 친환경 페인트 포레스트 그린색으로 2 gallon 사고 싶어요. 여기 쿠폰 있습니다.

[문제] 여자는 얼마나 할인을 받을 것인가?
[정답] 10%

• 원그래프

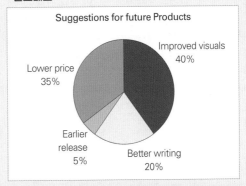

Suggestions for future Products

M: 우리 게임 제품의 그래픽을 개선하자는 의견이 가장 많이 나왔는데요, 이에 관해서는 이미 작업이 진행 중입니다. 그래서 그 다음으로 많이 나온 의견에 대해 논의해 봅시다.

[문제] 무엇에 대해 논의할 것인가?
[정답] Lower price

• 설명서

Instructions

Step 1 Connect the printer to the computer
Step 2 Install the ink cartridge
Step 3 Insert paper
Step 4 Connect to the Wi-Fi

W: 다 한 것 같은데 프린터기가 작동을 안 해요.
M: 제가 볼게요. 아, 다음 단계는 프린터를 무선 네트워크에 연결하는 겁니다.

[문제] 여자가 다음으로 해야 할 단계는?
[정답] Step 4

√ 그래프
the highest 가장 높은 ↔ the lowest 가장 낮은
the second highest 두 번째로 높은
the third lowest 세 번째로 낮은
quarter 분기

√ 쿠폰
valid = good 유효한
expire = be not valid 만료되다
good[great] deal 좋은 거래
half priced = 50% off 반값 할인

voucher 쿠폰
expiration date 만료일
gift certificate 상품권
buy one get one free 1+1
store credit 상점 내 마일리지

√ 설명서
step = stage = phase 단계
process 과정
flow chart 업무 흐름도
instructions 설명서

2. 의도파악 문제

◉ 문제에 제시된 따옴표 속의 제시 문장이 대화/담화 안에서 어떤 의미이며, 왜 나오게 되었는지를 알려면, 이 말이 나오기 전 상황과 내용뿐만 아니라 그 이후의 내용까지 이해해야 한다.

◉ 제시 문장의 앞과 뒤가 가장 중요하니 제시 문장 앞뒤 맥락을 반드시 체크하자.

◉ 제시 문장에 직접적인 단서가 나오는 경우는 거의 없기 때문에 대화/담화에서 들리는 단어만을 듣고 고르는 선택지는 오답일 가능성이 높다.

◉ 제시문이 긍정적인지, 아니면 부정적이거나 걱정스러운 이야기를 하는지와 같은 분위기를 파악하는 것도 중요하다.

◉ LC에서 가장 어려운 유형의 문제로서, 너무 큰 부담을 갖고 의도 파악 문제만 신경 쓰게 되면 나머지 2개 문제의 단서를 놓칠 수 있으니 주의해야 한다.

▶ EXAMPLE 2

D9-3.mp3

STEP 1 문제 읽기 | 담화를 듣기 전 문제를 먼저 읽고 들어야 할 내용을 빠르게 파악한다.
이때 제시된 문장을 확실하게 해석해 두어야 한다.

1. What does the speaker's company sell?

   (A) Sportswear
   (B) Magazines
   (C) Health supplements
   (D) Exercise machines

질문 POINT 회사에서 판매하는 것

각 선택지의 내용을 먼저 확인한 후에 관련 품목이나 서비스 등이 제시되는 부분을 통해 단서를 찾아야 한다. 담화에는 판매하는 특정 상품이, 선택지에는 상품 종류의 상위 개념이 제시되는 경우가 많으므로 이에 유의해야 한다.

2. What does the speaker mean when he says, "There is a lot of information"?

   (A) The board members have approved a request.
   (B) The listeners have been sent a report.
   (C) He is pleased about some feedback.
   (D) He agrees with some concerns.

질문 POINT "정보가 많다"

문제의 형태를 보면 의도파악 문제임을 알아차릴 수 있다. 의도파악 문제는 반드시 미리 주어진 문장을 읽고 해석해 두어야 한다. 이런 문제는 전체적인 내용의 흐름을 이해해서 맥락을 잡아야 풀 수 있는 문제이므로 흐름에 집중해야 한다.

3. What event will be held next week?

   (A) A product launch celebration
   (B) A store's grand opening
   (C) A skills development workshop
   (D) A meeting of board members

질문 POINT 다음 주에 있을 행사

next week가 핵심 키워드이다. 담화 마지막 부분에 next week가 언급되는 곳에서 어떤 행사가 열린다고 하는지 귀를 기울여 들을 준비를 한다.

Excerpt from a meeting

Good morning, everyone! I'm delighted to tell you that our latest range of athletic clothing is ready to be sold in our stores. However, the board members have some concerns about the advertisements we planned to run in various newspapers and magazines. They are worried that the ads display too many unnecessary details, and don't display the products clearly enough. There is a lot of information. I'll talk with our graphic design team about it. Our product launch party takes place at the end of next week, so we need to have our ads changed before that.

---

1. What does the speaker's company sell?

(A) Sportswear
(B) Magazines
(C) Health supplements
(D) Exercise machines

> 단서 our latest range of athletic clothing(자사의 최신 운동복 제품군)
>
> 최신 운동복 제품을 판매할 준비가 되었다고 하므로 판매하는 것이 운동복임을 알 수 있다. 선택지에 athletic clothing이 없다고 당황하지 말자. 같은 의미의 다른 말을 찾으면 (A)가 정답.
>
> Paraphrase athletic clothing → Sportswear

2. What does the speaker mean when he says, "There is a lot of information"?

(A) The board members have approved a request.
(B) The listeners have been sent a report.
(C) He is pleased about some feedback.
(D) He agrees with some concerns.

> 단서 the board members have some concerns (이사진이 광고에 대해 몇 가지 우려가 있다) / the ads display too many unnecessary details(광고에 불필요한 세부사항이 너무 많다)
>
> 의도파악 문제는 제시문의 앞뒤 정황을 모두 살펴야 한다.
> 앞문장: 이사진 의견이 광고에 불필요한 상세 정보가 너무 많다고 한다.
> 뒷문장: 그래픽 디자인 팀에게 말해보겠다.
> 정보가 많다면서 그래픽 디자인 팀에 얘기해보겠다는 것은 앞서 이를 지적한 이사진의 의견에 동의한다는 의미이므로 (D)가 정답.

3. What event will be held next week?

(A) A product launch celebration
(B) A store's grand opening
(C) A skills development workshop
(D) A meeting of board members

> 단서 Our product launch party takes place at the end of next week(우리 제품 출시 파티는 다음 주 후반에 열린다)
>
> 담화 후반부에 next week가 나오는 문장에서 product launch party가 열린다고 하므로 (A)가 정답.
>
> Paraphrase party → celebration

D9-4.mp3

1. Why is the man calling?

(A) To apologize for a mistake
(B) To discuss a fitness plan
(C) To schedule a meeting
(D) To conduct a survey

2. What does the woman mean when she says, "I've been using it on a daily basis"?

(A) She signed up for a gym membership.
(B) She needs to check her schedule.
(C) She is satisfied with a product.
(D) She has been busy with work.

3. What does the woman say she is doing next week?

(A) Working from home
(B) Going on a business trip
(C) Interviewing for a position
(D) Starting a new workout routine

4. Who most likely are the speakers?

(A) IT technicians
(B) College lecturers
(C) Gym instructors
(D) Library employees

5. What have some online reviewers complained about?

(A) Membership fees
(B) Schedule changes
(C) Inexperienced staff
(D) Faulty equipment

6. Why does the woman say, "it's quiet at the moment"?

(A) To express disappointment about a service
(B) To recommend closing a business early
(C) To suggest holding a meeting now
(D) To request a progress report on some work

7. What event are the speakers discussing?

(A) A product launch
(B) A shareholder meeting
(C) A retirement dinner
(D) A staff orientation

8. What does the man imply when he says, "We have so much work to do on Thursday, though!"?

(A) He would like to take a day off on Thursday.
(B) He is unable to attend a work event.
(C) He is disappointed about a decision.
(D) He wants the woman to work overtime.

9. What does the woman suggest?

(A) Canceling an upcoming event
(B) Sending out event invitations
(C) Scheduling an additional session
(D) Making an announcement to employees

Destination	Platform	Departure Time	Status
Vancouver	7	07:30	On time
San Francisco	10	08:30	Delayed
Seattle	7	08:45	Delayed
Los Angeles	3	09:00	Canceled

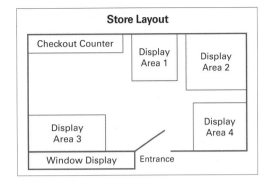

10. What type of event are the speakers traveling to?

(A) An awards ceremony
(B) A music festival
(C) A business convention
(D) A school reunion

11. Why is the man staying for an additional day?

(A) He plans to spend time with family.
(B) He wants to do some sightseeing.
(C) He will meet with a business client.
(D) He was unable to reserve an earlier train.

12. Look at the graphic. What city are the speakers going to?

(A) Vancouver
(B) San Francisco
(C) Seattle
(D) Los Angeles

13. What did the man recently do?

(A) He started a new business.
(B) He attended a job interview.
(C) He gave a presentation.
(D) He placed an advertisement.

14. What is the man surprised by?

(A) The demand for products
(B) The increase in sales
(C) The size of a store
(D) The difficulty of hiring staff

15. Look at the graphic. Where does the man suggest putting the mobile phone accessories?

(A) In Display Area 1
(B) In Display Area 2
(C) In Display Area 3
(D) In Display Area 4

16. Why is the company's founder coming for a visit?

   (A) A sales target has been reached.
   (B) A new product has been launched.
   (C) An installation has been completed.
   (D) An employee has been promoted.

17. Why does the speaker say, "this is an informal visit"?

   (A) To respond to a query
   (B) To acknowledge a policy change
   (C) To explain a delay
   (D) To reassure the listeners

18. What event have the listeners been invited to?

   (A) An awards ceremony
   (B) A retirement meal
   (C) A fundraising banquet
   (D) A talk by a special guest

19. According to the speaker, what will take place this morning?

   (A) A safety inspection
   (B) A training workshop
   (C) A remodeling project
   (D) A software upgrade

20. What does the speaker ask the listeners to do?

   (A) Remove their belongings
   (B) Read some information
   (C) Back up some work
   (D) Work in a different office

21. What does the speaker imply when he says, "I did my best to have it rescheduled"?

   (A) He hopes to have some work postponed.
   (B) He will be available to meet with employees.
   (C) He expects to see all workers at an event.
   (D) He is disappointed with the timing of some work.

22. What does the speaker announce?

   (A) A manager will retire soon.
   (B) An admin office will be relocated.
   (C) A new department will be created.
   (D) A work project has been completed.

23. Who does the speaker say the company will hire?

   (A) Supervisors
   (B) Interns
   (C) Recent graduates
   (D) Freelance consultants

24. What does the speaker imply when he says, "most of them are now full-time employees"?

   (A) Some vacancies will be advertised.
   (B) Some staff will undergo training.
   (C) A work schedule must be changed.
   (D) A program was successful.

Thursday	Friday	Saturday	Sunday

25. Who most likely is the speaker?

(A) A park ranger
(B) A bus driver
(C) An HR manager
(D) A radio broadcaster

26. Look at the graphic. What day will the trip take place?

(A) Thursday
(B) Friday
(C) Saturday
(D) Sunday

27. What does the speaker ask the listener to do?

(A) Buy some supplies
(B) Postpone an event
(C) Schedule a meeting
(D) Compare some prices

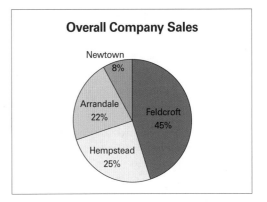

28. What types of products does the speaker's company sell?

(A) Computer software
(B) Kitchen appliances
(C) Construction tools
(D) Office supplies

29. Look at the graphic. What branch does the speaker work at?

(A) Feldcroft
(B) Hempstead
(C) Arrandale
(D) Newtown

30. According to the speaker, what will the company do next year?

(A) Introduce new products
(B) Hire additional employees
(C) Open a new branch
(D) Launch a marketing campaign

정답 및 해설 p.166

💡 만점 전략

1. 세부사항을 묻는 문제는 매우 다양한 형태로 출제되며, 문제가 원하는 특정 정보를 대화/담화에서 찾아야 하기 때문에 음원이 나오기 전에 문제를 더 자세하고 정확하게 분석해 두어야 한다.

2. 세부사항 문제에 핵심 키워드를 찾아 표시해 놓고, (A)~(D) 선택지도 동사나 명사 중심으로 표시해 놓는 것이 좋다.

3. 고난도 세부사항 문제의 경우 대화/담화의 내용이 완전히 다른 말로 paraphrasing되는 경향이 있으므로 어휘력과 빠른 의미 파악 능력이 필요하다.

4. 이유를 묻는 문제 또는 say[mention] about 문제의 경우 선택지가 문장으로 제시되기 때문에 속독 능력이 요구된다.

1. Part 3 세부사항 문제 고난도

◉ 문제 분석 시 성별 체크가 필수이며, 문제의 키워드를 제대로 잡은 후 키워드 앞뒤 주변을 집중해서 들어야 한다.
◉ 3인 대화의 경우 문제에 사람의 이름이 나오는 경우가 많은데, 이 경우 화자들 중 그 사람이 누구인지를 반드시 파악해 구분해야 한다. 참고로, 같은 성별의 사람들은 서로 다른 국적을 가지고 있다.

▶EXAMPLE 1

D10-1.mp3

STEP 1
문제 읽기
대화를 듣기 전 문제를 먼저 읽고 들어야 할 내용을 빠르게 파악한다.
시간이 없다면 선택지는 동사나 명사 위주로 빠르게 skimming (훑어 읽기) 하자.

1. What has the woman been hired to do?
   (A) Take photographs
   (B) Design a Web site
   (C) Train employees
   (D) Write articles

질문 POINT 고용된 여자의 직무

인물의 직업/직무를 묻는 경우 해당 인물이 자신에 대해 직접 언급하기도 하지만 다른 인물의 말을 통해서 알게 될 수도 있으므로 대화 초반에 두 화자의 말을 다 잘 들어야 한다.

2. According to the director, what is the organization's goal?
   (A) To launch a range of products
   (B) To open a fitness center
   (C) To improve staff benefits
   (D) To promote healthy eating

질문 POINT 임원이 말하는 조직의 목표

문제에서 According to the director라고 하므로, 대화에서 director라고 소개되는 인물이 조직의 목표와 관련하여 뭐라고 말하는지를 잘 들어야 한다.

3. What does Harvey say is exciting?
   (A) An increase in investment
   (B) The size of a workspace
   (C) The success of an advertisement
   (D) A rise in consumer demand

질문 POINT Harvey가 흥미롭다고 말하는 것

Harvey가 흥미롭다고 말하는 것을 묻고 있으므로 Harvey라는 사람의 말을 잘 들어야 하며, 질문에 있는 exciting 또는 이와 유사한 의미의 표현이 나올 때, 집중해야 한다.

M1: As the director of this organization, I'd like to welcome you to Better Living Group. We're delighted that you'll be helping us with our promotional materials.

W: Thanks for giving me this opportunity to work with you.

M1: Yes, the photographs you'll be taking for us will really help achieve our goals. With your professional pictures, it will be easier for us to encourage people to eat more healthy foods. By the way, this is Harvey. He's in charge of producing our brochure, and you'll be making a big contribution to that.

M2: It's a very important aspect of our work, and what's exciting is that we've attracted more investors than ever before, so we have a larger budget to work with.

---

1. What has the <u>woman</u> been <u>hired to do</u>?

(A) Take photographs
(B) Design a Web site
(C) Train employees
(D) Write articles

단서 the photographs you'll be taking for us(당신이 우리를 위해 찍어줄 사진들)

대화 중반에 여자가 기회에 감사를 표하자 남자1이 여자를 you로 지칭해 여자가 사진을 찍을 것임을 언급하고 있으므로 (A)가 정답.

2. According to the <u>director</u>, what is the <u>organization's goal</u>?

(A) To launch a range of products
(B) To open a fitness center
(C) To improve staff benefits
(D) To promote healthy eating

단서 help achieve our goals(우리 목표 달성을 돕다) / With your professional pictures, it will be easier for us to encourage people to eat more healthy foods(당신의 전문적인 사진들로, 건강에 좋은 음식을 더 많이 섭취하는 것을 장려하는 일이 수월해질 것이다)

대화 초반부에 자신을 director라고 소개했던 남자1이 대화 중반부에서 여자가 삭업할 사신들이 소식의 목표 달성을 도와준다고 언급한 뒤, 여자의 사진으로 건강에 좋은 음식 섭취를 장려하는 일이 보다 수월해질 것이라고 하므로 (D)가 정답.

Paraphrase encourage → promote

3. What does <u>Harvey say</u> is <u>exciting</u>?

(A) An increase in investment
(B) The size of a workspace
(C) The success of an advertisement
(D) A rise in consumer demand

단서 what's exciting is that we've attracted more investors than ever before(흥미로운 것은 우리가 그 어느 때보다도 더 많은 투자자들을 유치한 것)

대화에서 Harvey라고 불린 남자가 exciting이라고 말하며 역대 최다 투자자를 유치했다고 하므로 이를 투자가 증가했다고 표현한 (A)가 정답.

Paraphrase more investors than ever before → An increase in investment

2. Part 4 세부사항 문제 [고난도]

- 선택지가 문장으로 제시되는 경우가 Part 3보다 많은 편이다. 담화를 들으면서 허겁지겁 읽다 보면 단서를 놓치기 쉽기 때문에 선택지 미리 읽기와 문제 풀이 연습을 충분히 해 두어야 한다.
- 특히 say about 문제 유형은 화자가 말한 내용이 다른 말로 바뀌어 정답으로 제시되기 때문에 속독 능력이 더욱 필요하다.
- But, However, Actually, In fact 뒤에는 정답의 단서가 되는 힌트 문장들이 언급되는 경우가 많으니 주변을 집중해서 듣도록 하자.

▶ EXAMPLE 2

D10-2.mp3

STEP 1 문제 읽기	담화를 듣기 전 문제를 먼저 읽고 들어야 할 내용을 빠르게 파악한다. 시간이 없다면 선택지는 동사나 명사 위주로 빠르게 skimming(훑어 읽기) 하자.

1. What does the speaker <u>say about</u> a <u>previous process</u>?

(A) It was causing confusion.
(B) It was highly effective.
(C) It had been used for several years.
(D) It was used in various branches.

질문 POINT 이전 과정에 대해 말한 것

화자가 previous process라는 표현을 직접 언급할 수도 있지만, 새로운 과정 또는 다른 과정과 비교하는 표현이나 과거 시제로 이전 과정에 대한 내용이 나올 수도 있음을 예상하고 들어야 한다.

2. What is <u>mentioned about</u> the <u>bottom section of a form</u>?

(A) It contains contact details.
(B) It can be detached.
(C) It will be revised.
(D) It requires a signature.

질문 POINT 서식의 하단에 대해 언급되는 것

'form(서식)의 하단'이라는 특정 부분에 대한 질문이므로 form이 언급될 때 집중해서 들어야 한다.

3. According to the speaker, <u>why</u> might the <u>listeners receive a message</u>?

(A) If a request is not approved
(B) If an employee is absent from work
(C) If a deadline is not met
(D) If there are no forms available

질문 POINT 청자들이 메시지를 받게 될 이유

담화 후반부에서 청자가 message를 받게 될 것이라는 표현 또는 화자나 어떤 대상이 청자들에게 message를 전달할 것이라고 말하는 부분에 집중해서 들어야 한다.

Excerpt from a meeting

Let's discuss the new process for requesting annual leave. Staff will no longer be required to request time off through our online system. In fact, the online request system was confusing for many workers. From now on, employees must simply fill out a request form and submit it to the department managers. They will need to provide their name, employee ID number, the dates they need off, and the reason for the request. The bottom section has a space where managers must sign to approve requests. Forms should be passed on to me for final approval. In cases where requests are denied, I will send a message to you.

1. What does the speaker say about a previous process?

   (A) It was causing confusion.
   (B) It was highly effective.
   (C) It had been used for several years.
   (D) It was used in various branches.

단서 Staff will no longer be required to request time off through our online system(온라인 시스템을 통한 휴가 신청을 더 이상 안 해도 된다) / In fact, the online request system was confusing(온라인 신청 시스템은 혼란스러웠다)

담화 초반부에 new process를 언급하고 이전 절차가 어땠는지 설명하고 있다. 혼란스럽게 했다는 것은 혼란을 초래한다는 의미이므로 (A)가 정답.

Paraphrase confusing → causing confusion

2. What is mentioned about the bottom section of a form?

   (A) It contains contact details.
   (B) It can be detached.
   (C) It will be revised.
   (D) It requires a signature.

단서 The bottom section has a space where managers must sign(하단에 부장이 서명해야 하는 공간이 있다)

담화 중반부에 request form과 bottom section을 언급하면서 서식 하단에 대해 안내하고 있다. 부장들이 서명해야 하는 공간이 있다는 것은 서식에 서명이 필요하다는 의미이므로 (D)가 정답.

Paraphrase has a space where managers must sign → requires a signature

3. According to the speaker, why might the listeners receive a message?

   (A) If a request is not approved
   (B) If an employee is absent from work
   (C) If a deadline is not met
   (D) If there are no forms available

단서 In cases where requests are denied, I will send a message to you(요청이 거질될 경우 메시지를 보낼 것이다)

담화 후반부에 메시지 발송 조건을 설명하면서 화자 자신이 메시지를 보낼 것임을 언급한다. 요청이 거절된다는 것은 승인되지 않는다는 의미이므로 (A)가 정답.

Paraphrase denied → not approved

√ Part 3, 4에 자주 등장하는 동의어 표현들

- move → transfer, relocate 이사하다, 전근 가다
- deliver → ship, send 배송하다, 보내다
- e-mail → send 이메일 보내다
- call → contact, give a call, get in touch with 연락하다, 전화하다
- call back → return a call, get back 다시 전화하다
- call off → cancel 취소하다
- type → enter 입력하다
- put off → postpone, delay 연기하다
- submit → send, provide 보내다, 제공하다
- recently → lately 최근에
- save → conserve, reduce, lower 절약하다
- price estimate → price quote 가격 견적서
- a decade → 10 years 10년
- merge → acquire, take over, buy, purchase 인수하다, 합병하다
- annual → yearly 매년
- manual → directions, instructions 설명서
- coworker → colleague, associate 동료
- customer → patron, client 손님
- expert → technician 전문가, 기술자
- increase → raise, boost 증가시키다
- online → Web site, Internet, electronically 온라인으로
- stop by → come by, drop by 들르다
- take care of → handle, deal with, manage 처리하다
- award → prize 상
- clothing → apparel, garment, outfit, wear 의류
- set aside → put aside, hold, keep, reserve (물건을) 따로 빼놓다
- broken → out of order, malfunctioning, break down, stop working, not working (properly) 고장 난
- sold out → out of stock, not in stock, unavailable 재고가 없는
- oversee → manage, supervise 관리하다, 감독하다
- poor weather → bad weather, severe weather, inclement weather 악천후
- power outage → power failure 정전
- refreshments → food and beverages, snacks and drinks, coffee and dessert, some cookies 다과

- real estate agency → property rental agency, realtors 부동산 중개업소
- renovation → remodeling, improvement, repair work 건물 보수
- take part → attend, participate, join 참가하다
- restaurant → bistro, diner, place to eat 식당
- rule → regulations, policy, guideline, standard 규칙, 정책
- cancel → withdraw 취소하다
- contract → agreement, legal document 계약서
- company → firm 회사
- pass around → give, hand out, distribute 나눠주다
- document → form, papers, paperwork 서류
- event → function, occasion 행사
- launch → release, unveil, introduce, put on the market 출시하다
- abroad → overseas 해외로
- sufficient → adequate, enough 충분한
- defective → damaged 결함이 있는, 손상된
- run out of = be out of → shortage, lack of, deficit 부족
- understaffed → short-staffed, short-handed, short on staff, not enough staff 일손이 부족한
- holiday → vacation, time off 휴가
- location → place, venue, spot, space 장소
- aircraft → airplane, flight 비행기
- reasonable → affordable 가격이 적당한
- reimburse → pay back, compensate 환급하다
- advertise → place an ad, promote 광고를 내다
- revise → amend, correct, edit, change, modify 수정하다
- traffic jam → traffic congestion, stuck in traffic 교통 체증
- driver → motorist 운전자
- give a ride → give a lift, pick up, provide a transportation, offer a transportation 태워주다
- detour → alternate[alternative] route, different road, bypass 우회로
- sign up for → register for, enroll in 등록하다

✓ Part 3, 4 정답에 자주 사용되는 상위 개념 어휘

document 서류	proposal(제안서), estimate(견적서), sales report(매출 보고서), budget report (예산 보고서), application form(지원서), request form(신청서), résumé(이력서), cover letter(자기소개서) 등 각종 서식 및 서류
contact information 연락 정보	phone number, e-mail address, fax number, mailing address 개인이나 회사의 전화번호, 이메일 주소, 팩스 번호 등 연락을 할 수 있는 모든 정보
business 업체	사업체, 회사 이름, 식당 이름 등
item, goods, product, merchandise 물건, 제품	상점에서 판매하는 각종 제품들
baked goods 빵 제과류	bread, muffin, cookies 등과 같은 제과 제빵 제품
produce 농산물	fruits, vegetables
office supplies 사무용품	pens, pencils, paper, notebooks, file folders, stapler, paper clips, markers, calculators, keyboards, monitors, printers, copiers 등 회사에서 사용하는 각종 사무용품
customer 고객	diner(식당 손님), hotel guest(호텔 손님) 등
public transportation 대중 교통	bus, subway, train, taxi 등
equipment, device 장비	모든 종류의 장비, 기계
safety gear 안전 장비	helmet, hard hat, glove, goggles 등을 지칭하는 모든 안전 장비
hardware 철물제품	tools(연장) - hammers(망치), screwdrivers(드라이버), saws(톱), bolt(볼트) 등

1. What project is the woman working on?

(A) Researching some competitors
(B) Creating a training manual
(C) Recruiting new employees
(D) Finding potential clients

2. What did the woman do on Monday?

(A) Applied for a management position
(B) Conducted a customer survey
(C) Met with some recent hires
(D) Prepared a press release

3. According to the man, what recently happened at the company?

(A) Some senior staff retired.
(B) Some equipment was upgraded.
(C) Some departments were reassigned.
(D) Some paperwork has been digitized.

---

4. What is the woman shopping for?

(A) Furniture
(B) Garden tools
(C) Kitchen appliances
(D) Stationery

5. What does Frank say about an item?

(A) It is out of stock.
(B) It is discounted.
(C) It is a best-selling item.
(D) It comes with a gift.

6. What additional service does Frank mention?

(A) Free parking
(B) Item assembly
(C) Free shipping
(D) Product repairs

7. What are the speakers preparing to do?

(A) Present prizes to staff members
(B) Welcome new employees
(C) Celebrate a company's founding
(D) Meet with potential investors

8. According to the woman, what has Gourmand Catering recently done?

(A) It has opened a new business location.
(B) It has hired additional staff.
(C) It has added new menu options.
(D) It has won an industry award.

9. What will the man most likely do next?

(A) Make a payment
(B) Change an order
(C) Sample some food
(D) Organize a meeting

Streetsmart Clothing Order #39801		
Quantity	Details	Total Price
2	Jeans	$60
1	Waterproof jacket	$75
4	Casual Urban T-shirt	$40
3	Socks	$15

Westville Public Library – Frequent Contact List		
Contact	Position	Phone #
Jessica Tanner	Head Librarian	555-4687
Clancy Overton	Fundraiser Coordinator	555-2185
Sandra Morin	City Hall Office Manager	555-7986
Akbar Tighe	Book Supplier HQ	555-6369

10. What does the man say happened while he was on holiday?

(A) His flight was delayed.
(B) He misplaced his credit card.
(C) Some clothing was damaged.
(D) Some luggage was lost.

11. Why does the man need assistance?

(A) He did not receive a discount.
(B) He bought clothes in the wrong size.
(C) He failed to receive some purchases.
(D) He would like to place another order.

12. Look at the graphic. How much money will the man be refunded?

(A) $60
(B) $75
(C) $40
(D) $15

13. What are the speakers discussing?

(A) Participating in a competition
(B) Contributing to a charity
(C) Promoting a local event
(D) Sponsoring local artists

14. According to the woman, what will take place in June?

(A) A sports tournament
(B) A seasonal festival
(C) A music concert
(D) A book signing

15. Look at the graphic. Who does the man suggest contacting?

(A) Jessica Tanner
(B) Clancy Overton
(C) Sandra Morin
(D) Akbar Tighe

16. Why is the speech being given?

    (A) To announce a retirement
    (B) To introduce a special guest
    (C) To launch a new company
    (D) To accept an award

17. According to the speaker, what happened in March?

    (A) A product was released.
    (B) A company was relocated.
    (C) Sales figures were announced.
    (D) New employees were hired.

18. What does the speaker say Frank Hutton is skilled at?

    (A) Negotiating business deals
    (B) Communicating with customers
    (C) Motivating employees
    (D) Maximizing profits

19. What did the speaker buy tickets for?

    (A) A musical performance
    (B) A professional seminar
    (C) A movie premiere
    (D) A sporting event

20. What problem does the speaker mention?

    (A) She did not receive a confirmation e-mail.
    (B) She entered the wrong date on a form.
    (C) She was assigned the wrong seats.
    (D) She was unable to use a credit card.

21. What does the speaker say she will do this afternoon?

    (A) Make another phone call
    (B) Log in to a Web site
    (C) Request a refund
    (D) Visit a box office

22. According to the speaker, what problem are some staff experiencing?

    (A) They are given too much paperwork to fill out.
    (B) They have been required to stay late regularly.
    (C) They have to change passwords too often.
    (D) They spend too much time stuck in traffic.

23. How does the speaker plan to address the problem?

    (A) By hiring additional employees
    (B) By introducing flexible work hours
    (C) By eliminating some documentation
    (D) By upgrading the company's Web site

24. What does the speaker ask the listeners to do?

    (A) Indicate a preference
    (B) Prepare a questionnaire
    (C) Help conduct interviews
    (D) Speak with their supervisors

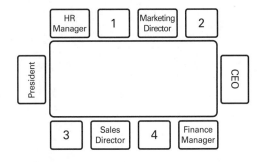

Send Job Offer
⇩
Conduct Background Check
⇩
Schedule Orientation
⇩
Send Training Documents
⇩
Order Employee Uniform

25. What event are the listeners preparing for?

(A) A staff party
(B) A client meeting
(C) A training workshop
(D) An awards ceremony

26. Look at the graphic. Which seat has been assigned to Mr. Miyazaki?

(A) Seat #1
(B) Seat #2
(C) Seat #3
(D) Seat #4

27. Why does the speaker ask for a volunteer?

(A) To give a speech
(B) To prepare a room
(C) To buy some supplies
(D) To provide transportation

28. What does the speaker say about the company?

(A) It intends to hire more staff.
(B) It broke an annual sales record.
(C) It will open new retail locations.
(D) It recently launched a new product.

29. Look at the graphic. According to the speaker, which step was recently added?

(A) Conduct Background Check
(B) Schedule Orientation
(C) Send Training Documents
(D) Order Employee Uniform

30. What concern does the speaker mention?

(A) The demand for products is decreasing.
(B) The company's market share is shrinking.
(C) The staff absence rate has increased.
(D) The cost of production is rising.

정답 및 해설 p.176

정답 및 해설

EXAMPLE 1

(A) 여자가 안경을 착용하는 중이다.
(B) 여자가 컵을 채우고 있다.
(C) 여자가 머그컵으로 홀짝이고 있다.
(D) 여자가 모자를 착용한 상태이다.

어휘　put on (동작) ~을 착용하다　fill up ~을 채우다　sip (음료)
~을 홀짝이다

EXAMPLE 2

(A) 여자가 앞치마를 매는 중이다.
(B) 여자가 복사를 하는 중이다.
(C) 여자가 컵에 커피를 따르고 있다.
(D) 여자가 출입구에 서 있다.

어휘　tie ~을 매다　apron 앞치마　make copies 복사를 하다
pour ~을 따르다, ~을 붓다　doorway 출입구

EXAMPLE 3

(A) 이 길로 쭉 가면 물이 나온다.
(B) 난간들이 길을 따라 세워져 있다.
(C) 남자가 경사로를 달리고 있다.
(D) 가로등들이 설치되는 중이다.

어휘　path 길　A lead to B: A로 쭉 가면 B가 나온다　water 강, 호
수, 바다 등의 물　railing 난간　ramp 경사로　lamppost 가로
등

EXAMPLE 4

(A) 페인트 캔에 페인트 붓들이 있다.
(B) 벽에 페인트 칠이 되는 중이다.
(C) 페인트 캔의 뚜껑이 제거된 상태이다.
(D) 양동이가 탁자 위에 올려지는 중이다.

어휘　paintbrush 페인트 붓　wall 벽　lid 뚜껑　remove ~을 제거
하다　bucket 양동이　put down ~을 내려놓다

EXAMPLE 5

(A) 몇몇 원예 도구들이 바깥에 놓여있다.
(B) 꽃다발이 조각상 옆에 놓여있다.
(C) 조각상이 인도를 내려다보고 있다.
(D) 정원사들이 꽃들을 여러 줄로 줄 세우는 중이다.

어휘　gardening tool 원예 도구　bouquet of flowers 꽃다발
statue 조각상　sculpture 조각품　overlook ~을 내려다보다
walkway 인도　gardener 원예사, 정원사　line up ~을 한 줄
로 세우다　in rows 줄지어

토익 실전 연습

1. (C)	2. (A)	3. (D)	4. (A)	5. (A)
6. (D)	7. (C)	8. (C)	9. (C)	10. (D)
11. (D)	12. (C)			

1.　(A) A woman is purchasing a book.
　　(B) A woman is bending over a table.
　　(C) Shelves have been stocked with books.
　　(D) A stepladder is being used.

　　(A) 여자가 책을 구입하고 있다.
　　(B) 여자가 탁자 위로 몸을 숙이고 있다.
　　(C) 선반이 책으로 채워져 있다.
　　(D) 발판 사다리가 이용되고 있다.

해설　선반에 책이 가득 채워진 채로 진열되어 있으므로 이러한 상
태에 초점을 맞춰 묘사한 (C)가 정답이다. 여자가 책을 구입
하기 위해 돈을 지불하는 동작을 하는 것은 아니므로 (A)는
오답이다.

어휘　purchase ~을 구입하다　bend over ~ 위로 몸을 숙이다　be
stocked with ~로 채워지다, ~이 갖춰지다　stepladder 발판
사다리

2.　**(A) A dish is being passed to a woman.**
　　(B) A man is holding a tray.
　　(C) A woman is putting on an apron.
　　(D) A woman is placing some utensils on a counter.

　　(A) 음식이 여자에게 전달되고 있다.
　　(B) 남자가 쟁반을 들고 있다.
　　(C) 여자가 앞치마를 착용하는 중이다.
　　(D) 여자가 몇몇 기구를 조리대에 올려놓고 있다.

해설　남자 요리사가 여자에게 음식을 건네고 있으므로 이러한 동
작을 음식에 초점을 맞춰 묘사한 (A)가 정답이다. 남자가 들
고 있는 것이 쟁반이 아니므로 (B)는 오답이며, 여자가 앞
치마를 이미 착용한 상태이므로 착용 중인 동작으로 묘사한
(C)도 오답이다.

어휘　pass A to B: A를 B에게 전달하다　hold ~을 들다, ~을 붙
잡다, ~을 쥐다　put on (동작) ~을 착용하다　apron 앞치마
place A on B: A를 B에 놓다　utensil (조리 등을 위한) 기구,
도구　counter 조리대, 계산대

3.　(A) A worker is kneeling down near a cart.
　　(B) A man is stacking bricks at the construction site.
　　(C) Some building materials are being placed on
　　　the ground.
　　**(D) A wheelbarrow is being pushed through the
　　　work area.**

(A) 인부가 카트 근처에서 무릎을 꿇어 앉아 있다.
(B) 남자가 공사 현장에서 벽돌을 쌓고 있다.
(C) 일부 공사 자재가 땅바닥에 놓이고 있다.
(D) 외바퀴 손수레가 작업 구역에서 밀려 움직이고 있다.

해설　인부가 외바퀴 손수레를 밀고 있으므로 이러한 동작을 손수레에 초점을 맞춰 묘사한 (D)가 정답이다. 공사 자재가 이미 땅바닥에 놓여 있는 상태이므로 현재 진행 중인 동작으로 묘사한 (C)는 오답이다.

어휘　kneel down 무릎을 꿇어 앉다　stack ~을 쌓다, ~을 쌓아 올리다　site 현장, 부지, 장소　material 자재, 재료, 물품　place A on B: A를 B에 놓다　wheelbarrow 외바퀴 손수레　through ~에서 (사이로), ~을 지나서, ~을 통과해

4.　(A) A man is writing in a notepad.
(B) A man is typing on a laptop.
(C) Some pens have been placed in a drawer.
(D) Some papers are scattered on a desk.

(A) 남자가 메모장에 무언가를 쓰고 있다.
(B) 남자가 노트북으로 타자를 치고 있다.
(C) 몇몇 펜이 서랍 안에 놓여 있다.
(D) 몇몇 서류가 책상 위에 흩어져 있다.

해설　남자가 한 손으로 메모장에 뭔가 쓰고 있으므로 이러한 동작에 초점을 맞춰 묘사한 (A)가 정답이다.

어휘　place A in B: A를 B 안에 넣다　drawer 서랍　scatter ~을 흩어놓다, ~을 흩어지게 만들다

5.　(A) The sail of a boat is being adjusted.
(B) A man is boarding a boat.
(C) A ship is being tied to a dock.
(D) Some boats are being repaired at the pier.

(A) 보트의 돛이 조정되고 있다.
(B) 남자가 보트에 탑승하고 있다.
(C) 배가 부두에 정박되고 있다.
(D) 몇몇 보트가 부두에서 수리되고 있다.

해설　남자의 자세로 볼 때 보트의 돛을 조정하는 것으로 볼 수 있으므로 이러한 동작을 돛에 초점을 맞춰 묘사한 (A)가 정답이다. 남자가 이미 보트에 올라탄 상태이며, 보트도 이미 정박되어 있는 상태이므로 현재 진행 중인 동작으로 묘사한 (B)와 (C)는 오답이다.

어휘　adjust ~을 조정하다, ~을 조절하다　board ~에 탑승하다　be tied to a dock 부두에 정박되다　repair ~을 수리하다　pier 부두, 선창

6.　(A) Some bags are being loaded onto a cart.
(B) Some luggage has been left on the floor.
(C) Some travelers are checking a screen.
(D) A woman is reaching for her suitcase.

(A) 몇몇 가방이 카트에 실리고 있다.
(B) 일부 수하물이 바닥에 놓여 있다.
(C) 몇몇 여행객이 화면을 확인하고 있다.
(D) 여자가 여행 가방을 향해 팔을 뻗고 있다.

해설　여자가 자신의 가방을 집어 들기 위해 팔을 뻗은 자세를 취하고 있으므로 팔을 뻗는 동작에 초점을 맞춰 묘사한 (D)가 정답이다. 수하물이 놓여 있는 곳이 바닥이 아니므로 (B)는 오답이다.

어휘　load A onto B: A를 B에 싣다　leave A on B: A를 B에 놓다, A를 B에 남겨 놓다　reach for (붙잡기 위해) ~을 향해 팔을 뻗다　suitcase 여행 가방

7.　(A) One of the men is looking at a map.
(B) One of the men is unzipping his jacket.
(C) They're wearing backpacks.
(D) They're paddling down a river.

(A) 남자들 중 한 명이 지도를 보고 있다.
(B) 남자들 중 한 명이 재킷 지퍼를 열고 있다.
(C) 사람들이 배낭을 착용한 상태이다.
(D) 사람들이 강을 따라 노를 저어 가고 있다.

해설　두 사람 모두 배낭을 메고 있으므로 이러한 상태에 초점을 맞춰 묘사한 (C)가 정답이다.

어휘　unzip ~의 지퍼를 열다　wear (상태) ~을 착용하다　paddle 노를 젓다　down (강, 길 등) ~을 따라, ~ 저쪽에

8.　(A) A file cabinet is being locked.
(B) Some furniture is being arranged.
(C) Some knobs have been attached to drawers.
(D) The windows have been left open.

(A) 파일 캐비닛이 잠기고 있다.
(B) 일부 가구가 배치되고 있다.
(C) 몇몇 손잡이가 서랍마다 부착되어 있다.
(D) 창문이 열린 채로 있다.

해설　서랍장의 서랍마다 손잡이가 하나씩 부착되어 있으므로 이러한 상태에 초점을 맞춰 묘사한 (C)가 정답이다. 가구들이 이미 배치되어 있는 상태이므로 현재 진행 중인 동작으로 묘사한 (B)는 오답이다.

어휘　arrange ~을 배치하나, ~을 성리하나　knob (문, 서랍 등의) 손잡이　attach A to B: A를 B에 부착하다, A를 B에 붙이다　leave A open: A를 열어 놓은 채로 두다

9.　(A) The men are assembling some shelves.
(B) The men are leaning against a fence.
(C) A vehicle's rear doors have been opened.
(D) Some boxes are being wheeled into a van.

(A) 남자들이 몇몇 선반을 조립하고 있다.

(B) 남자들이 담장에 기대고 있다.
(C) 차량 뒷문이 열려 있다.
(D) 몇몇 상자가 승합차에 수레로 운반되고 있다.

해설 사람들이 물건을 싣기 위해 차량 뒷문을 열어 놓은 상태이므로 이러한 상태에 초점을 맞춰 묘사한 (C)가 정답이다. 상자들이 승합차에 실리는 것으로 볼 수는 있지만, 두 사람에 의해 옮겨지고 있으므로 (D)는 오답이다.

어휘 assemble ~을 조립하다 lean against ~에 기대다 vehicle 차량, 탈 것 rear 뒤쪽의 wheel v. ~을 수레로 운반하다, (바퀴 달린 것) ~을 밀다 van 승합차

10. (A) Trees are being planted under an archway.
(B) Passengers are waiting to board a train.
(C) A wall runs alongside the train tracks.
(D) A train is going over a bridge.

(A) 나무들이 아치형 통로 아래에 심어지고 있다.
(B) 승객들이 기차에 탑승하기 위해 대기하고 있다.
(C) 벽이 기차 선로와 나란히 이어져 있다.
(D) 기차가 다리 위로 달리고 있다.

해설 기차가 다리 위로 달리고 있으므로 이러한 움직임에 초점을 맞춰 묘사한 (D)가 정답이다. 아치형 통로 아래에 나무들이 보이지만 나무가 심어지는 동작이 없으므로 be being p.p.로 표현된 (A)는 오답이다.

어휘 plant ~을 심다 archway 아치형 통로, 아치형 입구 board ~에 탑승하다 run (벽, 길 등이) 이어지다, 뻗어 있다 alongside ~와 나란히, ~ 옆에

11. (A) A cart is being wheeled through an airport.
(B) Some luggage is being placed onto a rack.
(C) Some suitcases are being unpacked.
(D) Some bags have been left unattended.

(A) 카트가 공항에서 밀려 움직이고 있다.
(B) 일부 수하물이 받침대에 놓이고 있다.
(C) 몇몇 여행 가방에 든 것이 꺼내지고 있다.
(D) 몇몇 가방이 방치된 채로 놓여 있다.

해설 주변에 사람은 없고 가방들만 놓여 있는 모습이므로 이러한 상태에 초점을 맞춰 묘사한 (D)가 정답이다. 수하물이 어딘가에 놓이는 동작이 현재 진행되는 것은 아니므로 (B)는 오답이다.

어휘 wheel v. (바퀴 달린 것) ~을 밀다, ~을 수레로 운반하다 through ~에서 (사이로), ~을 지나서, ~을 통과해 place A onto B: A를 B 위에 놓다 rack 받침대, 거치대, ~걸이 suitcase 여행 가방 unpack (짐 등) ~에 든 것을 꺼내다, ~을 풀어놓다 be left unattended 방치된 채로 놓여 있다

12. (A) Some cushions have been stacked on a couch.
(B) Some curtains have been pulled closed.

(C) A light fixture has been suspended from the ceiling.
(D) Some windows are being installed.

(A) 몇몇 쿠션이 소파에 쌓여 있다.
(B) 몇몇 커튼이 당겨져 닫혀 있다.
(C) 조명 기구가 천장에 매달려 있다.
(D) 몇몇 창문이 설치되고 있다.

해설 방 안의 여러 사물 중에서 조명 기구가 천장에 매달려 있는 상태에 초점을 맞춰 묘사한 (C)가 정답이다. 쿠션이 차곡차곡 위로 쌓여 있는 상태가 아니므로 (A)는 오답이다.

어휘 stack ~을 쌓다, ~을 쌓아 올리다 be pulled closed 당겨져 닫혀 있다 light fixture 조명 기구 be suspended from ~에 매달려 있다 ceiling 천장 install ~을 설치하다

DAY 02 Part 2 의문사 의문문

EXAMPLE 1

1. 누가 JW 음료의 새로운 광고 색상을 바꿨나요?
(A) 네, 그분이 새로운 프로그램 책임자입니다.
(B) 마음에 들지 않으세요?
(C) 검은색과 흰색이요.

어휘 advertisement 광고 director 책임자, 감독

2. 컨벤션 센터는 언제 문을 여나요?
(A) 그들은 시내에 새 지점을 열었습니다.
(B) 저희가 거기로 곧 갈게요.
(C) 제 생각으로는, 머지않아요.

어휘 downtown 시내에 not long from now 머지않아

3. 올해 회사 야유회는 어디서 열리나요?
(A) 저희가 몇 개 장소를 아직 고려 중입니다.
(B) 제가 낼게요.
(C) 2번 통로를 확인해보세요.

어휘 retreat 야유회 hold ~을 개최하다, ~을 열다 still 아직, 여전히 consider ~을 고려하다 a couple of 몇 개의 location 장소 treat 대접 aisle 통로

EXAMPLE 2

1. 새로운 프로젝트를 위해 어떤 컴퓨터 모델을 구입했나요?
(A) 사실, 아직 구입하지 않았어요.
(B) 죄송하지만, 그분 이름을 잊어버렸어요.

(C) 완전 새 것이기 때문이에요.

어휘 purchase ~을 구입하다 brand new 완전 새 것인

2. 어제 워크숍 주제가 뭐였나요?

(A) 저희는 매출에 대해 이야기할 계획입니다.
(B) 저도 그 가게 좋았어요.
(C) 저는 새로운 고객들과 만나고 있었어요.

어휘 theme 주제 sales 판매(량), 영업, 매출 meet with (약속하고) ~를 만나다 client 고객

EXAMPLE 3

1. 지금 우리 회사 인터넷이 왜 안 되나요?

(A) 저는 잘 작동돼요.
(B) 그분은 지금 자신의 사무실에 계세요.
(C) 저는 이번 주말에 시간이 있기 때문이에요.

어휘 currently 지금, 현재 unavailable 이용할 수 없는 work 작동되다 available 시간이 있는

2. 단체 관광 예약은 어떻게 하나요?

(A) 인기 많은 새로운 전시회입니다.
(B) 저희 박물관 웹사이트를 방문하세요.
(C) 4명 이상의 단체부터 할인이 적용됩니다.

어휘 make a reservation 예약하다 group tour 단체 관광 exhibit 전시품, 전시회 discount 할인 apply to ~에 적용되다

3. 건물 증축이 완료되기까지 얼마나 걸릴까요?

(A) 저희는 몇몇 계획들을 여전히 검토 중이에요.
(B) 어느 건물이 더 마음에 드세요?
(C) 괜찮아요, 저는 문제 없을 거예요.

어휘 addition 증축 take ~의 시간이 걸리다 still 여전히 go over ~을 살펴보다, ~을 검토하다

토익 실전 연습

1. (B)	2. (C)	3. (A)	4. (C)	5. (A)
6. (A)	7. (A)	8. (C)	9. (B)	10. (B)
11. (A)	12. (B)	13. (A)	14. (B)	15. (C)
16. (C)	17. (B)	18. (C)	19. (B)	20. (A)
21. (B)	22. (A)	23. (A)	24. (C)	25. (C)

1. When's the budget report due?

(A) A scheduled meeting.

(B) By the end of the day.
(C) It looks expensive.

예산 보고서 제출 기한이 언제인가요?
(A) 예정된 회의요.
(B) 오늘 일과 종료 시점까지요.
(C) 비싸 보이네요.

해설 When과 함께 예산 보고서 제출 기한을 묻고 있으므로 기한에 해당되는 시점 표현으로 답변한 (B)가 정답이다.

어휘 budget 예산 due (날짜 등과 함께) ~가 기한인 by (기한) ~까지 look 형용사: ~하게 보이다, ~한 것 같다

2. Excuse me, where's the nearest bookstore from here?

(A) To book my flight.
(B) We store them in the supply closet.
(C) Actually, we're going there now.

실례지만, 여기서 가장 가까운 서점이 어디 있나요?
(A) 제 항공편을 예약하기 위해서요.
(B) 저희는 그것들을 비품 창고에 둡니다.
(C) 실은, 저희가 지금 그곳으로 가는 중입니다.

해설 where와 함께 가장 가까운 서점이 어디 있는지 묻고 있으므로 지금 그곳에 가는 중이라는 말로 함께 서점에 갈 수 있다는 말로 방법을 제시하는 (C)가 정답이다.

어휘 book v. ~을 예약하다 flight 항공편 store v. ~을 저장하다, 보관하다 supply closet 비품 창고 actually 실은, 사실

3. Why haven't you submitted the weekly sales report yet?

(A) I thought you wanted to get it next week.
(B) Yes, I was very busy today.
(C) You should report it to your manager.

주간 판매 보고서를 왜 아직 제출하시지 않았나요?
(A) 다음 주에 받아보고 싶어하시는 줄 알았습니다.
(B) 네, 제가 오늘 아주 바빴습니다.
(C) 그걸 소속 부서장님께 보고하셔야 합니다.

해설 Why와 함께 주간 판매 보고서를 왜 아직 제출하지 않았는지 묻고 있으므로 weekly sales report를 it으로 지칭해 다음 주에 받아보고 싶어하는 줄 알았다는 말로 이유를 말하는 (A)가 정답이다. 의문사 의문문에 Yes/No로 답변할 수 없으므로 (B)는 바로 오답 소거 처리한다.

어휘 submit ~을 제출하다 sales 판매(량), 영업, 매출

4. Which food supplier did we use for the banquet?

(A) They have the vegetarian menu.
(B) Thanks for inviting me.

(C) We used J&W Catering Company.

우리가 연회를 위해 어느 음식 공급업체를 이용했나요?
(A) 그곳에 채식 메뉴가 있어요.
(B) 저를 초대해 주셔서 감사합니다.
(C) J&W 케이터링 컴퍼니를 이용했어요.

해설 Which와 함께 연회를 위해 어느 음식 공급업체를 이용했는지 묻고 있으므로 과거시제 동사 used와 함께 이용했던 특정 업체명으로 답변하는 (C)가 정답이다.

어휘 **supplier** 공급업체, 공급업자 **banquet** 연회 **vegetarian** 채식의, 채식주의자의 **invite** ~을 초대하다 **catering** 출장 요리 제공(업)

5. When are we planning to go hiking with Chris?

(A) It depends on his schedule.
(B) It should take around 3 hours.
(C) There's a trail behind our apartment.

우리가 언제 크리스 씨와 등산하러 갈 계획인가요?
(A) 그분 일정에 달려 있습니다.
(B) 약 3시간 소요될 겁니다.
(C) 저희 아파트 뒤에 산길이 하나 있어요.

해설 When과 함께 언제 크리스 씨와 등산하러 갈 계획인지 묻고 있으므로 그 사람의 일정에 달려 있다는 말로 등산 계획이 유동적임을 나타내는 (A)가 정답이다.

어휘 **plan to do** ~할 계획이다 **depend on** ~에 달려 있다, ~에 따라 다르다 **take** ~의 시간이 걸리다 **around** 약, 대략 **trail** 산길, 오솔길 **behind** ~ 뒤에

6. Why don't you ask Jeffery to join us for a walk after lunch?

(A) I forgot his phone number.
(B) I usually walk there.
(C) You should join us for lunch sometime next week.

제프리 씨에게 점심 식사 후에 우리와 함께 걸으러 가자고 물어보시면 어떨까요?
(A) 제가 그분 전화번호를 잊어버렸어요.
(B) 저는 주로 거기에 걸어서 가요.
(C) 다음 주 중에 저희와 함께 점심 식사하시면 좋겠어요.

해설 Why don't you와 함께 제프리 씨에게 점심 식사 후에 함께 걸으러 가자고 물어보도록 제안하고 있으므로 그 사람 전화번호를 잊어버렸다는 말로 상대방의 제안대로 물어볼 수 없다는 뜻을 나타낸 (A)가 정답이다.

어휘 **ask A to do:** A에게 ~하자고 묻다, A에게 ~하도록 요청하다 **join** ~와 함께 하다, ~에 합류하다 **forget** ~을 잊다

7. What's the sales department working on this week?

(A) Well, I'm on the marketing team.
(B) They are on sale now.
(C) Everyone from the sales department.

영업부가 이번 주에 무슨 일을 하고 있나요?
(A) 음, 저는 마케팅팀에 있습니다.
(B) 그것들은 지금 세일 중이에요.
(C) 영업부에 속한 모든 사람이요.

해설 What과 함께 영업부가 이번 주에 무슨 일을 하고 있는지 묻고 있으므로 답변자 자신은 마케팅팀 소속이라는 말로 영업부가 무슨 일을 하는지 알지 못한다는 의미에 해당되는 (A)가 정답이다.

어휘 **sales** 영업, 판매(량), 매출 **work on** ~에 대한 일을 하다 **on sale** 세일 중인, 할인 중인

8. How long will it take for my certification to be renewed?

(A) Yes, it doesn't take too long.
(B) Don't worry, I can teach you.
(C) I will contact you later this week.

제 자격증이 갱신되는 데 얼마나 오래 걸릴까요?
(A) 네, 그렇게 오래 걸리지 않습니다.
(B) 걱정 마세요, 제가 가르쳐드릴 수 있어요.
(C) 제가 이번 주 후반에 연락 드릴게요.

해설 How long과 함께 자격증이 갱신되는 데 얼마나 오래 걸릴지 묻고 있으므로 이번 주 후반에 연락하겠다는 말로 대략적인 완료 시점 및 기간을 나타낸 (C)가 정답이다. 의문사 의문문에 Yes/No로 답변할 수 없으므로 (A)는 바로 오답 소거 처리한다.

어휘 **take** ~의 시간이 걸리다 **certification** 자격증, 증명(서) **renew** ~을 갱신하다 **contact** ~에게 연락하다

9. Who's going to help me at the weekly meeting this Friday?

(A) Sure, it can be rescheduled.
(B) I'll be on vacation then.
(C) Was it helpful?

이번 주 금요일에 있을 주간 회의 시간에 누가 저를 도와주시나요?
(A) 물론이죠, 일정이 재조정될 수 있습니다.
(B) 저는 그때 휴가 중일 겁니다.
(C) 그게 도움이 되었나요?

해설 Who와 함께 주간 회의 시간에 누가 자신을 도와줄 것인지 묻고 있으므로 그때 휴가 중일 것이라는 말로 답변자 자신은 도울 수 없다는 의미에 해당되는 (B)가 정답이다. Sure는 의문사 의문문에 맞지 않는 Yes와 동일한 말이므로 (A)는 바로 오답 소거 처리한다.

어휘   reschedule ~의 일정을 재조정하다   on vacation 휴가 중
인, 휴가를 떠나 있는   then 그때, 그렇다면, 그런 다음, 그래서
helpful 도움이 되는, 유익한

10.   Why can't we purchase a new copier?

(A) Five copies, please.
(B) Our budget's tight this year.
(C) From the electronics store downtown.

우리가 왜 새 복사기를 구입할 수 없는 거죠?
(A) 복사본 다섯 장 부탁합니다.
(B) 올해 우리 예산이 빠듯합니다.
(C) 시내에 있는 전자 제품 매장에서요.

해설   Why와 함께 왜 새 복사기를 구입할 수 없는지 묻고 있으므
로 예산이 빠듯하다는 말로 비용 지출과 관련된 문제를 이
유로 언급한 (B)가 정답이다.

어휘   purchase ~을 구입하다   budget 예산   tight (예산, 일정 등
이) 빠듯한, 빡빡한   electronics 전자 제품

11.   What did you think of the management workshop
yesterday?

(A) Actually, I signed up for a different session.
(B) I will be working late today.
(C) No, it wasn't too difficult.

어제 있었던 경영 워크숍은 어떠셨어요?
(A) 사실, 저는 다른 시간에 등록했어요.
(B) 저는 오늘 늦게까지 일할 겁니다.
(C) 아뇨, 그렇게 어렵지 않았어요.

해설   What did you think of와 함께 어제 있었던 경영 워크숍
이 어땠는지 묻고 있으므로 다른 시간에 등록했다는 말로 경
영 워크숍에 대한 의견을 제시할 수 없다는 뜻을 나타낸 (A)
가 정답이다. 의문사 의문문에 Yes/No로 답변할 수 없으므
로 (C)는 바로 오답 소거 처리한다.

어휘   What do you think of ~? ~는 어떠세요?, ~는 어떻게 생각
하세요? actually 사실, 실은 sign up for ~에 등록하다, ~을
신청하다 session (특정 활동을 위한) 시간

12.   Who was the winner of the Employee of the Year
Award tonight?

(A) In just a few minutes.
**(B) I don't think the announcement's been made
yet.**
(C) I'd like to win the contract this time.

누가 오늘밤 올해의 직원상 수상자였나요?
(A) 단지 몇 분 뒤에요.
(B) 아직 발표되지 않은 것 같아요.
(C) 저는 이번에 그 계약을 따내고 싶어요.

해설   Who와 함께 누가 오늘밤 올해의 직원상 수상자였는지 묻
고 있으므로 아직 발표되지 않았다는 말로 누가 수상자인지
알지 못한다는 의미에 해당되는 (B)가 정답이다.

어휘   make an announcement 발표하다   win a contract 계약
을 따내다

13.   What kind of desk do you want for your new office?

(A) I'll just keep the same one I'm using.
(b) I'd be happy to.
(c) That's very kind of you.

새 사무실을 위해 어떤 종류의 책상을 원하시나요?
(A) 그냥 제가 사용하는 동일한 것을 계속 쓸 겁니다.
(B) 기꺼이 그렇게 하겠습니다.
(C) 그렇게 말씀하시니 정말 친절하시네요.

해설   What과 함께 새 사무실을 위해 어떤 종류의 책상을 원하는
지 묻고 있으므로 현재 사용 중인 것을 그대로 쓰겠다는 생
각을 말하는 (A)가 정답이다.

어휘   keep ~을 계속 갖고 있다, ~을 유지하다   would be happy
to do 기꺼이 ~하다

14.   Where can I take a client for lunch?

(A) Coffee and a doughnut, please.
(B) You have a few options.
(C) Yes, that would be nice.

고객을 모시고 어디로 점심 식사하러 가면 될까요?
(A) 커피와 도넛 부탁합니다.
(B) 몇 가지 선택권이 있어요.
(C) 네, 그렇다면 아주 좋을 겁니다.

해설   Where와 함께 고객을 모시고 갈 점심 식사 장소를 묻고 있
으므로 몇 가지 선택권이 있다는 말로 장소 선택을 위한 조
건을 먼저 언급하는 (B)가 정답이다. 의문사 의문문에 Yes/
No로 답변할 수 없으므로 (C)는 바로 오답 소거 처리한다.

어휘   take A for B: A를 데리고 B하러 가다

15.   Why were our sales so low this quarter?

(A) A five percent discount.
(B) The sale runs until next Friday.
(C) Our team is still looking into that.

우리 매출이 이번 분기에 왜 그렇게 낮았나요?
(A) 5퍼센트 할인이요.
(B) 그 세일 행사는 다음 주 금요일까지 운영됩니다.
(C) 저희 팀이 그 부분을 여전히 살펴보고 있습니다.

해설   Why와 함께 매출이 이번 분기에 왜 그렇게 낮았는지 묻고
있으므로 그러한 사실을 that으로 지칭해 현재 살펴보고 있
다는 말로 그 이유를 파악하는 중이라는 의미를 지닌 (C)가

정답이다.

어휘   sales 매출, 영업, 판매(량) quarter 분기 run 운영되다, 진행되다 look into ~을 살펴보다, ~을 조사하다

16. Who was the keynote speaker at today's conference?

(A) It was held in room 403.
(B) Kevin has a key for them.
(C) Here's the schedule.

오늘 있었던 컨퍼런스에서 누가 기조 연설자였나요?
(A) 403호실에서 개최되었습니다.
(B) 케빈 씨가 그것들에 대한 열쇠를 갖고 있어요.
(C) 여기 일정표입니다.

해설   Who와 함께 오늘 있었던 컨퍼런스에서 누가 기조 연설자였는지 묻고 있으므로 관련 정보를 파악할 수 있는 방법인 일정표를 건네주는 말에 해당하는 (C)가 정답이다.

어휘   keynote speaker 기조 연설자 hold ~을 개최하다, ~을 열다

17. How many copies should I prepare for the next staff meeting?

(A) Of course, I'll bring some coffee for you.
(B) Everyone in our team will need one.
(C) Because the meeting was held a little late.

제가 다음 번 직원 회의를 위해 사본 몇 부를 준비해야 하나요?
(A) 물론이죠, 제가 커피를 좀 갖다 드릴게요.
(B) 팀원 모두가 한 부씩 필요할 겁니다.
(C) 그 회의가 조금 늦게 열렸기 때문이었습니다.

해설   How many와 함께 직원 회의를 위해 사본을 얼마나 많이 준비해야 하는지 묻고 있으므로 팀원 모두가 한 부씩 필요할 것이라는 말로 두 사람이 아는 대략적인 수량을 의미하는 (B)가 정답이다. Of course는 의문사 의문문에 맞지 않는 Yes와 동일한 말이므로 (A)는 바로 오답 소거 처리한다. [copy – coffee]는 Part 2의 단골 유사음 함정이므로 주의한다.

어휘   copy 사본 prepare ~을 준비하다

18. What was our net profit for the first quarter of this year?

(A) On the Internet.
(B) Yes, our company is growing fast.
(C) Thirty thousand dollars.

올해 1분기에 대한 우리 순이익이 어땠나요?
(A) 인터넷이에요.

(B) 네, 우리 회사가 빠르게 성장하고 있어요.
(C) 3만 달러입니다.

해설   What과 함께 올해 1분기에 대한 순이익이 어땠는지 묻고 있으므로 특정 액수로 답변하는 (C)가 정답이다. What 의문문은 시점/비용/수량/방법/의견 등 다양한 의미를 나타낼 수 있으므로 뒤에 이어지는 명사를 명확히 파악하는 것이 중요하다.

어휘   net profit 순이익 quarter 분기 grow 성장하다, 자라다

19. When are we ordering more test tubes for the lab?

(A) My latest test results.
(B) We should have extras in the supply cabinet.
(C) Laboratory equipment and files.

우리가 언제 실험실 테스트용 튜브를 더 주문하나요?
(A) 제 최근 테스트 결과물이요.
(B) 비품 캐비닛에 여분이 있을 겁니다.
(C) 실험실 장비와 파일들이요.

해설   When과 함께 언제 실험실 테스트용 튜브를 더 주문하는지 묻고 있으므로 비품 캐비닛에 여분이 있을 것이라는 말로 당장은 주문할 필요가 없다는 뜻을 나타낸 (B)가 정답이다.

어휘   order ~을 주문하다 lab 실험실(= laboratory) result 결과(물) extra 여분, 추가적인 것 supply cabinet 비품 캐비닛 equipment 장비

20. Which brands of smartphones do you carry at this store?

(A) We only do repairs.
(B) This is brand new.
(C) A new store opened there.

이 매장에서는 어떤 브랜드의 스마트폰들을 취급하나요?
(A) 저희는 수리만 합니다.
(B) 이건 완전히 새로운 겁니다.
(C) 신규 매장이 그곳에 문을 열었어요.

해설   Which와 함께 어떤 브랜드의 스마트폰들을 취급하는지 묻고 있으므로 수리만 한다는 말로 스마트폰을 판매하지 않는다는 의미를 지닌 (A)가 정답이다. What 의문문과 마찬가지로 Which 의문문도 뒤에 이어지는 명사를 명확히 파악하는 것이 중요하다.

어휘   carry (매장이 판매를 위해) ~을 취급하다 repair 수리 brand new 완전히 새로운

21. Who used the meeting room last this morning?

(A) The meeting starts at 9.
(B) I noticed that it was messy, too.
(C) We have met before, right?

오늘 아침에 누가 마지막으로 회의실을 이용했나요?
(A) 그 회의는 9시에 시작합니다.
(B) 저도 그곳이 지저분하다는 걸 알았어요.
(C) 우리가 전에 만난 적이 있는 게 맞죠?

해설   Who와 함께 오늘 아침에 누가 마지막으로 회의실을 이용했는지 묻고 있으므로 그 사람이 누구였는지 말하는 대신 회의실의 상태에 우선적으로 초점을 맞춰 대답한 (B)가 정답이다. 이렇게 의문사에 대한 직접적인 답변 대신 관련 상황 또는 답변을 위한 조건 등을 먼저 언급하는 말이 종종 정답으로 제시되므로 주의해야 한다.

어휘   notice that ~임을 알게 되다, ~라는 점에 주목하다 messy 지저분한

22. When are you going to move into your new apartment?

     (A) We don't have an exact date yet.
     (B) Yes, it is selling well so far.
     (C) It's on sale this week.

언제 새 아파트로 이사하시는 건가요?
(A) 아직 정확한 날짜가 잡히지 않았어요.
(B) 네, 지금까지 잘 판매되고 있어요.
(C) 이번 주에 세일 행사 중입니다.

해설   When과 함께 언제 상대방이 새 아파트로 이사할 것인지 묻고 있으므로 아직 정확한 날짜가 잡히지 않았다는 말로 답변자 자신도 그 시점을 알 수 없다는 의미를 나타낸 (A)가 정답이다. 의문사 의문문에 Yes/No로 답변할 수 없으므로 (B)는 바로 오답 소거 처리한다.

어휘   exact 정확한, 맞는, 옳은 so far 지금까지 on sale 세일 중인, 할인 중인

23. When will the company launch the new software program?

     (A) Didn't you check the e-mail?
     (B) We should have lunch together.
     (C) To release the new headphones.

회사에서 언제 새 소프트웨어 프로그램을 출시할까요?
(A) 이메일을 확인해보지 못하셨나요?
(B) 우리가 함께 점심 식사하면 좋겠어요.
(C) 새 헤드폰을 발매하기 위해서요.

해설   When과 함께 회사에서 언제 새 소프트웨어 프로그램을 출시하는지 묻고 있으므로 관련 정보를 확인할 수 있는 방법인 이메일을 확인해보지 못했는지 되묻는 것으로 답변하는 (A)가 정답이다.

어휘   launch ~을 출시하다, ~을 시작하다 release ~을 발매하다, ~을 출시하다, ~을 개봉하다

24. Whose turn is it to edit the company newsletter?

     (A) You should turn it in by tomorrow.
     (B) Sergio and I usually work late.
     (C) I already took over that job.

누가 회사 소식지를 편집할 차례인가요?
(A) 그건 내일까지 제출하셔야 합니다.
(B) 세르지오 씨와 저는 보통 늦게까지 일합니다.
(C) 제가 이미 그 일을 넘겨 받았습니다.

해설   Whose와 함께 누가 회사 소식지를 편집할 차례인지 묻고 있으므로 해당 업무를 that job으로 지칭해 답변자 자신이 넘겨 받았다는 말로 현재 담당자임을 밝히는 (C)가 정답이다.

어휘   turn 차례, 순서 edit ~을 편집하다 turn A in: A를 제출하다 usually 보통, 일반적으로 take over ~을 인계 받다

25. How much will it cost to repair this television?

     (A) Let's watch a different channel.
     (B) Because of the high cost.
     (C) Is it still under warranty?

이 텔레비전을 수리하는 데 얼마나 많은 비용이 들까요?
(A) 다른 채널을 봅시다.
(B) 높은 비용 때문에요.
(C) 여전히 품질 보증 기간인가요?

해설   How much와 함께 텔레비전 수리 비용을 묻고 있으므로 여전히 품질 보증 기간인지 되묻는 것으로 그에 따라 수리 비용이 달라질 수 있음을 우선적으로 확인하려는 (C)가 정답이다.

어휘   cost ~의 비용이 들다 repair ~을 수리하다 under warranty 품질 보증 기간인

DAY 03   Part 2 일반 의문문, 부정 의문문, 부가 의문문

EXAMPLE 1

1. 앤더슨 씨가 예산 보고서를 제출하셨나요?

     (A) 네, 그분은 지난 달에 고용되었어요.
     (B) 아뇨, 아직 그것까진 못 하셨어요.
     (C) 출장 경비 보고서를 파일에 정리하셔야 할 겁니다.

어휘   submit ~을 제출하다 budget 예산 report 보고서 hire ~을 고용하다 get to ~에 착수하다 file ~을 파일에 정리하다 travel 출장 expense 경비, 지출(비용)

2. 총 책임자님께 확인 받으셨나요?

(A) 5시까지 그걸 확인해주세요.

(B) 아뇨, 지금 그분께 연락을 해보죠.

(C) 회의실에요.

어휘 confirmation 확인 confirm ~을 확인하다 by (기한) ~까지 contact ~에게 연락하다 conference room 회의실

EXAMPLE 2

1. 지점장님이 당신의 전근을 승인하지 않으셨나요?

(A) 그들은 작년에 새로운 사무실로 이전했어요.

(B) 제가 방금 승인 요청을 했어요.

(C) 제 자신을 증명해 보일 수 있어요.

어휘 branch manager 지점장 approve ~을 승인하다 transfer 전근 request 요청 prove ~을 증명하다

2. 오늘 발표 때 필기 안 하셨어요?

(A) 원하시면 한 개 가지셔도 돼요.

(B) 누가 자료를 발표할 건가요?

(C) 녹음이 가능했어요.

어휘 take note 메모하다 presentation 발표 present ~을 발표하다, ~을 제시하다 data 자료 available 이용할 수 있는

EXAMPLE 3

1. 포터 씨가 오늘 7시에 공항에 도착하셨죠, 그렇죠?

(A) 네, 7번 출구는 닫혔어요.

(B) 사실, 저는 6시 전에 여기 왔어요.

(C) 모든 비행편이 지연되었어요.

어휘 get 도착하다 delay ~을 지연시키다

2. 어딘가에 연장선을 갖고 계시죠, 그렇죠?

(A) 저희는 마감기한을 연장할 수 없습니다.

(B) 물론 가지고 있죠.

(C) 저희가 기다리고 있었습니다.

어휘 extension cord 연장선 somewhere 어딘가에 extend ~을 연장하다 deadline 마감일자 expect ~을 기다리다

3. 기차가 아직 출발하지 않았죠, 그렇죠?

(A) 역에서 모퉁이를 돌면 돼요.

(B) 교육은 복도 끝 쪽에서 진행돼요.

(C) 안했어요, 5분 남았어요.

어휘 depart 출발하다, 떠나다 training session 교육 시간

토익 실전 연습

1. (C)	2. (C)	3. (A)	4. (A)	5. (C)
6. (B)	7. (A)	8. (B)	9. (B)	10. (A)
11. (B)	12. (A)	13. (B)	14. (C)	15. (B)
16. (B)	17. (B)	18. (A)	19. (B)	20. (A)
21. (A)	22. (B)	23. (B)	24. (A)	25. (A)

1. Did you get a chance to go over the promotional brochure I sent you?

(A) She should go there at 2.

(B) I need to change my order.

(C) No, but I'll read it soon.

제가 보내 드린 홍보용 안내 책자를 살펴보실 기회가 있으셨나요?

(A) 그녀는 2시에 그곳에 가야 합니다.

(B) 저는 주문 사항을 변경해야 합니다.

(C) 아뇨, 하지만 곧 읽어볼 겁니다.

해설 자신이 보낸 홍보용 안내 책자를 살펴볼 기회가 있었는지 확인하는 일반 의문문에 대해 부정을 뜻하는 No로 아직 읽지 않았음을 알리면서 곧 읽어볼 것이라는 말을 덧붙인 (C)가 정답이다.

어휘 get a chance to do ~할 기회를 갖다 go over ~을 살펴보다, ~을 검토하다 promotional 홍보의 brochure 안내 책자, 소책자

2. Is this training course complimentary for all interns?

(A) We expect eight people to participate.

(B) Yes, this train goes to Boston.

(C) No, there's a small fee.

이 교육 과정이 모든 인턴에게 무료인가요?

(A) 저희는 8명의 사람이 참가할 것으로 예상합니다.

(B) 네, 이 기차는 보스턴으로 갑니다.

(C) 아뇨, 소액의 요금이 있습니다.

해설 교육 과정이 모든 인턴에게 무료인지 확인하는 일반 의문문에 대해 부정을 뜻하는 No와 함께 지불해야 하는 요금이 있다는 사실을 밝히는 (C)가 정답이다. 교육 과정 참가 비용과 관련된 질문이므로 참가 인원수를 말하는 (A)는 오답이다.

어휘 complimentary 무료의 expect A to do: A가 ~할 것으로 예상하다 participate 참가하다 fee 요금, 수수료

3. Do you think there'll be a company retreat this year?

(A) Yes, I was asked to organize it.

(B) It was better than I expected.

(C) I can treat you.

올해 회사 야유회가 있을 것으로 생각하시나요?
(A) 네, 제가 그걸 준비하도록 요청 받았어요.
(B) 제가 예상했던 것보다 더 좋았어요.
(C) 제가 한턱 낼 수 있습니다.

해설 올해 회사 야유회가 있을 것으로 생각하는지 묻는 일반 의문문에 대해 긍정을 뜻하는 Yes와 함께 답변자 자신이 해당 행사를 준비하도록 요청 받은 사실을 언급하는 (A)가 정답이다. (B)는 과거시제 동사와 함께 과거의 일에 대한 의견을 말하고 있으므로 미래의 일과 관련해 묻는 질문에 맞지 않는 오답이다.

어휘 retreat 야유회 ask A to do: A에게 ~하도록 요청하다 organize ~을 준비하다, ~을 조직하다 expect 예상하다 treat ~에게 한턱 내다, ~에게 대접하다

4. Is Charlie out of the office today?
(A) No, he's just gone to lunch.
(B) It's out of stock.
(C) He went there yesterday.

찰리 씨가 오늘 사무실에 없나요?
(A) 아뇨, 그냥 점심 식사하러 가신 거예요.
(B) 그건 품절입니다.
(C) 그분은 어제 그곳에 가셨어요.

해설 찰리 씨가 오늘 사무실에 없는지 확인하는 일반 의문문에 대해 부정을 뜻하는 No와 함께 점심 식사하러 갔다는 말로 잠시 자리를 비운 상태임을 알리는 (A)가 정답이다. (C)는 과거시제 동사와 함께 과거 시점의 일에 대한 사실을 말하고 있으므로 현재 시점의 일과 관련해 묻는 질문과 맞지 않는 오답이다.

어휘 out of stock 품절인, 재고가 없는

5. You're working on a schedule for the convention, aren't you?
(A) It's an annual event.
(B) I don't think I have any.
(C) Yes, here's the spreadsheet.

당신이 컨벤션 일정 작업을 하고 있죠, 그렇죠?
(A) 그건 연례 행사입니다.
(B) 저는 조금도 갖고 있지 않은 것 같아요.
(C) 네, 여기 그 스프레드시트입니다.

해설 상대방에게 컨벤션 일정 작업을 하고 있지 않는지 묻는 부가 의문문에 대해 자신이 하고 있음을 뜻하는 Yes와 함께 관련 자료를 보여주는 말을 덧붙인 (C)가 정답이다.

어휘 annual 연례적인, 해마다의 spreadsheet 스프레드시트(표 작업 프로그램의 하나)

6. Aren't the flowers being delivered this morning?

(A) I booked the flight yesterday.
(B) They should be here soon.
(C) She arrived late this morning.

꽃들이 오늘 아침에 배달되는 것 아닌가요?
(A) 제가 어제 그 항공편을 예약했어요.
(B) 곧 이곳으로 올 겁니다.
(C) 그녀는 오늘 아침에 늦게 도착했어요.

해설 꽃들이 오늘 아침에 배달되는 것이 아닌지 묻는 부정 의문문에 대해 곧 도착한다는 말로 오늘 배달된다는 사실을 확인해주는 (B)가 정답이다.

어휘 book ~을 예약하다 flight 항공편 arrive 도착하다

7. The monitors will be replaced, won't they?
(A) Yes, I'll handle it.
(B) No, I didn't fix them.
(C) You should place an order soon.

그 모니터들이 교체될 거죠, 그렇죠?
(A) 네, 제가 처리할 겁니다.
(B) 아뇨, 저는 그것들을 고치지 않았어요.
(C) 곧 주문하셔야 합니다.

해설 모니터들이 교체될 것인지 확인하는 부가 의문문에 대해 긍정을 뜻하는 Yes와 함께 그 일을 it으로 지칭해 자신이 처리한다는 사실을 덧붙인 (A)가 정답이다.

어휘 replace ~을 교체하다, ~을 대체하다 handle ~을 처리하다, ~을 다루다 fix ~을 고치다 place an order 주문하다

8. Don't you plan on advertising your new hair products?
(A) Hair spray and conditioners.
(B) Yes, we are going to run TV commercials.
(C) Yes, it's a new design.

새 헤어 제품을 광고하실 계획이지 않나요?
(A) 헤어 스프레이와 컨디셔너들이요.
(B) 네, 저희가 TV 광고를 진행할 예정입니다.
(C) 네, 새 디자인입니다.

해설 새 헤어 제품을 광고할 계획인지 확인하는 부정 의문문에 대해 광고할 계획임을 뜻하는 Yes와 함께 광고 방식과 관련된 정보를 알리는 (B)가 정답이다. (A)는 헤어 제품의 종류를 말하고 있으므로 제품 광고 계획과 관련해 묻는 질문에 맞지 않는 오답이다.

어휘 plan on -ing ~할 계획이다 advertise ~을 광고하다 run ~을 진행하다, ~을 운영하다 commercial n. 광고 (방송)

9. You haven't seen my smartphone in the meeting room, have you?

(A) Sure, I've met him before.
(B) Julia might know where it is.
(C) I thought so, too.

회의실에서 제 스마트폰을 못 보셨죠, 그렇죠?
(A) 그럼요, 전에 그를 만난 적이 있어요.
(B) 줄리아 씨가 그게 어디 있는지 아실지도 몰라요.
(C) 저도 그렇게 생각했어요.

해설 　회의실에서 자신의 스마트폰을 보았는지 묻는 부가 의문문에 대해 그와 관련된 사실 대신 줄리아 씨가 그게 어디 있는지 알 수도 있다는 말로 찾을 수 있는 방법을 알리는 (B)가 정답이다.

어휘 　**think so** (앞선 말에 대해) 그렇게 생각하다

10. Won't you be at the convention tomorrow?

(A) No, I'm leaving for a conference today.
(B) I want to buy a new model.
(C) Sometime last week.

내일 컨벤션에 가 계시는 것 아닌가요?
(A) 아뇨, 전 오늘 컨퍼런스에 갑니다.
(B) 저는 새 모델을 사고 싶어요.
(C) 지난 주중에요.

해설 　상대방에게 내일 컨벤션에 가는지 묻는 부정 의문문에 대해 부정을 뜻하는 No와 함께 오늘 컨퍼런스에 간다는 사실을 덧붙인 (A)가 정답이다.

어휘 　**leave** 떠나다, 출발하다

11. Doesn't Heather usually work the day shift?

(A) Night shifts are fine.
(B) Someone from the evening shift is out sick today.
(C) She'll post the schedule soon.

헤더 씨가 보통 주간 교대 근무로 일하지 않나요?
(A) 야간 교대 근무도 좋습니다.
(B) 저녁 교대 근무조에 있는 누군가가 오늘 아파서 결근했어요.
(C) 그분이 곧 일정표를 게시할 겁니다.

해설 　헤더 씨가 보통 주간 교대 근무로 일하는지 확인하는 부정 의문문에 대해 저녁 교대 근무조에 있는 사람이 아파서 결근했다는 말로 헤더 씨가 평소와 달리 저녁 근무 중인 이유를 알리는 (B)가 정답이다. (A)는 헤더 씨가 아닌 답변자 자신의 근무 일정과 관련된 말이므로 오답이다.

어휘 　**usually** 보통, 일반적으로 **shift** 교대 근무(조) **be out sick** 아파서 결근하다 **post** ~을 게시하다

12. Will the product development workshop end before 5 p.m.?

(A) The timetable is online.
(B) No, the late shift.
(C) Sorry, I have another plan.

제품 개발 워크숍이 오후 5시 전에 끝날까요?
(A) 시간표가 온라인상에 있습니다.
(B) 아뇨, 늦은 교대 근무요.
(C) 죄송하지만, 제가 다른 계획이 있습니다.

해설 　제품 개발 워크숍이 오후 5시 전에 끝날지 묻는 일반 의문문에 대해 그 시간표가 온라인상에 있다는 말로 관련 정보를 확인할 수 있는 방법을 알리는 (A)가 정답이다.

어휘 　**development** 개발, 발전 **shift** 교대 근무(조)

13. Don't you have to bring a security badge with you?

(A) Oh, thanks for the reminder.
(B) She should take a break.
(C) It's a secure network.

보안 출입증을 지참하고 가셔야 하지 않나요?
(A) 아, 알려주셔서 감사합니다.
(B) 그녀는 휴식을 취해야 해요.
(C) 안전한 네트워크입니다.

해설 　상대방에게 보안 출입증을 지참하고 가야 하지 않는지 확인하는 부정 의문문에 대해 그렇게 알려준 것에 대해 감사의 인사를 전하는 (A)가 정답이다.

어휘 　**security badge** 보안 출입증 **reminder** (말, 메시지 등의) 알림, 상기시키는 것 **take a break** 휴식을 취하다 **secure** 안전한

14. Do you think we could revise the project timeline?

(A) Of course, there are some more.
(B) She should modify the report.
(C) We'll need approval from the director.

우리가 프로젝트 진행 일정을 조정할 수 있다고 생각하세요?
(A) 물론이죠, 조금 더 있습니다.
(B) 그녀는 그 보고서를 수정해야 해요.
(C) 이사님 승인이 필요할 겁니다.

해설 　프로젝트 진행 일정을 조정할 수 있다고 생각하는지 묻는 일반 의문문에 대해 이사님의 승인이 필요할 것이라는 말로 승인 여부에 따라 일정 조정이 가능하다는 뜻을 나타낸 (C)가 정답이다.

어휘 　**revise** ~을 수정하다, 변경하다, 조정하다 **timeline** 진행 일정(표) **modify** ~을 수정하다, ~을 개조하다 **approval** 승인

15. Aren't travel expenses covered by our agency?

(A) That's more than I expected.

(B) Only accommodations.

(C) Your cover letter and résumé.

출장 경비가 우리 회사에 의해 충당되지 않나요?

(A) 그건 제가 예상한 것보다 더 많네요.

(B) 오직 숙박만요.

(C) 본인의 자기 소개서와 이력서요.

해설   출장 경비가 회사에 의해 충당되는지 확인하는 부정 의문문에 대해 경비 충당과 관련된 방침을 알리는 (B)가 정답이다.

어휘   **expense** 경비, 지출 비용 **cover** (비용 등) ~을 충당하다 **agency** 회사, 대행사, 대리점 **expect** 예상하다 **accommodations** 숙박 (시설) **cover letter** 자기 소개서 **résumé** 이력서

16. You've reserved your seat for the dance performance, haven't you?

(A) A seat in the front row, please.

(B) I'm going to do it now.

(C) No, I didn't get a full refund.

그 댄스 공연 좌석을 예약하셨죠, 그렇죠?

(A) 앞줄 좌석으로 부탁합니다.

(B) 지금 하려는 참입니다.

(C) 아뇨, 저는 전액 환불을 받지 않았어요.

해설   댄스 공연 좌석을 예약했는지 확인하는 부가 의문문에 대해 지금 하려고 한다는 말로 아직 예약하지 않은 상태임을 알리는 (B)가 정답이다.

어휘   **reserve** ~을 예약하다 **performance** 공연, 연주(회) **front row** 앞줄 **full refund** 전액 환불

17. Are there any fitting rooms where I can try these pants on?

(A) They fit you well.

(B) Sorry, they're all occupied right now.

(C) Those are sold out.

제가 이 바지를 한번 입어볼 수 있는 탈의실이 있나요?

(A) 당신에게 잘 맞네요.

(B) 죄송하지만, 지금은 모두 이용 중입니다.

(C) 그건 품절되었습니다.

해설   바지를 한번 입어볼 수 있는 탈의실이 있는지 묻는 일반 의문문에 대해 지금은 모두 이용 중이라는 말로 대기해야 하는 상황임을 뜻하는 (B)가 정답이다.

어휘   **try A on:** A를 한번 입어보다 **fit** ~에게 맞다, ~에게 어울리다 **occupied** (사람이) 이용 중인, 점유된 **sold out** 품절된, 매진된

18. Is Patrick transferring to the Chicago branch this month?

(A) That's what I heard.

(B) I should meet with the branch manager soon.

(C) Unfortunately, you can't.

패트릭 씨가 이번 달에 시카고 지사로 전근하죠?

(A) 그렇다고 들었어요.

(B) 제가 곧 그 지점장님을 만나 뵈어야 합니다.

(C) 유감스럽게도, 당신은 그러실 수 없어요.

해설   패트릭 씨가 이번 달에 시카고 지사로 전근하는지 확인하는 일반 의문문에 대해 답변자 자신도 그렇게 들었다고 밝히는 것으로 긍정의 의미를 나타낸 (A)가 정답이다.

어휘   **transfer** 전근하다 **branch** 지점, 지사 **unfortunately** 유감스럽게도, 안타깝게도

19. Are the office managers ordering more supplies this week?

(A) No, the staff meeting is at 3.

(B) They do it once a week.

(C) I was surprised as well.

부서장님들께서 이번 주에 물품을 더 주문하시나요?

(A) 아뇨, 직원 회의는 3시입니다.

(B) 그분들께서 일주일에 한 번 하십니다.

(C) 저도 놀랐어요.

해설   부서장들이 이번 주에 물품을 더 주문할 것인지 묻는 일반 의문문에 대해 일주일에 한 번 한다는 말로 이번 주에는 더 주문하지 않는다는 뜻을 나타낸 (B)가 정답이다.

어휘   **supplies** 물품, 용품 **as well** ~도, 또한

20. Is the radio ad going to air this week?

(A) Janet makes those decisions.

(B) Airfare can't be covered.

(C) Radio commercials are quite effective.

그 라디오 광고가 이번 주에 방송되는 건가요?

(A) 재닛 씨가 그런 일들을 결정해요.

(B) 항공료는 충당될 수 없어요.

(C) 라디오 광고가 꽤 효과적이에요.

해설   라디오 광고가 이번 주에 방송되는 건지 확인하는 일반 의문문에 대해 재닛 씨가 결정하는 일이라는 말로 관련 정보를 확인할 수 있는 방법을 알리는 (A)가 정답이다.

어휘   **ad** 광고 **air** v. 방송되다 **make a decision** 결정하다 **cover** (비용 등) ~을 충당하다 **commercial** n. 광고 (방송) **quite** 꽤, 상당히 **effective** 효과적인

21. Do you want to hold the reception in the banquet hall?

(A) Do you have any dates available?

(B) Several clients and coworkers.

(C) No, the first of November is better for me.

그 연회장에서 환영회를 개최하고 싶으신가요?

(A) 이용 가능한 날짜가 있나요?

(B) 여러 고객 및 동료 직원들이요.

(C) 아뇨, 저는 11월 1일이 더 좋습니다.

해설   특정 연회장에서 환영회를 개최하고 싶은지 묻는 일반 의문문에 대해 이용 가능한 날짜가 있는지 되묻는 것으로 행사 개최와 관련된 조건을 먼저 확인하려는 의도를 담은 (A)가 정답이다.

어휘   hold ~을 개최하다, ~을 열다   reception 환영회, 축하 연회   banquet hall 연회장   available 이용 가능한   coworker 동료 직원

---

22. Are you going to take a walk after lunch today?

(A) Jason worked very hard on it.

(B) Only if the weather's good.

(C) No, just a chicken sandwich.

오늘 점심 식사 후에 산책하러 가시는 건가요?

(A) 제이슨 씨가 그 일을 아주 열심히 했어요.

(B) 날씨가 좋을 경우에만요.

(C) 아뇨, 그냥 치킨 샌드위치요.

해설   오늘 점심 식사 후에 산책하러 가는 건지 묻는 일반 의문문에 대해 산책하러 갈 수 있는 조건을 먼저 언급해 그에 따라 결정된다는 의미를 나타낸 (B)가 정답이다.

어휘   take a walk 산책하다   work on ~에 대한 일을 하다

---

23. Isn't our assembly line operating again?

(A) Yes, it does look similar.

(B) Not quite, but almost.

(C) The plant was highly rated.

우리 조립 라인이 또 가동되지 않는 건가요?

(A) 네, 분명 비슷해 보여요.

(B) 완전히 그렇진 않지만, 거의 그래요.

(C) 그 공장이 높은 평가를 받았어요.

해설   조립 라인이 또 가동되지 않는 건지 확인하는 부정 의문문에 대해 완전히 가동되는 것은 아니지만 거의 되고 있다는 말로 조립 라인 가동 상황과 관련된 정보를 전하는 (B)가 정답이다.

어휘   assembly 조립   operate 가동되다, 작동되다, 운영되다   similar 비슷한, 유사한   not quite 완전히 그렇지는 않은, 꼭 그런 것은 아닌   plant 공장   highly rated 높은 평가를 받은

---

24. Martha won't be organizing the company picnic this year, will she?

(A) No, she's taking some time off.

(B) Sure, I will be very busy this year.

(C) Did you enjoy yourself there?

마사 씨가 올해 회사 야유회를 준비하시지 않는 게 맞죠?

(A) 하시지 않아요, 좀 쉬실 거예요.

(B) 네, 제가 올해 아주 바쁠 겁니다.

(C) 거기서 즐거운 시간 보내셨나요?

해설   마사 씨가 올해 회사 야유회를 준비하는지 확인하는 부가 의문문에 대해 부정을 뜻하는 No와 함께 좀 쉴 것이라는 말로 마사 씨가 준비하지 않는 이유를 덧붙인 (A)가 정답이다. (B)는 마사 씨가 아닌 답변자 자신의 상황과 관련된 말이므로 질문의 핵심에서 벗어난 오답이다.

어휘   organize ~을 준비하다, ~을 조직하다   take A off: A만큼 일을 쉬다

---

25. Hasn't the new software program been installed on my computer yet?

(A) I just got back from my vacation today.

(B) Yes, I totally agree with you.

(C) His computer is much faster than mine.

새 소프트웨어 프로그램이 제 컴퓨터에 아직 설치되지 않은 건가요?

(A) 제가 오늘 막 휴가에서 복귀했습니다.

(B) 네, 당신의 말에 전적으로 동의합니다.

(C) 그의 컴퓨터가 제 것보다 훨씬 더 빨라요.

해설   새 소프트웨어 프로그램이 자신의 컴퓨터에 설치되었는지 확인하는 부정 의문문에 대해 답변자 자신이 오늘 막 휴가에서 복귀했다는 말로 설치 여부를 알지 못한다는 뜻을 나타낸 (A)가 정답이다.

어휘   install ~을 설치하다   get back from ~에서 복귀하다, ~에서 돌아오다   totally agree with ~의 말에 전적으로 동의하다   much (비교급 수식) 훨씬

(**DAY 04**) **Part 2 선택 의문문, 제안 · 요청 의문문, 평서문**

EXAMPLE 1

1. 제가 판매 보고서를 검토할까요, 아니면 다른 분께서 하실 건가요?

(A) 지금까지는 잘 판매되고 있어요.

(B) 당신이 해주셔야 해요.

(C) 제 생각엔 그거 끝난 것 같아요.

어휘   go over ~을 검토하다, ~을 살펴보다   sales 판매(량), 영업, 매출   review ~을 살펴보다, ~을 검토하다   take responsibility for ~을 책임지다

2. 야외 트랙을 걸으실 건가요, 아니면 실내 체육관 트랙을 걸으실 건가요?

(A) 오늘 꽤 덥네요.
(B) 그들을 쭉 지켜봐주세요.
(C) 걷기는 좋은 운동이에요.

어휘 outdoor 야외의 indoor 실내의 quite 상당히, 꽤 keep track of ~을 놓치지 않도록 하다

EXAMPLE 2

1. 그 소설책 다 읽으신 다음에 제가 빌려도 될까요?

(A) 그건 매우 기발한 시스템이에요.
(B) 자말이 먼저 물어봤어요.
(C) 다시 읽어보시겠어요?

어휘 borrow ~을 빌리다 highly 대단히, 매우 novel n. 소설 a. 참신한, 새로운

2. 창문을 열어 두어도 될까요?

(A) 물론이죠, 제가 지금 닫을게요.
(B) 저는 창가석을 선호해요.
(C) 사무실 너무 춥지 않아요?

어휘 Would you mind if ~? ~해도 될까요? keep A B: A를 B한 상태로 유지하다 prefer ~을 선호하다

EXAMPLE 3

1. 방금 데이비드에게 지난달 매출액에 대해 들었어요.

(A) 지난달의 큰 할인 행사요.
(B) 수치가 꽤 놀랍던데요.
(C) 그는 영업부에서 일해요.

어휘 sales figures 판매액, 매출액

2. 저는 매니저가 이번 주에 시카고 사무실로 옮기는 줄 알았어요.

(A) 이메일에 그것과 관련한 새로운 정보가 있었어요.
(B) 은행 송금으로 돈을 보냈어요.
(C) 시애틀 지사로 옮기기로 정했어요.

어휘 be supposed to do ~하기로 되어있다, ~할 예정이다 be transferred to ~로 전근되다 update 새로운 소식, 새로운 정보 bank transfer 은행 계좌 이체 branch 지사, 지점

토익 실전 연습

1. (A)	2. (A)	3. (C)	4. (C)	5. (A)
6. (B)	7. (B)	8. (A)	9. (A)	10. (A)
11. (B)	12. (A)	13. (A)	14. (C)	15. (B)
16. (C)	17. (C)	18. (A)	19. (B)	20. (A)
21. (B)	22. (A)	23. (B)	24. (C)	25. (A)

1. Do you want to drive to the airport, or would you like me to do it?

(A) I can drive since you did it last time.
(B) I drive to work every day.
(c) Because the flight was canceled.

차를 운전해서 공항으로 가시고 싶으신가요, 아니면 제가 그렇게 해 드릴까요?
(A) 지난 번에 그렇게 하셨으니까 제가 운전할 수 있어요.
(B) 저는 매일 차를 운전해서 출근해요.
(C) 항공편이 취소되었기 때문입니다.

해설 상대방에게 차를 운전해서 공항으로 가고 싶은지, 아니면 자신이 그렇게 할지 묻는 선택 의문문에 대해 직접 할 수 있다는 말과 함께 그 이유를 덧붙인 (A)가 정답이다.

어휘 would you like me to do? 제가 ~해 드릴까요? since ~하기 때문에 cancel ~을 취소하다

2. Should I schedule a dentist appointment for Wednesday or Friday?

(A) Fridays are less busy.
(B) Yes, we have a client meeting today.
(C) I saw you last Tuesday.

제가 치과 예약 일정을 수요일로 잡아야 할까요, 아니면 금요일로 잡아야 할까요?
(A) 금요일이 덜 바쁩니다.
(B) 네, 저희가 오늘 고객 회의가 있습니다.
(C) 지난주 화요일에 당신을 봤어요.

해설 치과 예약 일정을 수요일로 잡아야 하는지, 아니면 금요일로 잡아야 하는지 묻는 선택 의문문에 대해 금요일이 덜 바쁘다는 말로 금요일로 예약하도록 권하는 의미를 나타낸 (A)가 정답이다.

어휘 dentist appointment 치과 예약

3. I heard Jason is presenting his proposal at the board meeting today.

(A) Sure, I will do that.
(b) I bought some presents for my family.
(C) Oh, I thought that was tomorrow.

제이슨 씨가 오늘 이사회 회의 시간에 자신의 제안서를 발표
한다는 얘기를 들었어요.
(A) 좋아요, 제가 그 일을 할게요.
(B) 저희 가족을 위해 선물을 좀 샀어요.
(C) 아, 저는 그게 내일인 줄 알았어요.

해설 제이슨 씨가 오늘 이사회 회의 시간에 자신의 제안서를 발표
한다는 얘기를 들은 사실을 말하는 평서문에 대해 그 발표
가 내일인 줄 알았다는 말로 일정을 잘못 알고 있었음을 밝
히는 (C)가 정답이다.

어휘 present v. ~을 발표하다, ~을 제시하다 n. 선물 proposal
제안(서) board 이사회, 이사진

4. Would you like me to give you a ride to the
convention center?

(A) Thanks for the kind introduction.
(B) I'm afraid I didn't give him a call.
(C) Thanks, but my car's right around the corner.

제가 컨벤션 센터까지 차로 태워다 드릴까요?
(A) 친절한 소개에 감사 드립니다.
(B) 제가 그에게 전화하지 않은 것 같아요.
(C) 감사하지만, 제 차가 모퉁이를 바로 돈 곳에 있어요.

해설 컨벤션 센터까지 차로 태워다 줄지 묻는 제안 의문문에 대해
감사의 인사와 함께 자신의 차가 가까운 곳에 있다는 말로
거절의 뜻을 나타낸 (C)가 정답이다. Would you like me
to ~?는 '제가 ~해 드릴까요?'라는 의미로 제안을 나타낼 때
사용한다.

어휘 **Would you like me to do? 제가 ~해 드릴까요?** give A a
ride: A를 차로 태워주다 introduction 소개 I'm afraid (부
정적인 일에 대해) ~인 것 같아요, 유감이지만 ~입니다 give A
a call: A에게 전화하다 right around the corner 모퉁이를
바로 돈 곳에

5. I'm afraid I won't be able to attend the business
dinner tonight.

(A) Ok, thanks for letting me know.
(B) Yes, next Friday is better.
(C) She should attend the meeting today.

저는 오늘 밤에 있을 비즈니스 만찬에 참석할 수 없을 것 같
습니다.
(A) 네, 알려 주셔서 감사합니다.
(B) 네, 다음 주 금요일이 더 좋습니다.
(C) 그녀는 오늘 회의 시간에 참석해야 합니다.

해설 오늘 밤에 있을 비즈니스 만찬에 참석할 수 없을 것 같다고
알리는 평서문에 대해 미리 알려주는 것에 대해 감사의 인사
를 전하는 (A)가 정답이다.

어휘 I'm afraid (부정적인 일에 대해) ~인 것 같아요, 유감이지만 ~
입니다 be able to do ~할 수 있다 attend ~에 참석하다

let A know: A에게 알리다

6. Would you like to have a meeting with me on
Monday or Wednesday?

(A) Actually, I met her last night.
(B) I don't have my appointment book with me.
(C) Yes, by next Monday.

저와 월요일에 회의하기를 원하시나요, 아니면 수요일에 하
기를 원하시나요?
(A) 실은, 제가 어젯밤에 그녀를 만났어요.
(B) 제가 지금 다이어리를 갖고 있지 않습니다.
(C) 네, 다음 주 월요일까지요.

해설 월요일에 회의하기를 원하는지, 아니면 수요일에 하기를 원
하는지 묻는 선택 의문문에 대해 지금 다이어리를 갖고 있지
않다는 말로 일정을 확인할 수 없어서 곧바로 답변할 수 없
다는 뜻을 나타낸 (B)가 정답이다.

어휘 **Would you like to do? ~하기를 원하시나요?, ~하고 싶으신
가요?** actually 실은, 사실 appointment book (일정 등을
적는) 다이어리, 수첩

7. Why don't you print out the survey results so we
can review them?

(A) Thanks, I didn't have much time.
(B) They're already on your desk.
(C) Over 300 responses.

우리가 검토할 수 있도록 설문 결과를 출력하시면 어떨까
요?
(A) 감사해요, 제가 시간이 많이 없었어요.
(B) 이미 책상에 놓아 드렸습니다.
(C) 300 건이 넘는 응답이요.

해설 검토할 수 있도록 조사 자료를 출력하면 어떨지 묻는 제안
의문문에 대해 이미 책상에 놓아 두었다는 말로 벌써 출력했
음을 알리는 (B)가 정답이다. Why don't you/we/I로 시
작되는 질문은 제안 의문문이므로 기본적으로 수락/거절을
뜻하는 답변을 찾아야 한다는 점에 유의하는 것이 좋다.

어휘 review ~을 검토하다, ~을 살펴보다 response 대답, 응답

8. Would you like to come to the concert with us
tonight?

(A) I have a deadline coming up.
(B) Yes, two round trip tickets.
(C) Sure, here you go.

오늘 밤에 저희와 함께 콘서트에 가고 싶으신가요?
(A) 마감 기한이 다가오고 있어서요.
(B) 네, 왕복 티켓 2장이요.
(C) 그럼요, 여기 있습니다.

해설　오늘 밤에 함께 콘서트에 가고 싶은지 묻는 제안 의문문에 대해 마감 기한이 다가오고 있다는 말로 거절의 뜻을 나타낸 (A)가 정답이다.

어휘　**Would you like to do?** ~하고 싶으신가요?, ~하기를 원하시나요?　**have A -ing:** ~하는 A가 있다　**deadline** 마감 기한　**here you go** (뭔가 건넬 때) 여기 있습니다

9.　I saw a lot of stains on the wallpaper in Room 290.

　　(A) It's time to replace it anyway.
　　(B) Please check out before 11.
　　(C) I noticed that it was very noisy.

　　290호실 벽지에 얼룩이 많이 있는 걸 봤어요.
　　(A) 어쨌든 교체할 때가 되었어요.
　　(B) 11시 전에 확인해 보세요.
　　(C) 아주 시끄러웠다는 걸 알았어요.

해설　290호실 벽지에 얼룩이 많이 있는 걸 봤다는 사실을 전하는 평서문에 대해 어쨌든 교체할 때가 되었다는 말로 응답하는 (A)가 정답이다.

어휘　**stain** 얼룩　**replace** ~을 교체하다, ~을 대체하다　**anyway** 어쨌든　**notice that** ~임을 알게 되다, ~임에 주목하다

10.　The display area isn't large enough for the new products.

　　(A) There's more space in the back.
　　(B) That shirt on display is nice.
　　(C) They're 30 percent off.

　　진열 공간이 신제품을 놓기엔 충분히 넓지 않아요.
　　(A) 뒤쪽에 공간이 더 있습니다.
　　(B) 진열되어 있는 저 셔츠가 멋지네요.
　　(C) 그것들는 30 퍼센트 할인해요.

해설　진열 공간이 신제품을 놓기에 충분히 넓지 않다는 사실을 말하는 평서문에 대해 뒤쪽에 공간이 더 있다는 말로 공간과 관련된 문제에 대한 해결책을 제시하는 (A)가 정답이다.

어휘　**display** 진열(품), 전시(품)　**on display** 진열된, 전시된

11.　Why don't we have a quick meeting at 2 in Room C?

　　(A) To install the new software.
　　(B) One of my biggest clients arrives at 1:30.
　　(C) It didn't take much time.

　　2시에 C번 룸에서 간단히 회의하면 어떨까요?
　　(A) 새 소프트웨어를 설치하기 위해서요.
　　(B) 가장 중요한 제 고객들 중 한 분이 1시 30분에 도착하십니다.
　　(C) 시간이 많이 걸리지 않았어요.

해설　2시에 C번룸에서 간단히 회의하면 어떨지 묻는 제안 의문문

에 대해 가장 중요한 고객 한 명이 1시 30분에 도착한다는 말로 거절 의사를 밝힌 (B)가 정답이다. Why don't you/we/I로 시작되는 질문은 제안 의문문이므로 기본적으로 수락/거절을 뜻하는 답변을 찾아야 한다는 점에 유의하는 것이 좋다.

어휘　**quick meeting** 간단한 회의　**install** ~을 설치하다　**arrive** 도착하다　**take** ~의 시간이 걸리다

12.　I'm surprised we haven't received the conference proposals yet.

　　(A) Didn't you check the memo?
　　(B) To launch a new product.
　　(C) Sorry, we don't have any seats available.

　　우리가 컨퍼런스 제안서를 아직 받지 못했다는 게 놀라워요.
　　(A) 회람을 확인해 보시지 않았나요?
　　(B) 신제품을 출시하기 위해서요.
　　(C) 죄송하지만, 이용 가능한 좌석이 전혀 없습니다.

해설　컨퍼런스 제안서를 아직 받지 못했다는 게 놀랍다는 사실을 말하는 평서문에 대해 회람을 확인해 보지 않았는지 되묻는 것으로 상대방이 잘못 알고 있다는 점을 지적하는 (A)가 정답이다.

어휘　**receive** ~을 받다　**proposal** 제안(서)　**launch** ~을 출시하다, ~을 시작하다　**have A available:** 이용 가능한 A가 있다

13.　The safety inspector is going to check the assembly line today.

　　(A) Everything is ready.
　　(B) An updated safety manual.
　　(C) Yes, it went well.

　　안전 소사관이 오늘 조립 라인을 점검할 예정입니다.
　　(A) 모든 것이 준비되어 있습니다.
　　(B) 업데이트된 안전 지침서요.
　　(C) 네, 잘 진행되었습니다.

해설　안전 조사관이 오늘 조립 라인을 점검할 예정임을 알리는 평서문에 대해 모든 것이 준비되어 있다는 말로 조립 라인 점검에 대비된 상태임을 밝히는 (A)가 정답이다.

어휘　**inspector** 조사관, 점검 담당자　**assembly** 조립　**manual** 지침서, 설명서, 안내서　**go well** 잘 진행되다

14.　Are you buying a computer with a bigger screen or with better battery life?

　　(A) Yes, I think so too.
　　(B) Sorry, my battery is dead.
　　(C) I have to check the prices.

　　화면이 더 큰 컴퓨터를 구입하시나요, 아니면 배터리 수명이

더 좋은 것으로 구입하시나요?
(A) 네, 저도 그렇게 생각해요.
(B) 죄송하지만, 제 배터리가 나갔어요.
(C) 가격을 확인해봐야 해요.

해설   화면이 더 큰 컴퓨터를 구입할 것인지, 아니면 배터리 수명
이 더 좋은 것으로 할 것인지 묻는 선택 의문문에 대해 가격
을 확인해봐야 한다는 말로 구입 조건을 먼저 언급하는 (C)
가 정답이다.

어휘   **think so** (앞서 언급된 말에 대해) 그렇게 생각하다 **dead** (배
터리, 기계 등이) 다 닳은, 작동하지 않는

15. Should I print handouts for the presentation or
e-mail them to everyone?

(A) The first page of the notes.
(B) Everyone there will have a laptop.
(C) She will give the first presentation.

발표용 유인물을 출력해야 하나요, 아니면 모든 사람에게 이
메일로 보내야 하나요?
(A) 메모 첫 번째 페이지요.
**(B) 그곳에 온 모든 사람이 노트북 컴퓨터를 갖고 있을 거
예요.**
(C) 그녀가 첫 번째로 발표할 겁니다.

해설   발표용 유인물을 출력해야 하는지, 아니면 사람들에게 이메
일로 보내야 하는지 묻는 선택 의문문에 대해 모든 사람이
노트북 컴퓨터를 갖고 있을 것이라는 말로 이메일로 보내야
한다는 것을 선택하는 (B)가 정답이다.

어휘   **handout** 유인물 **presentation** 발표(회)

16. Would you like to check the prices at a different
shoe store?

(A) At the check-in counter.
(B) Sure, she is going to do that.
(C) Is there one that you recommend?

다른 신발 매장의 가격들을 확인해 보고 싶으신가요?
(A) 체크인 카운터에서요.
(B) 그럼요, 그녀가 그 일을 할 겁니다.
(C) 추천하시는 곳이 있나요?

해설   다른 신발 매장의 가격들을 확인해 보고 싶은지 묻는 제안
의문문에 대해 추천하는 곳이 있는지 묻는 것으로 다른 매장
에서 가격을 확인할 의사가 있음을 알리는 (C)가 정답이다.

어휘   **check-in counter** (공항 등에서 수속을 위한) 체크인 카운터

17. Would you mind helping me with the inventory?

(A) To set up a new computer.
(B) That's very kind of you.
(C) Actually, I'm on my break.

재고 조사 작업 좀 도와주시겠어요?
(A) 새 컴퓨터를 설치하기 위해서요.
(B) 그렇게 말씀하시니 정말 친절하시네요.
(C) 실은, 제가 휴식 중입니다.

해설   재고 조사 작업을 도와줄 수 있는지 묻는 요청 의문문에 대
해 휴식 중이라는 말로 거절의 뜻을 나타낸 (C)가 정답이다.

어휘   **Would you mind -ing?** ~해주시겠어요? **help A with B:**
B에 대해 A를 돕다 **inventory** 재고 조사 (작업), 재고 목록
set up ~을 설치하다, ~을 설정하다, ~을 마련하다 **actually**
실은, 사실 **on one's break** 휴식 중인

18. I hope our director likes our new advertising
campaign.

(A) He already approved it.
(B) On television and radio.
(C) We aren't advertising there.

우리 이사님께서 우리 새 광고 캠페인을 마음에 들어 하시
기를 바라요.
(A) 이미 승인하셨습니다.
(B) 텔레비전과 라디오에서요.
(C) 우리는 그곳에 광고하지 않아요.

해설   이사가 새 광고 캠페인을 마음에 들어 하기를 바란다고 알
리는 평서문에 대해 이미 승인했다는 말로 마음에 들어 했다
는 의미를 나타낸 (A)가 정답이다.

어휘   **advertising** 광고 (활동) **approve** ~을 승인하다 **advertise**
광고하다

19. Should we use the extra budget on copiers or
computers?

(A) We didn't have any extra room, sorry.
(B) We've had the same computers for 10 years.
(C) Five copies, please.

복사기 또는 컴퓨터에 추가 예산을 사용할까요?
(A) 저희가 여분의 객실이 전혀 없었습니다, 죄송합니다.
(B) 우린 10년 동안 같은 컴퓨터들을 써왔어요.
(C) 복사본 다섯 장 부탁합니다.

해설   복사기 또는 컴퓨터에 추가 예산을 사용할지 묻는 제안 의
문문에 대해 10년 동안 같은 컴퓨터들을 써왔다는 말로 컴
퓨터 교체 의사를 밝히는 (B)가 정답이다.

어휘   **extra** 추가의, 여분의 **budget** 예산

20. I think we should cancel the project meeting today.

(A) It starts in 10 minutes.
(B) A lot of agenda items.
(C) We're meeting in conference room B.

제 생각엔 우리가 오늘 프로젝트 회의를 취소해야 할 것 같아요.
(A) 10분 후에 시작하는데요.
(B) 많은 의제 항목들이요.
(C) 저희는 B회의실에서 만날 것입니다.

해설 오늘 프로젝트 회의를 취소해야 할 것 같다는 생각을 밝히는 평서문에 대해 10분 후에 시작한다는 말로 취소하기엔 이미 늦었다는 뜻을 나타낸 (A)가 정답이다.

어휘 **in 시간:** ~ 후에 **arrange** ~을 마련하다, ~을 조치하다 **put off** ~을 연기하다, ~을 미루다 **launch** 출시, 공개

21. Did you receive the reports I e-mailed to you, or should I send them again?

(A) Yes, my contact information.
(B) I haven't seen them.
(C) I'm looking forward to it, too.

제가 이메일로 보내 드린 보고서들을 받으셨나요, 아니면 다시 보내 드려야 하나요?
(A) 네, 제 연락처요.
(B) 그것들을 보지 못했습니다.
(C) 저도 그걸 고대하고 있습니다.

해설 이메일로 보낸 보고서들을 받았는지, 아니면 다시 보내야 하는지 묻는 선택 의문문에 대해 보지 못했다는 말로 다시 보내 달라는 뜻을 나타낸 (B)가 정답이다.

어휘 **receive** ~을 받다 **contact information** 연락처 **look forward to** ~을 고대하다

22. I'd like to reserve a room for a family of four on March 2nd.

(A) We have a vacancy on the 3rd floor.
(B) They are very accommodating.
(C) Is he on a holiday with his family?

3월 2일에 4인 가족용 객실을 예약하고자 합니다.
(A) 3층에 빈 객실이 하나 있습니다.
(B) 그분들은 아주 친절합니다.
(C) 그가 가족과 함께 휴가 중인가요?

해설 3월 2일에 4인 가족용 객실을 예약하고자 한다고 알리는 평서문에 대해 예약 가능한 객실과 관련된 정보를 전달하는 (A)가 정답이다.

어휘 **would like to do** ~하고자 하다, ~하고 싶다 **reserve** ~을 예약하다 **vacancy** 빈 방, 빈 자리 **accommodating** 친절한, 편의를 잘 봐주는, 협조적인 **on a holiday** 휴가 중인

23. Why don't we finish this article today?

(A) That's an interesting article.
(B) As long as I can still leave at 6.

(C) Yes, I read it too.

이 기사를 오늘 끝내면 어떨까요?
(A) 그것 참 흥미로운 기사예요.
(B) 제가 여전히 6시에 퇴근할 수 있기만 하면요.
(C) 네, 저도 읽었습니다.

해설 특정 기사를 오늘 끝내면 어떨지 묻는 제안 의문문에 대해 '여전히 6시에 퇴근할 수 있기만 하면'이라는 말로 조건을 제시해 수락의 뜻을 나타낸 (B)가 정답이다. Why don't you/we로 시작되는 질문은 제안 의문문이므로 기본적으로 수락/거절을 뜻하는 답변을 찾아야 한다는 점에 유의하는 것이 좋다.

어휘 **as long as** ~하기만 하면, ~하는 한 **leave** 떠나다, 나서다

24. Are you attending the technology expo or sending your assistant?

(A) Okay, I can give you a hand.
(B) In the event brochure.
(C) I'll be away on vacation.

그 기술 박람회에 참석하시나요, 아니면 비서를 보내시나요?
(A) 좋아요, 제가 도와 드릴 수 있어요.
(B) 행사 안내 책자에 있어요.
(C) 제가 휴가로 자리를 비울 겁니다.

해설 특정 기술 박람회에 참석할 것인지, 아니면 비서를 보낼 것인지 묻는 선택 의문문에 대해 휴가로 자리를 비울 것이라는 말로 비서를 보내겠다는 뜻을 나타낸 (C)가 정답이다.

어휘 **attend** ~에 참석하다 **expo** 박람회 **assistant** 비서, 조수, 보조 **give A a hand:** A를 돕다 **brochure** 안내 책자, 소책자 **away** 자리를 비운, 떠나 있는, 멀리 있는 **on vacation** 휴가로, 휴가 중인

25. The registration deadline for the seminar is on Wednesday.

(A) Where did you hear that?
(B) Sure, I'd be happy to.
(C) They received it already.

세미나 등록 마감 기한이 수요일입니다.
(A) 어디서 그런 얘기를 들으셨죠?
(B) 좋아요, 기꺼이 그렇게 하겠습니다.
(C) 그분들이 이미 그걸 받았어요.

해설 세미나 등록 마감 기한이 수요일이라고 알리는 평서문에 대해 그러한 사실을 that으로 지칭해 어디서 그런 얘기를 들었는지 되묻는 것으로 정확한 정보인지에 대한 의구심을 드러내는 (A)가 정답이다. (B)는 제안 등에 대한 수락을 뜻하는 답변이므로 오답이다.

어휘 **registration** 등록 **deadline** 마감 기한 **be happy to do** 기꺼이 ~하다

EXAMPLE 1

남: 플로렌스, 잠깐 얘기할 수 있을까요? 우린 스텐버그 코퍼레이션의 새 본사 설계도 작업을 시작해야 해요. 그곳은 우리 건축회사가 맡았던 가장 큰 고객사 중 하나잖아요.
여: 알죠. 그 회사는 최근에 가장 큰 경쟁사인 애스콧 엔터프라이즈를 인수했지요, 그렇죠?
남: 맞아요. 스텐버그 사는 업무용 소프트웨어를 포함하도록 소프트웨어 제품군을 확장하고자 했는데, 업무용 소프트웨어는 애스콧 엔터프라이즈의 주력 제품이었어요. 그래서 스텐버그 사가 그 모든 제품군의 개발을 인수했어요.
여: 우와. 그럼 우리가 프로젝트에 대해 논의할 수 있게 제가 스텐버그 사의 대표와 화상회의를 잡도록 할게요.

어휘 **have a quick chat** 잠깐 이야기 나누다 **get started on** ~에 대한 일을 시작하다 **blueprint** 청사진, 설계도 **headquarters** 본사(= main office) **client** 고객 **architectural firm** 건축 회사 **recently** 최근에 **acquire** ~을 인수하다 **rival** 경쟁사, 경쟁자 **Exactly.** 맞아요. **broaden** ~을 넓히다, 확장하다 **range** 제품군 **include** ~을 포함시키다 **main product** 주력 제품 **take over** ~을 인수하다, ~을 이어받다 **development** 개발 **set up** (회의 등을) 잡다 **teleconference** 화상 회의 **representative** 대표자, 직원 **so that 주어 can:** ~할 수 있도록

1. 화자들은 누구일 것 같은가?
   (A) 조경업자
   (B) 건축가
   (C) 그래픽 디자이너
   (D) 부동산 중개인

2. 스텐버그 코퍼레이션은 어떤 업체인가?
   (A) 시장조사 회사
   (B) 소프트웨어 개발사
   (C) 가전기기 제조사
   (D) 건설사

어휘 **appliance** 가전기기

3. 여자는 무엇을 할 것이라고 말하는가?
   (A) 건물을 돌아보는 일
   (B) 기자회견에 참석하는 일
   (C) 계약서를 준비하는 일
   (D) 회의 일정을 잡는 일

어휘 **tour** ~을 돌아보다, ~을 구경하다 **attend** 참석하다 **press conference** 기자 회견 **contract** 계약(서) **arrange** ~을 마련하다, ~의 일정을 잡다

EXAMPLE 2

남: 제시카, 당신 맞나요? 우리가 글로벌 파이낸셜에서 인턴으로 있었던 이후로 만나질 못했군요!
여: 오, 마틴! 만나서 반가워요! 우리 그 인턴십 할 때 많이 배웠지요, 그렇죠?
남: 분명 그랬죠. 그래서 제가 현재 플래티넘 은행에 근무할 수 있게 되었잖아요. 급여도 많이 주고 분기마다 보너스도 줘요. 요즘 어디서 근무해요?
여: 잘됐네요. 저는 존스 어카운팅이요. 그 회사의 한 가지 좋은 점은 유연 근무를 하게 해준다는 것이에요.
남: 우와, 우리 업종에서 흔한 일이 아닌데 말이에요. 그건 그렇고 제가 다음 달에 산업 트렌드에 관한 워크숍에 참가해요. 당신도 올래요?
여: 음... 흥미롭네요. 가고 싶어요!

어휘 **since** ~한 이후로 **land a job** 일자리를 얻다, 직장을 구하다 **current** 현재의 **salary** 급여, 봉급 **quarter** 분기 **allow A to do:** A에게 ~할 수 있게 해주다 **flexible** 탄력적인 **line** 분야 **take part in** ~에 참가하다 **join** ~에 합류하다

1. 화자들은 어떻게 아는 사이인가?
   (A) 같은 동네에서 자랐다.
   (B) 같은 대학에 다녔다.
   (C) 함께 인턴으로 일했다.
   (D) 회의에서 처음 만났다.

어휘 **grow up** 성장하다 **neighborhood** 근처, 지방 **attend** (학교) ~에 다니다 **conference** 회의

2. 여자가 자신의 회사에 대해 마음에 든다고 말하는 것은 무엇인가?
   (A) 계절마다 보너스를 받는 것
   (B) 유연 근무를 하는 것
   (C) 높은 월급을 받는 것
   (D) 창의성을 발휘하는 것

어휘 **seasonal** 계절마다의 **earn** 돈을 벌다 **creativity** 창의성

3. 여자는 무엇을 하는 데 동의하는가?
   (A) 남자의 직장을 방문하는 일
   (B) 워크숍에 참석하는 일
   (C) 채용 공고에 지원하는 일
   (D) 몇 가지 연구를 수행하는 일

어휘 **workplace** 일터, 작업장 **apply for** ~에 지원하다 **job opening** 채용 공고, 공석 **conduct** ~을 실시하다, ~을 수행하다

EXAMPLE 3

여: 안녕하세요 스티브와 조쉬. 다음 주말 컨퍼런스 자료집이 준비됐나요?

남1: 거의요. 방금 참가자들을 위한 지역의 지도를 인쇄하는 걸 마쳤어요. 그 지도에는 식당과 호텔 같은 것들이 표시되어 있어요.

여: 네, 좋습니다. 그리고 제 생각에 참가자들을 위한 이름표를 준비해야 할 것 같아요.

남1: 그건 쉬울 겁니다. 제가 스티커에 참가자 이름을 쓸게요.

여: 고마워요, 스티브. 그리고, 조쉬, 우리 비즈니스 센터의 홍보 책자 디자인을 언제 끝낼 수 있을 것 같아요?

남2: 사실 마무리 작업을 하고 있습니다. 오늘 오후에 보시겠어요?

여: 우와, 그렇게 빨리요? 인상적이네요! 그럼요, 오후 3시에 다시 만납시다.

어휘 **information packet** 자료집 **ready** 준비가 된 **attendee** 참가자 **mark** ~을 표시하다 **name badge** 명찰 **promotional** 홍보의, 판촉의 **brochure** (안내)책자 **finishing touch** (마지막) 손질, 마무리 **impressed** 인상 깊게 생각하는

1. 자료집에 포함된 것은 무엇인가?

(A) 화자들의 프로필
(B) 지역 업체 지도
(C) 행사 일정
(D) 음식 쿠폰

어휘 **profile** 프로필, 인물 소개 **business** 업체, 회사 **voucher** 쿠폰, 상품권

2. 여자는 무엇을 하고 싶어 하는가?

(A) 몇 가지 광고를 방영하는 것
(B) 명찰을 준비하는 것
(C) 몇 가지 이메일을 보내는 것
(D) 유인물을 편집하는 것

어휘 **air** ~을 방송하다 **edit** ~을 편집하다 **handout** 유인물

3. 여자는 어떤 것에 감명 받았는가?

(A) 디자인의 패턴
(B) 몇 가지 재료의 저렴한 가격
(C) 프로젝트의 빠른 완료
(D) 많은 수의 행사 참석자

어휘 **cost** 비용 **material** 재료 **completion** 완료, 완성 **attendee** 참석자

토익 실전 연습

1. (A)	2. (A)	3. (B)	4. (A)	5. (B)
6. (C)	7. (C)	8. (C)	9. (A)	10. (C)
11. (B)	12. (A)	13. (A)	14. (D)	15. (C)
16. (C)	17. (A)	18. (D)	19. (C)	20. (A)
21. (D)	22. (C)	23. (D)	24. (A)	25. (A)
26. (B)	27. (C)	28. (C)	29. (B)	30. (D)
31. (A)	32. (C)	33. (D)		

Questions 1-3 refer to the following conversation.

M: **1** Maria, what kind of designs have you come up with for Supply Max's back-to-school advertisements?

W: Here, take a look at these bags that will be on sale. Unlike other backpacks, they have wheels so **2** students can use them like a suitcase to easily carry heavy things like books.

M: That should make life easier for students. Let's focus on that. But they aren't on the market yet, are they?

W: **3** They will be as of the end of this month. That's when they're going to be officially launched.

남: 마리아 씨, 서플라이 맥스의 신학기 광고를 위해 어떤 종류의 디자인을 생각해 내셨나요?

여: 여기, 판매에 돌입하게 될 이 가방들 좀 한 번 보세요. 다른 배낭들과 달리, 바퀴가 달려 있어서 학생들이 책처럼 무거운 것들을 쉽게 갖고 다닐 수 있도록 여행 가방처럼 이용할 수 있어요.

남: 그럼 학생들에겐 생활이 더 수월해지겠네요. 그 부분에 초점을 맞춰 봅시다. 하지만 아직 시중에 나온 것은 아닌 게 맞죠?

여: 이달 말부터 나올 겁니다. 그때가 바로 정식으로 출시되는 시기입니다.

어휘 **come up with** (아이디어 등) ~을 생각해내다, ~을 제시하다 **back-to-school** 신학기의 **advertisement** 광고 **take a look at** ~을 한 번 보다 **on sale** 판매 중인 **suitcase** 여행 가방 **carry** ~을 갖고 다니다, ~을 휴대하다 **focus on** ~에 초점을 맞추다, ~에 집중하다 **on the market** 시중에 나와 있는 **as of** 시점: ~부터, ~부로 **officially** 정식으로, 공식적으로 **launch** ~을 출시하다, ~을 시작하다

1. 화자들이 누구일 것 같은가?

(A) 광고 디자이너
(B) 패션 기자
(C) 공립 학교 교사
(D) 문구점 소유주

해설 대화를 시작하면서 남자가 여자에게 서플라이 맥스의 신학

기 광고를 위해 어떤 종류의 디자인을 생각해냈는지(what kind of designs have you come up with for Supply Max's back-to-school advertisements?) 묻고 있으므로 (A)가 정답이다.

2. 여자는 가방의 어떤 특징을 강조하고 싶어하는가?

(A) **무거운 물품을 옮길 수 있는 편의성**
(B) 소재의 튼튼함
(C) 알맞은 가격 책정
(D) 다양한 색상

해설 여자가 대화 중반부에 학생들이 책처럼 무거운 것들을 쉽게 갖고 다닐 수 있도록 여행 가방처럼 이용할 수 있다는 (students can use them like a suitcase to easily carry heavy things like books) 장점을 언급하고 있으므로 (A)가 정답이다.

어휘 ease 편의(성), 수월함 material 소재, 자재, 재료, 물품 affordable (가격이) 알맞은 pricing 가격 책정

Paraphrase easily carry heavy things → ease of moving heavy items

3. 이달 말에 무슨 일이 있을 예정인가?

(A) 개장 기념 세일 행사
(B) **제품 출시**
(C) 패션 쇼
(D) 사진 촬영

해설 대화 후반부에 여자가 이달 말이라는 시점을 언급하면서 그때 제품이 정식으로 출시된다고(They will be as of the end of this month. ~ officially launched) 알리고 있으므로 (B)가 정답이다.

어휘 be scheduled to do ~할 예정이다 take place (일, 행사 등이) 일어나다, 개최되다

Questions 4-6 refer to the following conversation.

W: Jason, ▣4 our client from Los Angeles won't be able to make it today like we expected. His connecting flight in Denver was canceled due to a blizzard.
M: I thought that might happen. In fact, ▣5 yesterday I took a look at the weather forecast for that area because it gets a lot of snow around this time of year. The airline's service center has to put people up in nearby hotels all the time.
W: Well, that still doesn't resolve the main issue. It's very important that we get the client to sign this contract. ▣6 After tomorrow, this quarter will be over, and we need this deal to go through in time in order to meet our goal.

여: 제이슨 씨, 로스앤젤레스에서 오시는 우리 고객께서 우리가 예상한 대로 오늘 도착하시지 못할 겁니다. 덴버에서 연결 항공편이 눈보라로 인해 취소되었어요.
남: 그런 일이 있을지도 모르겠다고 생각했어요. 사실, 어제 제가 그 지역에 대한 일기 예보를 봤는데, 그곳에 해마다 이맘때쯤이면 눈이 많이 내리거든요. 항공사 서비스 센터가 항상 사람들을 근처 호텔에서 묵게 해야 해요.
여: 음, 그래도 여전히 가장 중요한 문제를 해결해주진 않아요. 그 고객께서 이 계약서에 서명하시도록 하는 게 아주 중요합니다. 내일이 지나면, 이번 분기가 끝날 테고, 우리는 목표를 충족하기 위해 제때 이 거래를 성사시킬 필요가 있어요.

어휘 make it 도착하다, 가다 due to ~로 인해, ~ 때문에 blizzard 눈보라 take a look at ~을 한 번 보다 put A up in B: A를 B에 묵게 하다 all the time 항상 resolve ~을 해결하다 get A to do: A에게 ~하게 하다 contract 계약(서) quarter 분기 need A to do: A가 ~할 필요가 있다 deal 거래 (조건) go through ~을 성사시키다 in order to do ~하기 위해 meet (목표, 조건 등) ~을 충족하다

4. 어떤 문제가 이야기되고 있는가?

(A) **고객의 항공편이 취소되었다.**
(B) 회의 공간을 이용할 수 없다.
(C) 동료 직원이 답신 전화를 하지 않았다.
(D) 컴퓨터 시스템이 오작동되고 있다.

해설 여자가 대화 시작 부분에 고객이 제때 올 수 없을 것이라는 말과 함께 연결 항공편이 취소된 사실을(our client from Los Angeles won't be able to make it ~. His connecting flight in Denver was canceled due to a blizzard) 알리고 있으므로 (A)가 정답이다.

어휘 unavailable 이용할 수 없는 colleague 동료 (직원) return a call 답신 전화를 하다 malfunction 오작동되다

5. 남자가 어제 무엇을 했다고 말하는가?

(A) 호텔 객실을 예약했다.

(B) 일기 예보를 확인했다.
(C) 서비스 직원과 이야기했다.
(D) 고향 친구에게 연락했다.

해설   남자의 말에서 어제라는 시점이 제시되는 중반부에 어제 일기 예보를 본 사실을(yesterday I took a look at the weather forecast) 밝히고 있으므로 (B)가 정답이다.

어휘   reserve ~을 예약하다 representative 직원, 대리인 contact ~에게 연락하다

Paraphrase took a look at the weather forecast
→ Checked a weather report

6. 해당 회의가 왜 내일 열려야 하는가?

(A) 예산 예상안이 최종 확정되어야 한다.
(B) 동료 직원이 휴가를 떠난다.
(C) 해당 분기의 마지막 날이다.
(D) 임원 회의가 있다.

해설   대화 후반부에 여자가 내일이 지나면 이번 분기가 끝난다는 (After tomorrow, this quarter will be over) 사실을 밝히면서 거래를 성사시켜야 한다고 알리고 있으므로 (C)가 정답이다.

어휘   budget 예산 forecast 예상, 예측 finalize ~을 최종 확정하다 leave on vacation 휴가를 떠나다 executive 임원, 이사

Questions 7-9 refer to the following conversation.

M: Geraldine, thanks for coming to this planning meeting.
W: I'm glad to join. **7** I'd like to give my input directly on who we should hire.
M: Well, we'd like to bring in about 10 more staff. As you know, **8** our office's location is really ideal for business. So, I don't want to have to move.
W: I agree, but we might run low on space.
M: Do you have any ideas of how we could avoid that problem?
W: Actually, I do. **9** Why not let staff work from home or other remote offices regularly?
M: That might work. We could set up a rotation for sharing desks.

남: 제럴딘 씨, 이 기획 회의 자리에 와주셔서 감사합니다.
여: 함께 하게 되어 기쁩니다. 우리가 누구를 고용해야 하는지에 대해 제가 직접적으로 의견을 제공했으면 합니다.
남: 음, 저희는 약 10명의 직원을 더 끌어 모았으면 합니다. 아시다시피, 우리 사무실의 위치가 사업에 정말 이상적입니다. 그래서, 저는 자리를 옮겨야 하는 일은 하고 싶지 않습니다.
여: 동의하긴 하지만, 공간이 부족해질지도 모릅니다.
남: 우리가 어떻게 그 문제를 피할 수 있을지 어떤 아이디어라도 있으신가요?

여: 사실, 있습니다. 직원들에게 주기적으로 재택이나 원거리에 있는 다른 사무실에서 근무하게 하면 어떨까요?
남: 그러면 될지도 모르겠네요. 책상을 공유하는 교대 근무를 마련할 수 있을 겁니다.

어휘   join 함께 하다, 합류하다 input 의견 (제공) hire ~을 고용하다 bring in ~을 끌어 모으다, ~을 불러 들이다 location 위치, 지점 ideal 이상적인 agree 동의하다 run low on A: A가 부족해지다 avoid ~을 피하다 Why not do? ~하면 어떨까요? let A do: A에게 ~하게 하다 remote 원거리에 있는 work (도움이) 되다, 효과가 있다 set up ~을 마련하다, ~을 설정하다, ~을 설치하다 rotation 교대, 순환 share ~을 공유하다

7. 화자들이 무엇에 관해 이야기하고 있는가?

(A) 교통 시스템
(B) 부서 예산
(C) 고용 계획
(D) 합병

해설   여자가 대화 초반부에 누구를 고용해야 하는지에 대해 의견을 제공하는 일을(I'd like to give my input directly on who we should hire) 언급한 뒤로 고용 인원수 및 업무 방식과 관련해 이야기하고 있다. 이를 통해 고용 계획이 대화 주제임을 알 수 있으므로 (C)가 정답이다.

8. 남자가 업무 공간과 관련해 무슨 말을 하는가?

(A) 임대료가 인상되었다.
(B) 개조되어야 한다.
(C) 좋은 위치에 있다.
(D) 주차 요금이 저렴하다.

해설   대화 중반부에 남자가 사무실의 위치가 사업에 정말 이상적이라고(ideal for business) 알리는 부분이 있는데, 이는 위치가 아주 좋다는 뜻이므로 (C)가 정답이다.

어휘   rent 임대료, 월세 increase ~을 인상하다, ~을 증가시키다 renovate ~을 개조하다, ~을 보수하다 parking fee 주차 요금

Paraphrase location is really ideal → in a good location

9. 화자들은 직원들에게 무엇을 하기를 원하는가?

(A) 원거리에 있는 곳에서 근무하는 것
(B) 노트북 컴퓨터를 구입하는 것
(C) 자동차 동승 출퇴근에 참가하는 것
(D) 주말마다 근무하는 것

해설   여자가 대화 후반부에 주기적으로 재택이나 원거리에 있는 다른 사무실에서 근무하게 하면 어떨지(Why not let staff work from home or other remote offices regularly?) 묻자, 남자가 이에 동의하는 답변을 하고 있으므로 (A)가 정답이다.

어휘   **participate in** ~에 참가하다 **ride sharing** 자동차 동승, 승차 공유

Paraphrase remote offices → remote locations

Questions 10-12 refer to the following conversation with three speakers.

M1: Sally, this is Brad. If you remember, **10** he's the new intern who started his accounting training today.

W: Welcome to our firm, Brad. Has Colin been showing you **10** how we deal with our clients' financial accounts?

M2: Yes, and he's taught me a lot already.

W: Great. **11** Colin, I think it would be a good idea for you to show Brad around the company.

M1: I'd be happy to. Where should we go first?

W: Why don't you guys start by going up to the main offices? **11** You can introduce Brad to all the staff up there.

M1: Good idea. And, are we still meeting for lunch?

W: Yes. In fact, **12** I'll reserve us a table now. I'll see you both again at 12.

남1: 샐리 씨, 이분은 브래드 씨입니다. 기억하실지 모르겠지만, 오늘 회계 업무 교육을 시작하신 신입 인턴입니다.

여: 우리 회사에 오신 것을 환영합니다, 브래드 씨. 콜린 씨께서 우리 고객들의 금융 계좌를 어떻게 처리하는지 계속 보여주고 계신가요?

남2: 네, 그리고 이미 많이 가르쳐주셨습니다.

여: 잘됐네요. 콜린 씨, 당신이 브래드 씨에게 회사 곳곳을 둘러보도록 해 드리는 게 좋은 생각일 것 같아요.

남1: 기꺼이 그렇게 하겠습니다. 어디를 먼저 가야 할까요?

여: 주요 사무실들이 있는 위층으로 올라가시는 것으로 시작해 보시면 어떨까요? 브래드 씨를 그곳에 있는 모든 직원에게 소개해 드리면 될 거예요.

남1: 좋은 생각입니다. 그리고, 우리가 여전히 모여서 점심 식사하는 건가요?

여: 네. 실은, 제가 지금 우리 테이블을 하나 예약할 겁니다. 두 분 모두 12시 다시 뵙겠습니다.

어휘   **accounting** 회계(부) **firm** 회사, 업체 **deal with** ~을 처리하다, ~을 다루다 **financial** 금융의, 재무의 **account** 계좌, 계정 **introduce A to B:** A를 B에게 소개하다 **reserve A B:** A에게 B를 예약해주다

10. 화자들이 누구일 것 같은가?

(A) 행사 기획자들
(B) 영업사원들
(C) 회계 직원들
(D) 엔지니어들

해설   대화 초반부에 남자 한 명이 다른 남자를 회계 업무 교육

을 시작한 인턴이라고(he's the new intern who started his accounting training today) 소개하고 있고, 여자가 고객들의 금융 계좌 처리 방법을(how we deal with our clients' financial accounts) 언급하고 있어 회계 담당 직원들임을 알 수 있으므로 (C)가 정답이다.

11. 여자는 콜린 씨에게 무엇을 하도록 권하는가?

(A) 브래드 씨에게 일부 소프트웨어 이용법을 알려주는 일
(B) 브래드 씨를 직원들에게 소개하는 일
(C) 브래드 씨에게 회사 정책에 관해 알리는 일
(D) 브래드 씨에게 일부 문서를 제공하는 일

해설   대화 중반부에 여자가 남자 한 명을 Colin이라고 부른 뒤로 그 남자와 이야기를 나누면서 브래드 씨를 직원들에게 소개하면 된다고(You can introduce Brad to all the staff up there) 알리고 있으므로 (B)가 정답이다.

어휘   **how to do** ~하는 방법 **inform** ~에게 알리다 **policy** 정책, 방침 **provide A with B:** A에게 B를 제공하다

Paraphrase introduce Brad to all the staff up there → Introduce Brad to employees

12. 여자는 곧이어 무엇을 할 것인가?

(A) 예약하는 일
(B) 직원 회의를 개최하는 일
(C) 일부 음식을 주문하는 일
(D) 투어를 실시하는 일

해설   대화 마지막 부분에 여자가 지금 테이블을 하나 예약할 것이라고(I'll reserve us a table now) 알리고 있으므로 (A)가 정답이다.

어휘   **make a reservation** 예약하다 **hold** ~을 개최하다 **conduct** ~을 실시하다, ~을 수행하다

Paraphrase reserve us a table → Make a reservation

Questions 13-15 refer to the following conversation.

M: Sharon, **13** I'd say we have two choices for where to move our company. There's the Archer Building downtown, or Ryker Technology Park in the suburbs. What's the best location, in your opinion?

W: I'd go for the technology park. It's full of exciting, innovative businesses. In fact, a lot of our regular clients are located there.

M: That's true, but the technology park is right on the edge of the city. **14** It won't be very convenient for our employees to commute there every day.

W: Yes, it's a bit far, but **15** it's really well connected to major bus and subway lines. It might turn out to be easier than trying to find a parking space near our current office.

남: 샤론 씨, 우리 회사 이전 장소에 대해 두 가지 선택권이 있다고 말씀드릴 수 있겠어요. 시내에 위치한 아처 빌딩 또는 교외 지역에 위치한 라이커 테크놀로지 파크가 있습니다. 당신 생각에, 어디가 최적의 장소인 것 같은가요?

여: 저라면 테크놀로지 파크로 할 것 같아요. 흥미롭고 혁신적인 업체들로 가득하잖아요. 사실, 많은 우리 단골 고객사가 그곳에 위치해 있어요.

남: 사실이긴 하지만, 그 테크놀로지 파크는 도시의 바로 가장자리에 위치해 있어요. 우리 직원들이 매일 그곳으로 통근하는 게 아주 편리하진 않을 겁니다.

여: 네, 조금 멀긴 하지만, 주요 버스 및 지하철 노선과 정말 잘 연결되어 있어요. 현재의 우리 사무실 근처에서 주차 공간을 찾으려 하는 것보다 알고 보면 더 쉬운 일일지도 몰라요.

어휘 **suburbs** 교외 지역 **go for** (결정 등) ~로 하다 **be full of** ~로 가득하다 **innovative** 혁신적인 **be located** 위치해 있다 **edge** 가장자리 **convenient** 편리한 **commute** 통근하다 **be connected to** ~와 연결되어 있다 **turn out to be A**: A한 것으로 드러나다 **parking** 주차 **current** 현재의

---

13. 화자들이 무엇을 할 계획을 세우고 있는가?

(A) 업체를 이전하는 일
(B) 회사 여행을 마련하는 일
(C) 신제품을 출시하는 일
(D) 추가 직원을 모집하는 일

해설 남자가 대화를 시작하면서 회사 이전 장소에 대해 두 가지 선택권이 있다고(I'd say we have two choices for where to move our company) 알리면서 두 곳의 장소와 관련해 이야기하고 있으므로 (A)가 정답이다.

어휘 **relocate** ~을 이전하다 **arrange** ~을 마련하다, ~을 조치하다 **launch** ~을 출시하다, ~을 시작하다 **recruit** ~을 모집하다 **additional** 추가적인

Paraphrase move our company → Relocate a business

14. 남자는 왜 우려하는가?

(A) 도로가 폐쇄되었다.
(B) 임대 비용이 너무 높다.
(C) 건물이 더 이상 이용할 수 없다.
(D) 위치가 불편하다.

해설 남자가 대화 중반부에 한 장소와 관련해 직원들이 매일 그곳으로 통근하는 게 아주 편리하진 않을 것이라는(It won't be very convenient for our employees to commute there every day) 단점을 언급하고 있으므로 (D)가 정답이다.

어휘 **rental** 임대, 대여 **property** 건물, 부동산 **no longer** 더 이상 ~ 않다 **available** 이용할 수 있는

Paraphrase It won't be very convenient → A location is inconvenient.

---

15. 여자는 어떤 이점을 언급하는가?

(A) 지하 주차장
(B) 가격이 알맞은 숙박
(C) 좋은 대중 교통
(D) 지역 레스토랑에 대한 접근성

해설 대화 후반부에 여자가 주요 버스 및 지하철 노선과 정말 잘 연결되어 있다는(it's really well connected to major bus and subway lines) 이점을 말하고 있으므로 (C)가 정답이다.

어휘 **affordable** 가격이 알맞은 **accommodation** 숙박 (시설) **transportation** 교통(편) **access to** ~에 대한 접근 (권한), ~에 대한 이용 (권한)

Paraphrase well connected to major bus and subway lines → Good public transportation

---

Questions 16-18 refer to the following conversation.

W: Hi, Ivan. 16 Are you coming downstairs to the restaurant at 12? We're having a special lunch gathering to welcome Selena, our new department manager.

M: I introduced myself to her earlier, but I won't be able to make it to the meal. 17 I'm trying to learn how to use our new accounting software. I'll be showing you all how to use it this afternoon.

W: That's for calculating employee wages and bonuses, right? Does it seem useful?

M: Yes, but 18 it's a little complicated to use at first. I just hope I can get the hang of it before I need to demonstrate it to you.

W: Oh, you'll figure it out.

M: Thanks. I really hope so.

여: 안녕하세요, 이반 씨. 12시에 아래층에 있는 레스토랑으로 오시는 건가요? 우리가 신임 부서장이신 셀레나 씨를 환영하기 위해 특별 점심 모임을 가지거든요.

남: 아까 그분께 저를 소개하기는 했지만, 식사 자리에는 갈 수 없을 거예요. 제가 새로운 회계 소프트웨어 이용법을 배우려하고 있거든요. 제가 오늘 오후에 모든 분께 그 이용법을 알려드릴 예정입니다.

여: 직원 급여 및 보너스를 계산하는 일에 대한 것이 맞죠? 유용한 것 같아요?

남: 네, 하지만 처음엔 이용하기 조금 복잡해요. 사람들에게 시연해야 하기 전에 제가 감을 잡을 수 있기만을 바라고 있어요.

여: 아, 파악하시게 될 겁니다.

남: 감사합니다. 꼭 그렇게 되길 바라요.

어휘 **gathering** 모임 **introduce** ~을 소개하다 **make it to** ~에 가다 **how to do** ~하는 방법 **accounting** 회계 **calculate** ~을 계산하다 **wage** 급여, 임금 **useful** 유용한 **complicated** 복잡한 **get the hang of** ~에 대한 감을 잡다, ~을 이해하게 되다 **demonstrate** ~을 시연하다, ~을 시범 보

이다 **figure A out:** A를 파악하다, A를 알아내다

16. 여자는 남자에게 무엇에 관해 상기시키는가?

   (A) 경영진 회의
   (B) 프로젝트 마감 기한
   (C) 환영 식사 자리
   (D) 생일 축하 파티

해설 여자가 대화를 시작하면서 12시에 아래층에 있는 레스토랑으로 가는 일을 언급하면서 신임 부서장을 환영하는 점심 모임을 갖는다고(Are you coming downstairs to the restaurant at 12? We're having a special lunch gathering to welcome Selena, our new department manager) 알리고 있으므로 (C)가 정답이다.

어휘 **remind** ~에게 상기시키다 **deadline** 마감 기한

Paraphrase a special lunch gathering to welcome Selena
→ welcome meal

17. 화자들이 어느 부서에서 근무하고 있을 것 같은가?

   (A) 재무
   (B) 영업
   (C) 고객 서비스
   (D) 마케팅

해설 대화 중반부에 남자가 새로운 회계 소프트웨어 이용법을 배우려 한다고(I'm trying to learn how to use our new accounting software) 말하는데, 이는 재무 관련 직원이 할 수 있는 일에 해당되므로 (A)가 정답이다.

18. 여자가 왜 "파악하시게 될 겁니다"라고 말하는가?

   (A) 도움을 요청하기 위해
   (B) 업무를 위임하기 위해
   (C) 소프트웨어를 추천하기 위해
   (D) 격려해 주기 위해

해설 대화 후반부에 남자가 새 회계 소프트웨어가 복잡해서 시연하기 전에 감을 잡을 수 있기를 바란다고(it's a little complicated ~ I just hope I can get the hang of it before I need to demonstrate it to you) 언급하자, 여자가 '파악하시게 될 겁니다'라고 말하는 흐름이다. 이는 복잡하긴 해도 곧 파악하게 될 것이므로 걱정할 필요가 없다는 뜻으로 일종의 격려에 해당되는 말이므로 (D)가 정답이다.

어휘 **delegate** ~을 위임하다 **encouragement** 격려, 장려

Questions 19-21 refer to the following conversation.

> M: ⑲ Sandra, did you attend the meeting with the new author? I was wondering what you thought about her writing.
> W: Her latest story is really great. ⑳ The twist at the end really surprised me. And actually, it's connected to several other short stories that she has written.
> M: If that's the case, people would probably like to see them all at once. ㉑ Why don't we try combining all of them into one book?
>
> -
>
> 남: 샌드라 씨, 새 작가와 함께 하는 회의 자리에 참석하셨나요? 그분의 글에 대해 어떻게 생각하셨는지 궁금했거든요.
> 여: 그분의 최신 소설이 정말 훌륭해요. 마지막에 나오는 반전이 정말 놀라웠어요. 그리고 사실, 그분께서 집필하셨던 여러 다른 단편 소설과 연결되어 있어요.
> 남: 그렇다면, 사람들이 아마 그것들을 모두 한꺼번에 보고 싶어 할 수도 있겠네요. 그것들을 모두 한 권의 책으로 한 번 통합해 보면 어떨까요?

어휘 **attend** ~에 참석하다 **twist** 반전 **be connected to** ~와 연결되어 있다 **short story** 단편 소설 **If that's the case** (앞선 말에 대해) 그렇다면, 그런 경우라면 **at once** 한꺼번에, 한 번에 **Why don't we ~?** ~하면 어떨까요? **try -ing** 한 번 ~해 보다 **combine** ~을 통합하다

19. 화자들이 어떤 업계에서 일하고 있을 것 같은가?

   (A) 뉴스
   (B) 패션
   (C) 출판
   (D) 마케팅

해설 대화 초반부에 남자가 여자에게 새 작가와 만났는지 물으면서 그 작가의 글에 대한 의견을 궁금해 하고 있다(Sandra, did you attend the meeting with the new author? I was wondering what you thought about her writing). 이는 출판사에 근무하는 직원이 할 수 있는 말에 해당되므로 (C)가 정답이다.

20. 여자가 신작 소설과 관련해 무슨 말을 하는가?

   (A) 놀라운 반전을 포함하고 있다.
   (B) 실제 사건과 관련된 것이다.
   (C) 아직 편집되어야 한다.
   (D) 행복한 결말로 되어 있다.

해설 대화 중반부에 여자가 마지막 반전이 정말 놀라웠다고(The twist at the end really surprised me) 알리고 있는데, 이는 놀라운 반전을 포함하고 있다는 뜻이므로 (A)가 정답이다.

어휘 **include** ~을 포함하다 **actual** 실제의 **edit** ~을 편집하다

Paraphrase The twist at the end really surprised me
→ includes a surprise twist

21. 남자가 무엇을 제안하는가?

(A) 독점 계약을 체결하는 일
(B) 도서 사인회 행사를 개최하는 일
(C) 해당 작가에게 도서 투어를 하게 하는 일
(D) 단편 소설들을 한 권의 책으로 통합하는 일

해설 대화 후반부에 남자가 단편 소설과 관련해 이야기하면서 그것들을 한 권의 책으로 통합해 보면 어떨지(Why don't we try combining all of them into one book?) 묻는 것으로 제안하고 있으므로 (D)가 정답이다.

어휘 **sign a contract** 계약을 체결하다, 계약서에 서명하다 **exclusive** 독점적인 **hold** ~을 개최하다, ~을 열다 **have A do**: A에게 ~하게 하다

Questions 22-24 refer to the following conversation with three speakers.

> **W1:** Thank you for coming to this interview, Mr. Kingston. I'm Lucile Sands, the manager of our branch.
> **W2:** And I'm Rosie Riviera. **22** I'm in charge of maintenance for all of our rental cars.
> **M:** Hello, it's a pleasure to meet you.
> **W1:** The pleasure is all ours. So, according to your résumé, you have some experience in retail. **23** Did you deal directly with customers? Because that is a big part of this job.
> **M:** Yes, of course. That was just a part-time job while I was in college, but a large part of it was spent assisting customers.
> **W2:** That's good to know. **24** You'll need to be familiar with this facility. Would you like us to show you around now?
> **M:** **24** Okay, sure. Just lead the way.

> 여1: 이 면접 자리에 와주셔서 감사합니다. 킹스턴 씨. 저는 루실 샌즈이며, 우리 지점 관리자입니다.
> 여2: 그리고 저는 로지 리비에라입니다. 모든 저희 렌터카의 유지 관리를 책임지고 있습니다.
> 남: 안녕하세요, 만나 뵙게 되어 기쁩니다.
> 여1: 저희가 정말 기쁘게 생각합니다. 자, 이력서에 따르면, 소매업에 경험이 좀 있으시네요. 고객들은 직접적으로 대하셨나요? 그게 이 일의 한 가지 중요한 부분이기 때문입니다.
> 남: 네, 물론입니다. 그건 제가 대학교에 다니는 동안 했던 시간제 일자리였을 뿐이지만, 그 대부분이 고객들을 돕는 데 할애되었습니다.
> 여2: 알아두기 좋은 정보네요. 이 시설에 익숙해지셔야 할 겁니다. 저희가 지금 곳곳을 둘러보게 해 드릴까요?
> 남: 네, 그럼요. 앞장 서 주세요.

어휘 **branch** 지점, 지사 **in charge of** ~을 책임지고 있는, ~을 맡고 있는 **maintenance** 유지 관리, 시설 관리 **rental** 대여, 임대 **according to** ~에 따르면, ~에 따라 **résumé** 이력서

retail 소매(업) **deal with** ~을 대하다, ~에 대처하다, ~을 처리하다 **assist** ~을 돕다 **be familiar with** ~에 익숙하다, ~을 잘 알다 **facility** 시설(물) **Would you like us to do?** 저희가 ~해 드릴까요? **lead the way** 앞장 서다

22. 면접관들이 어디에서 일하고 있을 것 같은가?

(A) 택시 서비스 회사
(B) 주차장
(C) 렌터카 업체
(D) 자동차 제조사

해설 대화 초반부에 여자들 중 한 명이 자신을 소개하면서 모든 저희 렌터카의 유지 관리를 책임지고 있다(I'm in charge of maintenance for all of our rental cars) 말로 직무를 소개하고 있으므로 (C)가 정답이다.

23. 화자들이 어떤 직무 요건에 관해 이야기하고 있는가?

(A) 업무 팀을 이끄는 일
(B) 자격증을 취득하는 일
(C) 적절한 장비를 이용하는 일
(D) 고객들을 직접적으로 대하는 일

해설 여자 한 명이 대화 중반부에 남자에게 고객들을 직접 대했는지 물으면서 그게 해당 업무의 한 가지 중요한 부분이라고 (Did you deal directly with customers? Because that is a big part of this job) 알리고 있으므로 (D)가 정답이다.

어휘 **requirement** 요건, 필수 조건 **lead** ~을 이끌다 **obtain** ~을 획득하다, ~을 얻다 **proper** 적절한, 제대로 된 **equipment** 장비

24. 남자가 곧이어 무엇을 하는 데 동의하는가?

(A) 시설을 견학하는 일
(B) 고객을 맞이하는 일
(C) 추천서를 제공하는 일
(D) 시연을 하는 일

해설 여자 한 명이 대화 후반부에 시설에 익숙해져야 한다고 알리면서 지금 곳곳을 둘러보게 해줘도 될지 묻자(You'll need to be familiar with this facility. Would you like us to show you around now?), 남자가 Okay, sure라는 말로 동의하고 있다. 이는 해당 시설을 견학하는 일을 의미하므로 (A)가 정답이다.

어휘 **greet** ~을 맞이하다, ~을 환영하다 **reference** 추천서, 추천인 **demonstration** 시연, 시범

Paraphrase this facility / show you around → Tour a facility

Questions 25–27 refer to the following conversation.

M: Diana, **25** I have a question about the upcoming IT conference in Austin.

W: Sure, what is it?

M: Well, **26** I heard that our company is merging with a competitor later this year.

W: Yes, after we merge, we'll have a lot more clients. But we'll have more staff, too.

M: So, don't you think we should attend the conference together?

W: That's not a bad idea.

M: **27** The problem is, I don't know who to talk to about doing that.

W: Hmm... Doesn't Rafael make those reservations?

M: Oh, right! I'll go speak with him now.

남: 다이애나 씨, 오스틴에서 곧 열릴 IT 컨퍼런스와 관련해 질문이 있습니다.

여: 네, 뭔가요?

남: 음, 우리 회사가 올 연말에 한 경쟁사와 합병한다는 얘기를 들었어요.

여: 네, 합병한 후에는, 훨씬 더 많은 고객들이 생길 겁니다. 하지만 직원들도 더 많아지겠죠.

남: 그럼, 우리가 함께 컨퍼런스에 참석해야 한다고 생각하지 않으세요?

여: 괜찮은 아이디어네요.

남: 문제는, 그렇게 하는 것과 관련해서 어느 분과 이야기해야 하는지 모르겠어요.

여: 흠... 라파엘 씨가 그런 일을 예약하지 않나요?

남: 아, 그렇네요! 지금 그분께 가서 이야기하겠습니다.

어휘　upcoming 곧 있을, 다가오는 merge with ~와 합병하다 competitor 경쟁사, 경쟁자 a lot (비교급 수식) 훨씬 attend ~에 참석하다 make a reservation 예약하다

25. 화자들이 어떤 업계에서 일하고 있을 것 같은가?

(A) IT
(B) 재무
(C) 의료
(D) 광고

해설　대화 시작 부분에 남자가 오스틴에서 곧 열릴 IT 컨퍼런스와 관련해 질문이 있다고(I have a question about the upcoming IT conference in Austin) 언급한 뒤로 해당 행사 참석과 관련해 이야기하고 있으므로 (A)가 정답이다.

어휘　industry 업계

26. 남자가 올해 무슨 일이 있을 거라고 말하는가?

(A) 신제품이 출시될 것이다.
(B) 회사 합병이 있을 것이다.
(C) 동료 직원이 컨벤션에서 연설할 것이다.

(D) 일부 연구가 더 많은 자금을 받을 것이다.

해설　남자가 대화 중반부에 소속 회사가 올 연말에 한 경쟁사와 합병한다는 얘기를 들은(I heard that our company is merging with a competitor later this year) 사실을 말하고 있으므로 (B)가 정답이다.

어휘　launch ~을 출시하다, ~을 시작하다 merger 합병 take place (일, 행사 등이) 일어나다, 개최되다 colleague 동료 (직원) funding 자금 (제공)

Paraphrase　our company is merging with a competitor later this year → A company merger will take place.

27. 여자가 "라파엘 씨가 그런 일을 예약하지 않나요?"라고 말할 때 무엇을 암시하는가?

(A) 확인서가 발송되지 않았다.
(B) 더 많은 자금이 필요할 것이다.
(C) 라파엘 씨가 남자를 도울 수 있다.
(D) 라파엘 씨가 실수를 저질렀다.

해설　대화 후반부에 남자가 문제가 있다고 밝히면서 앞서 언급한 일과 관련해 누구와 이야기해야 하는지 모르겠다고(The problem is, I don't know who to talk to about doing that) 말하자, 여자가 '라파엘 씨가 그런 일을 예약하지 않나요?'라고 묻는 흐름이다. 이는 라파엘 씨에게 이야기해야 한다는 뜻으로서 라파엘 씨에게 도움을 받아야 한다고 알리는 말에 해당되므로 (C)가 정답이다.

어휘　confirmation 확인(서) find 자금, 기금 make a mistake 실수를 저지르다

Questions 28–30 refer to the following conversation and a table.

M: Hi Suki, this is Tim from *Good Eating Magazine*. Do you have a minute?

W: Yes, of course.

M: Good. **29** I looked over your draft of "Spinach: Cooked vs. Raw" and **28** noticed some grammar mistakes. Could you go back and fix them?

W: Oh, sorry about that. I'll do that right away. Um, **29** I also have another article due on the same day, though.

M: Oh, I see. **29** I'll grant you an extension on that one. Would three days be enough?

W: Yes, that should be plenty. **30** I'll also send my quarterly expense report along with that article.

남: 안녕하세요, 수키 씨, 저는 <굿 이팅 매거진>의 팀입니다. 잠깐 시간 있으세요?

여: 네, 물론입니다.

남: 좋습니다. 작성해주신 "시금치: 조리된 것 대 날 것"의 초안을 검토해봤는데, 몇몇 문법 오류가 눈에 띄었습니다. 돌아가셔서 바로잡아 주시겠습니까?

여: 아, 그랬다니 죄송합니다. 즉시 그렇게 하겠습니다. 음, 하지만, 같은 날이 마감 기한인 다른 기사도 있어요.

남: 아, 알겠습니다. 그것에 대해 연장해 드리겠습니다. 3일이면 충분할까요?

여: 네, 그럼 충분할 겁니다. 그 기사와 함께 분기 경비 보고서도 보내 드리겠습니다.

기사	마감 기한
"시금치: 조리된 것 대 날 것"	4월 10일
"놀라운 피자들"	4월 10일
"고기 대용품"	5월 8일
"세계 최고의 버섯들"	6월 9일

어휘 **have a minute** 잠깐 시간이 나다 **look over** ~을 검토하다, ~을 살펴보다 **draft** 초안 **raw** 날 것의 **notice** ~을 알아차리다, ~에 주목하다 **fix** ~을 바로잡다, ~을 고치다 **right away** 즉시, 당장 **due** ~가 기한인 **though** (문장 끝이나 중간에서) 하지만 **grant A B**: A에게 B를 주다, A에게 B를 승인하다 **extension** 연장, 확장 **quarterly** 분기의 **expense** 경비, 지출 (비용) **along with** ~와 함께 **deadline** 마감 기한 **alternative** 대용품, 대체품

28. 남자가 여자에게 무엇을 하도록 요청하는가?

(A) 기사의 길이를 늘리는 일
(B) 인터뷰 필사본을 포함하는 일
(C) 몇몇 오류를 정정하는 일
(D) 계약서에 서명하는 일

해설 대화 중반부에 남자가 몇몇 문법 오류가 눈에 띈 사실과 함께 바로잡아 달라고(~ noticed some grammar mistakes. Could you go back and fix them?) 요청하고 있으므로 (C)가 정답이다.

어휘 **length** 길기 **include** ~을 포함하다 **transcript** 필사본 **correct** ~을 정정하다, ~을 바로잡다 **contract** 계약(서)

`Paraphrase` fix → correct

29. 시각정보를 보시오. 어느 기사의 마감 기한이 변경될 것인가?

(A) "시금치: 조리된 것 대 날 것"
(B) "놀라운 피자들"
(C) "고기 대용품"
(D) "세계 최고의 버섯들"

해설 대화 중반부에 남자가 '시금치: 조리된 것 대 날 것'을 검토한 일과 관련해(I looked over your draft of "Spinach: Cooked vs. Raw") 여자가 같은 날이 마감 기한인 다른 기사도 있다고(I also have another article due on the same day, though) 말하자, 남자가 그것에 대해 연장해 주겠다고(I'll grant you an extension on that one) 알리고 있다. 시각정보에서 "Spinach: Cooked vs. Raw"의 마감 기한인 4월 10일과 동일한 마감 기한으로 표기된 기사가

"Amazing Pizzas"이므로 (B)가 정답이다.

30. 여자가 남자에게 무엇을 보낼 것이라고 말하는가?

(A) 몇몇 사진
(B) 회의 메모
(C) 여행 일정표
(D) 경비 보고서

해설 여자가 대화 마지막 부분에 분기 경비 보고서도 보내겠다고 (I'll also send my quarterly expense report ~) 알리고 있으므로 (D)가 정답이다.

어휘 **itinerary** 일정(표)

Questions 31~33 refer to the following conversation and a schedule.

W: Craig, do you know why the elevators are out of service today?

M: **31** Didn't you see the memo that Ms. Foster posted last week? She decided that our building needed maintenance, so she created a schedule and sent it out to all of us.

W: I was just looking at the schedule now. **32** A client of mine is supposed to be coming at 2 o'clock this afternoon. She won't be able to use the elevator that's closest to the entrance at that time.

M: Oh, I see. **33** Do you think you could change the meeting time to later in the day?

W: I guess I'll have to, but it might reflect poorly on our company.

여: 크레이그 씨, 엘리베이터가 오늘 왜 운행하지 않는지 아시나요?

남: 포스터 씨가 지난 주에 게시하신 회람을 보지 못하셨나요? 우리 건물에 시설 관리가 필요하다고 결정하셨기 때문에, 일정표를 만드셔서 우리 모두에게 발송하셨어요.

여: 이제야 그 일정표를 막 보고 있었어요. 제 고객 한 분이 오늘 오후 2시에 오시기로 되어 있습니다. 그분께서 그때 입구에서 가장 가까운 엘리베이터를 이용하실 수 없을 거예요.

남: 아, 알겠습니다. 오늘 더 나중으로 회의 시간을 변경하실 수 있다고 생각하세요?

여: 그래야 할 것 같지만, 우리 회사에 좋지 못한 영향을 미칠지도 몰라요.

엘리베이터 폐쇄 10월 21일	
북쪽 엘리베이터	오전 9:00 – 오전 10:00
남쪽 엘리베이터	오전 11:00 – 오후 12:00
동쪽 엘리베이터	오후 1:30 – 오후 2:30
서쪽 엘리베이터	오후 3:00 – 오후 4:00

어휘 out of service 운행하지 않는, 서비스되지 않는 post ~을 게시하다 decide that ~라고 결정하다 maintenance 시설 관리, 유지 관리 create ~을 만들어내다 be supposed to do ~하기로 되어 있다, ~해야 하다 reflect poorly on ~에 좋지 못한 영향을 미치다

31. 포스터 씨는 지난 주에 무엇을 했는가?

(A) 일정표를 게시하는 일
(B) 문서를 확인하는 일
(C) 점검 일정을 잡는 일
(D) 일부 장비를 수리하는 일

해설 대화 초반부에 남자가 여자에게 포스터 씨가 지난 주에 게시한 회람을 보지 못했는지 물으면서 일정표를 만들어 보냈다고(Didn't you see the memo that Ms. Foster posted last week? ~ she created a schedule and sent it out to all of us) 묻고 있으므로 (A)가 정답이다.

어휘 inspection 점검 repair ~을 수리하다 equipment 장비

32. 시각정보를 보시오. 어느 엘리베이터가 입구에서 가장 가까운가?

(A) 북쪽 엘리베이터
(B) 남쪽 엘리베이터
(C) 동쪽 엘리베이터
(D) 서쪽 엘리베이터

해설 여자가 대화 중반부에 고객 한 명이 오후 2시에 온다는 말과 함께 그 사람이 그때 입구에서 가장 가까운 엘리베이터를 이용할 수 없을 거라고(A client of mine is supposed to be coming at 2 o'clock ~ won't be able to use the elevator that's closest to the entrance) 알리고 있다. 시각정보에서 오후 2시를 포함하는 폐쇄 시간대인 1:30 p.m. – 2:30 p.m.에 해당되는 엘리베이터가 East Elevator이므로 (C)가 정답이다.

33. 남자가 여자에게 무엇을 해야 한다고 말하는가?

(A) 기술자에게 연락하는 일
(B) 상사에게 이야기하는 일
(C) 서비스 계약서를 검토하는 일
(D) 약속을 연기하는 일

해설 대화 후반부에 남자가 여자에게 오늘 더 나중으로 회의 시간을 변경할 수 있다고 생각하는지(Do you think you could change the meeting time to later in the day?) 묻고 있는데, 이는 약속을 연기하는 일을 염두에 두고 묻는 것이므로 (D)가 정답이다.

어휘 contact ~에게 연락하다 supervisor 상사, 책임자, 감독 review ~을 검토하다, ~을 살펴보다 contract 계약(서) postpone ~을 연기하다, ~을 미루다 appointment 약속, 예약

Paraphrase change the meeting time to later in the day
→ Postpone an appointment

EXAMPLE 1

> 여: 안녕하세요, 이 바지를 반품하고 돈을 돌려받고 싶어요. 온라인 매장에서 구입했는데, 배송된 때부터 지퍼가 고장나 있었어요.
> 남: 그 점에 대해 죄송합니다. 한번 보겠습니다… 이 상품을 재고 정리 세일에서 구입하신 것 같네요. 안타깝게도, 저희 매장은 반품된 재고 정리 상품들에 대해서는 매장 적립금만 지급해요, 환불이 아니라요.
> 여: 실망스럽네요. 매장에 그렇게 엄격한 환불 정책이 있는 줄은 몰랐어요.
> 남: 가끔 예외도 있어요. 원하신다면, 제 상사에게 전화해 볼게요. 그분이 거래를 승인해 주실 수도 있어요.

어휘 return ~을 반품하다 through ~을 통해 broken 고장난 clearance 재고 정리 issue ~을 발부하다, ~을 지급하다 store credit 매장 포인트, 매장 적립금 disappointing 실망스러운 strict 엄격한 exception 예외 approve ~을 승인하다 transaction 거래

1. 여자는 무엇을 하고 싶어하는가?

(A) 온라인 회원을 시작하는 것
(B) 몇 가지 바지를 입어보는 것
(C) 배송 일정을 변경하는 것
(D) 환불을 받는 것

어휘 try on ~을 착용해 보다 reschedule ~의 일정을 재조정하다 refund 환불(액)

2. 남자가 언급하는 문제는 무엇인가?

(A) 가게 직원이 부족하다.
(B) 제품은 환불이 불가능하다.
(C) 배송이 도착하지 않았다.
(D) 몇몇 상품은 이용이 불가능하다.

어휘 short staffed 직원이 부족한 refundable 환불 가능한 shipment 배송(품) merchandise 상품

3. 남자는 무엇을 하겠다고 제안하는가?

(A) 다른 지점에 연락하는 것
(B) 다른 사이즈를 확인해보는 것
(C) 새로운 영수증을 발급하는 것
(D) 그의 상사에게 말해보는 것

어휘 contact ~에게 연락하다 branch 지점, 지사 issue ~을 발급하다, ~을 지급하다 supervisor 상사, 감독관

EXAMPLE 2

여: 안녕하세요. 저는 엘리사 존스예요. 어제 스톤 박사님께 진찰을 받았지만, 그분께 후속 질문이 있어서 전화 드려요.

남: 안타깝게도, 스톤 박사님은 내일 오전에 버팔로에서 열리는 의학 세미나에 참석하기 위해 이미 떠나셨습니다. 그분은 기조 연설을 하실 거예요.

여: 아, 알겠습니다. 음, 그분이 저에게 처방해주신 약을 복용하는 동안 위에 부담이 되는 음식을 피해야 한다고 하셨거든요. 제가 궁금했던 건, 제가 감자와 같은 음식을 먹어도 괜찮을까요?

남: 먹으면 안 되는 음식이 있는지 확인할 수 있도록 진료 기록을 찾아볼게요.

어휘 examine ~을 진찰하다 follow-up 후속의 leave 떠나다, 출발하다 attend ~에 참석하다 keynote speaker 기조 연설자 avoid ~을 피하다 medication 약물(치료) prescribe ~을 처방하다 wonder 궁금하다 look up (정보 등) ~을 찾아보다 health record 건강기록 confirm ~을 확인하다 restriction 제약

1. 스톤 박사에 대해 언급된 것은 무엇인가?

(A) 수상 후보로 지명되었다.
(B) 현재 버팔로에 거주한다.
(C) 환자를 진찰하고 있다.
(D) 출장을 떠났다.

어휘 nominate ~을 후보로 지명하다 currently 현재 examine ~을 진찰하다, ~을 검사하다 business trip 출장

2. 여자는 무엇에 관해 묻는가?

(A) 처방약을 언제 다시 받아야하는지
(B) 처방약을 얼마나 자주 먹어야하는지
(C) 처방약을 어디서 가져오는지
(D) 어떤 종류의 음식을 먹어야하는지

어휘 prescription 처방된 약, 처방(전) refill ~을 보충하다, ~을 다시 넣다 pick up ~을 가져가다, ~을 가져오다

3. 남자는 다음에 무엇을 할 것인가?

(A) 메시지를 전해주는 일
(B) 스톤 박사에게 연락하는 일
(C) 여자의 전화를 돌려주는 일
(D) 일부 정보를 확인하는 일

어휘 take message 메시지를 전해주다 contact ~에게 연락하다 transfer call 전화를 연결하다, 전화를 돌려주다 check ~을 확인하다, ~을 살피다

토익 실전 연습

1. (A)	2. (D)	3. (A)	4. (B)	5. (A)
6. (D)	7. (D)	8. (A)	9. (B)	10. (D)
11. (C)	12. (D)	13. (D)	14. (A)	15. (B)
16. (C)	17. (D)	18. (B)	19. (B)	20. (C)
21. (A)	22. (C)	23. (B)	24. (A)	25. (C)
26. (D)	27. (B)	28. (C)	29. (D)	30. (A)
31. (A)	32. (C)	33. (C)		

Questions 1-3 refer to the following conversation.

M: I must say, I'm very impressed with **1** the work you've done redecorating the interiors of other businesses.

W: Thank you. So, here are two designs that I think would work well for your restaurant. Since you have a great location, bright colors would help attract foot traffic.

M: Hmm... **2** I'm a bit concerned about the patterns. They seem quite complicated, so people might find them distracting.

W: That's okay. **3** I actually have some other samples in my car. Give me a minute. I'll be right back.

남: 정말이지, 다른 업체들의 실내를 재단장하시는 데 해오신 작업에 대해 아주 깊은 인상을 받았습니다.

여: 감사합니다. 자, 여기 귀하의 레스토랑에 잘 어울릴 거라고 생각하는 두 가지 디자인이 있습니다. 위치가 아주 좋기 때문에, 밝은 색상들이 유동 인구를 끌어들이는 데 도움이 될 겁니다.

남: 흠... 저는 패턴들이 좀 우려됩니다. 꽤 복잡해 보이기 때문에, 사람들이 정신을 산만하게 한다고 생각할지도 몰라서요.

여: 알겠습니다. 실은 제 차에 몇몇 다른 샘플들이 있습니다. 잠시만 기다려 주세요. 금방 돌아오겠습니다.

어휘 be impressed with ~에 대해 깊은 인상을 받다 redecorate ~을 재단장하다, ~을 다시 꾸미다 help do ~하는 데 도움이 되다 attract ~을 끌어들이다 foot traffic 유동 인구 be concerned about ~을 우려하다, ~을 걱정하다 quite 꽤, 상당히 complicated 복잡한 find A 형용사 A를 ~하다고 생각하다 distracting 정신을 산만하게 하는, 집중을 방해하는

1. 여자가 누구일 것 같은가?

(A) 실내 장식 전문가
(B) 건물 조사관
(C) 부동산 중개인
(D) 보조 요리사

해설 남자가 대화를 시작하면서 여자에게 다른 업체들의 실내를 재단장하는 데 했던 작업을(the work you've done redecorating the interiors of other businesses) 언급하면서 그것에 대해 깊은 인상을 받은 사실을 알리고 있다. 이는 여자가 실내 장식을 전문으로 하는 사람임을 의미하는 말이므로 (A)가 정답이다.

2. 남자가 왜 걱정하는가?

(A) 건물이 너무 오래되었다.
(B) 위치가 불편하다.
(C) 비용 견적이 너무 높다.
(D) 패턴이 너무 복잡하다.

해설   대화 중반부에 남자가 패턴들이 우려된다는 말과 함께 그 이유로 꽤 복잡해 보인다는 점을(I'm a bit concerned about the patterns. They seem quite complicated) 알리고 있으므로 (D)가 정답이다.

어휘   inconvenient 불편한   estimate 견적(서)

3. 여자가 곧이어 무엇을 할 것 같은가?

(A) 자신의 차에서 뭔가를 가져오는 일
(B) 남자에게 자신의 전화번호를 주는 일
(C) 남자에게 이메일을 보내는 일
(D) 계약서를 준비하는 일

해설   여자가 대화 마지막 부분에 자신의 차에 다른 샘플들이 있다고 밝히면서 잠시 기다려 달라는 말과 함께 금방 돌아오겠다고(I actually have some other samples in my car. Give me a minute. I'll be right back) 알리고 있다. 이는 차에서 샘플을 가져오겠다는 뜻이므로 (A)가 정답이다.

어휘   prepare ~을 준비하다   contract 계약(서)

Questions 4-6 refer to the following conversation.

W: Excuse me, I just arrived on flight CA 421 from Vancouver, and 🔳4 I can't find my luggage anywhere in the baggage claim area. It was supposed to be luggage carousel 8.

M: 🔳5 Sometimes the luggage on carousels 7 and 8 get mixed up since they're right next to each other. Did you check that one as well?

W: I did, actually. It's definitely not there.

M: I see. 🔳6 Please provide your name and contact information on this form. We'll contact you as soon as we track it down.

여: 실례지만, 제가 밴쿠버에서 CA 421 항공편을 타고 막 도착했는데, 수하물 찾는 곳 어디에서도 제 짐을 찾을 수가 없습니다. 8번 수하물 컨베이어에 있었어야 했거든요.

남: 종종 7번과 8번 컨베이어에서 나오는 수하물이 섞이게 되는데, 서로 바로 옆에 있기 때문입니다. 그곳도 확인해 보셨나요?

여: 실은, 해봤어요. 분명 그곳에 없습니다.

남: 알겠습니다. 이 양식에 성함과 연락처를 적어 주시기 바랍니다. 저희가 추적하는 대로 연락 드리겠습니다.

어휘   baggage claim area 수하물 찾는 곳   be supposed to do ~하기로 되어 있다, ~할 예정이다, ~해야 하다   carousel (공항의) 회전식 수하물 컨베이어   get mixed up 섞이게 되다   next to ~ 옆에   as well ~로, 또한   definitely 분명히   form 양식, 서식   contact ~에게 연락하다   as soon as ~하는 대로, ~하자마자   track A down: A를 추적하다, A의 행방을 알아내다

4. 여자의 문제는 무엇인가?

(A) 비행기를 놓쳤다.
(B) 수하물의 위치를 찾을 수 없다.
(C) 좌석을 업그레이드해야 한다.
(D) 탑승하는 곳을 알지 못한다.

해설   여자가 대화를 시작하면서 수하물 찾는 곳 어디에서도 자신의 짐을 찾을 수 없다는(I can't find my luggage anywhere in the baggage claim area) 문제를 알리고 있으므로 (B)가 정답이다.

어휘   miss ~을 놓치다, ~을 지나치다, ~에 빠지다   locate ~의 위치를 찾다   where to do ~하는 곳   board 탑승하다

Paraphrase   can't find my luggage anywhere → cannot locate her luggage

5. 남자가 여자에게 무엇을 하도록 권하는가?

(A) 또 다른 수하물 컨베이어를 확인하는 일
(B) 여자의 회원 포인트를 이용하는 일
(C) 공항 셔틀버스를 타고 가는 일
(D) 더 나중에 떠나는 비행기를 타는 일

해설   대화 중반부에 남자가 종종 7번과 8번 컨베이어에서 나오는 수하물이 섞인다고 알리면서 함께 확인해 봤는지(Sometimes the luggage on carousels 7 and 8 get mixed up since they're right next to each other. Did you check that one as well?) 묻고 있으므로 (A)가 정답이다.

어휘   ride ~을 타고 가다   take (교통편, 도로 등) ~을 타다, ~을 이용하다

6. 여자가 곧이어 무엇을 할 것 같은가?

(A) 또 다른 터미널로 가는 일
(B) 여권을 제시하는 일
(C) 담당 여행사 직원에게 전화하는 일
(D) 문서를 작성하는 일

해설   남자가 대화 마지막 부분에 여자에게 이름과 연락처를 적어서 달라고(Please provide your name and contact information on this form) 요청하고 있으므로 문서를 작

성하는 일을 뜻하는 (D)가 정답이다.

어휘　**present** ~을 제시하다, ~을 제공하다 **fill out** ~을 작성하다

Paraphrase provide your name and contact information on this form → Fill out a document

Questions 7-9 refer to the following conversation with three speakers.

> **M1:** Hi, Nancy. 7 I'm very excited about joining this badminton club. Here's the first month's membership fee that you asked for.
> **W:** That's great. Thanks, Gary. And here's your key for your personal locker. You can find it in the changing room over there.
> **M1:** Okay, thanks. And... ah, you mentioned that you'd be able to fix my badminton racket. A couple of the strings are loose.
> **W:** Oh, actually, 8 I don't have much experience in doing that myself. Marvin is the one who normally does that. Here he comes now. 9 Marvin, would you mind fixing some strings on this new member's racket?
> **M2:** 9 No problem. It'll just take a few minutes.
>
> 남1: 안녕하세요, 낸시 씨. 이 배드민턴 동호회에 가입하게 되어 대단히 흥분됩니다. 여기 요청하셨던 첫 달 회비입니다.
> 여: 아주 좋습니다. 감사합니다, 개리 씨. 그리고 여기 개인 물품 보관함 열쇠입니다. 저기 저쪽에 있는 탈의실에서 찾으실 수 있습니다.
> 남1: 네, 감사합니다. 그리고... 아, 제 배드민턴 라켓을 고쳐주실 수 있을 거라고 말씀하셨는데요. 줄 두어 개가 느슨합니다.
> 여: 아, 사실, 제가 그 일을 직접 해본 경험이 많지는 않습니다. 마빈 씨가 보통 그런 일을 하시는 분입니다. 여기 지금 오셨네요. 마빈 씨, 이 신입 회원 분의 라켓 줄 좀 고쳐주시겠어요?
> 남2: 물론입니다. 몇 분밖에 걸리지 않을 겁니다.

어휘　**join** ~에 가입하다, ~에 합류하다 **ask for** ~을 요청하다 **mention that** ~라고 말하다, ~임을 언급하다 **fix** ~을 고치다, ~을 바로잡다 **string** 줄, 끈 **loose** 느슨한 **oneself** (부사처럼 쓰여) 직접, 스스로 **normally** 보통, 일반적으로 **would you mind ~ing?** ~해주시겠어요? **take** ~의 시간이 걸리다

7. 화자들이 어디에 있는가?

(A) 스포츠 용품 매장에
(B) 농구 코트에
(C) 수영장에
(D) 배드민턴 동호회에

해설　대화를 시작하면서 남자 한 명이 현재 있는 곳을 this badminton club으로 지칭하면서 해당 배드민턴동호회에 가입하는 게 너무 기쁘다는(I'm very excited about

joining this badminton club) 사실을 알리고 있으므로 (D)가 정답이다.

어휘　**goods** 상품

8. 여자가 왜 개리 씨를 도와줄 수 없는가?

(A) 충분한 경험을 지니고 있지 않다.
(B) 권한을 지니고 있지 않다.
(C) 긴급한 전화를 걸어야 한다.
(D) 회의에 참석하기 위해 가야 한다.

해설　대화 중반부에 여자가 남자의 라켓을 고치는 일과 관련해 직접 해본 경험이 많지 않다는(I don't have much experience in doing that myself) 사실을 밝히고 있으므로 (A)가 정답이다.

어휘　**authorization** 권한, 승인, 허가 **urgent** 긴급한 **leave** 나가다, 떠나다 **attend** ~에 참석하다

Paraphrase don't have much experience → does not have enough experience

9. 마빈 씨는 게리 씨를 위해 무엇을 하는 데 동의하는가?

(A) 그에게 시설을 둘러보게 해주는 일
(B) 일부 장비를 수리하는 일
(C) 절차를 설명하는 일
(D) 할인을 제공해주는 일

해설　여자가 대화 후반부에 남자 한 명을 Marvin이라고 부르면서 신입 회원인 다른 남자의 라켓 줄을 고쳐달라고(Marvin, would you mind fixing some strings on this new member's racket?) 요청하자, No problem이라는 말로 동의하고 있다. 이는 해당 장비를 수리하는 데 동의하는 상황이므로 (B)가 정답이다.

어휘　**show A around B:** A에게 B를 둘러보게 해주다 **facility** 시설(물) **repair** ~을 수리하다 **equipment** 장비 **explain** ~을 설명하다 **procedure** 절차 **provide** ~을 제공하다

Paraphrase fixing some strings on this new member's racket → Repair some equipment

Questions 10-12 refer to the following conversation.

> **W:** Welcome! How can I help you?
> **M:** Yeah, 10 I'm trying to find a pair of the Giger G9 – they're special shoes designed for triathlon participants.
> **W:** The Giger G9... Give me a minute. I just transferred from the accessories department.
> **M:** It was just released, so it would probably be with the latest products.
> **W:** In that case, 11 they should be on one of these shelves here. Let's see...
> **M:** Oh, here we are! And they're the right size, too! Perfect!

W: Okay, great! I can ring you up at that register. By the way, if you're into sporting events, [12] you should take one of these magazines. They're free for customers, and they cover a wide range of health topics.

M: That sounds interesting. Sure, I'll take one. Thanks.

여: 환영합니다! 무엇을 도와 드릴까요?

남: 네, 가이거 G9 한 켤레를 찾으려 하는 중인데, 트라이애슬론 참가자들을 위해 고안된 특수 신발입니다.

여: 가이거 G9이라... 잠시만요. 제가 부대용품 매장에서 막 자리를 옮겼거든요.

남: 막 출시되었기 때문에, 아마 최신 제품들과 함께 있을 겁니다.

여: 그러면, 여기 이 선반들 중 한 곳에 있을 겁니다. 어디 보자...

남: 아, 여기 있네요! 그리고 사이즈도 맞아요! 완벽합니다!

여: 네, 잘됐네요! 저 계산대에서 계산해 드릴 수 있어요. 그건 그렇고, 스포츠 행사에 참가하시는 거라면, 이 잡지들 중 하나를 가져가 보세요. 고객들께 무료인데, 아주 다양한 건강 주제를 다룹니다.

남: 흥미로운 것 같네요. 네, 하나 가져갈게요. 감사합니다.

어휘   try to do ~하려 하다   designed for ~을 위해 고안된, ~을 위해 만들어진   participant 참가자   transfer (자리 등을) 옮기다, 전근하다   accessories 부대용품   release ~을 출시하다, ~을 발매하다   in that case 그러면, 그런 경우라면   ring A up: (상점 등에서) A에게 계산해주다   register n. 계산대, 금전 등록기   by the way (화제 전환 시) 그건 그렇고, 그런데   into ~에 참가해   free 무료인   cover (주제 등) ~을 다루다   a wide range of 아주 다양한

10.   남자가 무엇에 관해 문의하는가?

(A) 체육관 가방
(B) 경주 대회 행사
(C) 부대용품
(D) 신발

해설   대화 시작 부분에 남자가 가이거 G9 한 켤레를 찾는다는 말과 함께 트라이애슬론 참가자들을 위해 고안된 특수 신발이라고 알리고 있으므로 (D)가 정답이다.

Paraphrase   special shoes → footwear

11.   남자가 "아, 여기 있네요!"라고 말할 때 무엇을 의미하는가?

(A) 완료해야 할 일이 있다는 것을 알게 되었다.
(B) 행사 장소를 찾았다.
(C) 원했던 제품의 위치를 찾았다.
(D) 가격과 관련해 자신의 생각이 옳았다.

해설   대화 중반부에 여자가 특정 선반들을 지칭해 그 중 한 곳에 있을 거라고 알리면서 뭔가 확인하려는 말을 하자(they should be on one of these shelves here. Let's see...), 남자가 '아, 여기 있네요!'라고 말하는 흐름이다. 이는 앞서

자신이 구입하려 한다고 밝힌 신발 제품이 있는 곳을 찾았음을 알리는 말에 해당되므로 (C)가 정답이다.

어휘   realize (that) ~라는 것을 알게 되다, ~임을 깨닫다   task 일, 업무   complete ~을 완료하다   locate ~의 위치를 찾다

12.   여자가 남자에게 무엇을 가져가도록 권하는가?

(A) 매장 소식지
(B) 할인 쿠폰
(C) 제품 카탈로그
(D) 건강 잡지

해설   여자가 대화 후반부에 남자에게 잡지 하나를 가져가도록 권하면서 무료라는 점과 아주 다양한 건강 주제를 다룬다는 점을(you should take one of these magazines. They're free for customers, and they cover a wide range of health topics) 특징으로 알리고 있으므로 (D)가 정답이다.

어휘   encourage A to do: A에게 ~하도록 권하다

Questions 13-15 refer to the following conversation with three speakers.

M1: I'm really looking forward to [13] the industry expo in Cincinnati next weekend!

W: Me too! I'm sure that people will be really excited about our company's latest products!

M2: [13] I e-mailed our flight information earlier this morning. You both got it, right?

M1: Yes, but wait, what's this... [14] I just got a message from our hotel. It says that they're sorry, but they're overbooked for the event.

M2: What? How can they do that? Where are we going to stay?

W: I have an idea. [15] Why don't we call Mr. Erikson? He's in charge of coordinating the event, so I'm sure he can put us in touch with another place to stay.

남1: 다음 주말에 신시내티에서 열리는 업계 박람회를 정말 고대하고 있어요!

여: 저도요! 분명 사람들이 우리 회사의 최신 제품에 대해 정말 흥분하게 될 거예요!

남2: 제가 아까 오늘 아침에 우리 항공편 정보를 이메일로 보내 드렸어요. 두 분 모두 받으신 게 맞죠?

남1: 네, 하지만 잠시만요, 이게 무슨... 제가 막 우리 호텔에서 보낸 메시지를 받았어요. 유감이지만 이 행사에 대해 초과 예약이 된 상태라고 쓰여 있네요.

남2: 뭐라고요? 어떻게 그럴 수 있죠? 우린 어디에 머물러야 하나요?

여: 저한테 아이디어가 있어요. 에릭슨 씨에게 전화해보면 어떨까요? 그분께서 이 행사 편성을 책임지고 계시기 때문에, 분명 우리에게 머무를 수 있는 다른 곳에 연락이 닿게 해주실 수 있을 거예요.

어휘 | look forward to ~을 고대하다 industry 업계 expo 박람회 It says that (문서 등에) ~라고 쓰여 있다 overbooked 초과 예약된 Why don't we ~? ~하면 어떨까요? in charge of ~을 책임지고 있는, ~을 맡고 있는 coordinate ~을 편성하다, ~을 조정하다 put A in touch with B: A에게 B와 연락이 닿게 해주다

contact ~에게 연락하다 reservation 예약 postpone ~을 미루다, ~을 연기하다 decision 결정

Paraphrase call Mr. Erikson / in charge of coordinating → Contact an event coordinator

13. 대화의 주제는 무엇인가?

(A) 최근의 제품 출시
(B) 신시내티에서 볼 만한 곳
(C) 향후의 박람회 개최 가능 장소
(D) 다가오는 출장 계획

해설 대화를 시작하면서 남자 한 명이 다음 주말에 신시내티에서 열리는 업계 박람회를(the industry expo in Cincinnati next weekend!) 언급하자, 다른 남자가 이메일로 자신들의 항공편 정보를 보낸(I e-mailed our flight information earlier this morning) 사실을 알린 뒤로 호텔 예약 상황과 관련해 이야기하고 있다. 이를 해당 박람회를 위해 떠나는 출장과 관련된 대화임을 알 수 있으므로 (D)가 정답이다.

어휘 | recent 최근의 launch 출시, 시작 upcoming 다가오는, 곧 있을

Questions 16-18 refer to the following conversation.

M: Good evening. 16 You're watching the latest episode of *Amazing Lives*, a TV show about people who have achieved great things in their lives. Tonight's guest is Emma Little. Welcome, Emma.
W: Hi, it's very nice to be here.
M: So, Emma, 17 you've become well-known for your work with endangered animals. Can you tell us about that?
W: Well, I've spent almost three decades of my life working to protect gorillas in Central Africa. Our conservation group has set up many protected habitats there where the animals can live safely away from hunters.
M: That's great. And, you mentioned to me earlier that 18 there's a new project you're working on. Please let our viewers know about that.

남: 안녕하세요. 여러분께서는 삶에서 훌륭한 일을 이뤄낸 사람들에 관한 TV 프로그램, <어메이징 라이브스>의 최신 방송분을 시청하고 계십니다. 오늘밤 초대 손님은 엠마 리틀 씨입니다. 환영합니다, 엠마 씨.
여: 안녕하세요, 이 자리에 나오게 되어 아주 기쁩니다.
남: 자, 엠마 씨, 멸종 위기에 처한 동물들에 대한 업적으로 잘 알려지게 되셨는데요. 그와 관련해 말씀해 주시겠습니까?
여: 음, 저는 중앙 아프리카의 고릴라들을 보호하기 위해 노력하면서 제 삶에서 거의 30년을 보내왔습니다. 저희 보존 단체가 동물들이 사냥꾼들을 피해 안전하게 생활할 수 있는 많은 보호 서식지를 그곳에 마련해 두었습니다.
남: 아주 잘됐네요. 그리고, 아까 저에게 진행 중이신 새로운 프로젝트도 있다고 언급하셨는데요. 그와 관련해 시청자 여러분께 알려 드리시기 바랍니다.

14. 화자들에게 어떤 문제가 있는가?

(A) 호텔이 초과 예약된 상태이다.
(B) 항공편이 늦게 도착할 것이다.
(C) 회사 차량이 고장 났다.
(D) 신시내티에 있는 고객이 시간이 나지 않는다.

해설 남자 한 명이 대화 중반부에 호텔에서 보낸 메시지를 받았다고 말하면서 초과 예약된 상태라고 쓰여있다고(I just got a message from our hotel. It says that they're sorry, but they're overbooked for the event) 언급하고 있으므로 (A)가 정답이다.

어휘 | break down 고장 나다 unavailable (사람) 시간이 나지 않는, (사물) 이용할 수 없는, 구입할 수 없는

어휘 | episode 방송 1회분 achieve ~을 이루다, ~을 달성하다 well-known 잘 알려진 endangered 멸종 위기에 처한 spend A -ing: ~하면서 A의 시간을 보내다 decade 10년 conservation 보존, 보호 set up ~을 마련하다, ~을 설치하다, ~을 설정하다 habitat 서식지 away from ~을 피해, ~에서 벗어나 mention 언급하다, 말하다 let A know: A에게 알리다

15. 여자는 자신들이 무엇을 하도록 제안하는가?

(A) 단체 발표를 예행 연습하는 일
(B) 행사 편성 책임자에게 연락하는 일
(C) 예약을 취소하는 일
(D) 결정을 미루는 일

해설 대화 후반부에 여자가 에릭슨 씨에게 전화해보면 어떨지 물으면서 그 사람이 행사 편성을 책임지고 있다고(Why don't we call Mr. Erikson? He's in charge of coordinating the event) 알리고 있다. 따라서, 행사 편성 책임자에게 연락하도록 제안하고 있다는 것을 알 수 있으므로 (B)가 정답이다.

어휘 | rehearse ~을 예행 연습하다 presentation 발표(회)

16. 대화가 어디에서 이뤄지고 있는 것 같은가?

(A) 라디오 방송국에서
(B) 잡지 회사에서
(C) 텔레비전 스튜디오에서

(D) 직업 박람회에서

해설 남자가 대화를 시작하면서 특정 TV 프로그램을 시청하고 있다는(You're watching the latest episode of Amazing Lives, a TV show) 사실을 알리고 있으므로 (C)가 정답이다.

어휘 **fair** 박람회, 축제 마당

17. 여자가 어떤 분야에서 일하고 있는가?

(A) 재생 가능 에너지
(B) 건물 보존
(C) 전기 자동차
(D) 동물 보호

해설 대화 중반부에 남자가 여자에게 멸종 위기에 처한 동물들에 대한 업적으로 잘 알려지게 된(you've become well-known for your work with endangered animals) 사실을 말하고 있으므로 (D)가 정답이다.

어휘 **renewable** 재생 가능한 **preservation** 보존, 보호 **vehicle** 차량, 찰 것

18. 여자가 곧이어 무엇을 할 것 같은가?

(A) 특별 초대 손님을 소개하는 일
(B) 현재의 프로젝트를 이야기하는 일
(C) 상을 받는 일
(D) 동영상을 시청하는 일

해설 남자가 대화 맨 마지막 부분에 여자가 진행 중인 새로운 프로젝트를 언급한 사실과 함께 그와 관련해 시청자들에게 알리도록(there's a new project you're working on. Please let our viewers know about that) 권하고 있다. 이는 현재 진행 중인 프로젝트에 관해 이야기해 달라는 뜻이므로 (B)가 정답이다.

어휘 **introduce** ~을 소개하다 **discuss** ~을 이야기하다, ~을 논의하다 **current** 현재의 **receive** ~을 받다 **video clip** 동영상

Paraphrase new project you're working on / let our viewers know → Discuss a current project

Questions 19-21 refer to the following conversation.

W: Good morning! Please have a look around and let me know if you need help finding anything. 19 I'll just be over there adding some new books to our non-fiction shelves.
M: Actually, I'm wondering if you carry any pocket dictionaries for various languages. Particularly for Spanish and German.
W: We have lots of those, and some useful phrase books. Are you planning to go on a trip or...
M: No, 20 I'm in charge of training the guides at a local tour company. We get a lot of foreign tourists, so I'd

like our tour guides to learn some other languages.
W: Got it. Well, 21 I should warn you that they are not cheap. But, they're high quality, so I think you'll find that they're worth it.

여: 안녕하세요! 한 번 둘러보시면서 무엇이든 찾으시는 데 도움이 필요하시면 저에게 알려주시기 바랍니다. 저는 그저 저기 저쪽에서 저희 비소설 선반에 몇몇 새로운 책들을 추가하고 있겠습니다.
남: 실은, 다양한 언어에 대한 어떤 소형 사전이든 취급하시는지 궁금합니다. 특히 스페인어와 독일어에 대한 것이요.
여: 저희가 그런 것들을 많이 보유하고 있고, 몇몇 유용한 표현집도 있습니다. 여행을 가실 계획을 세우고 계신가요, 아니면...
남: 아뇨, 저는 지역 여행사에서 가이드를 교육하는 일을 책임지고 있습니다. 외국인 관광객들이 많이 오시기 때문에, 저희 투어 가이드들이 몇몇 다른 언어를 배웠으면 해서요.
여: 알겠습니다. 음, 저렴하진 않다는 점을 알려 드려야겠네요. 하지만, 품질이 뛰어나기 때문에, 그만한 가치가 있다는 사실을 아시게 될 거라고 생각합니다.

어휘 **have a look around** 한 번 둘러보다 **let A know:** A에게 알리다 **add** ~을 추가하다 **non-fiction** 비소설 **wonder if** ~인지 궁금하다 **carry** (상점 등에서 판매를 위해) ~을 취급하다 **particularly** 특히, 특별히 **plan to do** ~할 계획이다 **in charge of** ~을 책임지고 있는, ~을 맡고 있는 **local** 지역의, 현지의 **would like A to do:** A에게 ~하기를 원하다 **warn A that:** A에게 ~라고 알리다, A에게 ~라고 주의를 주다 **quality** 품질, 질 **find that** ~임을 알게 되다 **worth A:** A만한 가치가 있는

19. 여자가 어디에서 근무하고 있을 것 같은가?

(A) 사무용품 매장에서
(B) 서점에서
(C) 여행사에서
(D) 호텔에서

해설 대화 초반부에 여자가 자신이 하려는 일과 관련해 비소설 선반에 몇몇 새로운 책들을 추가하고 있겠다고(I'll just be over there adding some new books to our non-fiction shelves) 알리고 있다. 이는 서점 직원이 할 수 있는 일에 해당되므로 (B)가 정답이다.

20. 남자는 무엇을 책임지고 있는가?

(A) 광고
(B) 인원 모집
(C) 직원 교육
(D) 재무 계획

해설 대화 중반부에 남자가 지역 여행사에서 가이드를 교육하는 일을 책임지고 있다고(I'm in charge of training the guides at a local tour company) 알리고 있다. 이는 소속 직원들을 교육하는 일을 책임지고 있다는 뜻이므로 (C)

가 정답이다.

Paraphrase training the guides at a local tour company
→ Staff training

21. 여자가 남자에게 무엇에 관해 주의를 주는가?

(A) 일부 제품이 비싸다.
(B) 일부 제품이 품절이다.
(C) 일부 제품이 손상된 상태이다.
(D) 일부 제품이 구식이다.

해설 여자가 대화 후반부에 특정 도서들이 저렴하지 않다는 점을
(I should warn you that they are not cheap) 특별히
알리고 있으므로 (A)가 정답이다.

어휘 **out of stock** 품절인, 재고가 떨어진 **damaged** 손상된, 피해
를 입은 **outdated** 구식인, 낡은

Paraphrase not cheap → expensive

Questions 22~24 refer to the following conversation.

W: Welcome to Prime Hardware! Can I help you find
anything?
M: Hi, **22** I just moved into the area here last weekend,
and I'd like to repaint some parts of my new house.
W: Okay, **23** is there a particular brand of paint you're
looking for?
M: Honestly, I don't have much experience with
painting.
W: That's fine. We carry several brands, but some
are better for indoor use and some are better for
outdoor use.
M: Oh, I just need some for indoors.
W: Alright, then **24** let's start over here. This shows the
colors that we have for indoor paint.

여: 프라임 하드웨어에 오신 것을 환영합니다! 무엇이든 찾으시
도록 도와 드릴까요?
남: 안녕하세요, 제가 지난 주말에 이 지역으로 이사했는데, 저희
새 집의 몇몇 부분을 다시 페인트칠하고자 합니다.
여: 알겠습니다, 찾으시는 특정 브랜드의 페인트가 있으신가요?
남: 솔직히, 제가 페인트칠에 경험이 많지 않습니다.
여: 괜찮습니다 저희가 여러 브랜드를 취급하기는 하지만, 어떤
것은 실내용으로 더 좋고, 또 어떤 것은 실외용으로 더 좋습
니다.
남: 아, 저는 실내용으로만 좀 필요합니다.
여: 좋습니다, 그러시면 여기 이곳부터 시작해보시죠. 이쪽을 보
시면 저희가 보유하고 있는 실내 페인트 색상들이 있습니다.

어휘 **help A do:** ~하도록 A를 돕다 **would like to do** ~하고자
하다, ~하고 싶다 **particular** 특정한, 특별한 **look for** ~을
찾다 **honestly** 솔직히 (말해서) **carry** (상점 등에서 판매를
위해) ~을 취급하다 **then** 그렇다면, 그때, 그런 다음, 그래서

22. 남자가 최근에 무엇을 했는가?

(A) 새로운 일을 시작했다.
(B) 휴가를 떠났다.
(C) 새 집으로 이사했다.
(D) 자택 개조 프로젝트를 시작했다.

해설 남자가 대화 초반부에 지난 주말에 현재 있는 지역으
로 이사했다는(I just moved into the area here last
weekend) 사실을 밝히고 있으므로 (C)가 정답이다.

어휘 **recently** 최근에 **go on a vacation** 휴가를 떠나가
renovation 개조, 보수

23. 남자가 "제가 페인트칠에 경험이 많지 않습니다"라고 말할
때 무엇을 의미하는가?

(A) 소액의 프로젝트 예산을 갖고 있다.
(B) 추천 사항에 대해 열린 마음을 지니고 있다.
(C) 전문가를 고용하고자 한다.
(D) 페인트칠 레슨을 수강하는 데 관심이 있다.

해설 대화 중반부에 여자가 남자에게 특별히 찾는 페인트 브랜
드가 있는지 묻자(is there a particular brand of paint
you're looking for?), 남자가 '제가 페인트칠에 경험이 많
지 않습니다'라고 대답하는 흐름이다. 이는 페인트칠에 경험
이 많지 않아 페인트 관련 정보를 잘 알지 못하기 때문에 여
자에게 좋은 페인트 브랜드를 추천해 달라는 의미에 해당되
는 말이다. 즉 추천 사항에 열린 마음을 지니고 있다는 뜻이
므로 (B)가 정답이다.

어휘 **budget** 예산 **hire** ~을 고용하다 **professional** n. 전문가
be interested in ~에 관심이 있다

24. 화자들이 곧이어 무엇을 할 것 같은가?

(A) 몇몇 색상 옵션을 둘러보는 일
(B) 자택 방문 일정을 잡는 일
(C) 몇몇 사진을 비교해보는 일
(D) 개별 지도를 시작하는 일

해설 대화 맨 마지막 부분에 여자가 특정 위치를 지칭하면서 그
곳에 보면 매장에서 보유하고 있는 실내 페인트 색상들이 있
다고(let's start over here. This shows the colors that
we have for indoor paint) 알리고 있다. 따라서, 선택 가
능한 색상들을 함께 확인해볼 것으로 생각할 수 있으므로
(A)가 정답이다.

어휘 **browse** ~을 둘러보다 **compare** ~을 비교하다 **tutorial** 개
별 지도, 개인 교습

Questions 25-27 refer to the following conversation.

W: Hi, Gerald! How was your trip to Mexico?
M: I had a great time in Tulum. 25 Our group went around the area visiting archaeological sites of ancient civilizations.
W: Did you get to join in any seasonal festivities?
M: No, most of those things happen around the beach resorts or downtown areas. 26 Did I miss anything while I was away?
W: 26 Our HR department hired a new intern. He already has some experience from working part-time jobs. I think he could be a big help when preparing future company presentations.
M: Really? 27 I should go to that department now to greet him.

여: 안녕하세요, 제럴드 씨! 멕시코 여행은 어떠셨나요?
남: 툴룸에서 아주 즐거운 시간을 보냈어요. 저희 그룹이 그 지역 곳곳을 다니면서 고대 문명이 있었던 고고학적인 장소들을 방문했어요.
여: 어떤 계절 축제든 참여하시게 되었나요?
남: 아뇨, 그런 것들은 대부분 해변 리조트나 시내 지역 주변에서 열리거든요. 제가 자리를 비운 동안 무엇이든 놓친 게 있나요?
여: 우리 인사부에서 신입 인턴을 한 분 고용했어요. 그분이 이미 시간제 일자리 근무 경험이 좀 있으세요. 향후의 회사 발표를 준비할 때 큰 도움이 되실 수 있을 거라고 생각해요.
남: 그래요? 지금 그 부서에 가서 환영해 드려야겠네요.

어휘 **archaeological** 고고학적인 **site** 장소, 현장, 부지 **ancient** 고대의 **civilization** 문명 (사회) **get to do** ~하게 되다 **join in** ~에 참여하다 **festivity** 축제 **miss** ~을 놓치다, ~을 지나치다, ~을 빠트리다 **while** ~하는 동안, ~인 반면 **away** 자리를 비운, 멀리 가 있는 **HR** 인사(부) **hire** ~을 고용하다 **prepare** ~을 준비하다 **presentation** 발표(회) **greet** ~을 환영하다, ~을 맞이하다

25. 남자가 멕시코에서 무엇을 했는가?

(A) 해변 리조트에 머물렀다.
(B) 컨퍼런스에서 연설했다.
(C) 역사적인 장소를 방문했다.
(D) 축제에 참석했다.

해설 남자가 대화 초반부에 멕시코에서 갔던 곳을 언급하면서 고대 문명이 있었던 고고학적인 장소들을 방문했다고(Our group went around the area visiting archaeological sites of ancient civilizations) 알리고 있다. 이는 역사적인 장소를 방문했다는 뜻이므로 (C)가 정답이다.

어휘 **historical** 역사적인 **attend** ~에 참석하다
Paraphrase visiting archaeological sites → visited historical sites

26. 여자의 말에 따르면, 남자가 멕시코에 있는 동안 무슨 일이 있었는가?

(A) 프로젝트 마감 기한이 연장되었다.
(B) 회사 회의가 취소되었다.
(C) 인사부 발표가 있었다.
(D) 인턴이 근무를 시작했다.

해설 대화 중반부에 남자가 자신이 자리를 비운 동안 무엇이든 놓친 게 있는지 묻자(Did I miss anything while I was away?), 여자가 인사부에서 신입 인턴을 한 명 고용했다고(Our HR department hired a new intern) 알리고 있다. 이는 인턴이 근무를 시작했다는 의미이므로 (D)가 정답이다.

어휘 **deadline** 마감 시한 **extend** ~을 연장하다
Paraphrase hired a new intern → An intern started working

27. 남자가 곧이어 무엇을 할 것 같은가?

(A) 면접 일정을 잡는 일
(B) 동료 직원과 이야기하는 일
(C) 교육 시간을 진행하는 일
(D) 회의실을 예약하는 일

해설 대화 맨 마지막 부분에 남자가 신입 인턴을 him으로 지칭해 그 사람이 있는 부서로 가서 환영해줘야겠다고(I should go to that department now to greet him) 알리고 있다. 이는 그 직원이 있는 곳으로 가서 인사하고 이야기를 나누게 된다는 뜻이므로 (B)가 정답이다.

어휘 **coworker** 동료 (직원) **lead** ~을 진행하다, ~을 이끌다 **reserve** ~을 예약하다
Paraphrase greet him → Speak with a coworker

Questions 28-30 refer to the following conversation and order form.

W: Hello, this is Jung-ah Jang calling from Sky Eyewear. I'm calling in regard to Mr. Oliver's online order.
M: That's me. I placed the order for my optometry clinic. Is there a problem with the order?
W: Actually, I'm calling with a special offer. Your order almost qualifies you for a VIP membership with us, which could earn you lots of special benefits. 28 By spending just another $15 dollars, your status would be automatically upgraded.
M: Is that so? Well, 29 I could always use extra cleaning cloths for glasses. Go ahead and add enough of them to meet the requirement.
W: Great! I'll do that for you now. And, 30 my manager has instructed me to ship your order express, free of charge.

여: 안녕하세요, 저는 스카이 아이웨어에서 전화 드리는 장정아입니다. 올리버 씨의 온라인 주문과 관련해 전화 드렸습니다.

남: 제가 올리버입니다. 저희 검안 클리닉을 위해 주문했습니다. 주문 사항에 문제가 있나요?

여: 실은, 특가 제공 서비스 때문에 전화 드렸습니다. 주문하신 사항이 많은 특별 혜택을 드릴 수 있는 저희 VIP 회원에 대한 자격에 거의 해당됩니다. 딱 15달러만 더 소비하시면, 등급이 자동으로 업그레이드될 것입니다.

남: 그런가요? 음, 제가 안경 세척용 천이 항상 추가로 필요하거든요. 자격 요건을 충족할 수 있도록 어서 그것들을 충분히 추가해주세요.

여: 아주 좋습니다! 지금 그렇게 해드리겠습니다. 그리고, 저희 매니저님께서 귀하의 주문품을 무료 특급 배송으로 발송하라고 지시하셨습니다.

스카이 아이웨어: 주문번호 #JS58874	
제품	수량
콘택트 렌즈 클리너	20
콘택트 렌즈 케이스	40
안경 케이스	50
안경 세척용 천	100

어휘 in regard to ~와 관련해 place an order 주문하다 optometry clinic 검안 클리닉 special offer 특가 제공 서비스 qualify A for B: A에게 B에 대한 자격을 주다 earn A B: A에게 B를 받게 하다 benefit 혜택, 이점 status 등급, 지위 automatically 자동으로 could use A: A가 필요하다 extra 추가의, 여분의 Go ahead and do 어서 ~하세요 add A to B: A를 B에 추가하다 meet (조건 등) ~을 충족하다 requirement (자격) 요건, 필요 조건 instruct A to do: A에게 ~하도록 지시하다 express 특급으로, 급행으로 free of charge 무료로

28. 여자가 왜 전화하는가?

(A) 비용 견적서를 제공하기 위해
(B) 새로운 서비스를 홍보하기 위해
(C) 업그레이드를 제안하기 위해
(D) 문제를 알리기 위해

해설 여자가 대화 초반부에 남자가 온라인 주문과 관련해 전화했다고 밝힌 뒤로, 15달러만 더 소비하면 등급이 자동으로 업그레이드될 것이라고(By spending just another $15 dollars, your status would be automatically upgraded) 알리는 부분이 전화를 건 목적에 해당된다. 이는 등급 업그레이드를 제안하는 말에 해당되므로 (C)가 정답이다.

어휘 estimate 견적(서) promote ~을 홍보하다, ~을 촉진하다, ~을 승진시키다 issue 문제, 사안

29. 시각정보를 보시오. 원래의 주문서에서 어떤 수량이 변경되어야 하는가?

(A) 20
(B) 40
(C) 50
(D) 100

해설 대화 중반부에 남자가 안경 세척용 천이 항상 더 필요하다는 말과 함께 그것들을 추가해 달라고(I could always use extra cleaning cloths for glasses. Go ahead and add enough of them) 요청하고 있다. 시각정보에서 맨 아랫줄에 안경 세척용 천(Glasses cleaning cloth)이 100으로 표기되어 있으므로 (D)가 정답이다.

어휘 form 양식, 서식

30. 여자의 매니저가 여자에게 무엇을 하라고 말했는가?

(A) 배송을 더 신속히 처리하는 일
(B) 주문품을 직접 전달하는 일
(C) 몇몇 제품 샘플을 보내는 일
(D) 향후의 구매에 대해 할인을 제공하는 일

해설 여자가 대화 맨 마지막 부분에 매니저를 언급하면서 남자의 주문품을 무료 특급 배송으로 발송하라고 지시한(my manager has instructed me to ship your order express, free of charge) 사실을 알리고 있다. 이는 배송품이 더 빨리 도착할 수 있게 처리하라고 지시한 것이므로 (A)가 정답이다.

어휘 expedite ~을 더 신속히 처리하다 purchase 구매(품)

Paraphrase ship your order express → Expedite a shipment

Questions 31-33 refer to the following conversation and table.

W: Hi, I've just booked a flight to Europe this summer for business. **31** I'd like to sign up for your mileage rewards program to take advantage of your special promotion.

M: Sure, can I get your reservation number?

W: Yes, it's UF-321.

M: Okay, here it is... Ms. Salvo, correct? Okay, **32** I can add the additional points for your trip to Europe to your account.

W: Thank you! Can I also use those points to apply a seat upgrade to this trip?

M: Unfortunately, our airline's policy does not allow that. However, you can use the mileage points you've earned on future flights. **33** Just keep in mind that they expire after 2 years, so don't forget to use them before that time.

W: Oh, I'm sure I will. Thanks for your help.

여: 안녕하세요, 제가 이번 여름 출장 때문에 유럽으로 떠나는 항공편을 막 예약했습니다. 귀사의 특별 판촉 행사를 이용할 수 있도록 마일리지 보상 프로그램에 등록하고자 합니다.

남: 좋습니다, 예약 번호를 말씀해 주시겠습니까?

여: 네, UF-321입니다.

남: 네, 여기 있네요... 샐보 씨, 맞으시죠? 네, 귀하의 계정으로 유럽 출장에 대한 추가 포인트를 추가해 드릴 수 있습니다.

여: 감사합니다! 그 포인트를 이 여행에 좌석 업그레이드를 적용하는 데 사용할 수도 있나요?

남: 유감스럽게도, 저희 항공사의 정책에 따라 그 부분은 허용되지 않습니다. 하지만, 획득하신 마일리지 포인트를 향후 비행에 사용하실 수 있습니다. 2년 후에 만료되기 때문에, 그 전까지 잊지 마시고 사용하셔야 한다는 점만 명심하시기 바랍니다.

여: 아, 꼭 그렇게 할게요. 도와 주셔서 감사합니다.

유니버셜 항공사 판촉 행사: 보너스 마일리지 포인트

캐나다행: 35,000
남미행: 45,000
유럽행: 60,000
아프리카행: 75,000

어휘 book ~을 예약하다 sign up for ~에 등록하다, ~을 신청하다 reward 보상 take advantage of ~을 이용하다 promotion 판촉 행사 reservation 예약 add ~을 추가하다 additional 추가적인 account 계정, 계좌 apply ~을 적용하다 policy 정책, 방침 allow ~을 허용하다 earn ~을 획득하다, ~을 얻다 keep in mind that ~라는 점을 명심하다 expire 만료되다 forget to do ~하는 것을 잊다

31. 여자가 왜 남자에게 전화하는가?

(A) 프로그램에 등록하기 위해
(B) 항공편 세부 사항을 확정하기 위해
(C) 상품을 타려고 등록하기 위해
(D) 항공편을 예약하기 위해

해설 여자가 대화를 시작하면서 마일리지 보상 프로그램에 등록하고 싶다(I'd like to sign up for your mileage rewards program~)는 뜻을 나타내고 있으므로 (A)가 정답이다.

어휘 confirm ~을 확정하다, ~을 확인해주다 details 세부 사항, 상세 정보 register for ~에 등록하다 prize 상품, 상

32. 시각정보를 보시오. 여자가 얼마나 많은 추가 마일리지 포인트를 얻을 것인가?

(A) 35,000
(B) 45,000
(C) 60,000
(D) 75,000

해설 대화 중반부에 남자가 여자에게 유럽 출장에 대한 추가 포인트를 추가해줄 수 있다고 알리고 있다. 시각정보의 세 번째 줄에 유럽 여행에 대한 보너스 마일리지 포인트가 60,000점으로 표기되어 있으므로 (C)가 정답이다.

33. 남자가 여자에게 무엇을 하도록 권하는가?

(A) 탑승 게이트에 있는 직원에게 이야기하는 일
(B) 체크인할 때 본인의 회원 카드를 제시하는 일
(C) 만료되기 전에 포인트를 사용하는 일
(D) 요청서를 제출하기 전에 대기하는 일

해설 대화 후반부에 남자가 여자에게 마일리지 포인트를 they 및 them으로 지칭해 2년 후에 만료되기 때문에 그 전에 꼭 사용하도록 당부하고 있으므로 (C)가 정답이다.

어휘 agent 직원, 대리인 boarding 탑승 present ~을 제시하다, ~을 제공하다 submit ~을 제출하다 request 요청(서)

Paraphrase expire after 2 years / use them before that time → Use her points before they expire

---

DAY 07 Part 4 전화 메시지, 공지사항

EXAMPLE 1

패티 씨, 저는 당신의 휴무 신청서에 관해 전화드리는 에바 맥클리오드예요. 신청서를 최대한 빨리 보내주셔서 기뻐요, 하지만 부장님의 서명이 없네요. 아시다시피, 서식을 제대로 작성하는 방법에 대해 질문이 있으시다면, 핸드북에 다 있어요. 그리고 한 가지 더요. 신청서를 가지러 돌아오실 때, 부서의 차주 최신 일정표를 가져다주시겠어요? 팀장님으로부터 아직 받지 못했거든요.

어휘 time off 휴무 request 요청(서) signature 서명 regarding ~에 관하여 properly 제대로 fill out ~을 작성하다 form 양식, 서식 handbook 안내서 pick up ~을 가져가다, ~을 가져오다 bring ~을 가져오다

1. 화자가 언급한 서식의 문제점은 무엇인가?

(A) 잘못된 부서로 발송됐다.
(B) 적절하게 보관되지 않았다.
(C) 서명이 누락되었다.
(D) 너무 늦게 수신되었다.

어휘 department 부서 file ~을 보관하다 properly 제대로, 적절히 signature 서명

2. 화자는 왜 "핸드북에 다 있어요"라고 말하는가?

(A) 안내 사항을 어디서 찾을 수 있는지 설명하기 위해

(B) 청자에게 작업을 상기시키기 위해
(C) 동료의 실수를 정정하기 위해
(D) 도움을 요청하기 위해

어휘 　instruction 안내 사항, 설명　remind ~을 상기시키다
task 과제　correct ~을 정정하다　request ~을 요청하다
assistance 도움

3. 화자는 청자에게 무엇을 가져오라고 요청하는가?

(A) 책
(B) 일정표
(C) 예산 보고서
(D) 일부 사무용품

EXAMPLE 2

이번 주 회의에 오신 것을 환영합니다. 먼저, 좋은 소식이 있습니다. 그 소문은 사실이며, 우리 레스토랑 체인이 로렌즈스 커피를 인수하게 되었습니다. 우리 각 지점에서 로렌즈스 커피의 프리미엄 커피 제품을 제공하게 되어 매우 기쁩니다. 그 커피는 맛이 좋을 뿐만 아니라, 100% 유기농이며 환경 친화적인 방법으로 재배되고 수확됩니다. 흔한 일은 아니죠. 최근 몇 년 동안 환경을 생각하는 브랜드가 점점 인기를 끌고 있습니다. 로렌즈스 커피를 추출할 때에는 우리가 기존에 사용하던 값싼 원두와는 다른 방법으로 해야 한다는 것에 유념해 주세요. 다음 한 달 동안 교육을 진행할 예정이므로, 여러분의 일정에 맞는 교육 시간에 등록해 주세요.

어휘 　for starters 우선 첫째로　rumor 소문　chain 체인점
acquire ~을 인수하다　thrill ~을 열광시키다, ~을 신나게 만들다　offer ~을 제공하다　premium 최고급의　location (매장 등의) 지점, 위치, 장소　organic 유기농의　grow ~을 재배하다, 기르다　harvest ~을 수확하다　environmentally friendly 환경 친화적인　practice 관행　conscious 의식하는　increasingly 점점 더　popular 인기있는　brew (커피)를 끓이다, 만들다　require ~을 필요로 하다　method 방법　conduct ~을 실시하다, ~을 수행하다　sign up for ~을 신청하다, ~에 등록하다　work (원하는) 효과가 있다

1. 공지의 목적은 무엇인가?

(A) 고객 설문조사 결과를 분석하는 것
(B) 기업 인수를 이야기하는 것
(C) 새로운 직원들을 소개하는 것
(D) 예산 제안서를 검토하는 것

어휘 　analyze ~을 분석하다　survey 설문 조사(지)　acquisition 인수　introduce ~을 도입하다, ~을 소개하다　budget 예산　proposal 제안(서)

2. 남자가 "흔한 일은 아니죠"라고 말할 때 무엇을 의미하는가?

(A) 사업 방식에 깊은 인상을 받았다.
(B) 최근 배송에 대해 우려한다.
(C) 일부 가격이 인상되어야 한다고 생각한다.
(D) 청자의 의견을 듣고 싶어 한다.

어휘 　business 사업　approach (접근) 방식　be concerned about ~에 대해 우려하다　recent 최근의　shipment 배송(품)　price 가격　raise ~을 인상하다　opinion 의견

3. 화자는 청자들에게 무엇을 하도록 요청하는가?

(A) 안내책자를 검토하는 것
(B) 가능한 시간을 업데이트하는 것
(C) 질문 목록을 준비하는 것
(D) 교육 시간에 등록하는 것

어휘 　pamphlet 안내 책자, 팸플릿　update ~을 업데이트하다, ~을 갱신하다　availability 이용 가능성　prepare ~을 준비하다　register for ~에 등록하다

토익 실전 연습

1. (A)	2. (C)	3. (D)	4. (C)	5. (B)
6. (D)	7. (D)	8. (C)	9. (A)	10. (D)
11. (A)	12. (B)	13. (D)	14. (C)	15. (C)
16. (B)	17. (D)	18. (A)	19. (B)	20. (A)
21. (D)	22. (C)	23. (B)	24. (B)	25. (C)
26. (A)	27. (B)	28. (D)	29. (C)	30. (C)
31. (B)	32. (C)	33. (A)		

Questions 1-3 refer to the following telephone message.

Hello Mr. Bartram. This is Stella calling from Ridgecrest Appliances. **1** We received your message about the problem with your dishwasher. I'm very sorry to hear about that. Some of those models have been recalled due to a faulty part. **2** If you call us back, we can arrange a time for a technician to come and repair your dishwasher. **3** You'll be pleased to know that you won't have to pay anything for this service since you've bought the extended warranty.

안녕하세요, 바트럼 씨. 저는 리지크레스트 어플라이언스에서 전화 드리는 스텔라입니다. 저희가 귀하의 식기 세척기 문제와 관련해 보내주신 메시지를 받았습니다. 그런 말씀을 듣게 되어 대단히 유감스럽게 생각합니다. 그 모델들 중 일부가 결함이 있는 부품으로 인해 회수되었습니다. 저희에게 다시 전화 주시면, 기술자가 방문해 귀하의 식기 세척기를 수리할 시간을 마련해 드릴 수 있습니다. 귀하께서 연장된 품질 보증 서비스를 구입하셨기 때문에 이 서비스에 대해 조금도 비용을 지불하실 필요가 없을 것이라는 사실을 아시게 되면 기쁘실것입니다.

recall (결함 제품 등) ~을 회수하다 due to ~로 인해, ~ 때문에 faulty 결함이 있는, 흠이 있는 arrange ~을 마련하다, ~을 조정하다 repair ~을 수리하다 won't have to do ~할 필요가 없을 것이다 extended 연장된 warranty 품질 보증(서)

1. 화자가 어디에서 근무할 것 같은가?

(A) 가전 기기 매장에서
(B) 자동차 수리소에서
(C) 제조 공장에서
(D) 아파트 단지에서

해설 화자가 담화를 시작하면서 소속 업체 이름과 함께 상대방이 식기 세척기 문제와 관련해 보낸 메시지를 받은 사실을(We received your message about the problem with your dishwasher) 밝히고 있는데, 이는 가전 기기 매장에서 근무하는 직원이 할 수 있는 말에 해당되므로 (A)가 정답이다.

2. 화자가 왜 청자에게 답신 전화를 하도록 요청하는가?

(A) 주소를 확인하기 위해
(B) 영수증 번호를 제공하기 위해
(C) 유지 관리 작업의 일정을 잡기 위해
(D) 문제와 관련된 더 많은 상세 정보를 제공하기 위해

해설 담화 중반부에 화자가 자신의 회사로 다시 전화하면 기술자가 방문해 청자의 식기 세척기를 수리할 시간을 마련해줄 수 있다고(If you call us back, we can arrange a time for a technician to come and repair your dishwasher) 알리고 있다. 이는 기기의 유지 관리에 필요한 작업 일정을 잡으려는 것이므로 (C)가 정답이다.

어휘 confirm ~을 확인하다, ~을 확정하다 receipt 영수증 maintenance 유지 관리, 시설 관리 details 상세 정보, 세부 사항

Paraphrase arrange a time for a technician to come and repair your dishwasher → schedule some maintenance

3. 화자는 왜 청자가 기뻐할 것이라고 생각하는가?

(A) 제품 품질 보증 서비스가 연장될 것이다.
(B) 전액 환불 받을 것이다.
(C) 수리가 오래 걸리지 않을 것이다.
(D) 비용이 청구되지 않을 것이다.

해설 화자가 담화 후반부에 청자에게 특정 서비스에 대해 조금도 비용을 지불할 필요가 없다는 사실을 알면 기쁠 것이라고(You'll be pleased to know that you won't have to pay anything for this service) 알리고 있으므로 (D)가 정답이다.

어휘 issue v. ~을 지급하다, ~을 발급하다 full refund 전액 환불 take long 오래 걸리다 charge ~에게 비용을 청구하다

Paraphrase won't have to pay anything → will not be charged

Questions 4-6 refer to the following telephone message.

Hi Yannick. This is Kiran Singh. It was a pleasant surprise running into you at the conference yesterday, and I was thinking, 4 I'd like to write an article about your company. I discussed it with my editor, and he loves the idea. So, 5 I'm calling in hopes that you could set aside some time for me to do a one-on-one interview with you. 6 I apologize for the short notice, but would sometime this week be possible? I need to meet my submission deadline.

안녕하세요, 야닉 씨. 저는 키란 싱입니다. 어제 컨퍼런스에서 우연히 만나 뵙게 된 건 뜻밖의 기쁨이었으며, 저는 귀하의 회사에 관한 기사를 쓰고 싶다는 생각을 하고 있었습니다. 저희 편집자와 논의해봤는데, 이 아이디어를 아주 마음에 들어 하고 있습니다. 그래서, 제가 귀하와 일대일 인터뷰를 할 수 있는 시간을 좀 마련해주실 수 있으리란 희망을 갖고 전화 드립니다. 촉박한 통보에 대해 사과 드립니다. 그런데 이번 주 중으로 가능할까요? 제가 제출 마감 기한에 맞춰야 합니다.

어휘 run into ~와 우연히 만나다 editor 편집자 in hopes that ~라는 희망을 갖고 set aside (따로) ~을 마련해두다, ~을 떼어 놓다 apologize for ~에 대해 사과하다 short notice 촉박한 통보 meet (조건 등) ~에 맞추다, ~을 충족하다 submission 제출(하는 것) deadline 마감 기한

4. 화자가 어디에서 근무하고 있을 것 같은가?

(A) 법률 사무소
(B) 건축 회사
(C) 잡지사
(D) 채용 대행사

해설 담화 초반부에 화자가 상대방 회사에 관한 기사를 쓰는 일을 언급하면서 편집자와 논의한 사실을 밝히고 있다(I'd like to write an article about your company. ~). 이는 잡지사에 근무하는 사람이 할 수 있는 일에 해당되므로 (C)가 정답이다.

5. 화자가 왜 전화하는가?

(A) 계약에 대해 논의하기 위해
(B) 인터뷰 일정을 잡기 위해
(C) 프로젝트에 관한 최신 정보를 얻기 위해
(D) 마감 기한 연장을 요청하기 위해

해설 화자가 담화 중반부에 상대방과 일대일 인터뷰를 할 수 있는 시간을 마련하는 일과 관련해 전화했다고 알리고 있으므로 (B)가 정답이다.

어휘 contract 계약(서) ask for ~을 요청하다 extension 연장,

확장

Paraphrase set aside some time for me to do a one-on-one interview → schedule an interview

6. 화자가 무엇과 관련해 사과하는가?

(A) 취소
(B) 인쇄 오류
(C) 정책 변경
(D) 짧은 진행 일정

해설 담화 후반부에 화자가 촉박한 통보에 대해 사과의 말을 전하면서 이번 주 중으로 가능할지(I apologize for the short notice, but would sometime this week be possible?) 묻고 있다. 이는 가능한 한 빨리 인터뷰를 진행하기 위해 급하게 잡는 일정에 대해 사과하는 것이므로 (D)가 정답이다.

어휘 policy 정책, 방침 timeline 진행 일정(표)

Paraphrase short notice → short timeline

Questions 7-9 refer to the following announcement.

Attention shoppers. **7** Thank you for choosing Kennedy's, your best source for the latest in men's, women's, and young adults' fashion. Thanks to all of your support, **8** we have recently been named Best in Business for Dayton County! We are honored to have been presented with this reward, and we look forward to continuing serving you, our loyal customers. If you haven't heard, our store has launched a new mobile app. You can use it to browse our inventory and ask about upcoming shipments. **9** Please note that we have changed our online ordering system, so if you want to place an online order, be sure to download our app first!

쇼핑객 여러분께 알립니다. 최신 남성 및 여성, 청소년 패션에 대한 최고의 공급업체인 저희 케네디스를 선택해 주셔서 감사드립니다. 여러분의 모든 성원 덕분에, 저희는 최근 데이튼 카운티 최고의 업체로 선정되었습니다! 저희는 이러한 보상을 받게 되어 영광스럽게 생각하며, 계속해서 여러분, 즉 저희 단골 고객들께 서비스를 제공해 드릴 수 있기를 고대합니다. 아직 소식을 듣지 못하셨다면, 저희 매장이 새 모바일 앱을 시작했습니다. 이를 이용해 저희 재고 목록을 둘러보시거나, 곧 있을 배송에 관해 문의하실 수 있습니다. 저희가 온라인 주문 시스템을 변경했기 때문에, 온라인으로 주문하기를 원하시는 경우, 반드시 저희 앱을 먼저 다운로드하셔야 한다는 점에 유의하시기 바랍니다.

어휘 choose ~을 선택하다 source 공급원 thanks to ~ 덕분에, ~로 인해 recently 최근에 be named A: A로 선정되다, A로 지명되다 be honored to ~해서 영광이다 be presented with ~을 제공 받다 reward 보상 look forward to -ing ~할 수 있기를 고대하다 launch ~을 시작하다, ~을 출시하다

browse ~을 둘러보다 inventory 재고 (목록) upcoming 곧 있을, 다가오는 shipment 배송(품) note that ~라는 점에 유의하다, ~임에 주목하다 place an order 주문하다 be sure to do 반드시 ~하다, 꼭 ~하다

7. 어떤 종류의 업체에서 공지하고 있는가?

(A) 패션 잡지
(B) 자동사 수리소
(C) 자동차 대리점
(D) 의류 매장

해설 화자가 담화를 시작하면서 최신 남성 및 여성, 청소년 패션에 대한 공급업체임을(Thank you for choosing Kennedy's, your best source for the latest in men's, women's, and young adults' fashion) 알리고 있는데, 이는 의류 매장의 특성에 해당되므로 (D)가 정답이다.

어휘 repair 수리 dealership 대리점

8. 해당 업체와 관련해 무엇이 언급되는가?

(A) 새로운 제품군을 출시했다.
(B) 신규 지점을 개장했다.
(C) 최근에 상을 받았다.
(D) 현재 직원을 고용하는 중이다.

해설 화자가 담화 중반부에 소속 업체가 최근 데이튼 카운티 최고의 업체로 선정된 사실을 밝히면서 이러한 보상을 받게 되어 영광스럽다고(we have recently been named Best in Business for Dayton County! We are honored to have been presented with this reward) 알리고 있다. 이는 상을 받은 것을 의미하는 말이므로 (C)가 정답이다.

어휘 branch 지점, 지사 win an award 상을 받다 currently 현재 hire (직원을) 고용하다

Paraphrase have recently been named Best in Business for Dayton County → recently won an award

9. 공지에 따르면, 무엇이 변경되었는가?

(A) 온라인 주문 과정
(B) 채용 지원 과정
(C) 매장 위치
(D) 운영 시간

해설 담화 맨 마지막 부분에 화자가 온라인 주문 시스템을 변경한 사실을(Please note that we have changed our online ordering system) 알리고 있으므로 (A)가 정답이다.

어휘 process 과정 application 지원(서), 신청(서) operation 운영, 영업, 가동, 작동

Paraphrase online ordering system → online ordering process

Questions 10-12 refer to the following telephone message.

Hi Casper. I'm calling about an e-mail I got from Milestones Shoes about **10** the ad campaign that we're designing for them. Their representative, **11** Ms. Stein, requested that we send her some samples of our ideas for poster designs. **12** According to our contract, we don't have to provide them for another week, but they're a VIP client. **12** Do you think your team could push up its deadline? Please call me back as soon as you can.

안녕하세요, 캐스퍼 씨. 우리가 마일스톤즈 슈즈를 위해 디자인하고 있는 광고 캠페인과 관련해 그곳으로부터 받은 이메일에 관해 전화 드립니다. 그곳 직원이신 스타인 씨께서 포스터 디자인에 대한 우리 아이디어를 담은 몇몇 샘플을 본인에게 보내달라고 요청하셨습니다. 우리 계약서에 따르면, 일주일은 더 있다가 샘플을 제공해야 합니다, 하지만 그곳은 VIP 고객사입니다. 당신의 팀이 그 마감 기한을 앞당길 수 있다고 생각하시나요? 가능한 한 빨리 저에게 다시 전화 주시기 바랍니다.

어휘 **ad** 광고 **representative** 직원, 대리인 **request that** ~하도록 요청하다 **according to** ~에 따르면 **contract** 계약(서) **push up** (일정 등) ~을 앞당기다 **deadline** 마감 기한 **as soon as one can** 가능한 한 빨리

---

10. 화자가 어디에서 근무하는가?

(A) 법률 회사에서
(B) 인쇄소에서
(C) 신발 매장에서
(D) 마케팅 대행사에서

해설 화자가 담화 초반부에 특정 회사를 위해 디자인하고 있는 광고 캠페인을(the ad campaign that we're designing for them.) 언급하고 있으므로 광고를 대신 만들어주는 일을 하는 업체인 (D)가 정답이다.

---

11. 스타인 씨가 무엇을 요청했는가?

(A) 몇몇 디자인 샘플
(B) 몇몇 추가 제품
(C) 업무 계약서
(D) 동영상

해설 담화 중반부에 화자가 스타인 씨의 이름을 언급하면서 포스터 디자인에 대한 아이디어를 담은 몇몇 샘플을 본인에게 보내달라고 요청한(Ms. Stein, requested that we send her some samples of our ideas for poster designs) 사실을 알리고 있으므로 (A)가 정답이다.

어휘 **extra** 추가의, 여분의 **contract** 계약(서)

---

12. 화자가 왜 "하지만 그곳은 VIP 고객사입니다"라고 말하는

가?

(A) 지연 문제를 설명하기 위해
(B) 예외를 정당화하기 위해
(C) 실수에 대해 사과하기 위해
(D) 환불 금액을 지급하도록 제안하기 위해

해설 화자가 담화 후반부에 계약서에 따르면 일주일은 더 있다가 샘플을 제공해야 한다는(According to our contract, we don't have to provide them for another week) 말과 함께 '하지만 그곳은 VIP 고객사입니다'라고 알리면서 마감 기한을 앞당길 수 있는지(Do you think your team could push up its deadline?) 묻는 흐름이다. 이는 계약서의 내용과 달리 VIP 고객사의 요청에 따를 수 있도록 예외를 적용해야 한다는 의미이므로 (B)가 정답이다.

어휘 **explain** ~을 설명하다 **delay** 지연, 지체 **justify** ~을 정당화하다, ~의 정당함을 증명하다 **exception** 예외 **apologize for** ~에 대해 사과하다 **issue** v. ~을 지급하다, ~을 발급하다 **refund** 환불(액)

Questions 13-15 refer to the following announcement.

Good morning, everyone. I would like to make a quick announcement. We are planning to introduce new packaging for **13** the fragranced candles our company manufactures. **14** It includes a special foil wrapper that helps to keep the products as fresh and as fragrant as possible. This means we can assure customers that they're receiving the highest quality of products. Now, **15** it's true that the new packaging will cost us a bit more. But all in all, it's a small price to pay.

안녕하세요, 여러분. 빠르게 공지해 드리고자 합니다. 저희가 우리 회사에서 제조하는 향초를 위해 새로운 포장 용기를 도입할 계획을 세우고 있습니다. 제품을 가능한 한 새 것 그대로, 그리고 향기롭게 유지하는 데 도움을 주는 특수 포일 포장지를 포함합니다. 이는 우리가 고객들께 최상의 품질을 지닌 제품을 받으실 것이라고 보장해 드릴 수 있다는 뜻입니다. 자, 새로운 포장 용기로 인해 우리가 조금 더 비용을 들이게 되는 것은 사실입니다. 하지만 대체적으로 볼 때, 이는 지불해야 할 작은 대가일 뿐입니다.

어휘 **make an announcement** 공지하다, 발표하다 **introduce** ~을 도입하다, ~을 소개하다 **packaging** 포장 용기, 포장재 **fragranced** 향기가 있는 **manufacture** ~을 제조하다 **include** ~을 포함하다 **wrapper** 포장지 **keep A 형용사**: A를 ~하게 유지하다 **as A as possible**: 가능한 한 A한 **fragrant** 향기로운, 향긋한 **assure A that**: A에게 ~라고 보장하다, A에게 ~임을 장담하다 **A cost B C**: A로 인해 B가 C의 비용을 들이다 **all in all** 대체적으로 (볼 때)

---

13. 회사가 무엇을 생산하는가?

(A) 꽃
(B) 향수

(C) 비누
(D) 양초

해설 담화 초반부에 화자가 소속 회사를 our company로 지칭해 향초를 제조한다는(the fragranced candles our company manufactures) 사실을 언급하고 있으므로 (D)가 정답이다.

14. 새로운 포장 용기와 관련해 무엇이 특별한가?

(A) 개인에게 맞춘 메시지를 특징으로 한다.
(B) 환경 친화적이다.
(C) 품질을 보존해준다.
(D) 대량으로 구입될 수 있다.

해설 화자가 담화 중반부에 새로운 포장 용기를 It으로 지칭해 제품을 가능한 한 새 것 그대로, 그리고 향기롭게 유지하는 데 도움을 주는 특수 포일 포장지를 포함한다는(It includes a special foil wrapper that helps to keep the products as fresh and as fragrant as possible) 점을 알리고 있다. 이는 제품의 품질을 유지해준다는 의미로 볼 수 있으므로 (C)가 정답이다.

어휘 feature ~을 특징으로 하다 personalized 개인에게 맞춘, 맞춤 제작된 environmentally friendly 환경 친화적인 preserve ~을 보존하다 in bulk 대량으로

Paraphrase keep the products as fresh and as fragrant as possible → preserves the product quality

15. 화자가 "이는 지불해야 할 작은 대가일 뿐입니다"라고 말할 때 무엇을 의미하는가?

(A) 몇몇 제품이 너무 저렴하다고 생각한다.
(B) 마감 기한이 지켜질 수 있다고 확신하고 있다.
(C) 추가 지출 비용이 그만한 가치가 있다고 생각한다.
(D) 청자들에게 더 열심히 일하기를 원하고 있다.

해설 담화 후반부에 화자가 새로운 포장 용기에 비용이 조금 더 들어가게 된다고(it's true that the new packaging will cost us a bit more) 알린 뒤로 '이는 지불해야 할 작은 대가일 뿐입니다'라고 말하는 흐름이다. 이는 추가 비용이 들어가더라도 해야 하는 일임을 말하는 것으로서, 그 비용을 들일 만한 가치가 있다는 의미이므로 (C)가 정답이다.

어휘 be confident that ~임을 확신하다 deadline 마감 기한 meet (조건 등) ~을 충족하다, 지키다 extra 추가의, 여분의 expense 지출 비용 worth A: A만한 가치가 있는

Questions 16-18 refer to the following telephone message.

> Hello, Arthur. **16** I'm calling from Clarke Real Estate regarding your appointment to view an apartment this Friday at 9 A.M. Before you come in for the appointment, please complete **17** the new tenant form that I have just sent to you by e-mail. This will help us

---

> to secure a unit for you. Also, when you get to our real estate agency, you'll need to park on South Street, because **18** our parking lot is closed for resurfacing right now. If you have any questions, please give me a call.

안녕하세요, 아서 씨. 이번 주 금요일 오전 9시에 아파트 한 곳을 둘러보시는 예약과 관련해 클라크 부동산에서 전화 드립니다. 이 예약을 위해 오시기 전에, 제가 이메일로 막 보내드린 신규 세입자 양식을 작성 완료해 주시기 바랍니다. 이는 저희가 귀하를 위해 세대 한 곳을 확보해 놓는 데 도움이 될 것입니다. 그리고, 저희 부동산 중개업체로 오실 때, 사우스 스트리트에 주차하셔야 하는데, 저희 주차장이 현재 재포장 공사로 인해 폐쇄된 상태이기 때문입니다. 어떤 질문이든 있으실 경우, 저에게 전화 주시기 바랍니다.

어휘 regarding ~와 관련해 appointment 예약, 약속 view ~을 보다 complete ~을 완료하다 tenant 세입자 form 양식, 서식 secure v. ~을 확보하다 unit (아파트, 상가 등의) 세대, 점포 get to ~로 오다, ~로 가다 real estate agency 부동산 중개업체 park 주차하다 resurfacing (도로, 바닥 등의) 재포장 give A a call: A에게 전화하다

16. 화자가 왜 전화하는가?

(A) 앞서 저지른 실수를 바로잡기 위해
(B) 몇몇 안내 사항을 제공하기 위해
(C) 아파트에 관해 문의하기 위해
(D) 취업 기회를 이야기하기 위해

해설 담화를 시작하면서 화자가 아파트 한 곳을 둘러보는 예약과 관련해 전화한다고(I'm calling from Clarke Real Estate regarding your appointment to view an apartment this Friday at 9 A.M.) 알린 뒤로 방문 전에 해야 하는 일과 주의 사항 등을 전달하고 있다. 이는 안내 사항을 제공하는 것이므로 (B)가 정답이다.

어휘 correct v. ~을 바로잡다, ~을 정정하다 instructions 안내, 설명, 지시 inquire about ~에 관해 문의하다 opportunity 기회

17. 화자가 이메일로 무엇을 보냈는가?

(A) 사진
(B) 지도
(C) 계약서
(D) 양식

해설 담화 중반부에 화자가 청자에게 이메일로 신규 세입자 양식을 보냈다고(the new tenant form that I have just sent to you by e-mail) 알리고 있으므로 (D)가 정답이다.

18. 화자가 주차장과 관련해 무슨 말을 하는가?

(A) 현재 이용할 수 없다.

(B) 건물 뒤쪽에 위치해 있다.
(C) 주차 허가증을 필요로 한다.
(D) 이용하는 데 무료이다.

해설 화자가 담화 후반부에 소속 업체의 주차장이 현재 재포장 공사로 인해 폐쇄된 상태라고(our parking lot is closed for resurfacing right now) 언급하고 있는데, 이는 해당 주차장을 이용할 수 없는 이유를 말하는 것이므로 (A)가 정답이다.

어휘 currently 현재 unavailable 이용할 수 없는 be located 위치해 있다 behind ~ 뒤에 require ~을 필요로 하다 permit n. 허가증 free 무료인

Paraphrase closed → currently unavailable

Questions 19-21 refer to the following announcement.

19 Attention, passengers waiting to board train 541 to Pittsburgh. Due to the ongoing storm, some debris has been spotted on the tracks leaving the station in the direction of your destination. So, in order to allow you to depart on time, 20 your train will be departing from Platform C instead of the originally scheduled Platform F. If you have a lot of luggage to move, 21 we recommend that you ask one of our service attendants for assistance. Additional attendants will be available to assist any passengers who need it.

피츠버그행 541번 열차에 탑승하기 위해 대기 중이신 승객 여러분께 알립니다. 계속되는 폭풍으로 인해, 일부 잔해가 여러분의 목적지 방향으로 위치한 역을 출발하는 선로에서 발견되었습니다. 따라서, 제때 출발하실 수 있도록 해 드리기 위해, 여러분의 열차가 애초에 예정된 승강장 F 대신 승강장 C에서 출발하게 될 것입니다. 옮기셔야 하는 짐이 많을 경우, 저희 서비스 안내원들 중 한 명에게 도움을 요청하시도록 권해 드립니다. 이를 필요로 하시는 어떤 승객들이든 도와 드리기 위해 추가 안내원의 도움을 활용할 수 있을 것입니다.

어휘 board ~에 탑승하다 due to ~로 인해, ~ 때문에 ongoing 계속되는 debris 잔해, 쓰레기 spot v. ~을 발견하다 in the direction of ~ 방향으로 destination 목적지, 도착지 in order to do ~하기 위해 allow A to do: A에게 ~할 수 있게 해주다, A에게 ~하도록 허용하다 on time 제때 instead of ~ 대신 originally 애초에, 원래 ask A for B: A에게 B를 요청하다 attendant 안내원 assistance 도움, 지원 additional 추가적인 available (사람) 시간이 나는, (사물) 이용 가능한

19. 공지가 누구를 대상으로 하는가?
(A) 시설 관리 직원들
(B) 열차 승객들
(C) 여행사 직원들
(D) 매장 점원들

해설 화자가 담화를 시작하면서 피츠버그행 541번 열차에 탑승하기 위해 대기 중인 승객들에게 알린다고(Attention, passengers waiting to board train 541 to Pittsburgh) 언급하고 있으므로 (B)가 정답이다.

어휘 maintenance 시설 관리, 유지 관리 clerk 점원

20. 무엇이 변경되는가?
(A) 탑승 승강장
(B) 일기 예보
(C) 출발 시각
(D) 티켓 가격

해설 담화 중반부에 화자가 특정 열차가 애초에 예정된 승강장 F 대신 승강장 C에서 출발한다는(your train will be departing from Platform C instead of the originally scheduled Platform F) 정보를 제공하고 있으므로 (A)가 정답이다.

21. 화자가 무엇을 권하는가?
(A) 역 안내도를 참고하는 일
(B) 다른 경로를 이용하는 일
(C) 일정표를 출력하는 일
(D) 도움을 요청하는 일

해설 화자가 담화 후반부에 서비스 안내원들 중 한 명에게 도움을 요청하도록 권한다고(we recommend that you ask one of our service attendants for assistance) 알리고 있으므로 (D)가 정답이다.

어휘 refer to ~을 참고하다 take (도로, 교통편 등) ~을 이용하다, ~을 타다

Paraphrase ask one of our service attendants for assistance → Requesting assistance

Questions 22-24 refer to the following recorded message.

You have reached Foot Warehouse, 22 your best source for affordable, high-quality shoes, sneakers, boots, and sandals. Due to the upcoming holiday season, 23 our store will be extending its hours of operation until 10 P.M. every evening. We know that the Wanderer brand is extremely popular. 24 We apologize that we may not have them in stock as they sell out so quickly. If you are looking for them in a certain size, feel free to call us in advance before coming.

귀하께서는 알맞은 가격의 고품질 신발, 운동화, 부츠, 그리고 샌들을 구입하실 수 있는 최고의 공급업체, 풋 웨어하우스에 연락하셨습니다. 다가오는 연휴철로 인해, 저희 매장이 운영 시간을 매일 저녁 10시까지 연장하게 될 것입니다. 저희는 원더러 브랜드가 대단히 인기 있다는 사실을 알고 있습니다. 이 제품이 아주 빠르게 매진되기 때문에 저희가 재고로 보유하지 못할 수도 있

다는 점에 사과 드립니다. 특정 사이즈로 이 제품을 찾고 계시는 경우, 오시기 전에 미리 저희에게 얼마든지 전화 주시기 바랍니다.

어휘 reach ~에 연락하다 source 공급원 affordable 가격이 알맞은 due to ~로 인해, ~ 때문에 upcoming 다가오는, 곧 있을 extend ~을 연장하다, ~을 확장하다 operation 운영, 영업, 가동, 작동 extremely 대단히, 매우, 극도로 apologize that ~라는 점에 사과하다 have A in stock: A를 재고로 보유하다 sell out 매진되다 certain 특정한, 일정한 feel free to do 얼마든지 ~하셔도 됩니다, 마음껏 ~하세요 in advance 미리, 사전에

22. 매장에서 무엇을 판매할 것 같은가?
(A) 운동 장비
(B) 스포츠 용품
(C) 신발
(D) 의류

해설 화자가 담화를 시작하면서 업체 이름과 함께 판매 제품의 종류를 high-quality shoes, sneakers, boots, and sandals라고 밝히고 있으므로 (C)가 정답이다.

어휘 exercise 운동 equipment 장비, 설비 gear (특정 용도의) 용품, 장비

Paraphrase shoes, sneakers, boots, and sandals
→ Footwear

23. 화자가 무엇이 연장될 거라고 말하는가?
(A) 할인 행사
(B) 매장 영업 시간
(C) 개조 공사 일정
(D) 제품 보증 서비스

해설 담화 중반부에 화자가 매장 운영 시간을 매일 저녁 10시까지 연장할 것이라고(our store will be extending its hours of operation until 10 P.M. every evening) 밝히고 있으므로 (B)가 정답이다.

어휘 renovation 개조, 보수 guarantee 보증(서)

24. 화자가 왜 사과하는가?
(A) 배송이 지연되었다.
(B) 일부 재고가 제한적이다.
(C) 매장에 직원이 부족할 수도 있다.
(D) 한 브랜드의 가격이 인상되었다.

해설 화자가 담화 후반부에 사과의 말과 함께 특정 제품이 아주 빠르게 매진되기 때문에 재고로 보유하지 못할 수도 있다는 점을(We apologize that we may not have them in stock as they sell out so quickly) 이유로 언급하고 있다. 이는 재고 수량 부족 문제에 대해 사과하는 것이므로 (B)가 정답이다.

어휘 delayed 지연된, 지체된 inventory 재고(품), 재고 목록 limited 제한적인 short-staffed 직원이 부족한 raise ~을 인상하다, ~을 끌어올리다

Paraphrase may not have them in stock → inventory is limited

Questions 25-27 refer to the following excerpt from a meeting.

Good morning, everyone. The first thing to discuss today is 25 the renovation work that is scheduled for our office next week. All the carpeting will be replaced, and the walls and ceilings will be repainted. I'm sure you don't want paint to get on your personal items, so 26 please take one of these boxes and put your things into it. We'll be putting them all in our storage closet. 27 Please keep in mind our company's remote work protocols throughout next week. It shouldn't be anything new.

안녕하세요, 여러분. 오늘 첫 번째로 논의할 사항은 다음 주에 우리 사무실로 예정되어 있는 개조 공사 작업입니다. 모든 카펫이 교체될 것이며, 벽과 천장은 다시 페인트칠될 것입니다. 분명 여러분께서는 페인트가 개인 물품에 묻기를 원치 않으실 것이기 때문에, 이 상자들 중 하나를 가져가셔서 각자 물건을 안에 넣어두시기 바랍니다. 우리는 그것들을 모두 우리 보관실에 넣어놓을 것입니다. 다음 한 주 동안에 걸쳐 우리 회사의 원격 근무 규정을 명심하시기 바랍니다. 새로운 것은 없을 겁니다.

어휘 renovation 개조, 보수 carpeting 카펫(류) replace ~을 교체하다, ~을 대체하다 ceiling 천장 want A to do: A가 ~하기를 원하다 storage 보관, 저장 keep in mind (that) ~임을 명심하다 remote work 원격 근무 protocol 규정, 규약

25. 화자의 말에 따르면, 다음 주에 무슨 일이 있을 것인가?
(A) 교육 시간
(B) 안전 점검
(C) 사무실 개조 공사
(D) 하드웨어 업그레이드

해설 화자가 담화를 시작하면서 사무실에 대한 개조 공사 작업이 다음 주에 예정되어 있다는(the renovation work that is scheduled for our office next week) 사실을 밝히고 있으므로 (C)가 정답이다.

어휘 session (특정 활동을 위한) 시간 inspection 점검, 검사

26. 화자가 청자들에게 무엇을 하도록 요청하는가?
(A) 각자의 개인 소지품을 보관하는 일
(B) 일부 장비를 신청하는 일
(C) 각자의 차량을 옮기는 일
(D) 시간대를 선택하는 일

해설 담화 중반부에 화자가 상자들 중 하나를 가져가서 각자 물건을 안에 넣어두라고 요청하면서 그것들을 보관실에 넣을 것이라고(please take one of these boxes and put your things into it. We'll be putting them all in our storage closet) 알리고 있다. 이는 개인 소지품을 보관하도록 요청하는 것이므로 (A)가 정답이다.

어휘 store v. ~을 보관하다, ~을 저장하다 belongings 소지품, 개인 물품 sign for ~을 신청하다, ~에 등록하다 equipment 장비 vehicle 차량 select ~을 선택하다 time slot 시간대

Paraphrase one of these boxes / put your things into it / putting them all in our storage closet → Store their personal belongings

27. 화자가 "새로운 것은 없을 겁니다"라고 말할 때 암시하는 것은 무엇인가?

(A) 이미 점검 목록을 확인했다.
(B) 업무가 순조롭게 지속될 것으로 예상하고 있다.
(C) 대대적인 변화를 주고 싶어하지 않는다.
(D) 이전의 공급업체를 이용하고 싶어한다.

해설 화자가 담화 후반부에 다음 한 주 동안에 걸쳐 원격 근무 규정을 명심하라고(Please keep in mind our company's remote work protocols throughout next week) 당부하면서도 '새로운 것은 없을 겁니다'라고 말하는 흐름이다. 이는 직원들이 새롭게 느낄 만한 내용은 없을 것이라는 뜻으로, 일이 순조롭게 진행될 것이라는 의미에 해당되는 말이므로 (B)가 정답이다.

어휘 confirm ~을 확인하다 expect A to do: A가 ~할 것으로 예상하다 continue 지속되다 smoothly 순조롭게 make a change 변화를 주다, 바꾸다 would prefer to do ~하고 싶어하다 previous 이전의, 과거의 supplier 공급업체, 공급업자

Questions 28-30 refer to the following telephone message and directory.

Hello, this is Brandon Fitzsimmons calling for Taylor Modano. 28 I'm organizing this year's Rosemount Real Estate Convention, and I've been looking into good venues for our event. Your business center is about the right size and is in a good location, but I have some questions for you. 29 Do you charge separately for catering, parking, and other services, or is everything included in the reservation cost? I would like to get answers as soon as I can, but I'm going to the dentist this afternoon. 30 Please contact my assistant at extension 7 instead. Thanks in advance.

안녕하세요, 저는 테일러 모다노 씨께 전화 드리는 브랜든 피츠시먼스입니다. 제가 올해 열리는 로즈마운트 부동산 컨벤션을 조직하고 있으며, 저희 행사에 필요한 좋은 개최 장소를 계속 살펴보고 있습니다. 귀하의 비즈니스 센터가 대략 알맞은 규모로 되

어 있고 좋은 곳에 위치해 있기는 하지만, 질문이 좀 있습니다. 출장 요리 제공과 주차, 그리고 기타 서비스들에 대해 별도로 비용을 청구하시나요, 아니면 모든 것이 예약 비용에 포함되어 있나요? 가능한 한 빨리 답변을 듣고 싶지만, 제가 오늘 오후에 치과에 갈 예정입니다. 내선전화번호 7번으로 제 비서에게 대신 연락 주시기 바랍니다. 미리 감사 드립니다.

내선번호	성명
3	샤넬 카츠
5	피델 조르지우
7	실비아 웨스트
9	마이클 노튼

어휘 organize ~을 조직하다, ~을 준비하다 look into ~을 살펴보다 venue 개최 장소, 행사장 charge 비용을 청구하다 separately 별도로, 따로 catering 출장 요리 제공(업) parking 주차 include ~을 포함하다 reservation 예약 as soon as one can 가능한 한 빨리 contact ~에게 연락하다 assistant 비서, 보조, 조수 extension 내선전화(번호) instead 대신 in advance 미리, 사전에

28. 화자가 누구일 것 같은가?

(A) 주택 소유주
(B) 부동산 중개인
(C) 건물 관리인
(D) 컨벤션 조직 책임자

해설 화자가 담화 초반부에 자신을 소개하면서 올해 열리는 로즈마운트 부동산 컨벤션을 조직하고 있다고(I'm organizing this year's Rosemount Real Estate Convention) 알리고 있으므로 (D)가 정답이다.

어휘 property 건물, 부동산

29. 화자가 왜 전화하는가?

(A) 청자를 행사에 초대하기 위해
(B) 지불 비용 입금을 요청하기 위해
(C) 일부 비용에 관해 문의하기 위해
(D) 예약을 취소하기 위해

해설 담화 중반부에 화자가 출장 요리 제공과 주차, 그리고 기타 서비스들에 대해 별도로 비용을 청구하는지, 아니면 모든 것이 예약 비용에 포함되어 있는지(Do you charge separately for catering, parking, and other services, or is everything included in the reservation cost?) 묻는 부분이 전화하는 목적에 해당된다. 이는 비용에 관해 문의하는 것이므로 (C)가 정답이다.

어휘 deposit 입금(액), 선금, 착수금 inquire about ~에 관해 문의하다 reservation 예약

Paraphrase Do you charge ~? → inquire about some costs

30. 시각정보를 보시오. 청자는 누구에게 연락해야 하는가?

(A) 샤넬 카츠
(B) 피델 조르지우
(C) 실비아 웨스트
(D) 마이클 노튼

해설 담화 맨 마지막 부분에 화자가 내선전화번호 7번으로 자신의 비서에게 대신 연락하도록(Please contact my assistant at extension 7 instead) 요청하고 있다. 시각정보에서 세 번째 줄에 표기된 내선번호 7번에 해당되는 사람이 Silvia West이므로 (C)가 정답이다.

Questions 31-33 refer to the following announcement and schedule.

Good afternoon. This announcement is for all passengers waiting to board 31 Flight 174 to Santa Barbara. Your departure time has been pushed back until 6:45. 32 Routine mechanical checks discovered a minor mechanical issue that needs to be resolved before takeoff. We apologize for the inconvenience. 33 Since the flight will no longer be serving a meal during the flight, the airline is issuing food coupons that can be used for any dining facility in the airport. Please report to the service counter by the boarding gate to receive the coupons for your party.

안녕하세요. 이 공지는 산타 바바라행 174 항공편 탑승을 기다리고 계시는 모든 승객 여러분께 전해 드리는 것입니다. 여러분의 출발 시각이 6시 45분으로 미뤄졌습니다. 일상적인 기계 점검을 통해 이륙 전에 해결되어야 하는 작은 기계적인 문제가 발견되었습니다. 이러한 불편함에 대해 사과 말씀 드립니다. 이 항공편이 비행 중에 더 이상 식사를 제공해 드리지 않을 예정이므로, 해당 항공사에서 공항 내에 위치한 어떤 식사 시설에 대해서든 이용하실 수 있는 식사 쿠폰을 지급해 드리고 있습니다. 탑승 게이트 옆에 위치한 서비스 카운터에 알리셔서 일행 분들을 위해 쿠폰을 받아가시기 바랍니다.

항공편	목적지	출발 시각
209	몬테레이	2:35
174	산타 바바라	4:50
610	칸쿤	6:45
905	티후아나	7:30

어휘 **board** ~에 탑승하다 **departure** 출발, 떠남 **push back** ~을 미루다 **routine** 일상적인 **discover** ~을 발견하다 **minor** (중요성이) 작은, 사소한 **issue** n. 문제, 사안 v. ~을 지급하다, ~을 발급하다 **resolve** ~을 해결하다 **takeoff** 이륙 **apologize for** ~에 대해 사과하다 **inconvenience** 불편함 **no longer** 더 이상 ~ 않다 **serve** (음식 등) ~을 제공하다, ~을 내오다 **dining** 식사 **facility** 시설(물) **party** 일행, 당사자

31. 시각정보를 보시오. 지연된 항공편은 애초의 출발 시각이 몇 시였는가?

(A) 2:35
(B) 4:50
(C) 6:45
(D) 7:30

해설 화자가 담화를 시작하면서 산타 바바라행 174 항공편의 출발 시각이 6시 45분으로 미뤄졌다고(Flight 174 to Santa Barbara. Your departure time has been pushed back until 6:45) 알리고 있다. 시각정보에서 산타 바바라행 174 항공편이 표기된 두 번째 줄에 출발 시각이 4:50으로 쓰여 있으므로 (B)가 정답이다.

어휘 **delayed** 지연된, 지체된 **original** 애초의, 원래의

32. 해당 항공편이 왜 지연되었는가?

(A) 항공기에 연료가 재급유되어야 했다.
(B) 폭풍이 먼저 지나가야 했다.
(C) 기계적인 문제가 발견되었다.
(D) 일부 연결 항공편 승객이 늦게 도착했다.

해설 담화 초반부에 화자가 기계 점검을 통해 이륙 전에 해결되어야 하는 작은 기계적인 문제가 발견된(Routine mechanical checks discovered a minor mechanical issue) 사실을 알리고 있으므로 (C)가 정답이다.

어휘 **connecting passenger** 항공편 승객

Paraphrase discovered a minor mechanical issue → mechanical problem was detected

33. 화자에 따르면, 항공사가 왜 식사 쿠폰을 지급한다고 하는가?

(A) 기내 식사가 제공되지 않을 것이다.
(B) 몇몇 특별 식사가 요청되어 있다.
(C) VIP 승객들을 위한 서비스이다.
(D) 해당 항공편이 초과 예약되었다.

해설 화자가 담화 중반부에 비행 중에 식사를 제공하지 않을 예정이기 때문에 항공사에서 식사 쿠폰을 지급한다는(Since the flight will no longer be serving a meal during the flight, the airline is issuing food coupons) 사실을 밝히고 있으므로 (A)가 정답이다.

어휘 **overbooked** 초과 예약된

Paraphrase flight will no longer be serving a meal during the flight → in-flight meal will not be served

EXAMPLE 1

우리 대학에 대한 조앤 롤랜드 씨의 공헌을 기리고 감사를 표하기 위해 함께 모인 이 뜻깊은 자리에 참석해 주셔서 감사합니다. 롤랜드 씨는 재생 에너지 분야의 저명한 권위자이며 에이스 에너지 솔루션의 CEO로 재직하고 계십니다. 그분은 우리 학생들에게 자신의 조직에서 많은 취업 기회를 아낌없이 제공해 주셨습니다. 국립 과학 대학교의 부총장으로서, 저는 우리 학교와 학생들을 위해 헌신해 주신 롤랜드 씨께 진심으로 감사드립니다. 감사의 표시로 이 상패를 수여하는 것은 저희에게도 큰 기쁨을 줄 것입니다.

어휘 **join** ~와 함께 하다, ~에 참가하다 **significant** 상당한 **occasion** 행사 **honor** ~을 기리다, ~에게 영예를 주다 **express** (생각, 감정 등) ~을 표현하다 **gratitude** 감사(의 마음) **contribution** 공헌 **distinguished** 유명한, 성공한 **authority** 권위 **field** 분야 **renewable energy** 재생에너지 **generously** 아낌없이 **offer** ~을 제공하다 **employment opportunity** 고용 기회 **organization** 조직 **extend** ~을 주다, ~을 베풀다 **sincere** 진실된 **commitment** 헌신 **institution** 기관 **present** ~을 증정하다, ~을 주다 **plaque** 명판, 상패 **appreciation** 감사

1. 화자는 누구일 것 같은가?
   (A) 고용 매니저
   (B) 업체 소유주
   (C) 연구 보조원
   (D) 대학교 관계자

2. 화자는 왜 롤랜드 씨에게 감사를 표하는가?
   (A) 취업 기회를 제공해주었기 때문에
   (B) 대량 주문을 했기 때문에
   (C) 좋은 후기를 많이 썼기 때문에
   (D) 단골 고객이기 때문에

어휘 **job opportunity** 취업 기회 **place an order** 주문하다 **review** n. 후기, 평 **loyal customer** 단골 고객

3. 이 다음에 어떤 일이 일어날 것 같은가?
   (A) 수여식이 진행될 것이다.
   (B) 회의 일정이 변경될 것이다.
   (C) 다과가 제공될 것이다.
   (D) 영상이 재생될 것이다.

어휘 **presentation** 수여, 증정 **take place** (일, 행사 등이) 일어나다, 발생되다 **reschedule** ~의 일정을 재조정하다 **refreshments** 다과, 간식 **serve** (음식 등)~을 제공하다, ~을 내오다

EXAMPLE 2

은퇴나 승진을 축하하는 소규모 파티를 준비하고 싶으신가요, 아니면 대규모의 회사 연회를 준비하고 싶으신가요? 어느 쪽이든, 알파 이벤트가 여러분의 요구를 충족시켜 드릴 수 있습니다! 출장요리, 장식, 라이브 음악을 포함한, 폭넓은 서비스를 제공합니다. 오늘 저희 웹사이트 alphaonline.com에 방문하셔서 행사 비용 견적을 요청하세요. 또한, 이번 달 한정으로, 신규 고객님들이 서비스를 예약하실 경우 10퍼센트 할인을 받게 됩니다. 웹사이트에서 '신규 고객'을 클릭하세요!

어휘 **organize** ~을 마련하다, 조직하다 **celebrate** ~을 축하하다 **retirement** 은퇴 **promotion** 승진 **arrange** ~을 마련하다, ~의 일정을 잡다 **banquet** 연회 **meet** ~을 충족시키다 **needs** 필요한 것 **extensive** 광범위한 **catering** 출장 요리 제공(업) **decoration** 장식(물) **estimate** 추정, 견적(서) **book** ~을 예약하다

1. 무엇이 광고되고 있는가?
   (A) 자선 단체
   (B) 직원 교육 업체
   (C) 부동산 중개업
   (D) 행사 기획사

2. 화자는 청자들에게 무엇을 하도록 권하는가?
   (A) 고객 후기를 읽는 일
   (B) 소식지를 신청하는 일
   (C) 비용 견적을 받는 일
   (D) 안내책자를 요청하는 일

어휘 **sign up for** ~에 등록하다, ~을 신청하다 **estimate** 추정, 견적(서) **catalog** 안내책자

3. 신규 고객들은 이번 달 무엇을 받을 것인가?
   (A) 무료 증정품
   (B) 서비스에 대한 할인
   (C) 쿠폰 모음집
   (D) 멤버십 업그레이드

어휘 **complimentary** 무료의 **gift** 선물 **discount** 할인 **coupon** 쿠폰, 할인권

1. (D)	2. (C)	3. (B)	4. (B)	5. (D)
6. (A)	7. (D)	8. (A)	9. (C)	10. (D)
11. (C)	12. (B)	13. (C)	14. (A)	15. (D)
16. (C)	17. (B)	18. (B)	19. (C)	20. (B)
21. (C)	22. (A)	23. (D)	24. (A)	25. (D)
26. (B)	27. (B)	28. (B)	29. (A)	30. (D)
31. (C)	32. (D)	33. (A)		

Questions 1-3 refer to the following speech.

Hello everyone, and thank you for coming to this event to celebrate the opening of our museum's new exhibit on Levittown. **1** I want to take this time to thank Joey McKinney for his generous donation that made this exhibit possible. **2** The special collection that he provided, which consists of dozens of photographs that are nearly a century old, help tell the story of the early days of this town and the people who helped to build it. **3** Mr. McKinney's work is different from that of many other artists in that it depicts how people lived day by day during those times.

안녕하세요, 여러분, 그리고 레빗타운에 관한 저희 박물관의 새로운 전시회 개장을 축하하는 이 행사에 와주셔서 감사 드립니다. 저는 이 시간을 빌어 조이 맥키니 씨께 이번 전시회를 가능하게 한 너그러운 기증에 대해 감사의 말씀을 드리고 싶습니다. 맥키니 씨께서 제공해주신 특별한 소장품은, 거의 100년은 된 수십 장의 사진으로 구성되어 있으며, 우리 마을의 초창기 및 마을을 설립하는 데 도움을 주셨던 분들에 대한 이야기를 전해 드리는 데 도움이 됩니다. 맥키니 씨의 소장 작품은 사람들이 당시에 하루하루 어떻게 생활했는지 묘사하고 있다는 섬에서 많은 다른 예술가들의 작품과 다릅니다.

어휘 **celebrate** ~을 축하하다, ~을 기념하다 **exhibit** 전시회, 전시품 **generous** 너그러운, 후한 **donation** 기증(품), 기부(금) **collection** 소장(품), 수집(품) **consist of** ~로 구성되다 **dozens of** 수십 개의 **nearly** 거의 **help do** ~하는 데 도움이 되다 **work** (글, 그림, 음악 등의) 작품, 작업물 **different from** ~와 다른 **in that** ~라는 점에서 **depict** ~을 묘사하다

1. 연설의 목적은 무엇인가?

(A) 박물관의 재개장을 발표하는 것
(B) 신임 큐레이터를 소개하는 것
(C) 도시의 역사를 설명하는 것
(D) 기증자에게 감사하는 것

해설 화자가 담화 초반부에 조이 맥키니 씨에게 전시회를 가능하게 해준 너그러운 기증에 대해 감사의 인사를(I want to take this time to thank Joey McKinney for his

generous donation that made this exhibit possible) 전하는 것이 목적에 해당되므로 (D)가 정답이다.

어휘 **introduce** ~을 소개하다, ~을 도입하다 **explain** ~을 설명하다 **donor** 기증자, 기부자

Paraphrase thank Joey McKinney for his generous donation → thank a donor

2. 화자가 어떤 종류의 소장품을 언급하는가?

(A) 단편 소설
(B) 공식 기록
(C) 역사적인 사진
(D) 수제 소형 조각품

해설 화자가 담화 중반부에 조이 맥키니 씨가 제공한 특별한 소장품이 거의 100년은 된 수십 장의 사진으로 구성되어 있다는(The special collection that he provided, which consists of dozens of photographs that are nearly a century old) 특징을 언급하고 있다. 이는 역사적인 의의를 지니는 사진으로 볼 수 있으므로 (C)가 정답이다.

어휘 **official** 공식적인, 정식의 **figurine** 소형 조각품

Paraphrase dozens of photographs that are nearly a century old → Historical photos

3. 화자의 말에 따르면, 조이 맥키니 씨의 소장 작품과 관련해 무엇이 특별한가?

(A) 여러 다른 양식의 조합
(B) 일상 생활에 대한 묘사
(C) 특별 행사에 대한 초점
(D) 주제의 다양성

해설 담화 맨 마지막 부분에 화자가 조이 맥키니 씨의 소장 작품이 다른 이유로 사람들이 당시에 하루하루 어떻게 생활했는지 묘사하고 있다는 점을(Mr. McKinney's work is different ~ it depicts how people lived day by day during those times) 언급하고 있다. 이는 일상 생활에 대한 묘사가 특징적이라는 점을 말하는 것이므로 (B)가 정답이다.

어휘 **combination** 조합, 결합 **depiction** 묘사 **focus on** ~에 대한 초점, ~에 대한 집중 **diversity** 다양성 **subject** 주제, 대상(자)

Paraphrase depicts how people lived day by day → depiction of everyday life

Questions 4-6 refer to the following speech.

The purpose of this press conference is to address concerns about █4█ our latest line of educational toys for young children. Some of our competitors in the field have claimed that the products are too complicated for infants to enjoy, but this is not true. █5█ Mr. John Simpson, who has more than 30 years of experience in teaching in elementary schools, designed the products to be suitable for children of all ages. To show how well-designed the products are, █6█ we will be demonstrating them at Hazel Department Store this Saturday. Everyone is welcome to attend.

이 기자회견의 목적은 어린 아이들을 위한 저희 최신 교육용 장난감 제품군과 관련된 우려 사항들을 다루기 위한 것입니다. 업계에 속한 일부 저희 경쟁사들은 그 제품들이 유아들이 갖고 놀기엔 너무 복잡하다고 주장해왔지만, 이는 사실이 아닙니다. 초등학교에서 30년이 넘는 교직 경력을 지니고 계신 존 심슨 씨께서 모든 나이의 아이들에게 적합하도록 그 제품들을 고안하셨습니다. 그 제품들이 얼마나 잘 만들어졌는지 보여드리기 위해, 저희가 이번 주 토요일에 헤이즐 백화점에서 시연해 드릴 예정입니다. 모든 분께서 얼마든지 참석하셔도 좋습니다.

어휘 **press conference** 기자회견 **address** v. (문제 등) ~을 다루다, ~을 처리하다 **concern** 우려, 걱정 **competitor** 경쟁사, 경쟁자 **field** 업계, 분야 **claim that** ~라고 주장하다 **complicated** 복잡한 **infant** 유아 **design** ~을 고안하다, ~을 만들다, ~을 디자인하다 **be suitable for** ~에게 적합하다, ~에게 어울리다 **demonstrate** ~을 시연하다, ~을 시범 보이다 **be welcome to do** 얼마든지 ~해도 좋다 **attend** 참석하다

4. 화자가 어떤 업계에서 근무하고 있는 것 같은가?

(A) 도서 출판
(B) 장난감 제조
(C) 시장 조사
(D) 아동용 의류

해설 화자가 담화 초반부에 소속 업체를 our로 지칭해 어린 아이들을 위한 자사의 최신 교육용 장난감을(our latest line of educational toys for young children) 언급하고 있으므로 (B)가 정답이다.

5. 화자의 말에 따르면, 누가 새로운 제품군을 고안했는가?

(A) 과학자
(B) 예술가
(C) 공학자
(D) 교사

해설 담화 중반부에 화자가 초등학교에서 30년이 넘는 교직 경력을 지니고 있는 존 심슨 씨가 제품을 고안한(Mr. John Simpson, who has more than 30 years of

experience in teaching in elementary schools, designed the products) 사실을 밝히고 있다. 따라서, 교사가 해당 제품을 고안했음을 알 수 있으므로 (D)가 정답이다.

6. 화자가 토요일에 무슨 일이 있을 것이라고 말하는가?

(A) 제품 시연회가 개최될 것이다.
(B) 마케팅 캠페인이 시작될 것이다.
(C) 새 백화점이 문을 열 것이다.
(D) 경연 대회가 개최될 것이다.

해설 화자가 담화 후반부에 이번 주 토요일에 헤이즐 백화점에서 시연할 예정이라고(we will be demonstrating them at Hazel Department Store this Saturday) 알리고 있으므로 (A)가 정답이다.

어휘 **demonstration** 시연(회) **hold** ~을 개최하다 **competition** 경연 대회, 경기 대회 **take place** (행사, 일 등이) 개최되다, 일어나다

▐Paraphrase▐ will be demonstrating them → demonstration will be held

Questions 7-9 refer to the following advertisement.

Are you hoping to get in shape for summer? █7█ Then join us here at Pure Gym! We have an extensive range of exercise machines and classes. And █8█ we've just lowered the prices of all our membership plans, so becoming a member is more affordable than ever. You can now gain access to all our facilities for only $30 per month. If you'd like a preview of our facilities, █9█ visit our Web site and click on our virtual tour. Then you'll be able to see all we have to offer.

여름에 대비해 몸매를 가꿀 수 있기를 바라고 계신가요? 그러시다면 이곳 저희 퓨어 짐에 가입하십시오! 저희는 아주 다양한 운동 기계 및 강좌를 보유하고 있습니다. 그리고 저희가 모든 저희 회원 약정에 대한 가격을 막 낮췄으므로, 회원이 되시는 일이 그 어느 때보다 가격이 적절합니다. 여러분께서는 이제 매달 불과 30달러밖에 되지 않는 금액으로 모든 저희 시설을 이용하실 수 있습니다. 저희 시설에 대한 사전 안내 영상을 보기를 원하실 경우, 저희 웹사이트를 방문하셔서 가상 투어 버튼을 클릭하시기 바랍니다. 그 후에 저희가 제공해 드리는 모든 것을 보실 수 있게 됩니다.

어휘 **get in shape** 몸매를 가꾸다 **join** ~에 가입하다, ~에 합류하다 **an extensive range of** 아주 다양한 (종류의) **exercise** 운동 **lower** ~을 낮추다, ~을 내리다 **membership plans** 회원 약정 **affordable** 가격이 알맞은 **than ever** 그 어느 때보다 **gain access to** ~을 이용하다, ~에 접근하다 **facility** 시설(물) **preview** 사전 안내, 미리 보기 **virtual** 가상의 **then** 그 후에, 그렇다면, 그때, 그래서

7. 무엇이 광고되고 있는가?

    (A) 요리 학원
    (B) 놀이 공원
    (C) 건강 식품 매장
    (D) 피트니스 센터

해설 화자가 담화를 시작하면서 '퓨어 짐'이라는 업체 이름과 함께 그곳에 가입하도록 권하면서 다양한 운동 기계 및 강좌를 보유하고 있다는(Then join us here at Pure Gym! We have an extensive range of exercise machines and classes) 사실을 알리고 있다. 따라서, 피트니스 센터에 대한 광고임을 알 수 있으므로 (D)가 정답이다.

8. 화자의 말에 따르면, 업체에서 최근에 무엇을 했는가?

    (A) 가격을 내렸다.
    (B) 건물을 개조했다.
    (C) 신입 직원을 고용했다.
    (D) 웹사이트를 다시 디자인했다.

해설 담화 중반부에 화자가 모든 회원 약정에 대한 가격을 막 낮췄다고(we've just lowered the prices of all our membership plans) 밝히고 있으므로 (A)가 정답이다.

어휘 **reduce** ~을 내리다, ~을 감소시키다, ~을 할인하다 **remodel** ~을 개조하다

Paraphrase lowered the prices → reduced some prices

9. 청자들은 왜 웹사이트를 방문하도록 권장되는가?

    (A) 일정표를 보기 위해
    (B) 할인을 받기 위해
    (C) 가상 투어를 하기 위해
    (D) 고객 이용 후기를 읽어보기 위해

해설 화자가 담화 후반부에 웹사이트를 방문해 가상 투어 버튼을 클릭하도록(visit our Web site and click on our virtual tour) 권하고 있는데, 이는 청자들에게 가상 투어를 해보도록 권장하는 말에 해당되므로 (C)가 정답이다.

어휘 **view** ~을 보다 **obtain** ~을 얻다, ~을 획득하다 **review** 후기, 의견, 평가, 검토

Questions 10-12 refer to the following talk.

> 🔟 The next stop on our tour is the room that Mr. Wayne used as his first photograph development studio back in 1905. Of course, we added some lighting so that you could see a bit better in here. 1️⃣1️⃣ Originally these photographs were developed in the dark. And, I hear this question during every tour: 1️⃣1️⃣ Weren't a lot of dangerous chemicals used to develop photos back then? That is true, and in fact, several times fires broke out in this very room. If you know 1️⃣2️⃣ "Wayne's Eye", then this room should look familiar to you. 1️⃣2️⃣ It was one of Mr. Wayne's most famous pictures taken in this

room after a fire in 1907. You can find copies of it in our gift shop.

우리 투어의 다음 장소는 웨인 씨가 1905년 당시에 자신의 첫 사진 현상 스튜디오로 이용했던 방입니다. 물론, 저희가 여러분께서 이 안을 조금 더 잘 보실 수 있도록 일부 조명을 추가했습니다. 원래 이 사진들은 어둠 속에서 현상되었습니다. 그리고, 제가 매번 투어 중에 이런 질문을 듣습니다: 많은 위험한 화학 물질이 그 당시에 사진을 현상하는 데 사용되지 않았는가? 이는 사실이며, 실제로, 여러 차례 화재가 바로 이 방에서 발생되었습니다. "웨인의 눈"을 알고 계신다면, 이 방이 익숙하게 보일 것입니다. 이는 1907년에 있었던 화재 후에 이 방에서 촬영된 웨인 씨의 가장 유명한 사진들 중 하나였습니다. 저희 선물 매장에서 그 복제 제품을 찾아보실 수 있습니다.

어휘 **development** (사진) 현상 **add** ~을 추가하다 **lighting** 조명 **so that** (목적) ~하도록 **originally** 원래, 애초에 **develop** (사진) ~을 현상하다 **in the dark** 어둠 속에서 **chemical** n. 화학 물질 **break out** (화재, 전쟁 등이) 발생되다, 발발하다 **familiar to** ~에게 익숙한

10. 화자가 어디에서 일하고 있을 것 같은가?

    (A) 미술관에서
    (B) 카메라 매장에서
    (C) 촬영 스튜디오에서
    (D) 역사 박물관에서

해설 화자가 담화를 시작하면서 투어의 다음 장소를 언급하면서 웨인 씨가 1905년 당시에 자신의 첫 사진 현상 스튜디오로 이용했던 방이라고(The next stop on our tour is the room that Mr. Wayne used as his first photograph development studio back in 1905) 알리고 있다. 이를 통해 화자가 역사적인 장소와 관련된 단체나 업체에서 일하고 있다는 점을 알 수 있으므로 역사 박물관을 뜻하는 (D)가 정답이다.

11. 화자가 "제가 매번 투어 중에 이런 질문을 듣습니다"라고 말할 때 무엇을 암시하는가?

    (A) 항상 같은 질문에 대답하는 것을 지겹게 느끼고 있다.
    (B) 최근의 기술 발전에 깊은 인상을 받고 있다.
    (C) 청자들이 궁금해할 것으로 예상하고 있다.
    (D) 확정적인 답변을 해줄 수 없다.

해설 담화 중반부에 화자가 특정 사진들이 원래 어둠 속에서 현상되었다고(Originally these photographs were developed in the dark) 알리면서 '제가 매번 투어 중에 이런 질문을 듣습니다'라는 말과 함께 '많은 위험한 화학 물질이 그 당시에 사진을 현상하는 데 사용되지 않았는가?(Weren't a lot of dangerous chemicals used to develop photos back then?)'라는 질문을 제시하고 있다. 이는 그 동안 투어를 진행하면서 사람들이 무엇을 궁금해하는지 알게 된 것을 예상하고 먼저 언급하는 상황에 해

당되므로 (C)가 정답이다.

어휘   tired of ~을 지겨워하는 all the time 항상 be impressed by ~에 깊은 인상을 받다 recent 최근의 advance 발전, 진보 expect that ~하는 것으로 예상하다 definitive 확정적인, 최종적인

---

12. "웨인의 눈"은 무엇인가?

   (A) 수집가의 물품
   (B) 유명한 이미지
   (C) 카메라 렌즈
   (D) 사진집

해설   화자가 담화 후반부에 "Wayne's Eye"를 언급하면서 웨인 씨의 가장 유명한 사진들 중 하나라고(It was one of Mr. Wayne's most famous pictures) 알리고 있으므로 (B)가 정답이다.

어휘   collector 수집가

Paraphrase   one of Mr. Wayne's most famous pictures → famous image

---

Questions 13-15 refer to the following advertisement.

13 Are you planning to redesign your home or commercial space? Vivid Solutions is the company you need! At Vivid Solutions, we know exactly how to transform your rooms to make them as visually appealing as possible. 14 Our team members have all worked in the field for at least 5 years and are ready to offer you their expertise and advice. 15 If you would like to see some photographs of our work, please visit our Web site at www.vividsolutions.com. When you see what we can do, you'll definitely want to work with us!

여러분의 자택 또는 상업적 공간을 다시 디자인하실 계획을 세우고 계신가요? 저희 비비드 솔루션즈가 바로 여러분께서 필요로 하시는 회사입니다! 저희 비비드 솔루션즈에서는, 여러분의 방들을 가능한 한 시각적으로 매력적이게 만들어 드리기 위해 탈바꿈시키는 방법을 정확히 알고 있습니다. 저희 팀원들은 모두 최소 5년 동안 업계에서 일해왔으며, 여러분께 전문 지식 및 조언을 제공해 드릴 준비가 되어 있습니다. 몇몇 저희 작업물 사진을 확인해보고자 하시는 경우, 저희 웹사이트 www.vividsolutions.com을 방문하시기 바랍니다. 저희가 해 드릴 수 있는 것을 보시게 되면, 분명 저희와 함께 하고 싶으실 것입니다!

어휘   commercial 상업적인 exactly 정확히 how to do ~하는 방법 transform ~을 탈바꿈시키다, ~을 변모시키다 as A as possible: 가능한 한 A한 visually 시각적으로 appealing 매력적인 field 업계, 분야 be ready to do ~할 준비가 되다 expertise 전문 지식 work 작업물, 작품 definitely 분명히, 확실히

---

13. 어떤 종류의 업체가 광고되고 있는가?

   (A) 부동산 중개업체
   (B) 주택 청소 서비스 업체
   (C) 실내 디자인 업체
   (D) 행사 기획 전문 회사

해설   화자가 담화를 시작하면서 자택 또는 상업적 공간을 다시 디자인할 계획을 세우고 있는지(Are you planning to redesign your home or commercial space?) 물은 뒤로 소속 업체 이름을 밝히는 것으로 광고를 진행하고 있다. 따라서, 실내 디자인 업체를 광고하는 담화임을 알 수 있으므로 (C)가 정답이다.

---

14. 화자가 업체와 관련해 무슨 말을 하는가?

   (A) 직원들이 아주 경험이 많다.
   (B) 고객 목록이 늘어나고 있다.
   (C) 신규 고객에게 할인을 제공한다.
   (D) 무료 상담을 제공한다.

해설   담화 중반부에 화자가 소속 업체의 특징을 설명하면서 팀원들이 모두 최소 5년 동안 업계에서 일해왔다고 Our team members have all worked in the field for at least 5 years) 알리고 있는데, 이는 경험이 많다는 뜻이므로 (A)가 정답이다.

어휘   highly 아주, 대단히, 매우 experienced 경험이 많은 grow 늘어나다, 증가하다 free 무료의 consultation 상담

Paraphrase   have all worked in the field for at least 5 years → highly experienced

---

15. 청자들이 회사의 웹사이트에서 무엇을 할 수 있는가?

   (A) 행사에 등록하는 일
   (B) 견적서를 요청하는 일
   (C) 일부 사진을 보는 일
   (D) 일부 후기를 읽는 일

해설   화자가 담화 후반부에 회사 웹사이트를 언급하면서 작업물 사진을 확인해보고 싶을 경우에 자사의 웹사이트를 방문하라고(If you would like to see some photographs of our work, please visit our Web site at www.vividsolutions.com) 알리고 있으므로 (C)가 정답이다.

어휘   sign up for ~에 등록하다, ~을 신청하다 quote 견적(서) review 후기, 평가, 의견, 검토

Paraphrase   see some photographs → View some pictures

Questions 16-18 refer to the following talk.

16 Welcome to this seminar on modern theatre. While popular themes change throughout history, some things still remain. The structure of a play and how tension is built is generally similar. Now, 17 today's seminar is different from ones that we have held

before thanks to a team of interpreters. For those of you attending virtually, 17 you can select from four language options, and those of you here can borrow an earpiece. One last thing. 18 Please don't forget to visit our event's homepage afterwards and post your opinions about it. Okay, it's time for our first speaker.

현대 연극에 관한 이 세미나에 오신 것을 환영합니다. 인기 있는 주제들이 역사 전체에 걸쳐 변화되고 있기는 하지만, 어떤 것들은 여전히 그대로 남아 있습니다. 연극의 구조 및 긴장이 고조되는 방식은 일반적으로 유사합니다. 자, 오늘 세미나는 통역가들로 구성된 팀으로 인해 저희가 전에 개최해왔던 것과 다릅니다. 가상으로 참석하시는 분들께서는, 네 가지 언어 옵션 중에서 선택하실 수 있으며, 이 자리에 계신 분들께서는 이어폰을 빌리실 수 있습니다. 마지막 전달 사항입니다. 나중에 저희 행사 홈페이지를 잊지 말고 방문하셔서 이와 관련된 의견을 게시해 주시기 바랍니다. 좋습니다, 이제 저희 첫 연사를 모실 순서입니다.

어휘 **theatre** 연극 **theme** 주제 **remain** 그대로 남아 있다 **structure** 구조, 체계 **tension** 긴장(감) **generally** 일반적으로, 보통 **similar** 유사한, 비슷한 **hold** ~을 개최하다 **thanks to** ~로 인해, ~ 덕분에 **interpreter** 통역가 **attend** 참석하다 **virtually** 가상으로 **select** 선택하다 **borrow** ~을 빌리다 **earpiece** 이어폰 **forget to do** ~하는 것을 잊다 **afterwards** 나중에, 그 후에 **post** ~을 게시하다

16. 청자들이 어떤 분야에서 일할 것 같은가?

(A) 회계
(B) 건축
(C) 엔터테인먼트
(D) 컴퓨터 기술

해설 화자가 담화를 시작하면서 현대 연극에 관한 세미나에 온 것을 환영한다고(Welcome to this seminar on modern theatre) 알리고 있으므로 연극 공연과 관련된 분야에 해당되는 (C)가 정답이다.

어휘 **field** 분야, 업계

17. 화자의 말에 따르면, 오늘 세미나와 관련해 무엇이 다른가?

(A) 화상 회의를 통해 참석할 수 있다.
(B) 여러 언어로 통역될 것이나.
(C) 예년의 행사들보다 더 많은 입장권을 판매했다.
(D) 새롭게 지어진 건물에서 개최되고 있다.

해설 화자가 담화 중반부에 오늘 세미나가 통역가들로 구성된 팀으로 인해 이전의 행사와 다를 것이라는(today's seminar is different from ones that we have held before thanks to a team of interpreters) 말과 함께 네 가지 언어 옵션 중에서 선택할 수 있다고(you can select from four language options) 알리고 있다. 따라서, 여러 가지 언어로 통역된다는 사실을 알 수 있으므로 (B)가 정답이다.

어휘 **via** ~을 통해 **video conference** 화상 회의 **interpret** ~을

통역하다 **previous** 이전의, 과거의

18. 일부 청자들에게 무엇을 하도록 권장되는가?

(A) 전화기를 꺼놓는 일
(B) 의견을 제공하는 일
(C) 조별 토론에 참여하는 일
(D) 자료를 다운로드하는 일

해설 담화 후반부에 화자가 청자들에게 행사 홈페이지를 잊지 말고 방문해서 관련 의견을 게시하도록(Please don't forget to visit our event's homepage afterwards and post your opinions about it) 당부하고 있다. 이는 의견을 제공하도록 권하는 말에 해당되므로 (B)가 정답이다.

어휘 **turn off** ~을 끄다 **feedback** 의견 **join** ~에 참여하다, ~에 함께 하다 **material** 자료, 재료, 물품

Paraphrase post your opinions → Offer some feedback

Questions 19-21 refer to the following talk.

It's a great pleasure to welcome you all on your first day here at Milligan Foods. As the human resources manager, it's my job to teach you about the company's procedures and policies 19 during today's orientation session. All of you will be working at 20 our new manufacturing plant, which Milligan Foods opened at the beginning of the year. The factory primarily produces our popular ranges of frozen, microwaveable meals. Before we begin, 21 there are some bagels and coffee in the next room. There's plenty for everyone.

이곳 밀리건 푸드에서의 첫 날에 오신 여러분 모두를 환영해 드리게 되어 대단히 기쁩니다. 인사부장으로서, 오늘 오리엔테이션 시간 중에 회사의 절차 및 정책에 관해 여러분께 가르쳐 드리는 것이 제 일입니다. 여러분께서는 모두 우리 밀리건 푸드가 연초에 문을 연 새로운 제조 공장에서 근무하시게 될 것입니다. 이 공장은 주로 우리 회사의 인기 있는 냉동 전자레인지 조리용 식사 제품군을 생산합니다. 시작하기에 앞서, 옆방에 몇몇 베이글과 커피가 있습니다. 모든 분을 위해 충분히 있습니다.

어휘 **human resources** 인사(부) **procedure** 절차 **policy** 정책 **manufacturing** 제조 **plant** 공장 **primarily** 주로 **range** 제품군, 종류, 범위 **microwaveable** 전자레인지로 조리할 수 있는

19. 화자가 어디에 있을 것 같은가?

(A) 시상식에
(B) 컨벤션에
(C) 직원 오리엔테이션에
(D) 개장식 행사에

해설 담화 초반부에 화자가 입사 첫 날에 온 것을 환영한다는 인사와 함께 오늘 오리엔테이션 시간 중에(during today's orientation session) 자신이 할 일을 소개하고 있으므로 (C)가 정답이다.

20. 화자는 회사가 올해 무엇을 했다고 말하는가?

(A) 신제품을 출시했다.
(B) 공장을 개장했다.
(C) 일부 고객에게 설문 조사했다.
(D) 상을 받았다.

해설 화자가 담화 중반부에 새로운 제조 공장을 언급하면서 올해 초에 문을 열었다고(our new manufacturing plant, ~ opened at the beginning of the year) 설명하고 있으므로 (B)가 정답이다.

어휘 launch ~을 출시하다, ~을 시작하다 survey v. ~에게 설문 조사하다

Paraphrase manufacturing plant / opened
→ Opened a factory

21. 화자가 왜 "모든 분을 위해 충분히 있습니다"라고 말하는가?

(A) 청자들에게 새 프로젝트에 관해 알리기 위해
(B) 몇몇 문서를 가져가도록 청자들에게 조언하기 위해
(C) 청자들에게 간식을 즐기도록 권하기 위해
(D) 질문하도록 청자들에게 제안하기 위해

해설 담화 맨 마지막 부분에 화자가 옆방에 베이글과 커피가 있다고(there are some bagels and coffee in the next room) 알리면서 '모든 분을 위해 충분히 있습니다'라고 말하는 흐름이다. 이는 간식에 해당되는 베이글과 커피를 충분히 즐기도록 권하는 말에 해당되므로 (C)가 정답이다.

어휘 inform ~에게 알리다 advise A to do: A에게 ~하도록 조언하다 pick up ~을 가져가다, ~을 가져오다 encourage A to do: A에게 ~하도록 권하다 refreshments 간식, 다과

Questions 22-24 refer to the following tour information.

Good morning, and 22 welcome to the Brookhaven History Museum! My name is Kelly, and I'll be your guide today. It looks like you got here earlier than expected, so 23 our curator still has to unlock the door to our main exhibit. She'll be here shortly with the key. In the meantime, 24 why don't you log into our free Wi-Fi and download our app? The app is a great way to stay up to date on all of our upcoming special exhibits and events. It also includes audio guides for each exhibit, so you can learn even more about the history of Brookhaven at your own pace.

안녕하세요, 그리고 브룩헤븐 역사 박물관에 오신 것을 환영합니다! 제 이름은 켈리이며, 오늘 여러분의 가이드가 되어 드릴 것

입니다. 여러분께서 예상보다 더 일찍 이곳에 오신 듯하기 때문에, 저희 큐레이터께서 주요 전시회로 가는 문을 여전히 열어주셔야 합니다. 이분께서 곧 열쇠를 갖고 여기로 오실 것입니다. 그 사이에, 저희 무료 와이파이에 접속하셔서 저희 앱을 다운로드 하시면 어떨까요? 이 앱은 곧 있을 모든 저희 특별 전시회 및 행사와 관련해 최신 정보를 유지하실 수 있는 아주 좋은 방법입니다. 이는 각 전시회에 필요한 오디오 가이드도 포함하고 있으므로, 여러분 각자만의 속도로 브룩헤븐의 역사와 관련해 훨씬 더 많은 것을 배우실 수 있습니다.

어휘 It looks like ~인 듯하다, ~한 것처럼 보이다 get here 여기로 오다 than expected 예상보다 exhibit 전시회, 전시품 shortly 곧, 머지 않아 in the meantime 그 사이에, 그러는 동안 why don't you ~? ~하시면 어떨까요? log into ~에 접속하다 free 무료의 stay 형용사: ~한 상태를 유지하다, 계속 ~한 상태이다 up to date (정보 등이) 최신의 upcoming 곧 있을, 다가오는 include ~을 포함하다 even (비교급 수식) 훨씬 at one's own pace 자신만의 속도로

22. 화자가 누구일 것 같은가?

(A) 박물관 가이드
(B) 역사 교사
(C) 자물쇠 제조업자
(D) 큐레이터

해설 화자가 담화를 시작하면서 브룩헤븐 역사 박물관에 온 것을 환영한다는 인사말과 함께 오늘 청자들의 가이드가 될 것이라고(welcome to the Brookhaven History Museum! My name is Kelly, and I'll be your guide today) 알리고 있으므로 (A)가 정답이다.

23. 청자들이 왜 기다릴 것인가?

(A) 일부 참가자들이 여전히 오는 중이다.
(B) 일부 장비가 아직 준비되지 않았다.
(C) 비용 지불이 이뤄져야 한다.
(D) 문이 열려야 한다.

해설 화자가 담화 중반부에 큐레이터가 문을 열어줘야 한다는 말과 함께 열쇠를 갖고 곧 올 것이라고(our curator still has to unlock the door to our main exhibit. She'll be here shortly with the key) 알리고 있다. 이는 문이 열릴 때까지 청자들이 기다려야 한다는 뜻이므로 (D)가 정답이다.

어휘 participant 참가자 on one's way 오는 중인, 가는 중인 equipment 장비

24. 화자가 무엇을 하도록 권하는가?

(A) 모바일 앱을 다운로드하는 일
(B) 파트너와 짝을 이루는 일
(C) 우편물 발송 대상자 목록에 가입하는 일
(D) 선물 매장을 방문하는 일

해설 | 화자가 담화 중반부에 무료 와이파이에 접속해서 자신이 소속된 박물관의 앱을 다운로드하면 어떨지(why don't you log into our free Wi-Fi and download our app?) 권하고 있으므로 (A)가 정답이다.

어휘 | **pair with** ~와 짝을 이루다

Questions 25-27 refer to the following talk.

It's nice to have an opportunity to talk with you all today. 25 I'm Shawn Miller of Mobile Solutions, a new accessories company that makes cases and screen protectors for mobile phones. Our company only started three months ago, so we are trying hard to promote our brand to consumers. And, 26 because your department store is located in the middle of a busy shopping area, it would be an ideal place for us to sell our products. Now, 27 you might be thinking our merchandise is a bit expensive compared with similar products, but please understand, our products are remarkably durable.

오늘 여러분 모두와 이야기 나눌 수 있는 기회를 갖게 되어 아주 좋습니다. 저는 휴대전화기 케이스 및 화면 보호용 제품을 만드는 신생 부대용품 회사인 모바일 솔루션즈의 숀 밀러입니다. 저희 회사는 불과 3개월 전에 시작되었기 때문에, 저희 브랜드를 소비자들께 홍보하기 위해 열심히 노력하고 있습니다. 그리고, 여러분의 백화점이 분주한 쇼핑 구역 한복판에 위치해 있기 때문에, 저희 제품을 판매하는 데 있어 이상적인 장소일 것입니다. 자, 여러분께서는 저희 상품이 유사 제품들에 비해 조금 비싸다고 생각하고 계실지도 모르지만, 이해해주셨으면 하는 점은, 저희 제품은 놀라울 정도로 내구성이 뛰어납니다.

어휘 | **have an opportunity to do** ~할 기회를 갖다 **accessories** 부대용품 **promote** ~을 홍보하다 **consumer** 소비자 **be located** 위치해 있다 **ideal** 이상적인 **merchandise** 상품 **compared with** ~에 비해, ~와 비교해 **remarkably** 놀라울 정도로, 현저히, 두드러지게 **durable** 내구성이 좋은

25. 화자의 회사에서 무엇을 생산하는가?

(A) 소형 여행 가방
(B) 맞춤 제자 장신구
(C) 노트북 컴퓨터
(D) 휴대전화 부대용품

해설 | 화자가 담화 초반부에 자신을 소개하면서 업체 이름과 함께 휴대전화기 케이스 및 화면 보호용 제품을 만드는 신생 부대용품 회사라고(I'm Shawn Miller of Mobile Solutions, a new accessories company that makes cases and screen protectors for mobile phones) 알리고 있으므로 (D)가 정답이다.

어휘 | **compact** 소형의 **custom** 맞춤 제작된, 주문 제작된
Paraphrase accessories / cases and screen protectors for

26. 화자는 왜 해당 백화점과 함께 일하고 싶어하는가?

(A) 긍정적인 고객 평가를 받았다.
(B) 인기 있는 상업 구역을 기반으로 한다.
(C) 고품질 제품으로 알려져 있다.
(D) 대중 교통으로 쉽게 접근 가능하다.

해설 | 담화 중반부에 화자가 청자들이 있는 백화점이 분주한 쇼핑 구역 한가운데에 있기 때문에 제품 판매에 이상적일 거라고(because your department store is located in the middle of a busy shopping area, it would be an ideal place for us to sell our products) 알리고 있다. 이는 해당 백화점이 많은 사람들이 오가는 상업 구역에 위치해 있다는 특징을 말하는 것이므로 (B)가 정답이다.

어휘 | **positive** 긍정적인 **review** 후기, 평가, 의견, 검토 **be based in** ~을 기반으로 하다 **be known for** ~로 알려져 있다 **accessible** 접근 가능한, 이용 가능한 **transportation** 교통 (편)

Paraphrase is located in the middle of a busy shopping area → is based in a popular commercial area

27. 화자가 왜 "저희 제품은 놀라울 정도로 내구성이 뛰어납니다"라고 말하는가?

(A) 포장재 디자인을 설명하기 위해
(B) 상대적으로 높은 비용을 정당화하기 위해
(C) 일부 동료들의 노력을 칭찬하기 위해
(D) 고객 불만 사항을 처리하기 위해

해설 | 화자가 담화 후반부에 자사의 상품이 유사 제품들보다 조금 비싸다고 생각할 수도 있다고(you might be thinking our merchandise is a bit expensive compared with similar products) 말한 뒤에 '저희 제품은 놀라울 정도로 내구성이 뛰어납니다'라고 언급하는 흐름이다. 이는 조금 더 비싼 것에 대한 이유를 말하는 것으로서, 그러한 비용이 타당함을 설명하는 말에 해당되므로 (B)가 정답이다.

어휘 | **explain** ~을 설명하다 **packaging** 포장재, 포장 용기 **justify** ~을 정당화하다, ~의 정당함을 증명하다 **relatively** 상대적으로, 비교적 **praise** ~을 칭찬하다 **colleague** 동료 (직원) **address** v. (문제 등) ~을 처리하다, ~을 다루다 **complaint** 불만, 불평

Questions 28-30 refer to the following advertisement and coupon.

Whether you're interested in learning the basics or mastering more advanced swimming techniques, you should come to Loyola's Swim Center! 28 Ms. Loyola's reputation is unmatched as the owner of swim club centers in nearly a dozen different cities throughout the state. Check out our Web site to download coupons based on the current month. Last month, senior citizens were offered a special discount. This month, [29] you can get half off registration if you are just a beginner! Join our newsletter to be notified about other discounts for advanced swimmers or children. Also, [30] we have recently changed our policy regarding guests. Each member can now bring 1 guest per session, so bring a friend when you come!

기초를 배우시는 데 관심이 있으시든, 아니면 더 많은 고급 수영 기술을 완벽히 터득하시는 데 관심이 있으시든 상관없이, 저희 로욜라스 수영 센터에 오시기 바랍니다! 로욜라 씨의 명성은 우리 주 전역에 위치한 거의 십여 개에 달하는 여러 다른 도시에 수영 클럽 센터를 보유한 소유주로서 타의 추종을 불허합니다. 이번 달을 기반으로 하는 쿠폰을 다운로드하실 수 있도록 저희 웹 사이트를 확인해 보시기 바랍니다. 지난 달에, 어르신들께서 특별 할인을 제공 받으셨습니다. 이번 달에는, 초급자이신 분일 경우에 등록비에서 절반을 할인 받으실 수 있습니다! 상급자 또는 어린이에 대한 다른 할인 혜택과 관련해 알림을 받으시려면 저희 소식지에 가입하십시오. 또한, 저희가 초대 손님과 관련된 정책을 최근에 변경했습니다. 각 회원께서는 이제 한 가지 시간당 한 명의 초대 손님을 동반하실 수 있으므로, 오실 때 친구 한 분을 동반하시기 바랍니다!

> **로욜라스 수영 센터**
> **50% 할인**
> **해당되는 강습들**

어휘 **whether A or B:** A이든 B이든 상관없이 **basics** 기초, 기본 **master** v. ~을 완벽히 터득하다 **advanced** 고급의, 상급의 **reputation** 명성, 평판 **unmatched** 타의 추종을 불허하는 **nearly** 거의 **a dozen** 십여 개의, 십여 명의 **based on** ~을 기반으로 하는, ~을 바탕으로 하는 **current** 현재의 **get half off** ~에서 절반을 할인 받다 **registration** 등록(비) **notify** ~에게 알리다, ~에게 통보하다 **recently** 최근에 **policy** 정책, 방침 **regarding** ~와 관련된 **per** ~당, ~마다 **applicable** 해당되는, 적용할 수 있는

28. 로욜라 씨는 무엇으로 알려져 있는가?

(A) 수영복 제품군을 디자인했다.
(B) 몇몇 수영장을 소유하고 있다.
(C) 여러 수영 대회에서 우승했다.
(D) 초보자를 가르치는 일을 전문으로 한다.

해설 화자가 담화 중반부에 로욜라 씨를 소개하면서 그 명성이 주 전역에 위치한 거의 십여 개에 달하는 여러 다른 도시에 수영 클럽 센터를 보유한 소유주로서 타의 추종을 불허한다고(Ms. Loyola's reputation is unmatched as the owner of swim club centers in nearly a dozen different cities throughout the state) 언급하고 있다. 따라서, 로욜라 씨가 여러 수영장을 소유한 사람임을 알 수

있으므로 (B)가 정답이다.

어휘 **own** ~을 소유하다 **competition** 경기 대회, 경연 대회 **specialize in** ~을 전문으로 하다

[Paraphrase] owner of swim club centers in nearly a dozen different cities → owns several swimming pools

29. 시각정보를 보시오. 쿠폰이 어느 강좌에 대해 사용될 수 있는가?

(A) 초보자 강습
(B) 상급자 강습
(C) 어린이 강습
(D) 고령자 강습

해설 시각정보로 제시된 쿠폰에 50퍼센트가 할인된다는(50% OFF) 정보가 쓰여 있는데, 화자가 담화 중반부에 이번 달에 초급자가 등록비에서 절반을 할인 받을 수 있다고(you can get half off registration if you are just a beginner!) 알리고 있으므로 (A)가 정답이다.

어휘 **voucher** 쿠폰, 상품권

30. 로욜라스 수영 센터에서 최근에 무엇이 변경되었는가?

(A) 강좌의 종류
(B) 사물함 형태
(C) 수영장 규모
(D) 초대 손님 정책

해설 담화 후반부에 화자가 초대 손님과 관련된 정책을 최근에 변경한 사실과 함께 각 회원이 이제 한 가지 시간당 한 명의 초대 손님을 동반할 수 있다고(we have recently changed our policy regarding guests. Each member can now bring 1 guest per session) 알리고 있으므로 (D)가 정답이다.

어휘 **variety** 종류, 다양함

Questions 31-33 refer to the following advertisement and product list.

Take advantage of Kiran's back-to-school sale and get a laptop before next semester starts! [31] Kiran's laptops are the most highly-rated laptops on the market for academic use. [32] The model with the largest screen even has a detachable keyboard that makes it useful for giving presentations to small groups. Whether you are getting started with your university studies or in graduate school, a Kiran laptop can help ease your path to graduation. [33] Visit our Web site to check out the specifications of each model to find the one that best matches your needs!

키란의 신학기 할인 행사를 이용하셔서 다음 학기가 시작되기 전에 노트북 컴퓨터를 받으세요! 키란의 노트북 컴퓨터는 학업용으로 시중에서 가장 높은 평가를 받는 노트북 컴퓨터입니다. 가장 큰 화면을 지닌 모델은 심지어 소규모 그룹을 대상으로 발표를 하는 데 있어 유용하게 만들어주는 분리 가능한 키보드도 있습니다. 대학 공부를 시작하시는 분이든, 아니면 대학원에 계시는 분이든 상관없이, 키란 노트북 컴퓨터는 졸업을 향해 가는 여러분의 길을 수월하게 해 드리는 데 도움을 드릴 수 있습니다. 저희 웹사이트를 방문하셔서 여러분의 요구에 가장 잘 어울리는 것을 찾으실 수 있도록 각 모델의 사양을 확인해보시기 바랍니다.

키란 노트북 컴퓨터	
모델명	화면 크기
테리어	11 인치
콜리	14 인치
셰퍼드	15.6 인치
허스키	17.3 인치

어휘   take advantage of ~을 이용하다   back-to-school 신학기의   semester 학기   highly-rated 높이 평가 받는   detachable 분리 가능한   give a presentation 발표하다   whether A or B: A이든 B이든 상관없이   get started 시작하다   graduate school 대학원   ease ~을 수월하게 하다   graduation 졸업   specifications (제품) 사양   match ~에 어울리다

---

31. 키란 노트북 컴퓨터의 주목할 만한 특징으로 무엇이 언급되는가?

(A) 기벼운 무게
(B) 오래 가는 배터리 수명
(C) 높은 고객 평가
(D) 빠른 처리 속도

해설   화자가 담화 초반부에 키란 노트북 컴퓨터를 설명하면서 학업용으로 시중에서 가장 높은 평가를 받는 노트북 컴퓨터라고(Kiran's laptops are the most highly-rated laptops on the market for academic use) 알리는 부분이 있는데, 이는 시장에서 높은 고객 평가를 받고 있다는 뜻이므로 (C)가 정답이다.

어휘   rating 평가, 등급   processing 처리

Paraphrase   the most highly-rated → high customer rating

---

32. 시각정보를 보시오. 어느 노트북 컴퓨터에 분리 가능한 키보드가 있는가?

(A) 테리어
(B) 콜리

(C) 셰퍼드
(D) 허스키

해설   담화 중반부에 화자가 가장 큰 화면을 지닌 모델에 특정 용도의 분리 가능한 키보드도 있다고(The model with the largest screen even has a detachable keyboard) 알리고 있다. 시각정보에서 맨 아랫줄에 17.3 inches로 표기된 Husky가 가장 큰 화면을 지닌 모델이므로 (D)가 정답이다.

---

33. 화자는 키란 웹사이트 방문객들이 무엇을 할 수 있다고 말하는가?

(A) 제품 사양을 확인해보는 일
(B) 고객 후기를 읽어보는 일
(C) 경품 추첨 행사에 참가하는 일
(D) 제공 서비스를 상품으로 교환하는 일

해설   담화 맨 마지막 부분에 화자가 자사의 웹사이트를 방문해 고객들에게 가장 잘 어울리는 것을 찾을 수 있도록 각 모델의 사양을 확인해보라고(Visit our Web site to check out the specifications of each model ~) 권하고 있으므로 (A)가 정답이다.

어휘   review 후기, 의견, 평가   prize drawing 경품 추첨 행사   redeem (상품권 등) ~을 상품으로 교환하다   offer 제공(되는 것)

Paraphrase   check out the specifications of each model → View product specifications

---

DAY 09   Part 3, 4 시각정보 연계 문제, 의도파악 문제

EXAMPLE 1

여: 안녕하세요, 미구엘 씨. 우리가 새로운 중개업자를 고용했다는걸 들으셨나요? 그분은 상업용 부동산을 다루는 데 아주 경험이 많으세요. 그러니 우리 중개소에도 좋은 소식이죠.
남: 그 말을 들으니 기쁘네요!
여: 실은... 그분이 적응하시는 데 당신의 도움이 필요해요. 그분이 이 도시에 온 지 얼마 안 됐거든요. 금요일에 그분을 모시고 시내에 가시는 건 어때요? 회사에서 두 분을 위해 식사와 음료 비용을 지불해드릴 수 있어요.
남: 좋은 생각인 것 같네요.
여: 감사해요. 내선번호 목록을 확인해보시고 계획을 확정할 수 있도록 그분에게 전화를 해주세요. 그분의 이름은 사이먼 랭포드예요.
남: 알겠습니다. 지금 할게요.

어휘   hire ~을 고용하다   realtor 부동산업자   experienced 경험이 풍부한   deal with ~을 다루다   commercial 상업용의, 상업적인   property 부동산   agency 중개소   settle in 자리잡

다, 적응하다 **downtown** 시내(에서) **meal** 식사 **extension** 내선 **confirm** ~을 확정하다

1. 화자들은 어디서 일할 것 같은가?

(A) 여행사에서
(B) 금융기관에서
(C) 부동산 회사에서
(D) 마케팅 회사에서

2. 여자는 왜 남자에게 시내에 갈 것을 요청하는가?

(A) 고객에게 부동산을 보여주기 위해
(B) 공항에서 동료를 데려오기 위해
(C) 동료와 식사를 하기 위해
(D) 작업 서류를 제출하기 위해

어휘 **pick up** ~을 (차에) 태우다 **colleague** 동료(직원) **submit** ~을 제출하다

3. 시각정보를 보시오. 남자는 어느 내선 번호로 전화를 걸 것인가?

(A) 내선번호 112
(B) 내선번호 203
(C) 내선번호 207
(D) 내선번호 312

EXAMPLE 2

좋은 아침입니다, 여러분! 우리의 최신 운동복 제품군이 매장에서 판매될 준비가 되었다는 것을 말씀드리게 되어 기쁩니다. 그런데, 이사진이 우리가 다양한 신문과 잡지에 싣고자 한 광고들에 대해 몇 가지 우려가 있다고 합니다. 그분들은 광고가 불필요한 세부사항들을 너무 많이 보여주고, 제품은 충분히 명확하게 보여주지 않는다는 점을 걱정하고 있어요. 정보가 많습니다. 제가 그래픽 디자인 팀과 상의해 볼게요. 제품 출시 파티가 다음 주말에 열리기 때문에, 그 전에 광고를 수정해야 합니다.

어휘 **latest** 최신의 **range** 종류, 제품군 **board member** 이사회 **concern** 걱정, 우려 **run** ~을 운영하다 **display** ~을 보여주다 **unnecessary** 불필요한 **detail** 세부 사항 **clearly** 또렷하게 **enough** 충분히 **launch** 출시 **take place** (일, 행사 등이) 발생되다, 개최되다

1. 화자의 회사는 무엇을 판매하는가?

(A) 운동복
(B) 잡지
(C) 건강 식품
(D) 운동 기구

2. 남자가 "정보가 많습니다"라고 말할 때 무엇을 의미하는가?

(A) 이사진이 요청을 승인했다.
(B) 청자들이 보고서를 보냈다.
(C) 몇 가지 의견에 기쁘다.
(D) 몇 가지 우려에 동의한다.

어휘 **approve** ~을 승인하다 **feedback** 의견 **concern** 우려

3. 다음 주에 어떤 행사가 열릴 것인가?

(A) 제품 출시 행사
(B) 매장 개점
(C) 기술 개발 워크숍
(D) 이사진 회의

토익 실전 연습

1. (D)	**2.** (C)	**3.** (B)	**4.** (C)	**5.** (B)
6. (C)	**7.** (D)	**8.** (C)	**9.** (C)	**10.** (C)
11. (A)	**12.** (C)	**13.** (C)	**14.** (D)	**15.** (A)
16. (C)	**17.** (D)	**18.** (B)	**19.** (D)	**20.** (C)
21. (D)	**22.** (C)	**23.** (B)	**24.** (D)	**25.** (C)
26. (C)	**27.** (D)	**28.** (B)	**29.** (C)	**30.** (A)

Questions 1–3 refer to the following conversation.

M: Hello, I'm calling in regard to the Top Shape fitness tracker that you purchased online last month. **1** Do you have a minute for a brief questionnaire?

W: Okay, sure.

M: Thank you! **2** How do you like our company's fitness tracker so far?

W: Well, so far, I've been using it on a daily basis.

M: Wow, that's great! **3** Do you plan to continue using it next week as well?

W: Actually, **3** I'll be gone to visit an overseas client, so I doubt I'll get the chance.

남: 안녕하세요, 귀하께서 지난 달에 온라인에서 구입하신 톱 쉐이프 피트니스 트래커와 관련해 전화 드렸습니다. 간단한 설문 조사를 위해 시간 좀 내주시겠습니까?

여: 네, 좋아요.

남: 감사합니다! 저희 회사의 피트니스 트래커가 지금까지 어떠셨나요?

여: 음, 지금까지, 매일 계속 이용해오고 있어요.

남: 와우, 아주 좋습니다! 다음 주에도 계속 이용하실 계획이신가요?

여: 실은, 제가 해외 고객을 방문하러 갈 예정이어서 그럴 기회가 있지 않을 것 같아요.

어휘 **in regard to** ~와 관련해 **fitness tracker** 피트니스 트래커

(신체 단련 및 운동 중의 몸 상태를 확인하는 장치) **brief** 간단한, 잠깐 동안의 **questionnaire** 설문 조사 **How do you like ~?** ~는 어떠신가요? **so far** 지금까지 **on a daily basis** 매일, 하루 단위로 **plan to do** ~할 계획이다 **continue -ing** 계속 ~하다 **as well** ~도, 또한 **overseas** 해외의 **client** 고객 **doubt (that)** ~가 아니라고 생각하다, ~라는 점에 의구심을 갖다

1. 남자가 왜 전화하는가?

(A) 실수에 대해 사과하기 위해
(B) 신체 단련 계획을 논의하기 위해
(C) 회의 일정을 잡기 위해
(D) 설문 조사를 실시하기 위해

해설 남자가 대화를 시작하면서 간단한 설문 조사를 위해 시간을 낼 수 있는지(Do you have a minute for a brief questionnaire?) 물은 뒤로 질문 및 답변으로 대화가 진행되고 있으므로 (D)가 정답이다.

어휘 **apologize for** ~에 대해 사과하다 **conduct** ~을 실시하다, ~을 수행하다 **survey** 설문 조사(지)

2. 여자가 "매일 계속 이용해오고 있어요"라고 말할 때 무엇을 의미하는가?

(A) 체육관 회원으로 등록했다.
(B) 일정을 확인해봐야 한다.
(C) 제품에 만족하고 있다.
(D) 일 때문에 바빴다.

해설 대화 중반부에 남자가 자사의 피트니스 트래커 제품이 지금까지 어땠는지 묻자(How do you like our company's fitness tracker so far?), 여자가 '매일 계속 이용해오고 있어요'라고 대답하는 흐름이다. 이는 매일 이용할 정도로 만족도가 높다는 뜻이므로 (C)가 정답이다.

어휘 **sign up for** ~에 등록하다, ~을 신청하다 **be satisfied with** ~에 만족하다

3. 여자가 다음 주에 무엇을 한다고 말하는가?

(A) 재택 근무를 한다.
(B) 출장을 떠난다.
(C) 구직 면접을 본다.
(D) 새로운 운동 루틴을 시작한다.

해설 남자가 대화 후반부에 다음 주에도 계속 이용할 계획인지(Do you plan to continue using it next week as well?) 묻자, 여자가 출장을 떠난다고(I'll be gone to visit an overseas client) 알리면서 그럴 기회가 없을 것 같다고 밝히고 있으므로 (B)가 정답이다.

어휘 **workout** 운동 **routine** 규칙적으로 하는 일의 순서와 방법, 루틴

Paraphrase will be gone to visit an overseas client
→ Going on a business trip

Questions 4-6 refer to the following conversation.

M: Allison, I've been looking at 4 the reviews our members have left on our gym's Web site. A lot of them have complained about the exercise classes that we teach here.

W: Oh, that's a shame. What kind of problems did the reviewers mention?

M: 5 Quite a few of them are upset that we change the times of the classes too often, and that we don't keep them updated about the schedule. To be honest, that is something we should try to avoid.

W: Okay. Let's get all the staff together for a meeting about this.

M: Sure. 6 But, when? A lot of members normally arrive around 10.

W: Well, it's quiet at the moment.

남: 앨리슨 씨, 제가 회원들께서 우리 체육관 웹사이트에 남기신 후기를 계속 보고 있습니다. 많은 분들께서 우리가 이곳에서 가르치는 운동 강좌들에 대해 불만을 제기하셨어요.
여: 아, 유감이네요. 후기 작성자들께서 어떤 종류의 문제를 언급하셨나요?
남: 꽤 많은 분들께서 우리가 너무 자주 강좌 시간을 변경한다는 점과, 우리가 일정과 관련해 그분들께 계속 새로운 정보를 알려 드리지 않는다는 점에 대해 언짢아하고 계세요. 솔직히, 이건 우리가 피하도록 해야 하는 거예요.
여: 좋아요. 이와 관련된 회의를 위해 모든 직원을 한 자리에 모아봅시다.
남: 네. 하지만, 언제요? 많은 회원들께서 보통 10시쯤 도착하세요.
여: 음, 지금 조용하네요.

어휘 **review** 후기, 의견, 평가, 검토 **leave** ~을 남기다 **complain about** ~에 대해 불만을 제기하다 **exercise** 운동 **that's a shame** 유감이네요, 아쉽네요, 안타깝네요 **mention** ~을 언급하다 **quite a few of** 꽤 많은 **upset** 언짢아 하는, 화가 난 **keep A updated**: A에게 계속 새로운 정보를 알리다 **to be honest** 솔직히 (말해서) **avoid** ~을 피하다 **get A together**: A를 한 자리에 모으다 **normally** 보통, 일반적으로 **at the moment** 지금, 현재

4. 화자들이 누구일 것 같은가?

(A) IT 기술자들
(B) 대학 강사들
(C) 체육관 강사들
(D) 도서관 직원들

해설 남자가 대화를 시작하면서 소속 체육관 웹사이트에 회원들이 남긴 후기를(the reviews our members have left on our gym's Web site) 언급하고 있으므로 체육관에서 근무하는 사람에 해당되는 (C)가 정답이다.

5. 일부 온라인 리뷰어들이 무엇에 대해 불만을 제기했는가?

(A) 회비
(B) 일정 변경
(C) 경험이 부족한 직원들
(D) 결함이 있는 장비

해설 대화 중반부에 남자가 꽤 많은 사람들이 너무 자주 강좌 시간을 변경하는 것에 대해 언짢아하고 있다고(Quite a few of them are upset that we change the times of the classes too often) 알리고 있다. 이는 일정이 너무 자주 변경되는 문제를 말하는 것이므로 (B)가 정답이다.

어휘 inexperienced 경험이 부족한, 미숙한 faulty 결함이 있는, 흠이 있는 equipment 장비

Paraphrase change the times of the classes too often → Schedule changes

6. 여자가 왜 "지금 조용하네요"라고 말하는가?

(A) 서비스에 대해 실망감을 표현하기 위해
(B) 영업을 일찍 마감하도록 권하기 위해
(C) 지금 회의를 열도록 제안하기 위해
(D) 일부 업무에 관한 진행 보고서를 요청하기 위해

해설 남자가 대화 후반부에 언제 회의를 할지 물으면서 많은 회원들이 보통 10시쯤 도착한다고(But, when? A lot of members normally arrive around 10) 알리자, 여자가 '지금 조용하네요'라고 말하는 흐름이다. 이는 지금 조용할 때 바로 회의를 열자고 제안하는 말에 해당되므로 (C)가 정답이다.

어휘 express (생각, 감정 등) ~을 표현하다 disappointment 실망(감) hold ~을 열다, ~을 개최하다 progress 진행 (상황), 진척

Questions 7–9 refer to the following conversation.

M: Hey Martha. 7 I was thinking about moving the orientation for new employees from Thursday to Friday next week. Would that be possible?

W: Well, 8 I scheduled it for Thursday because that's the only day the meeting room is available. I was planning to use the presentation equipment in there.

M: I see what you mean. We have so much work to do on Thursday, though!

W: Yeah. 9 I suppose I could split it into two sessions, and hold the second one on Friday.

M: That's a great idea! You could give them the tour of our offices on Friday. That way, you'll have more time for other tasks on Thursday.

남: 안녕하세요, 마사 씨. 신입 직원들을 대상으로 하는 오리엔테이션을 다음 주 목요일에서 금요일로 옮기는 것을 생각하고 있었어요. 그게 가능할까요?

여: 음, 제가 그걸 목요일로 일정을 잡은 이유는 회의실이 이용 가능한 유일한 날이기 때문입니다. 제가 그곳에서 발표 장비를 이용할 계획이었거든요.

남: 무슨 말씀이신지 알겠습니다. 하지만, 우리가 목요일에 할 일이 너무 많습니다!

여: 네. 그걸 두 번의 시간으로 나눠서, 두 번째 시간을 금요일에 개최할 수 있을 것 같아요.

남: 아주 좋은 생각입니다! 그분들께 금요일에 우리 사무실 견학을 제공해 드릴 수 있을 거예요. 그렇게 하시면, 목요일에 다른 업무를 보실 시간이 더 많아질 겁니다.

어휘 available 이용 가능한 presentation 발표(회) equipment 장비 though (문장 끝이나 중간에서) 하지만 suppose (that) ~라고 생각하다, ~라고 추정하다 split A into B: A를 B로 나누다 session (특정 활동을 하는) 시간 hold ~을 개최하다, ~을 열다 that way 그렇게 하면, 그런 방법으로 task 업무, 일

7. 화자들이 어떤 행사를 이야기하고 있는가?

(A) 제품 출시
(B) 주주 회의
(C) 은퇴 기념 만찬
(D) 직원 오리엔테이션

해설 남자가 대화를 시작하면서 신입 직원들을 대상으로 하는 오리엔테이션을 다음 주 목요일에서 금요일로 옮기는 일을(I was thinking about moving the orientation for new employees from Thursday to Friday next week) 언급한 뒤로, 그러한 일정 변경과 관련해 이야기하고 있으므로 (D)가 정답이다.

어휘 launch 출시, 시작 shareholder 주주 retirement 은퇴, 퇴직

8. 남자가 "하지만, 우리가 목요일에 할 일이 너무 많습니다!"라고 말할 때 무엇을 암시하는가?

(A) 목요일에 하루 쉬고자 한다.
(B) 업무 관련 행사에 참석할 수 없다.
(C) 결정에 대해 실망하고 있다.
(D) 여자에게 초과 근무하기를 원하고 있다.

해설 여자가 대화 중반부에 회의실이 이용 가능한 유일한 날이기 때문에 목요일로 일정을 잡았다고(I scheduled it for Thursday because that's the only day the meeting room is available) 알리자, 남자가 '하지만, 우리가 목요일에 할 일이 너무 많습니다!'라고 반응하는 흐름이다. 이는 목요일에 할 일이 너무 많아 해당 일정대로 오리엔테이션을 진행할 수 없다는 실망감을 나타내는 말에 해당되므로 (C)가 정답이다.

어휘 take A off: A만큼 쉬다 be unable to do ~할 수 없다 attend ~에 참석하다 be disappointed about ~에 대해 실망하다 decision 결정 work overtime 초과 근무하다

9. 여자가 무엇을 제안하는가?

(A) 다가오는 행사를 취소하는 일
(B) 행사 초대장을 발송하는 일
(C) 추가 시간에 대한 일정을 잡는 일
(D) 직원들에게 공지하는 일

해설 대화 후반부에 여자가 두 번의 시간으로 나눠서 두 번째 시간을 금요일에 개최할 수 있을 것 같다고(I suppose I could split it into two sessions, and hold the second one on Friday) 알리고 있는데, 이는 추가 시간에 대한 일정을 잡도록 제안하는 말에 해당되므로 (C)가 정답이다.

어휘 upcoming 다가오는, 곧 있을 invitation 초대(장) additional 추가적인 make an announcement 공지하다, 발표하다

Paraphrase split it into two sessions, and hold the second one on Friday → Scheduling an additional session

Questions 10-12 refer to the following conversation and board.

W: How come you brought such a large suitcase, Henry? 10 We'll just be at the pharmaceutical convention for two days.
M: 11 I'm staying for an extra day after the convention ends. My grandparents live in the city, so I'm going to visit them while I'm there. It's so difficult to find the time to see them these days due to our busy work schedules. I've requested an annual leave day the day after the convention ends.
W: That sounds nice. Oh, we'd better head over to our platform and get ready for boarding. My ticket says we're departing from Platform 7.
M: Let's check the departure board. You're right, 12 it's Platform 7, but look! Our train is delayed. Well, that gives us time to grab some breakfast. There's a nice coffee shop on the second floor.

여: 어째서 그렇게 큰 여행 가방을 가져오신 거예요, 헨리 씨? 우리는 그저 제약 컨벤션에 이틀 동안만 가 있을 텐데요.
남: 제가 컨벤션이 끝난 후에 추가로 하루 더 머무를 거예요. 저희 조부모님께서 그 도시에 살고 계셔서, 그곳에 기 있는 동안 방문할 예정입니다. 바쁜 업무 일정 때문에 요즘 뵈러 갈 시간을 내는 게 너무 힘들거든요. 컨벤션이 끝난 다음 날로 연차를 하루 요청했습니다.
여: 아주 좋은 것 같아요. 아, 승강장 쪽으로 가서 탑승할 준비를 하는 게 좋겠어요. 제 티켓에 우리가 7번 승강장에서 출발한다고 쓰여 있어요.
남: 출발 안내 전광판을 확인해봐요. 맞아요, 7번 승강장이긴 한데, 보세요! 우리 열차가 지연된 상태네요. 음, 그럼 간단히 아침 식사를 할 시간이 있어요. 2층에 아주 좋은 커피숍이 하나 있습니다.

목적지	승강장	출발 시각	현황
밴쿠버	7	07:30	정시 출발
샌프란시스코	10	08:30	지연
시애틀	7	08:45	지연
로스앤젤레스	3	09:00	취소

어휘 How come ~? 어째서 ~인가요? pharmaceutical 제약의, 약학의 extra 추가의, 여분의 while ~하는 동안, ~인 반면 find the time to do ~할 시간을 내다 due to ~ 때문에, ~로 인해 request ~을 요청하다 annual 연례적인, 해마다의 leave day 휴가일 had better do ~하는 게 좋다 head over to ~ 쪽으로 가다 get ready for ~에 대한 준비를 하다 boarding 탑승 depart 출발하다, 떠나다 delayed 지연된, 지체된 grab 간단히 ~하다, 잠깐 ~하다 destination 목적지, 도착지 status 현황, 상태 on time 제시간에, 제때

10. 화자들이 어떤 종류의 행사에 가는가?

(A) 시상식
(B) 음악 축제
(C) 비즈니스 컨벤션
(D) 동창회

해설 대화 초반부에 여자가 이틀 동안 제약 컨벤션에 간다고 (We'll just be at the pharmaceutical convention for two days) 언급하는 부분이 있으므로 (C)가 정답이다.

어휘 reunion 모임, 동창회

11. 남자가 왜 추가로 하루 더 머무르는가?

(A) 가족과 시간을 보낼 계획이다.
(B) 관광을 좀 하고 싶어한다.
(C) 사업상의 고객과 만날 것이다.
(D) 더 이른 열차를 예약할 수 없었다.

해설 남자가 대화 중반부에 컨벤션이 끝난 후에 추가로 하루 더 머무른다는 말과 함께 조부모님께서 그 도시에 살고 계셔서 방문할 예정이라고(I'm staying for an extra day after the convention ends. My grandparents live in the city, so I'm going to visit them) 알리고 있으므로 (A)가 정답이다.

어휘 sightseeing 관광 be unable to do ~할 수 없다 reserve ~을 예약하다

Paraphrase grandparents / visit them → spend time with family

12. 시각정보를 보시오. 화자들이 어느 도시로 갈 것인가?

(A) 밴쿠버
(B) 샌프란시스코
(C) 시애틀

(D) 로스앤젤레스

해설 대화 후반부에 남자가 7번 승강장이라는 말과 함께 자신들이 탈 열차가 지연된 상태라고(it's Platform 7, but look! Our train is delayed) 알리고 있다. 시각정보에서 7번 승강장 및 지연 상태로 표기된 목적지가 세 번째 줄에 위치한 Seattle이므로 (C)가 정답이다.

Questions 13-15 refer to the following conversation and map.

W: **13** How did your presentation go yesterday?
M: It went really well! I suggested some ways we could boost sales in our store.
W: I feel like we need to hire more sales representatives.
M: Well, we are trying to do that, but **14** I can't believe how hard it is to recruit anyone at the moment! Another way to increase our sales would be to change the layout of the store. We haven't changed that since the store opened.
W: That's a great idea. I've been thinking for a while that we should move the mobile phone accessories away from the store entrance.
M: Exactly! **15** People are more likely to purchase cheaper items while they are waiting in line at the checkout counter, so we should put the accessories next to that.

여: 어제 하신 발표는 어떻게 되었나요?
남: 정말 잘 진행되었어요! 우리 매장에서 판매량을 촉진할 수 있는 몇 가지 방법을 제안했습니다.
여: 우리가 영업직원을 더 많이 고용해야 할 것 같은 느낌이네요.
남: 음, 우리가 그렇게 하려 하고 있긴 하지만, 지금 누구든 모집하는 일이 얼마나 힘든지 믿을 수가 없어요! 우리 판매량을 높이는 또 다른 방법은 매장 배치를 변경하는 일일 겁니다. 매장이 개장한 이후로 그걸 변경한 적이 없거든요.
여: 아주 좋은 생각입니다. 저는 우리가 휴대전화 부대용품을 매장 입구에서 먼 곳으로 옮겨야 한다고 한동안 계속 생각해오고 있었어요.
남: 바로 그렇습니다! 사람들이 계산대 앞에 줄을 서서 기다리는 동안 더 저렴한 제품을 구입할 가능성이 더 크기 때문에, 부대용품을 그 옆에 두어야 합니다.

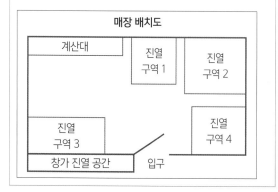

매장 배치도

계산대	진열 구역 1	진열 구역 2
진열 구역 3		진열 구역 4
창가 진열 공간	입구	

어휘 **How did A go?:** A는 어떻게 진행되었나요? **presentation** 발표(회) **boost** ~을 촉진하다, ~을 증진하다 **sales** 판매(량), 매출, 영업 **representative** 직원, 대리인 **recruit** ~을 모집하다 **at the moment** 지금, 현재 **layout** 배치(도) **for a while** 한동안 **accessories** 부대용품 **away from** ~에서 멀리 (떨어져) **be likely to do** ~할 가능성이 있다 **while** ~하는 동안, ~인 반면 **checkout counter** 계산대 **next to** ~ 옆에 **display** 진열(품), 전시(품)

13. 남자가 최근에 무엇을 했는가?
(A) 새로운 사업을 시작했다.
(B) 구직 면접에 참석했다.
(C) 발표를 했다.
(D) 광고를 냈다.

해설 여자가 대화를 시작하면서 남자에게 어제 한 발표가 어떻게 되었는지(How did your presentation go yesterday?) 묻고 있으므로 (C)가 정답이다.

어휘 **recently** 최근에 **attend** ~에 참석하다 **give a presentation** 발표하다 **place an advertisement** 광고를 내다

14. 남자가 무엇에 대해 놀라워하는가?
(A) 제품들에 대한 수요
(B) 판매량의 증가
(C) 매장 규모
(D) 직원 고용의 어려움

해설 남자가 대화 중반부에 지금 사람을 모집하는 게 얼마나 힘든지 믿을 수가 없다고(I can't believe how hard it is to recruit anyone at the moment!) 알리는 부분이 있는데, 이는 직원을 고용하는 어려움에 대해 놀라워하는 말에 해당되므로 (D)가 정답이다.

어휘 **demand** 수요, 요구 **increase in** ~의 증가

[Paraphrase] how hard it is to recruit anyone
→ difficulty of hiring staff

15. 시각정보를 보시오. 남자가 어디에 휴대전화 부대용품을 놓도록 제안하는가?
(A) 진열 구역 1
(B) 진열 구역 2
(C) 진열 구역 3
(D) 진열 구역 4

해설 대화 맨 마지막 부분에 남자가 사람들이 계산대 앞에 줄을 서서 기다리는 동안 더 저렴한 제품을 구입할 가능성이 더 크기 때문에 부대용품을 그 옆에 두어야 한다고(People are more likely to purchase cheaper items while they are waiting in line at the checkout counter, so we should put the accessories next to that) 알리고 있다. 시각정보에서 왼쪽 상단에 위치한 계산대 옆에 위치한 곳이 Display Area 1이므로 (A)가 정답이다.

Questions 16–18 refer to the following excerpt from a meeting.

The last thing to discuss is an unexpected visit that will take place tomorrow. I just received an e-mail from James Hibbert, the founder of our company, and he will be arriving here at 10 a.m. **16** We just finished installing the new assembly line in our factory, and Mr. Hibbert would like to inspect the new machines. We'll be giving him a tour of the factory, followed by a short demonstration. Now, this is an informal visit, so **17** there's nothing special that you need to do. Before Mr. Hibbert leaves tomorrow, he'll join us for **18** Ms. Davidson's luncheon. As you know, she is retiring this week, and I'd like you all to attend and give her your best wishes.

마지막으로 논의할 사항은 내일 있을 뜻밖의 방문입니다. 제가 우리 회사의 창업자이신 제임스 히버트 씨로부터 막 이메일을 하나 받았는데, 오전 10시에 이곳에 도착하실 예정입니다. 우리가 공장 내에 새로운 조립 라인 설치 작업을 막 끝마쳤기 때문에, 히버트 씨께서 새로운 기계들을 점검하고 싶어하십니다. 우리가 이분께 공장 견학을 제공해 드릴 예정이며, 그 후에는 간단한 시연이 이어집니다. 자, 이는 비공식 방문입니다. 그래서 여러분께서 특별히 하셔야 하는 일은 없습니다. 히버트 씨께서 내일 떠나시기 전에, 데이빗슨 씨의 오찬 행사에 우리와 함께 하실 것입니다. 아시다시피, 그녀가 이번 주에 은퇴하시기 때문에, 여러분 모두 참석하셔서 그녀에게 행운을 빌어 드렸으면 합니다.

어휘 unexpected 뜻밖의, 예기치 못한 take place (일, 행사 등이) 일어나다, 개최되다 founder 창업자, 설립자 install ~을 설치하다 assembly 조립 inspect ~을 점검하다 A followed by B: A 후에 B가 이어지는 demonstration 시연(회), 시범 informal 비공식의, 격식에 얽매이지 않는 join ~와 함께 하다, ~에 합류하다 luncheon 오찬 retire 은퇴하다 attend 참석하다 give A best wishes: A에게 행운/행복/성공을 빌어주다

16. 회사의 창업자가 왜 방문하러 오는가?

(A) 판매 목표치가 달성되었다.
(B) 신제품이 출시되었다.
(C) 설치 작업이 완료되었다.
(D) 직원 한 명이 승진되었다.

해설 화자가 담화 초반부에 창업자인 히버트 씨를 언급하면서 공장 내에 새로운 조립 라인 설치 작업을 막 끝마쳤기 때문에 히버트 씨가 점검하기를 원한다고(We just finished installing the new assembly line in our factory, and Mr. Hibbert would like to inspect the new machines) 알리고 있으므로 (C)가 정답이다.

어휘 reach ~을 달성하다, ~에 도달하다 launch ~을 출시하다, ~을 시작하다 installation 설치 complete ~을 완료하다 promote ~을 승진시키다

Paraphrase finished installing the new assembly line → installation has been completed

17. 화자가 왜 "이는 비공식 방문입니다"라고 말하는가?

(A) 문의 사항에 답변하기 위해
(B) 정책 변경을 확인해주기 위해
(C) 지연 문제를 설명하기 위해
(D) 청자들을 안심시키기 위해

해설 담화 중반부에 화자가 '이는 비공식 방문입니다'라고 말하면서 청자들이 특별히 해야 하는 일은 없다고(there's nothing special that you need to do) 알리고 있다. 이는 특별히 신경 쓰지 않아도 된다는 뜻으로서, 청자들을 안심시키는 말에 해당되므로 (D)가 정답이다.

어휘 query 문의 acknowledge ~을 확인해주다, ~을 인정하다 policy 정책, 방침 explain ~을 설명하다 delay 지연, 지체 reassure ~을 안심시키다

18. 청자들이 어떤 행사에 초대되었는가?

(A) 시상식
(B) 은퇴 기념 식사
(C) 모금 연회
(D) 특별 초대 손님의 강연

해설 화자가 담화 후반부에 데이빗슨 씨의 오찬 행사를 언급하면서 이 사람이 다음 주에 은퇴한다는 사실과 함께 청자들에게 참석하도록 권하고 있는데(Ms. Davidson's luncheon. As you know, she is retiring this week, and I'd like you all to attend), 이는 은퇴 기념 식사 자리에 참석하도록 초대하는 것이므로 (B)가 정답이다.

어휘 retirement 은퇴, 퇴직 fundraising 모금, 기금 마련 banquet 연회

Paraphrase Ms. Davidson's luncheon / she is retiring → retirement meal

Questions 19–21 refer to the following excerpt from a meeting.

Good morning, everyone. I'll start off this meeting with an important announcement. There's going to be some disruption to our workflow, because **19** we need to upgrade the anti-virus software on our office computers. Later this morning our IT team is going to be installing Smart Secure version 2.0 on each computer. As such, **20** I need all of you to make sure you have saved your work prior to the team's arrival at 10 a.m., and then leave your workstations for approximately 30 minutes. I appreciate your understanding and cooperation. **21** I'm sorry that you have been given such short notice. I did my best to have it rescheduled.

안녕하세요, 여러분. 한 가지 중요한 공지와 함께 이번 회의를 시작하겠습니다. 우리 업무 흐름에 약간의 지장이 있을 텐데, 우리 사무실 컴퓨터마다 바이러스 방지 소프트웨어를 업그레이드해야 하기 때문입니다. 이따가 오전 중에, 우리 IT팀이 각 컴퓨터에 스마트 시큐어 버전 2.0을 설치할 예정입니다. 따라서, 여러분 모두 이 팀이 10시에 도착하기에 앞서 반드시 여러분의 업무를 저장해 놓으신 다음, 약 30분 동안 업무 공간에서 벗어나 계실 필요가 있습니다. 여러분의 양해와 협조에 감사 드립니다. 이렇게 촉박하게 공지해 드린 것에 대해 사과 드립니다. <mark>이 일정을 재조정하기 위해 최선을 다했습니다.</mark>

어휘 start off ~을 시작하다 announcement 공지, 발표 disruption 지장, 방해 workflow 업무 흐름 anti-virus 바이러스 방지의 install ~을 설치하다 as such 따라서, 그러므로 make sure (that) 반드시 ~하도록 하다, ~임을 확실히 해두다 prior to ~에 앞서, ~ 전에 arrival 도착 then 그런 다음, 그때, 그렇다면, 그래서 workstation 업무 공간 approximately 약, 대략 appreciate ~에 대해 감사하다 cooperation 협조, 협력 short notice 촉박한 공지 do one's best 최선을 다하다 have A p.p.: A를 ~되게 하다 reschedule ~의 일정을 재조정하다

19. 화자의 말에 따르면, 오늘 아침에 무슨 일이 있을 것인가?

(A) 안전 점검
(B) 교육 워크숍
(C) 개조 공사 프로젝트
(D) 소프트웨어 업그레이드

해설 담화 중반부에 화자가 사무실 컴퓨터마다 바이러스 방지 소프트웨어를 업그레이드해야 한다고 알리면서 오전 중에 IT팀이 특정 소프트웨어를 설치한다고(we need to upgrade the anti-virus software ~ Later this morning our IT team is going to be installing Smart Secure version 2.0) 알리고 있으므로 (D)가 정답이다.

어휘 take place (일, 행사 등이) 일어나다, 개최되다 inspection 점검, 검사 remodeling 개조, 리모델링

Paraphrase upgrade the anti-virus software
→ software upgrade

20. 화자가 청자들에게 무엇을 하도록 요청하는가?

(A) 각자의 소지품을 치우는 것
(B) 일부 정보를 읽어보는 것
(C) 일부 업무를 백업하는 것
(D) 다른 사무실에서 근무하는 것

해설 화자가 담화 중반부에 IT팀이 10시에 도착하기에 앞서 반드시 각자의 업무를 저장해 놓으라고(I need all of you to make sure you have saved your work) 요청하고 있는데, 이는 업무 파일을 백업하는 일을 의미하므로 (C)가 정답이다.

어휘 remove ~을 치우다, ~을 없애다 belongings 소지품 back

up ~을 백업하다

Paraphrase make sure you have saved your work
→ Back up some work

21. 화자가 "이 일정을 재조정하기 위해 최선을 다했습니다"라고 말할 때 무엇을 암시하는가?

(A) 일부 업무가 미뤄지기를 바라고 있다.
(B) 직원들과 만날 시간이 있을 것이다.
(C) 행사에서 전 직원을 만날 것으로 예상하고 있다.
(D) 일부 작업의 시간에 실망스러워하고 있다.

해설 담화 맨 마지막 부분에 화자가 아주 촉박하게 공지하는 것에 대해 미안하다는(I'm sorry that you have been given such short notice) 말을 전하면서 '이 일정을 재조정하기 위해 최선을 다했습니다'라고 알리는 흐름이다. 이는 그렇게 촉박하게 진행되는 작업에 대한 아쉬움을 나타내는 것으로서, 작업 진행 시점에 대한 실망감을 표현하는 말에 해당되므로 (D)가 정답이다.

어휘 postpone ~을 미루다, ~을 연기하다 available (사람) 시간이 나는, (사물) 이용 가능한, 구입 가능한 expect to do ~할 것으로 예상하다 be disappointed with ~에 실망하다

Questions 22-24 refer to the following announcement.

As you know, the management team has been considering ways to reduce the workload in our administration office. Well, we think the best solution is 22 to make a separate copying department, which will primarily handle all printing and photocopying tasks. Some employees from our admin office will join the department, and 23 we also plan to recruit several interns to help out. You might remember, 24 we implemented a similar internship program a couple of years ago, when we hoped to find good new staff members in marketing. Well, <mark>most of them are now full-time employees.</mark>

아시다시피, 경영팀은 우리 행정실의 업무량을 줄일 수 있는 방법을 계속 고려해오고 있습니다. 음, 우리는 최고의 해결책이 모든 출력 및 복사 업무를 주로 처리하는 별도의 복사 담당 부서를 만드는 것이라고 생각합니다. 우리 행정실의 몇몇 직원들께서 이 부서에 합류할 것이며, 도움을 드릴 여러 인턴 직원도 모집할 계획입니다. 기억하실지 모르겠지만, 우리는 2년 전에 유사한 인턴 프로그램을 시행했으며, 그때 우리는 마케팅부에서 일할 좋은 신입 직원들을 찾기를 바랐습니다. 음, <mark>그분들 대부분이 지금 정규직 직원입니다.</mark>

어휘 consider ~을 고려하다 reduce ~을 줄이다, ~을 감소시키다 administration 행정 solution 해결책 separate 별도의, 분리된 primarily 주로 handle ~을 처리하다, ~을 다루다 task 업무, 일 join ~에 합류하다, ~와 함께 하다 plan to do ~할 계획이다 recruit ~을 모집하다 implement ~을 시

행하다

22. 화자가 무엇을 공지하는가?

(A) 책임자 한 명이 곧 은퇴할 것이다.
(B) 행정실이 이전될 것이다.
(C) 새로운 부서가 만들어질 것이다.
(D) 업무 프로젝트가 완료될 것이다.

해설 담화 중반부에 화자가 문제 해결책으로 모든 출력 및 복사 업무를 주로 처리하는 별도의 복사 담당 부서를 만드는 것을 (to make a separate copying department) 언급하고 있으므로 (C)가 정답이다.

어휘 **retire** 은퇴하다, 퇴직하다 **relocate** ~을 이전하다 **create** ~을 만들어내다 **complete** ~을 완료하다

Paraphrase make a separate copying department
→ new department will be created

23. 화자는 회사에서 누구를 고용할 것이라고 말하는가?

(A) 책임자들
(B) 인턴 직원들
(C) 최근의 졸업생들
(D) 프리랜서 상담 전문가들

해설 화자가 담화 중반부에 여러 인턴 직원을 모집할 계획임을 (we also plan to recruit several interns) 밝히는 말을 하고 있으므로 (B)가 정답이다.

어휘 **supervisor** 책임자, 상사, 감독 **recent** 최근의 **graduate** n. 졸업생 **consultant** 상담 전문가

24. 화자가 "그분들 대부분이 지금 정규직 직원입니다"라고 말할 때 무엇을 암시하는가?

(A) 몇몇 공석이 광고될 것이다.
(B) 일부 직원이 교육 과정을 거칠 것이다.
(C) 업무 일정이 반드시 변경되어야 한다.
(D) 한 프로그램이 성공적이었다.

해설 담화 후반부에 화자가 2년 전에 유사한 인턴 프로그램을 시행한 사실 및 그때 마케팅부에서 일할 좋은 신입 직원들을 찾기를 바랐다는 사실을(we implemented a similar internship program ~ when we hoped to find good new staff members in marketing) 언급한 뒤로 '그분들 대부분이 지금 정규직 직원입니다'라고 말하는 흐름이다. 이는 당시의 인턴 직원 대부분이 정규직 직원으로 일하고 있을 정도로 해당 인턴 프로그램에 의한 직원 고용이 성공적이었음을 알리는 것이므로 (D)가 정답이다.

어휘 **vacancy** 공석, 빈 자리 **advertise** ~을 광고하다 **undergo** ~을 거치다, ~을 겪다

Hi, Bobby. This is Tabitha. **25** I'm calling about the excursion we are organizing for our staff members. I heard the weather forecast on the radio this morning, and I've decided that we should book a bus for our employees so that they don't need to drive to the national park themselves. **26** Even though the weather should be decent on the day of our trip, it's expected to snow for two days before we set off, and I'm concerned that the roads will still be slippery and unsafe. **27** Would you mind checking the rates of a few bus rental companies and choosing the best deal? Please let me know what you find out.

안녕하세요, 바비 씨. 저는 타비사입니다. 우리가 직원들을 위해 마련하고 있는 야유회와 관련해 전화 드렸습니다. 제가 오늘 아침에 라디오에서 일기 예보를 들었는데, 우리 직원들이 직접 그 국립 공원으로 운전해서 갈 필요가 없도록 직원들을 위해 버스를 예약해야 한다는 결정을 내렸습니다. 비록 날씨가 우리 여행 당일에는 꽤 괜찮겠지만, 우리가 출발하기 전에 이틀 동안 눈이 내릴 것으로 예상되며, 저는 도로가 여전히 미끄럽고 안전하지 못할 것 같아 우려됩니다. 몇몇 버스 대여 회사의 요금을 확인하셔서 가장 좋은 거래 조건을 선택해주시겠습니까? 알아보신 것을 저에게 알려주시기 바랍니다.

목요일	금요일	토요일	일요일

어휘 **excursion** 야유회 **organize** ~을 마련하다, ~을 조직하다 **decide that** ~라고 결정하다 **book** ~을 예약하다 **so that** (목적) ~하도록 **oneself** (부사처럼 쓰여) 직접, 스스로 **decent** 꽤 괜찮은, 준수한 **be expected to do** ~할 것으로 예상되다 **set off** 출발하다, 떠나다 **be concerned that** ~할까 우려되다 **slippery** 미끄러운 **rate** 요금, 등급, 속도, 비율 **rental** 대여 **deal** 거래 조건, 계약 **let A know**: A에게 알리다 **find out** ~을 알아보다, ~을 파악하다

25. 화자가 누구일 것 같은가?

(A) 공원 경비대원
(B) 버스 기사
(C) 인사부장
(D) 라디오 방송 진행자

해설 화자가 담화를 시작하면서 회사 직원들을 위해 야유회를 마련하고 있다는 사실을(I'm calling about the excursion we are organizing for our staff members) 언급하고 있는데, 이는 한 회사의 인사부에서 할 수 있는 업무의 하나로 볼 수 있으므로 (C)가 정답이다.

26. 시각정보를 보시오. 어느 요일에 여행이 있을 것인가?

    (A) 목요일
    (B) 금요일
    (C) 토요일
    (D) 일요일

해설 담화 중반부에 화자가 여행 당일에는 날씨가 꽤 괜찮을 것이라고 알리면서 출발하기 전이 이틀 동안 눈이 내릴 것으로 예상된다는 점을 함께 언급하고 있다(Even though the weather should be decent on the day of our trip, it's expected to snow for two days before we set off). 시각정보를 보면, 목요일과 금요일에 이틀 동안 눈이 내린 후에 토요일에 날씨가 괜찮을 것으로 나타나 있으므로 (C)가 정답이다.

어휘 **take place** (일, 행사 등이) 일어나다, 개최되다

27. 화자가 청자에게 무엇을 하도록 요청하는가?

    (A) 몇몇 용품을 구입하는 일
    (B) 행사를 미루는 일
    (C) 회의 일정을 잡는 일
    (D) 몇몇 가격을 비교해보는 일

해설 화자가 담화 후반부에 몇몇 버스 대여 회사의 요금을 확인해 달라고(Would you mind checking the rates ~?) 요청하고 있는데, 이는 그 회사들의 가격을 비교하라는 뜻이므로 (D)가 정답이다.

어휘 **supplies** 용품, 물품 **postpone** ~을 미루다, ~을 연기하다 **compare** ~을 비교하다

Paraphrase checking the rates of a few bus rental
             companies → Compare some prices

Questions 28-30 refer to the following excerpt from a meeting and chart.

> Thanks for coming in for this morning's meeting. I'd like to show you a breakdown of our company's sales by branch. All branches have increased sales since ▣28 the launch of our new ranges of dishwashers and refrigerators. We make a significant contribution to the company's overall sales, but we have fallen behind the Hempstead branch. ▣29 I'm still happy with our twenty-two percent, but we need to improve. The Hempstead branch stocks more products than we do, and it has more employees, but we can still beat them if we improve our sales methods. As you know, ▣30 our firm is launching new products onto the market next year, so we need to develop innovative strategies to sell those.
>
> ----
>
> 오늘 오전 회의 시간에 와주셔서 감사합니다. 우리 회사의 지점별 판매량에 대한 분석 자료를 여러분께 보여 드리고자 합니다. 모든 지점에서 우리의 새로운 식기 세척기 및 냉장고 제품군의 출시 이후로 판매량이 증가되었습니다. 우리가 회사 전체 판매량

에 상당한 기여를 하고 있기는 하지만, 헴프스테드 지점에 뒤처졌습니다. 우리가 기록한 22퍼센트에 대해 여전히 기쁘기는 하지만, 우리는 개선되어야 합니다. 헴프스테드 지점이 우리보다 더 많은 제품을 재고로 갖추고 있고, 직원이 더 많이 있지만, 우리가 판매 방식을 개선한다면 여전히 이길 수 있습니다. 아시다시피, 우리 회사에서 내년에 신제품들을 시장에 출시하므로, 우리는 그것들을 판매할 혁신적인 전략을 개발할 필요가 있습니다.

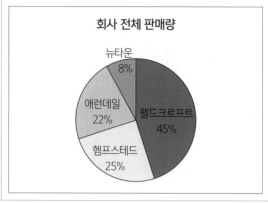

회사 전체 판매량

- 뉴타운 8%
- 애런데일 22%
- 펠드크로프트 45%
- 헴프스테드 25%

어휘 **breakdown** 분석 (자료), 내역, 명세(서) **sales** 판매(량), 매출, 영업 **branch** 지점, 지사 **since** ~ 이후로 **launch** n. 출시, 시작 v. ~을 출시하다 **range** 제품군, 종류, 범위 **dishwasher** 식기 세척기 **refrigerator** 냉장고 **make a contribution to** ~에 기여하다 **significant** 상당한, 많은 **overall** 전체적인, 전반적인 **fall behind** ~에 뒤처지다 **improve** 개선되다, ~을 개선하다 **stock** v. ~을 재고로 갖추다 **beat** ~을 이기다 **method** 방식, 방법 **firm** 회사, 업체 **develop** ~을 개발하다, ~을 발전시키다 **innovative** 혁신적인 **strategy** 전략

28. 화자의 회사에서 어떤 종류의 제품을 판매하는가?

    (A) 컴퓨터 소프트웨어
    (B) 주방 기기
    (C) 건설 공구
    (D) 사무용품

해설 담화 초반부에 화자가 소속 업체를 our로 지칭해 새로운 식기 세척기 및 냉장고 제품군이 출시된 사실을 알리고 있다. 이러한 종류의 제품은 주방 기기에 해당되므로 (B)가 정답이다.

어휘 **appliance** (가전) 기기 **supplies** 용품, 물품

Paraphrase dishwashers and refrigerators
        → Kitchen appliances

29. 시각정보를 보시오. 화자가 어느 지점에서 근무하는가?

    (A) 펠드크로프트
    (B) 헴프스테드
    (C) 애런데일
    (D) 뉴타운

해설　담화 중반부에 화자가 소속 지점이 회사 전체 판매량의 22 퍼센트를 차지한(I'm still happy with our twenty-two percent) 사실을 언급하고 있다. 시각정보에서 22퍼센트의 비율로 표기된 곳이 Arrandale이므로 (C)가 정답이다.

30. 화자의 말에 따르면, 회사에서 내년에 무엇을 할 것인가?

(A) 신제품을 소개하는 일
(B) 추가 직원을 고용하는 일
(C) 신규 지점을 여는 일
(D) 마케팅 캠페인을 시작하는 일

해설　화자가 담화 후반부에 소속 회사에서 내년에 신제품을 시장에 출시한다는(our firm is launching new products onto the market next year) 사실을 밝히고 있으므로 (A)가 정답이다.

어휘　introduce ~을 소개하다, ~을 도입하다　additional 추가적인

Paraphrase　is launching new products → Introduce new products

---

DAY 10　Part 3, 4 고난도 세부사항 문제

EXAMPLE 1

남1: 이 기관의 이사로서, 베터 리빙 그룹에 오신 걸 환영합니다. 저희 홍보 자료를 도와주신다니 기쁩니다.
여:　함께 일할 수 있는 기회를 주셔서 감사해요.
남1: 네, 저희 목표를 달성하는데 당신이 찍어줄 사진들이 정말 도움이 될 것 같아요. 당신이 전문적인 사진들로, 우리가 사람들에게 건강한 음식을 더 많이 먹도록 격려하는 것이 수월해질 것입니다. 그건 그렇고, 이분은 하비입니다. 하비는 당신이 많은 기여를 해주실 안내책자 제작을 담당하고 있습니다.
남2: 안내책자는 우리 회사의 굉장히 중요한 부분입니다, 그리고 흥미진진한 것은 우리는 그 어느 때보다 많은 투자자를 유치하여 안내책자에 투자할 수 있는 많은 예산을 가지고 있다는 것이죠.

어휘　director 이사, 부장　organization 단체, 기관　promotional 홍보의　material 자료　opportunity 기회　photograph 사진　achieve ~을 이루다, ~을 달성하다　professional 전문적인　encourage A to do: A에게 ~하도록 권하다　by the way (화제 전환 시) 그건 그렇고, 그런데　be in charge of ~을 담당하다　brochure 책자　contribution 기여, 공헌　aspect 측면, 양상　attract ~을 유치하다, ~을 끌어들이다　investor 투자자　budget 예산

---

1. 여자는 무엇을 하도록 고용되었는가?

(A) 사진을 찍는 일
(B) 웹사이트를 디자인하는 일
(C) 직원들을 교육하는 일
(D) 기사를 쓰는 일

어휘　article 기사

2. 이사에 따르면, 이 기관의 목표는 무엇인가?

(A) 제품군을 출시하는 것
(B) 피트니스 센터를 여는 것
(C) 직원 복지를 향상시키는 것
(D) 건강한 음식 섭취를 장려하는 것

어휘　range 범위, –군　improve ~을 개선하다, ~을 향상시키다　promote ~을 홍보하다, ~을 장려하다

3. 하비 씨는 무엇이 흥미진진하다고 말하는가?

(A) 투자 증가
(B) 업무공간의 규모
(C) 광고의 성공
(D) 고객 수요의 증가

어휘　increase 증가, 인상　investment 투자(금)　workspace 업무 공간　demand 수요

EXAMPLE 2

연차를 요청하는 새로운 절차에 대해 이야기해봅시다. 직원들은 더 이상 우리 온라인 시스템을 통해 휴가를 신청할 필요가 없게 됩니다. 사실, 온라인 신청 시스템은 여러 직원들에게 혼동을 줬습니다. 지금부터는 직원들은 그저 신청서를 작성하고 부장들에게 제출하면 됩니다. 직원들은 본인 이름, 직원 번호, 휴무 일자, 신청 이유를 작성하면 됩니다. 하단에 신청 승인을 위해 부장이 서명해야 하는 공간이 있습니다. 최종 승인을 위해 서식은 제게 제출되어야 합니다. 요청이 거절되는 경우에는, 제가 메시지를 보내드릴게요.

어휘　process 과정, 절차　request n. 요청, 신청 v. ~을 요청하다　annual leave 연간 휴가　no longer 더 이상 ~않다　be required to do ~해야 하다　request v. ~을 요청하다 n. 요청, 신청　time off 휴가　confusing 혼란스러운　from now on 이제부터, 향후　simply 그저, 단순히　fill out ~을 작성하다　submit ~을 제출하다　provide ~을 제공하다　reason 이유, 사유　bottom 맨 아래 부분　space 공간　approve ~을 승인하다　pass A on to B: A를 B에게 전하다, 전달하다　final 최종의　approval 승인　in case ~의 경우에　deny ~을 거부하다

1. 이전 절차에 관해 화자는 무슨 말을 하는가?

(A) 혼동을 초래하고 있었다.

(B) 매우 효과적이었다.
(C) 수년동안 사용되어왔다.
(D) 다양한 지점에서 사용되었다.

어휘   confusion 혼란   highly 매우   effective 효과적인   branch 지점, 지사

2.   서식 하단에 관해 언급된 것은 무엇인가?

(A) 연락처를 포함한다.
(B) 분리될 수 있다.
(C) 수정될 것이다.
(D) 서명이 필요하다.

어휘   contain ~을 포함하다   contact details 연락처   detach ~을 떼어내다   revise ~을 수정하다   require ~을 필요로 하다   signature 서명

3.   화자에 따르면, 청자들은 왜 메시지를 받겠는가?

(A) 요청이 승인되지 않은 경우
(B) 직장에 결근한 경우
(C) 마감기한이 지켜지지 않은 경우
(D) 사용 가능한 서식이 없는 경우

어휘   request 요청, 신청   approve ~을 승인하다   absent 빠진, 결석한   deadline 마감기한   meet (기한 등) ~을 지키다   form 양식, 서식

토익 실전 연습

1. (B)	2. (C)	3. (D)	4. (A)	5. (B)
6. (C)	7. (C)	8. (C)	9. (B)	10. (D)
11. (C)	12. (C)	13. (C)	14. (B)	15. (A)
16. (D)	17. (A)	18. (C)	19. (D)	20. (C)
21. (D)	22. (D)	23. (B)	24. (A)	25. (B)
26. (B)	27. (D)	28. (A)	29. (A)	30. (C)

Questions 1–3 refer to the following conversation.

M: Hi, Janice. I heard that ▮1▮ you're working on a project to create a new training manual. How's it coming along?
W: Well, ▮2▮ on Monday I held a meeting with some of the staff that we recently hired. I got their feedback on what they thought of our current manual. That helped me decide which parts could be removed and what needs to be added.
M: That sounds like it was helpful. ▮3▮ It hasn't been long since our paperwork was digitized. You probably need to include instructions on applying for time off.

남: 안녕하세요, 재니스 씨. 새로운 교육 설명서를 만드는 프로젝트에 대한 일을 하고 계신다는 얘기를 들었습니다. 어떻게 되어가고 있나요?
여: 음, 월요일에 우리가 최근에 고용한 직원 몇 분과 함께 하는 회의를 열었어요. 그분들께서 현재의 설명서를 어떻게 생각하시는 지에 관한 의견을 얻었습니다. 그게 어느 부분을 없앨 수 있는지, 그리고 무엇이 추가되어야 하는지 결정하는 데 도움이 되었습니다.
남: 그게 도움이 되었던 것 같네요. 우리 문서가 디지털화된 지 얼마 되지 않았습니다. 아마 휴무 신청에 관한 설명을 포함하실 필요가 있을 겁니다.

어휘   work on ~에 대한 일을 하다   create ~을 만들어내다   manual 설명서, 안내서   How's A coming along?: A 는 어떻게 되어가고 있나요?   hold ~을 열다, ~을 개최하다   recently 최근에   feedback 의견   current 현재의   help A do: ~하는 데 A에게 도움이 되다   decide ~을 결정하다   remove ~을 없애다, ~을 제거하다   add ~을 추가하다   sound like ~하는 것 같다   It hasn't been long since ~한 지 얼마 되지 않았다   paperwork 문서 (작업)   digitize ~을 디지털화하다   include ~을 포함하다   instructions 설명, 안내, 지시   apply for ~을 신청하다, ~에 지원하다   time off 휴무

1.   여자가 어떤 프로젝트에 대한 일을 하고 있는가?

(A) 몇몇 경쟁사를 조사하는 일
(B) 교육 설명서를 만드는 일
(C) 신입 직원을 모집하는 일
(D) 잠재 고객을 찾는 일

해설   남자가 대화를 시작하면서 여자에게 새로운 교육 설명서를 만드는 프로젝트에 대한 일을 하고 있다는 얘기를 들은 사실을(you're working on a project to create a new training manual) 알리고 있으므로 (B)가 정답이다.

어휘   competitor 경쟁사, 경쟁자   recruit ~을 모집하다   potential 잠재적인

2.   여자가 월요일에 무엇을 했는가?

(A) 관리 직책에 지원하는 일
(B) 고객 설문 조사를 실시하는 일
(C) 최근 입사한 신입 사원 몇 명과 만나는 일
(D) 보도 자료를 준비하는 일

해설   대화 초반부에 여자가 월요일에 회사에서 최근에 고용한 직원 몇 명과 함께 하는 회의를 열었다고(on Monday I held a meeting with some of the staff that we recently hired) 알리고 있는데, 이는 신입 사원들과 만나는 자리를 가졌다는 뜻이므로 (C)가 정답이다.

어휘   position 직책, 일자리   conduct ~을 실시하다, ~을 수행하다   survey 설문 조사(지)   recent 최근의   hire n. 신입 사원   prepare ~을 준비하다   press release 보도 자료

3. 남자의 말에 따르면, 최근에 회사에서 무슨 일이 있었는가?

    (A) 일부 고위급 직원이 은퇴했다.
    (B) 일부 장비가 업그레이드되었다.
    (C) 일부 부서가 재배치되었다.
    (D) 일부 문서가 디지털화되었다.

해설   남자가 대화 후반부에 회사의 문서가 디지털화된 지 얼마 되지 않았다는(It hasn't been long since our paperwork was digitized) 사실을 밝히고 있으므로 (D)가 정답이다.

어휘   retire 은퇴하다 equipment 장비 reassign ~을 재배치하다, ~을 재배정하다

Questions 4-6 refer to the following conversation with three speakers.

M1: Hello. Welcome to Laketown Department Store. Can I help you find anything?
W: Yes, ▣4 I'm looking for a table and chairs that I could put outside on my patio. I'm not sure if you sell that type of thing here, though.
M1: Hmm... I think we do, actually. I'll just check with one of my coworkers. ▣5 Frank, do we sell any patio furniture?
M2: Yeah, we stock one set that includes a table and four chairs. And ▣5 it's on sale at 25 percent off right now. I'll show you where it is.
W: Thanks a lot! And, do you think the set would fit in my car?
M2: There's no need for that. ▣6 We can deliver it to your home completely free of charge.
W: Oh, I'm pleased to hear that!

남1: 안녕하세요. 레이크타운 백화점에 오신 것을 환영합니다. 찾으시는 게 있다면 도와 드릴까요?
여: 네, 제 테라스가 있는 외부 공간에 놓을 수 있는 테이블과 의자를 찾고 있습니다. 하지만, 그런 종류의 물건을 여기서 판매하시는지 잘 모르겠네요.
남1: 흠... 실은, 그런 것 같습니다. 잠시 동료 직원들 중 한 명에게 확인해 보겠습니다. 프랭크 씨, 우리가 어떤 테라스 가구든 판매하는 것이 있나요?
남2: 네, 테이블과 의자 네 개를 포함하는 세트 하나를 재고로 갖추고 있습니다. 그리고 지금 25퍼센트 할인된 가격에 세일 중입니다. 어디 있는지 보여 드릴게요.
여: 정말 감사합니다! 그리고, 그 세트가 제 자동차에 들어갈 거라고 생각하시나요?
남2: 그러실 필요 없습니다. 저희가 완전히 무료로 댁까지 배달해 드릴 수 있습니다.
여: 아, 그 말씀을 들으니 기쁘네요!

어휘   help A do: ~하도록 A를 돕다 patio 테라스 though (문장 끝이나 중간에서) 하지만 check with ~에게 확인하다 coworker 동료 직원 stock v. ~을 재고로 갖추고 있다 include ~을 포함하다 fit in (크기 등이) ~에 들어맞다 completely 완전히, 전적으로 free of charge 무료로

4. 여자가 무엇을 쇼핑하고 있는가?

    (A) 가구
    (B) 원예 도구
    (C) 주방 기기
    (D) 문구 제품

해설   대화 초반부에 여자가 테라스에 놓을 테이블과 의자를 찾고 있다고(I'm looking for a table and chairs) 알리고 있으므로 (A)가 정답이다.

어휘   appliance (가전) 기기

5. 프랭크 씨가 제품과 관련해 무슨 말을 하는가?

    (A) 품절된 상태이다.
    (B) 할인된 상태이다.
    (C) 베스트셀러 제품이다.
    (D) 선물이 딸려 있다.

해설   대화 중반부에 한 남자가 다른 남자를 Frank라고 부르면서 질문하자, 곧이어 그 남자가 테이블 및 의자 세트를 언급하면서 지금 25퍼센트 할인된 가격에 세일 중이라고(it's on sale at 25 percent off right now) 알리고 있으므로 (B)가 정답이다.

어휘   out of stock 품절된, 재고가 떨어진 come with A: A가 딸려 있다, A를 포함하다

6. 프랭크 씨가 어떤 추가 서비스를 언급하는가?

    (A) 무료 주차
    (B) 제품 조립
    (C) 무료 배송
    (D) 제품 수리

해설   대화 후반부에 Frank로 지칭된 남자가 여자의 집까지 완전히 무료로 배달해줄 것이라고(We can deliver it to your home completely free of charge) 알리고 있으므로 (C)가 정답이다.

어휘   additional 추가적인 free 무료의 parking 주차 assembly 조립 repair 수리

Questions 7-9 refer to the following conversation.

> W: Luis, how are all of the arrangements going for our office party next Friday? **7** It's going to be nice for all the staff to celebrate the company's 25th anniversary.
>
> M: Things are going well! I just finalized all of the food with Gourmand Catering. They gave us a really good deal.
>
> W: Oh, that's a great catering company. And **8** they just expanded their menus to include a wide range of sushi and fresh seafood.
>
> M: Really? I didn't realize that. Hmm... In that case, **9** I'm going to call them to ask if they can add sushi to our order instead of the potato salad.
>
> ---
>
> 여: 루이스, 다음주 금요일에 열릴 오피스 파티 준비는 어떻게 되어가고 있어요? 모든 직원이 회사의 25주년을 기념하기에 좋을 거예요.
>
> 남: 잘 되고 있어요! 전 방금 거만드 케이터링 사와 음식 전체에 대해 마무리 지었어요. 그들은 저희에게 정말 좋은 거래를 해줬어요.
>
> 여: 오, 거긴 정말 좋은 음식 공급 업체예요. 그리고 그들은 메뉴를 확장해서 다양한 종류의 초밥과 신선한 해산물을 포함시켰어요.
>
> 남: 정말요? 그건 몰랐네요. 흠... 그런 경우라면, 제가 그들에게 전화해서 저희 메뉴에 감자 샐러드 대신 초밥을 추가할 수 있는지 물어볼게요.

어휘   arrangement 준비, 마련 office party 오피스 파티(회사에서 특별한 날 여는 파티) staff 직원 celebrate 기념하다, 축하하다 anniversary 기념일 finalize 마무리하다, 완결하다 deal 거래 expand 확장하다 a wide range of 다양한 종류의 seafood 해산물 realize 깨닫다, 알아차리다 add 추가하다 instead of ~대신에

7. 화자들은 무엇을 준비하고 있는가?

(A) 직원들에게 상을 수여하는 일
(B) 신입 직원들을 환영하는 일
(C) 회사 창립을 기념하는 일
(D) 잠재적 투자자들과 만나는 일

해설   대화 초반부에 여자가 전 직원이 회사의 25주년을 기념하기에 좋을 것이라고(It's going to be nice for all the staff to celebrate the company's 25th anniversary) 언급한 것으로 보아 화자들이 준비하고 있는 오피스 파티가 회사 창립을 기념하는 일임을 알 수 있다. 따라서 정답은 (C)이다.

어휘   present ~을 수여하다 prize 상 founding 창립, 설립 potential 잠재적인 investor 투자자

Paraphrase   the company's 25th anniversary
→ a company's founding

8. 여자의 말에 따르면, 거만드 케이터링 사는 최근에 무엇을 하였는가?

(A) 신규 지점을 개점하였다.
(B) 추가 직원을 고용하였다.
(C) 새로운 메뉴 선택을 추가하였다.
(D) 업계에서 상을 받았다.

해설   키워드인 Gourmand Catering에 대해 여자가 한 말에서, 메뉴를 확장하여 다양한 종류의 초밥과 신선한 해산물을 포함시켰다고(they just expanded their menus to include a wide range of sushi and fresh seafood) 언급하였으므로 새로운 메뉴를 추가하였음을 알 수 있다. 따라서 정답은 (C)이다.

어휘   location 지점, 지사 additional 추가의 menu option 메뉴 선택(사항) win (상을) 받다 industry 업계, 산업

Paraphrase   expanded their menus to include
→ has added new menu options

9. 남자는 곧이어 무엇을 할 것 같은가?

(A) 결제하는 일
(B) 주문을 변경하는 일
(C) 일부 음식을 시식하는 일
(D) 회의를 준비하는 일

해설   남자가 I'm going to ~ 표현을 통해 대화 이후에 할 일을 언급하는 부분에서 Gourmand Catering에 전화하여 감자 샐러드 대신 초밥을 추가할 수 있는지 물어볼 것이라고(I'm going to call them to ask if they can add sushi to our order instead of the potato salad) 하였으므로 남자는 자신이 했던 주문을 변경할 것임을 알 수 있다. 따라서 정답은 (B)이다.

어휘   make a payment 결제하다, 금액을 지불하다 order 주문 sample 시식하다 organize 준비하다, 조직하다

Paraphrase   add sushi to our order → Change an order

Questions 10-12 refer to the following conversation and packing slip.

> W: May I help the next customer here, please?
> M: Hi. **10** I was recently on holiday in Canada, and the airline lost my suitcase when I was returning home. So, I ordered several replacement items from your online store. Well, the order arrived this morning, but **11** it contained only two T-shirts instead of four.
> W: Oh, I'll get that sorted for you. Did you bring a copy of your packing slip?
> M: I did. Here you are.
> W: Oh, I'm afraid this garment is currently out of stock, and we won't get any more in for a few weeks. So, in accordance with our policy, **12** I can provide a full refund for all four T-shirts, and you can keep the two you received.

M: That's great news! Thanks.

여: 이쪽에서 다음 고객님 도와 드릴까요?

남: 안녕하세요. 제가 최근에 캐나다에서 휴가를 보냈는데, 집으로 돌아올 때 항공사에서 제 여행 가방을 분실했습니다. 그래서, 귀사의 온라인 매장에서 여러 대체 물품을 주문했습니다. 흠, 주문품이 오늘 아침에 도착하긴 했는데, 티셔츠가 네 장이 아니라 두 장만 들어 있었습니다.

여: 아, 제가 해결해 드리겠습니다. 제품 발송 전표 사본을 가져오셨나요?

남: 가져 왔습니다. 여기 있습니다.

여: 아, 유감스럽지만 이 의류는 현재 품절된 상태인데, 몇 주는 더 지나야 좀 더 들어올 겁니다. 그래서, 저희 정책에 따라, 티셔츠 네 장 모두에 대해 전액 환불을 제공해 드릴 수 있으며, 받으신 두 장은 그대로 갖고 계셔도 됩니다.

남: 아주 좋은 소식이네요! 감사합니다.

스트리트스마트 의류 주문번호 #39801		
수량	상세 정보	총액
2	청바지	$60
1	방수 재킷	$75
4	캐주얼 어번 티셔츠	$40
3	양말	$15

어휘 **recently** 최근에 **on holiday** 휴가 중인, 휴가를 떠난 **order** v. ~을 주문하다 n. 주문(품) **replacement** 대체(품), 교체(품) **contain** ~이 들어 있다, ~을 포함하다 **instead of** ~가 아니라, ~ 대신 **get A sorted:** A를 해결하다 **packing slip** (포장된 상품 관련 정보를 기재하는) 제품 발송 전표 **I'm afraid** (부정적인 일에 대해) 유감이지만 ~입니다, ~인 것 같습니다 **garment** 의류, 옷 **currently** 현재 **out of stock** 품절된, 재고가 떨어진 **not A for B:** B는 지나야 A하다 **in accordance with** ~에 따라 **policy** 정책, 방침 **full refund** 전액 환불 **keep** ~을 계속 갖고 있다, ~을 보관하다 **quantity** 수량 **details** 상세 정보, 세부 사항 **waterproof** 방수의

---

10. 남자는 자신이 휴가 중에 무슨 일이 있었다고 말하는가?

(A) 항공편이 지연되었다.
(B) 신용카드를 분실했다.
(C) 일부 의류가 손상되었다.
(D) 일부 수하물이 분실되었다.

해설 대화 초반부에 남자가 최근에 캐나다에서 휴가를 보낸 사실과 함께 집으로 돌아올 때 항공사에서 자신의 여행 가방을 분실한 사실을(I was recently on holiday in Canada, and the airline lost my suitcase when I was returning home) 알리고 있으므로 (D)가 정답이다.

어휘 **delayed** 지연된, 지체된 **misplace** ~을 분실하다, ~을 둔 곳

을 잊다 **damaged** 손상된, 피해를 입은

Paraphrase the airline lost my suitcase → Some luggage was lost.

---

11. 남자가 왜 도움을 필요로 하는가?

(A) 할인을 받지 않았다.
(B) 엉뚱한 사이즈로 의류를 구입했다.
(C) 일부 구매품을 받지 못했다.
(D) 한 번 더 주문하고 싶어한다.

해설 남자가 대화 중반부에 자신의 주문품이 도착한 사실과 함께 티셔츠가 네 장이 아니라 두 장만 들어 있었다고(it contained only two T-shirts instead of four) 밝히고 있다. 이는 나머지 두 장에 해당되는 구매품을 받지 못했다는 뜻이므로 (C)가 정답이다.

어휘 **assistance** 도움, 지원 **fail to do** ~하지 못하다 **purchase** 구매(품) **place an order** 주문하다

Paraphrase contained only two T-shirts instead of four → failed to receive some purchases.

---

12. 시각정보를 보시오. 남자가 돈을 얼마나 환불 받을 것인가?

(A) 60달러
(B) 75달러
(C) 40달러
(D) 15달러

해설 대화 후반부에 여자가 남자에게 티셔츠 네 장 모두에 대해 전액 환불을 제공해주겠다고(I can provide a full refund for all four T-shirts) 알리고 있다. 시각정보에서 세 번째 줄에 수량이 4로 표기된 캐주얼 어번 티셔츠의 구매 총액이 $40로 쓰여 있으므로 (C)가 정답이다.

어휘 **refund A B:** A에게 B를 환불해주다

Questions 13-15 refer to the following conversation and list.

W: Ricardo, 13 why don't we use our library's social media account to promote our upcoming fundraiser?

M: Hmm... That might help to attract a lot of attention. Are there any other events going on around the same time?

W: Let me see... Oh, no. 14 In June, the city is going to hold its annual Summer Festival. It's going to be the same weekend as our fundraiser! Do you think we should postpone our event?

M: First, 15 let's contact our head librarian. We'll need her permission if we're going to make any changes to event dates. Her phone number is on this contact list.

여: 리카르도 씨, 다가오는 우리의 모금 행사를 홍보할 수 있도록 우리 도서관의 소셜 미디어 계정을 이용하면 어떨까요?

남: 흠... 그게 많은 관심을 끌어들이는 데 도움이 될지도 모르겠네요. 비슷한 시기에 진행되는 다른 어떤 행사라도 있나요?

여: 어디 보자... 아, 이런. 6월에, 시에서 연례 여름 축제를 개최할 예정이에요. 우리 모금 행사와 같은 주가 될 겁니다! 우리 행사를 미뤄야 한다고 생각하세요?

남: 우선, 도서관장님께 연락해 봅시다. 우리가 행사 날짜를 변경하게 된다면 그분의 승인이 필요할 거예요. 그분 전화번호는 이 연락처 목록에 있습니다.

웨스트빌 공공 도서관 – 잦은 연락 대상자 목록

연락 대상자	직책	전화번호
제시카 태너	도서관장	555-4687
클랜시 오버튼	모금 행사 편성 책임자	555-2185
샌드라 모린	시청 사무실 관리자	555-7986
애크바 타이그	도서 공급업체 본사 직원	555-6369

어휘　account 계정, 계좌　promote ~을 홍보하다　upcoming 다가오는, 곧 있을　fundraiser 모금 행사, 기금 마련 행사　attract ~을 끌어들이다　attention 관심, 주목, 주의　There is A going on: 진행되는 A가 있다　hold ~을 개최하다, ~을 열다　annual 연례적인, 해마다의　postpone ~을 미루다, ~을 연기하다　contact ~에게 연락하다　permission 승인, 허락　make a change to ~을 변경하다, ~을 바꾸다　contact 연락 (대상자)　frequent 잦은, 빈번한　coordinator 편성 책임자, 진행 책임자　supplier 공급업체, 공급업자　HQ 본사 (직원들)

13.　화자들이 무엇을 이야기하고 있는가?

(A) 경연 대회에 참가하는 일
(B) 자선 단체에 기부하는 일
(C) 지역 행사를 홍보하는 일
(D) 지역 예술가들을 후원하는 일

해설　여자가 대화를 시작하면서 다가오는 모금 행사를 홍보할 수 있도록 소속 도서관의 소셜 미디어 계정을 이용하면 어떨지 물은 뒤로(why don't we use our library's social media account to promote our upcoming fundraiser?), 해당 행사 진행 일정과 관련해 이야기하고 있으므로 (C)가 정답이다.

어휘　participate in ~에 참가하다　competition 경연 대회, 경기 대회　contribute to ~에 기부하다, ~에 기여하다　charity 자선 (단체)　local 지역의, 현지의　sponsor ~을 후원하다

Paraphrase　promote our upcoming fundraiser
→ Promoting a local event

14.　여자의 말에 따르면, 6월에 무슨 일이 있을 것인가?

(A) 스포츠 토너먼트
(B) 계절 축제
(C) 음악 콘서트
(D) 도서 사인회

해설　대화 중반부에 여자가 6월이라는 시점을 언급하면서 시에서 연례 여름 축제를 개최한다고(In June, the city is going to hold its annual Summer Festival) 알리고 있으므로 (B)가 정답이다.

어휘　take place (일, 행사 등) 일어나다, 개최되다

Paraphrase　annual Summer Festival → seasonal festival

15.　시각정보를 보시오. 남자가 누구에게 연락하도록 권하는가?

(A) 제시카 태너
(B) 클랜시 오버튼
(C) 샌드라 모린
(D) 애크바 타이그

해설　남자가 대화 후반부에 도서관장에게 연락하자고(let's contact our head librarian) 제안하고 있으며, 시각정보에서 첫 번째 줄에 도서관장의 이름이 Jessica Tanner로 표기되어 있으므로 (A)가 정답이다.

Questions 16-18 refer to the following speech.

Good evening. [16] I am truly honored to be awarded this year's Innovation in Product Design award. I'd like to thank the judges and all of the members of my design team at Destro Corporation. [17] When we launched our new tablet computer in March, we believed it would be successful. However, we didn't expect it to become the top-selling tablet in the world. As designers, we couldn't have accomplished this without our CEO, Frank Hutton. [18] Mr. Hutton has an amazing ability to keep his workers motivated, and this helped us to create such innovative products.

안녕하세요. 저는 올해의 제품 디자인 혁신상을 수상하게 되어 진심으로 영광스럽습니다. 심사위원단과 저희 데스트로 코퍼레이션의 디자인팀 전원에게 감사의 말씀을 드리고 싶습니다. 저희가 3월에 새 태블릿 컴퓨터를 출시했을 때, 성공할 것이라고 생각했습니다. 하지만, 전 세계에서 가장 잘 판매되는 태블릿이 될 것이라곤 예상하지 못했습니다. 디자이너로서, 저희는 저희 프랭크 허튼 대표이사님이 아니었다면 이를 달성할 수 없었을 것입니다. 대표이사님께서는 직원들에게 계속 동기를 부여해주시는 놀라운 능력을 지니고 계시며, 이는 그렇게 혁신적인 제품을 만드는 데 있어 저희에게 도움이 되었습니다.

어휘　be honored to do ~해서 영광이다　award A B: A에게 B를 수여하다　innovation 혁신　judge 심사위원　launch ~을 출시하다, ~을 시작하다　however 하지만, 그러나　expect A to do: A가 ~할 것으로 예상하다　could have p.p.: ~할 수 있었을 것이다　accomplish ~을 달성하다, ~을 성취하다

without ~가 아니라면, ~가 없다면 **ability to do** ~하는 능력
keep A 형용사: A를 계속 ~한 상태로 유지하다 **motivate** ~
에게 동기를 부여하다 **create** ~을 만들어내다 **innovative**
혁신적인

16. 연설이 왜 진행되고 있는가?

(A) 은퇴를 발표하기 위해
(B) 특별 초대 손님을 소개하기 위해
(C) 새로운 회사를 시작하기 위해
(D) 수상을 하게 되어서

해설 화자가 담화를 시작하면서 올해의 제품 디자인 혁신 상을 수상하게 되어 영광이라고(I am truly honored to be awarded ~) 밝히면서 특정 제품이 성공을 거둔 사실 및 대표이사에 대한 감사의 인사 등으로 담화를 진행하고 있다. 이는 수상 소감을 밝히는 내용에 해당되므로 (D)가 정답이다.

어휘 **retirement** 은퇴, 퇴직 **introduce** ~을 소개하다, ~을 도입하다 **launch** ~을 시작하다, ~을 출시하다 **accept** ~을 받아들이다, ~을 수용하다

17. 화자의 말에 따르면, 3월에 무슨 일이 있었는가?

(A) 제품이 출시되었다.
(B) 회사가 이전되었다.
(C) 매출 수치가 발표되었다.
(D) 신입 직원들이 고용되었다.

해설 담화 중반부에 화자가 소속 회사에서 3월에 새 태블릿 컴퓨터를 출시했다고(When we launched our new tablet computer in March) 언급하고 있으므로 (A)가 정답이다.

어휘 **release** ~을 출시하다, ~을 발매하다 **relocate** ~을 이전하다 **figure** 수치, 숫자 **hire** ~을 고용하다

Paraphrase launched our new tablet computer
→ product was released

18. 화자는 프랭크 허튼 씨가 무엇에 능숙하다고 말하는가?

(A) 사업 거래를 협상하는 일
(B) 고객들과 의사 소통하는 일
(C) 직원들에게 동기를 부여하는 일
(D) 수익을 극대화하는 일

해설 화자가 담화 후반부에 허튼 씨를 언급하면서 그 사람이 직원들에게 계속 동기를 부여해주는 놀라운 능력을 지니고 있다는(Mr. Hutton has an amazing ability to keep his workers motivated) 사실을 알리고 있으므로 (C)가 정답이다.

어휘 **be skilled at** ~에 능숙하다, ~에 숙련되어 있다 **negotiate** ~을 협상하다 **communicate with** ~와 의사 소통하다 **maximize** ~을 극대화하다 **profit** 수익, 이익

Paraphrase keep his workers motivated
→ Motivating employees

Questions 19-21 refer to the following telephone message.

> Hello, this is Helen Sherman. I'm calling because **19**
> I bought two tickets through your Web site for this
> afternoon's baseball game. When I was buying them,
> **20** I chose two seats in the section closest to the
> field. I wanted to have a great view of the game, so
> I was happy to pay extra. Well, I just noticed on my
> confirmation that **20** I was given seats right at the back,
> which I'm not happy about. **21** I'll go to the box office
> when I arrive at the stadium this afternoon, so I hope
> someone there can fix the problem for me. Or, you can
> call me back at 555-0489 to discuss the issue.

안녕하세요, 저는 헬렌 셔먼입니다. 제가 전화 드리는 이유는 귀사의 웹사이트를 통해 오늘 오후에 있을 야구 경기 입장권을 두 장 구입했기 때문입니다. 제가 구입할 때, 필드와 가장 가까운 구역에 있는 좌석을 두 개 선택했습니다. 저는 경기가 아주 잘 보이기를 원했기 때문에, 기꺼이 추가 비용을 지불했습니다. 음, 구입 확인서에서 저에게 바로 뒤쪽에 있는 좌석이 주어졌다는 사실을 알게 되었는데, 이 부분이 저는 만족스럽지 않습니다. 제가 오늘 오후에 경기장에 도착할 때 매표소에 갈 것이기 때문에, 그곳에 계시는 분이 이 문제를 바로잡아주실 수 있기를 바라고 있습니다. 아니면, 이 문제를 논의할 수 있도록 555-0489번으로 저에게 다시 전화 주셔도 됩니다.

어휘 **close to** ~와 가까운 **have a great view of** ~가 아주 잘 보이다 **pay extra** 추가 비용을 지불하다 **notice that** ~임을 알게 되다 **confirmation** 확인(서) **fix** ~을 바로잡다, ~을 고치다 **issue** 문제, 사안

19. 화자가 무엇을 위해 티켓을 구입했는가?

(A) 음악 공연
(B) 전문 세미나
(C) 영화 시사회
(D) 스포츠 행사

해설 화자가 담화를 시작하면서 오늘 오후에 있을 야구 경기 입장권을 두 장 구입한(I bought two tickets through your Web site for this afternoon's baseball game) 사실을 언급하고 있으므로 (D)가 정답이다.

어휘 **performance** 공연, 연주(회) **premiere** 시사회, 초연

Paraphrase baseball game → sporting event

20. 화자가 어떤 문제를 언급하는가?

(A) 이메일로 확인서를 받지 못했다.
(B) 양식에 엉뚱한 날짜를 입력했다.
(C) 엉뚱한 좌석을 배정 받았다.
(D) 신용카드를 사용할 수 없었다.

해설 담화 중반부에 화자가 웹사이트에서 입장권을 구입할 당

시에 필드와 가장 가까운 구역에 있는 좌석을 선택했다고 (I chose two seats in the section closest to the field) 언급하면서, 구입 확인서에는 다른 좌석이 주어져 만족스럽지 않다는(I was given seats right at the back, which I'm not happy about) 문제를 알리고 있다. 이는 자신이 선택한 것과 다른 엉뚱한 좌석을 배정 받은 사실을 말하는 것이므로 (C)가 정답이다.

어휘 form 양식, 서식 assign A B: A에게 B를 배정하다 be unable to do ~할 수 없다

21. 화자가 오늘 오후에 무엇을 할 것이라고 말하는가?

(A) 한 번 더 전화하는 일
(B) 웹사이트에 로그인하는 일
(C) 환불을 요청하는 일
(D) 매표소를 방문하는 일

해설 화자가 담화 후반부에 오늘 오후라는 시점을 언급하면서 오후에 경기장에 도착할 때 매표소에 갈 것이라고(I'll go to the box office when I arrive at the stadium this afternoon) 언급하고 있으므로 (D)가 정답이다.

어휘 make a phone call 전화하다 request ~을 요청하다 refund 환불(액)

Paraphrase go to the box office → Visit a box office

Questions 22-24 refer to the following excerpt from a meeting.

Before getting started today, there's an issue to cover. As you all know, we just recently moved into this new office, and **22** many of you are having a hard time commuting. Traffic jams are wasting hours every day for most of you, and I heard that some of you are thinking about quitting here because of that. So, in order to avoid making you all be on the road during peak traffic times, **23** I have decided to introduce a system that allows some flexibility in your work hours. Instead of the standard 9 to 6, you will have some other options for when you would like to work. I'll e-mail a survey to all of you after this meeting. **24** Please indicate the shift that you would prefer, and I will try to adjust the schedules accordingly.

오늘 시작하기에 앞서, 다뤄야 할 문제가 하나 있습니다. 여러분 모두 아시다시피, 우리가 최근에 막 이 새로운 사무실로 이전했고, 여러분 중 많은 분들이 통근하는 데 힘든 시간을 보내고 있습니다. 교통 체증이 매일 여러분 대부분의 시간을 낭비하고 있으며, 여러분 중 일부는 그로 인해 이곳을 그만두는 것을 생각하고 계신다는 얘기를 들었습니다. 그래서, 여러분 모두를 교통량이 절정인 시간대에 도로에 있도록 만드는 것을 피하기 위해, 근무 시간에 유연성을 허용하는 시스템을 도입하기로 결정했습니다. 일반적인 9~6시 대신, 근무하기를 원하시는 시간에 대해

몇 가지 다른 선택권이 있을 것입니다. 제가 이 회의 후에 여러분 모두에게 설문 조사지를 이메일로 보내 드릴 것입니다. 원하시는 교대 근무를 표기하시기 바라며, 그에 따라 일정을 조정하도록 노력하겠습니다.

어휘 get started 시작하다 issue 문제, 사안 cover (주제 등) ~을 다루다 recently 최근에 have a hard time -ing ~하는 데 힘든 시간을 보내다 commute 통근하다 traffic jam 교통 체증 waste ~을 낭비하다 quit ~을 그만두다 in order to do ~하기 위해 avoid -ing ~하는 것을 피하다 peak 절정의 decide to do ~하기로 결정하다 introduce ~을 도입하다, ~을 소개하다 allow ~을 허용하다 flexibility 유연성, 탄력성 instead of ~ 대신, ~가 아니라 standard 일반적인, 표준의 survey 설문 조사(지) indicate ~을 표기하다, ~을 나타내다 shift 교대 근무(조) would prefer ~을 원하다 adjust ~을 조정하다 accordingly 그에 따라

22. 화자의 말에 따르면, 일부 직원들이 어떤 문제를 겪고 있는가?

(A) 작성해야 할 문서를 너무 많이 받는다.
(B) 주기적으로 늦게까지 머물러 있어야 했다.
(C) 너무 자주 비밀번호를 변경해야 한다.
(D) 교통 체증에 갇혀 너무 많은 시간을 보낸다.

해설 담화 초반부에 화자가 많은 직원들이 통근하는 것을 힘들어 한다는 점과 교통 체증으로 인해 시간을 낭비하고 있다는 점을 언급하고 있다. 따라서, 직원들이 교통 체증에 따른 통근 문제로 회사에 제기한 불만 사항과 관련해 이야기하는 상황으로 판단할 수 있으므로 (D)가 정답이다.

어휘 recently 최근에 paperwork 문서 (작업) fill out ~을 작성하다 be required to do ~해야 하다 regularly 주기적으로, 규칙적으로 stuck in traffic 교통 체증에 갇힌

Paraphrase Traffic jams are wasting hours every day → spend too much time stuck in traffic

23. 화자가 어떻게 문제를 처리할 계획인가?

(A) 추가 직원을 고용함으로써
(B) 유연한 업무 시간을 도입함으로써
(C) 일부 서류를 없앰으로써
(D) 회사의 웹사이트를 업그레이드함으로써

해설 화자가 담화 중반부에 문제 해결책으로 근무 시간에 유연성을 허용하는 시스템을 도입하기로 결정했다고(I have decided to introduce a system that allows some flexibility in your work hours) 알리고 있으므로 (B)가 정답이다.

어휘 plan to do ~할 계획이다 address v. (문제 등) ~을 처리하다, ~을 다루다 hire ~을 고용하다 additional 추가적인 flexible 유연한, 탄력적인 eliminate ~을 없애다, ~을 제거하다 documentation 서류

Paraphrase introduce a system that allows some flexibility in your work hours → introducing flexible work

hours

24. 화자가 청자들에게 무엇을 하도록 요청하는가?

(A) 선호하는 것을 표기하는 일
(B) 설문지를 준비하는 일
(C) 면접을 실시하는 것을 돕는 일
(D) 각자의 상사와 이야기하는 일

해설 담화 후반부에 화자가 청자들에게 원하는 교대 근무를 표기하도록(Please indicate the shift that you would prefer) 요청하고 있으므로 (A)가 정답이다.

어휘 **preference** 선호(하는 것) **prepare** ~을 준비하다 **questionnaire** 설문지 **help do** ~하는 것을 돕다 **conduct** ~을 실시하다, ~을 수행하다 **supervisor** 상사, 책임자, 감독

Paraphrase indicate the shift that you would prefer
→ Indicate a preference

Questions 25–27 refer to the following instructions and seating chart.

May I have everyone's attention, please? As you know, 25 we are having an important meeting tomorrow with Mr. Miyazaki, our new client from Japan, and we need everything to run smoothly. Some of you have not chosen your seat for the meeting yet, so please take a look at the chart and choose one now. 26 I've given Mr. Miyazaki the seat nearest the CEO, right beside the marketing director. Also, 27 I'm hoping one of you can volunteer to pick Mr. Miyazaki up from the airport at 9 A.M. tomorrow. You'll be able to use one of our company cars. Let me know if you're interested.

여러분 모두 주목해주시겠습니까? 아시다시피, 우리가 내일 일본에서 오시는 신규 고객이신 미야자키 씨와 중요한 회의를 하게 되므로, 모든 것이 순조롭게 진행될 필요가 있습니다. 여러분 중 일부가 아직 회의 자리를 선택하지 않으셨기 때문에, 차트를 한 번 보시고 지금 선택하시기 바랍니다. 제가 미야자키 씨께 대표이사님과 가장 가까우면서 마케팅 이사님 바로 옆에 위치한 좌석을 드렸습니다. 또한, 여러분 중 한 분이 내일 오전 9시에 공항에서 미야자키 씨를 모시고 오도록 자원하기를 바라고 있습니다. 우리 회사 차량들 중 한 대를 이용하실 수 있을 것입니다. 관심 있으신 분은 저에게 알려 주십시오.

어휘 **attention** 주목, 주의, 관심 **run smoothly** 순조롭게 진행되다 **take a look at** ~을 한 번 보다 **near** ~와 가까운 **beside** ~ 옆에 **volunteer** 자원하다 **pick A up:** A를 데려 오다, A를 데리러 가다 **let A know:** A에게 알리다

25. 청자들이 어떤 행사에 대비하고 있는가?

(A) 직원 회식
(B) 고객 회의
(C) 교육 워크숍
(D) 시상식

해설 화자가 담화를 시작하면서 내일 일본에서 오는 신규 고객 미야자키 씨와 중요한 회의를 한다고(we are having an important meeting tomorrow with Mr. Miyazaki, our new client from Japan) 알리면서 그 회의의 진행과 관련해 해야 할 일들을 이야기하고 있으므로 (B)가 정답이다.

어휘 **prepare for** ~에 대비하다, ~을 준비하다

26. 시각정보를 보시오. 어느 좌석이 미야자키 씨에게 배정되었는가?

(A) 1번 좌석
(B) 2번 좌석
(C) 3번 좌석
(D) 4번 좌석

해설 담화 중반부에 화자가 미야자키 씨에게 대표이사와 가장 가까우면서 마케팅 이사 바로 옆에 위치한 좌석을 제공했다고(I've given Mr. Miyazaki the seat nearest the CEO, right beside the marketing director) 알리고 있다. 시각정보에서 오른쪽 상단에 대표이사와 마케팅 이사 사이에 위치한 좌석이 2번으로 표기되어 있으므로 (B)가 정답이다.

어휘 **assign** ~을 배정하다, ~을 할당하다

27. 화자가 왜 자원 봉사자를 요청하는가?

(A) 연설하기 위해
(B) 방을 준비하기 위해
(C) 일부 용품을 구입하기 위해
(D) 교통편을 제공하기 위해

해설 화자가 담화 후반부에 오전 9시에 공항에서 미야자키 씨를 모시고 오도록 자원할 사람을 찾는다는 말과 함께 회사 차량들 중 한 대를 이용할 수 있다고(I'm hoping one of you can volunteer to pick Mr. Miyazaki up from the airport at 9 A.M. tomorrow. You'll be able to use one of our company cars) 언급하고 있다. 이는 미야자키 씨에게 교통편을 제공하는 일을 의미하므로 (D)가 정답이다.

어휘 **volunteer** n. 자원 봉사자 **prepare** ~을 준비하다 **supplies** 용품, 물품 **transportation** 교통(편)

Paraphrase pick Mr. Miyazaki up / use one of our
company cars → provide transportation

Questions 28–30 refer to the following instructions and flowchart.

I'd like to start this meeting with an important announcement. Due to a significant rise in demand for our range of mobile phone applications, `28` we plan to recruit approximately 100 new employees over the coming year. This means that, as members of the HR team, you'll be very busy. As you can see from this flowchart, `29` we've added a step to the recruitment process, between sending the job offer and scheduling the orientation. We are going to discuss this new step during today's meeting. `30` We have noticed a worrying rise in staff absence and lateness, so we want to avoid hiring any potentially unreliable individuals.

한 가지 중요한 공지와 함께 이번 회의를 시작하고자 합니다. 우리 휴대전화 애플리케이션 제품군에 대한 상당한 수요 증가로 인해, 우리는 다가오는 한 해 동안에 걸쳐 약 100명의 신입 직원을 모집할 계획입니다. 이는 인사팀의 일원으로서, 여러분께서 아주 바빠질 것이라는 의미입니다. 이 업무 흐름도에서 보실 수 있는 바와 같이, 모집 과정에 한 가지 단계를 추가했으며, 이는 일자리 제안을 보내는 일과 오리엔테이션 일정을 정하는 일 사이에 해당됩니다. 오늘 회의 시간 중에 이 새로운 단계를 이야기하게 될 것입니다. 직원 결근 및 지각 문제가 우려되는 수준으로 증가했음을 알게 되었기 때문에, 누구든 잠재적으로 신뢰할 수 없는 사람을 고용하는 일은 피하기를 원합니다.

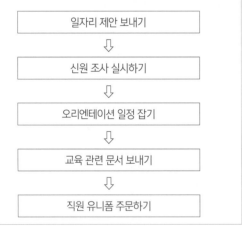

어휘 **due to** ~로 인해, ~ 때문에 **significant** 상당한, 많은 **rise in** ~의 증가 **demand** 수요, 요구 **range** 제품군, 종류, 범위 **plan to do** ~할 계획이다 **recruit** ~을 모집하다 **approximately** 약, 대략 **HR** 인사(부) **flowchart** 업무 흐름도 **add A to B:** A를 B에 추가하다 **process** 과정 **job offer** 일자리 제안 **notice** ~을 알게 되다 **worrying** 우려되는 (수준의) **absence** 결근, 부재 **lateness** 지각 **avoid -ing** ~하는 것을 피하다 **hire** ~을 고용하다 **potentially** 잠재적으로 **unreliable** 신뢰할 수 없는 **individual** n. 사람, 개인 **conduct** ~을 실시하다, ~을 수행하다

---

28. 화자가 회사와 관련해 무슨 말을 하는가?

(A) 추가 직원을 고용할 계획이다.
(B) 연간 매출 기록을 경신했다.
(C) 새로운 소매 지점들을 개점할 것이다.
(D) 최근에 신제품을 출시했다.

해설 화자가 담화를 시작하면서 회의 주제와 관련해 다가오는 한 해 동안 약 100명의 신입 직원을 모집할 계획이라고(we plan to recruit approximately 100 new employees over the coming year) 밝히고 있으므로 (A)가 정답이다.

어휘 **intend to do** ~할 계획이다, ~할 작정이다 **break** (기록 등) ~을 경신하다, ~을 깨다 **annual** 연간의, 연례적인 **retail** 소매 **location** 지점, 위치 **recently** 최근에 **launch** ~을 출시하다, ~을 시작하다

`Paraphrase` plan to recruit approximately 100 new employees → intends to hire more staff

---

29. 시각정보를 보시오. 화자의 말에 따르면, 어느 단계가 최근에 추가되었는가?

(A) 신원 조사 실시하기
(B) 오리엔테이션 일정 잡기
(C) 교육 관련 문서 보내기
(D) 직원 유니폼 주문하기

해설 담화 중반부에 화자가 모집 과정에 한 가지 단계를 추가했다고 알리면서 일자리 제안을 보내는 일과 오리엔테이션 일정을 정하는 일 사이에 해당된다고 언급하고 있다. 시각정보에서 상단의 Send Job Offer와 중간의 Schedule Orientation 사이에 위치한 단계가 Conduct Background Check이므로 (A)가 정답이다.

---

30. 화자가 어떤 우려 사항을 언급하는가?

(A) 제품에 대한 수요가 감소하고 있다.
(B) 회사의 시장 점유율이 줄어들고 있다.
(C) 직원 결근 비율이 증가했다.
(D) 생산 비용이 상승하고 있다.

해설 화자가 담화 후반부에 직원 결근 및 지각 문제가 우려되는 수준으로 증가한 사실을(We have noticed a worrying rise in staff absence and lateness) 밝히고 있으므로 직원 결근 비율의 증가를 언급한 (C)가 정답이다.

어휘 **decrease** 감소하다 **market share** 시장 점유율 **shrink** 줄어들다, 축소되다 **rate** 비율, 요금, 등급, 속도

`Paraphrase` rise in staff absence → staff absence rate has increased

토익 오프라인 현장강의 고득점 노하우가 궁금하다면?

LC 만점 제조기
알렉스 선생님

RC 고득점 메이커
이연경 선생님

시원스쿨
토익 기본서 압축노트
RC+LC 동영상 강의

10일 완성
토익 기본서 압축강의

총 42강으로 10일 만에
토익 RC+LC 기본서 내용 총 정리

토익 고득점을 위한
1:1 과외 수업

현장강의에서만 제공되는
고득점 비법 필기 모두 공개

문제풀이
전략과 이론을 한번에

[예제 → 만점 시크릿 노트] 구성의
2 step 학습으로 실전 완벽 대비

저자 이연경&알렉스의
초밀착 관리

공부질문&토익 고민이 생겼을 때
카톡 스터디방으로 바로 질문

지금 시원스쿨LAB 사이트(lab.siwonschool.com)에서 유료로 수강 가능합니다.

시원스쿨LAB에서 100% 무료로 공부하자

시원스쿨LAB
무료 학습 시스템

TOEIC 실전 문제풀이

무료

하루 5분 투자로 이번달 토익 점수가 바뀐다!
토익 파트별 고퀄리티 퀴즈부터 해설 강의까지 무료로 누려보세요.

서아쌤의 토익 10분 부스터샷

무료

시원스쿨LAB 최서아쌤이 100% 적중에 도전합니다!
매월 정기 토익을 예측하고 목표 점수 달성을 위해 꼭 필요한 학습 포인트를 제공합니다.
정기 토익 시험 응시 전, 점수를 올리기 위한 마무리 특강

토익 시험 당일 분석 LIVE 특강

무료

토익 시험 당일 난이도 총평 및 논란 문제 종결!
시원스쿨랩 스타강사의 시험 당일 분석으로
최신 경향을 정리하세요.

토익 무료 레벨테스트

무료

50문제로 토익 예상 점수부터 파트별 취약점까지 완벽 분석!
나에게 맞는 강의 추천으로 선택이 쉬워집니다.

선생님이 직접 관리하는 카카오톡 스터디

무료

데일리 자료와 토익 비법자료, 실시간 1:1 질의응답까지!
이제 온라인에서도 빡세게 관리받으세요.

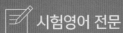

히트브랜드 토익·토스·오픽·인강 1위
시원스쿨LAB 교재 라인업
*2020-2022 3년 연속 히트브랜드대상 1위 토익·토스·오픽·인강

시원스쿨 토익 교재 시리즈

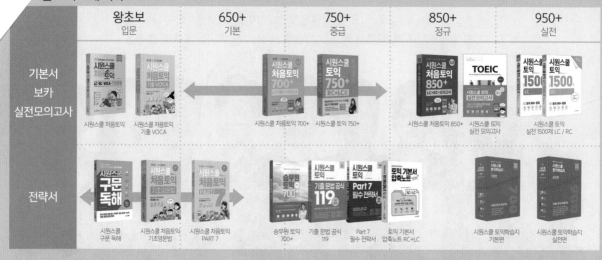

	왕초보 입문	650+ 기본	750+ 중급	850+ 정규	950+ 실전
기본서 보카 실전모의고사	시원스쿨 처음토익 / 시원스쿨 처음토익 기출 VOCA		시원스쿨 처음토익 700+ / 시원스쿨 토익 750+	시원스쿨 처음토익 850+ / 시원스쿨 토익 실전 모의고사	시원스쿨 토익 실전 1500제 LC / RC
전략서	시원스쿨 구문 독해 / 시원스쿨 처음토익 기초영문법 / 시원스쿨 처음토익 PART 7		승무원 토익 700+ / 기출 문법 공식 119 / Part 7 필수 전략서 / 토익 기본서 압축노트 RC+LC		시원스쿨 토익학습지 기본편 / 시원스쿨 토익학습지 실전편

시원스쿨 토익스피킹, 듀오링고, 오픽, SPA 교재 시리즈

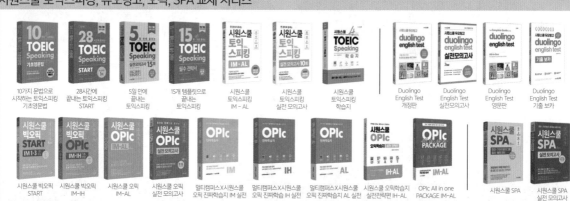

10가지 문법으로 시작하는 토익스피킹 기초영문법 / 28시간에 끝내는 토익스피킹 START / 5일 만에 끝내는 토익스피킹 / 15개 템플릿으로 끝내는 토익스피킹 필수 전략서 / 시원스쿨 토익스피킹 IM - AL / 시원스쿨 토익스피킹 실전 모의고사 10회 / 시원스쿨 토익스피킹 학습지 / Duolingo English Test 개정판 / Duolingo English Test 실전모의고사 / Duolingo English Test 영문판 / Duolingo English Test 기출 보카

시원스쿨 빅오픽 START IM 1-3 / 시원스쿨 빅오픽 OPIc IM-IH / 시원스쿨 오픽 IM-AL / 시원스쿨 오픽 실전 모의고사 / 멀티캠퍼스X시원스쿨 오픽 진짜학습지 IM 실전 / 멀티캠퍼스X시원스쿨 오픽 진짜학습 IH 실전 / 멀티캠퍼스X시원스쿨 오픽 진짜학습지 AL 실전 / 시원스쿨 오픽학습지 실전전략편 IH-AL / OPIc All in one PACKAGE IM-AL / 시원스쿨 SPA / 시원스쿨 SPA 실전 모의고사

시원스쿨 아이엘츠 교재 시리즈   ### 시원스쿨 토플 교재 시리즈

빅아이엘츠 Speaking START / 빅아이엘츠 Writing START / 빅아이엘츠 Listening START / 빅아이엘츠 Reading START / 아이엘츠 MASTER / 아이엘츠 기출 VOCA / 시원스쿨 TOEFL Basic / 시원스쿨 TOEFL Intermediate / 시원스쿨 TOEFL Actual Tests / 시원스쿨 TOEFL 기출 VOCA / 시원스쿨 TOEFL Speaking / 시원스쿨 TOEFL Writing / 시원스쿨 TOEFL Listening / 시원스쿨 TOEFL Reading

시원스쿨 지텔프 교재 시리즈   ### 시원스쿨 텝스 교재 시리즈

지텔프 기출문제집 공식 기출 7회분 / 지텔프 기출문법 / 지텔프 기출VOCA / 지텔프 기출독해 / 지텔프 기출청취 / 시원스쿨 지텔프 최신 기출 유형 문법 모의고사 / 시원스쿨 지텔프 32-50 / 시원스쿨 지텔프 65+ / 시원스쿨 텝스 Basic / 시원스쿨 텝스 청해 / 시원스쿨 텝스 어휘·문법 / 시원스쿨 텝스 독해 / 뉴텝스 서울대 공식 기출문제집